U0618378

三代文化与儒学的形成

杨朝明◎著

孔學堂書局

本书获2024年贵州省出版传媒事业发展专项资金资助

图书在版编目（CIP）数据

三代文化与儒学的形成 / 杨朝明著. -- 贵阳 : 孔学堂书局， 2025. 7. -- （孔学堂文库 / 郭齐勇主编）.

ISBN 978-7-80770-663-2

Ⅰ. B222.05

中国国家版本馆CIP数据核字第2025QW1243号

孔学堂文库　郭齐勇　主编

三代文化与儒学的形成　杨朝明　著

SANDAI WENHUA YU RUXUE DE XINGCHENG

策　　划：张发贤
责任编辑：张基强　陈　倩
责任校对：杨　慧
版式设计：刘思妤
责任印制：张　莹

出版发行：贵州日报当代融媒体集团
　　　　　孔学堂书局
地　　址：贵阳市乌当区大坡路26号
印　　制：天津联城印刷有限公司
开　　本：787mm×1092mm　1/16
字　　数：384千字
印　　张：21.5
版　　次：2025年7月第1版
印　　次：2025年7月第1次
书　　号：ISBN 978-7-80770-663-2
定　　价：88.00元

导言：重新审视孔子的三代之礼“损益”说

孔子曾经明确谈到夏、商、周三代之礼的关系，他说：“殷因于夏礼，所损益，可知也；周因于殷礼，所损益，可知也；其或继周者，虽百世，可知也。”（《论语·为政》）其中的“损益”一词是增减变化的意思，显然它也可以用来概括商周两代文化的变化。因此，现在不少学者在论及商周文化关系时，也常常借用此语。

然而，如果细细分析会发现，各家对于孔子“损益”说的理解有参差。周人继殷商之后立国，在文化上异于前代不言而喻，但这种差别多大，变化几何？由于研究的深度不同，观察的角度有别，得出的结论便因人而异。

关于商周文化的联系与差别，学术界有两种不同的看法，王晖先生分别称之为“迥异”说和“微殊”说。[①]前者以王国维、郭沫若、邹衡、许倬云等人为代表，认为商周文化迥然不同；后者以徐中舒、严一萍、张光直等学者为代表，认为商周文化前后相因，大同而小异。上列诸位学者，尤以王国维的研究最早也最有名，他的《殷周制度论》堪称商周文化研究的名篇，后人的研究，不论赞同与否，都是在其基础上进一步深化或者修正。这两种看法，似乎对孔子“损益”说重视不够。

孔子提出三代之礼是“损益”的关系，没有孤立地看待夏、商、周之间的关联。孔子之言，是回答其弟子子张“十世可知也（耶）”的问题。孔子在说三代之礼皆为“损益”之后，又说不仅十世，即使百世也都可知。如果商周之间的变化很大，如王国维所说周代“大异于商”，那么，“十世可知”便无从谈起，更不用说什么“百世可知”了。可以看出，《论语》中记载的孔子“主张三代之礼先后因袭，又均有损益，其中心思想，应当是夏、商、周的一脉相承”[②]。

对孔子的“损益”说，其实历史上有儒者给予了注意，也都有自己的理解。朱熹《四书章句集注》说：

---

①王晖：《商周文化比较研究》，人民出版社2000年版，第1页。
②李学勤：《序一》，王晖：《商周文化比较研究》，第1页。

> 三纲五常，礼之大体，三代相继，皆因之而不能变。其所损益，不过文章制度小过不及之间，而其已然之迹，今皆可见。则自今以往，或有继周而王者，虽百世之远，所因所革，亦不过此，岂但十世而已乎！[①]

顾炎武在《日知录》中说：

> 圣人南面而治天下，必自人道始矣。立权度量，考文章，改正朔，易服色，殊徽号，异器械，别衣服，此其所得与民变革者也。其不可得变革者，则有矣，亲亲也，尊尊也，长长也，男女有别，此其不可得与民变革者也。[②]

王夫之《读四书大全说》则说：

> 古帝王治天下之大经大法，统谓之礼，故六官谓之《周礼》。三纲五常，是礼之本原，忠质文之异尚，即此三纲五常见诸行事者品节之详略耳。所损所益，即损益此礼也。……夫三纲五常者，礼之体也；忠、质、文者，礼之用也。所损益者固在用，而用即体之用，要不可分。[③]

可以看出，王夫之认为“损益”意味着礼之体、用皆有变化，他的看法与朱熹、顾炎武有一定差别。依照我们的理解，朱熹与顾炎武所说可能更加接近孔子之言的本意，虽然他们以“三纲五常”解释“损益”属于“以今例古而不可信”[④]，但他们认为“不可得与民变革”之“礼之大体”不会变化还是有道理的。孔子所说的“损益”，当然应该是在“礼之大体”保持不变前提之下的“损益”。

后儒早就对所谓礼之“变”与“不变”的关系有一定认识。周初，文王被拘而演《周易》，《易·系辞下》则称“作《易》者其有忧患乎”，又说“《易》之兴也，其当殷之末世、周之盛德也”。《周易》作于这一特定的时期，那么，何者为“易”？郑玄在所作的《易赞》及《易论》

---

①〔宋〕朱熹：《四书章句集注》，中华书局1983年版，第59页。

②〔清〕顾炎武撰，〔清〕黄汝成集释：《日知录集释》，栾保群、吕宗力校点，花山文艺出版社1990年版，第304—305页。

③〔清〕王夫之：《读四书大全说》，中华书局1975年版，第220—221页。

④晁福林：《序二》，王晖：《商周文化比较研究》，第4页。

中提出“易一名而三义”，他说：“易简，一也；变易，二也；不易，三也。”[①]孔颖达《论易之三名》则认为“易”乃是“变化之总名，改换之殊称”[②]。孔颖达还引他人之言曰：“易者谓生生之德，有易简之义；不易者，言天地定位，不可相易；变易者，谓生生之道，变而相续。”[③]又说：“不易者，常体之名。有常有体，无常无体，是不易之义。变易者，相变改之名。两有相变，此为变易。”[④]对于其中的“不易”，孔颖达《论易之三名》又引用《易纬·乾凿度》曰：“不易者，其位也，天在上，地在下；君南面，臣北面，父坐，子伏。”《易纬》这里的“不易”，就属于朱熹等人所说的“不可得与民变革”的“礼之大体”。

以前，由于各种条件的限制，人们对中国上古历史文化的发展程度估价不足，从而认为可以“济变”“息争”的子继之法等所谓“百王不易之制”奠定在西周初年的周公时期。王国维在《殷周制度论》中强调“周人制度大异于商”，其实也是对商代文明程度认识不足造成的。

王国维强调殷周制度之异，首要在于“立子立嫡之制”。这一制度是周代不少制度的根本，以此为先导，而生宗法及丧服之制，而有封建子弟之制、君天子臣诸侯之制。他认为，殷商时期的继承制度乃是兄终弟及制，兄弟之间并无上下贵贱之别，这一时期没有嫡庶之别，立嫡之制起于商末而定于周公。这是“周人改制之最大者”，“有周一代礼制，大抵由是出也”。王国维的看法在学术界产生了极大影响，以后宗此说者很多。

王国维虽然是较早利用甲骨文研究殷商史并取得很大成就的学者，但毕竟这种研究起步不久，人们对殷商历史的不少问题认识得还不充分。对于商朝继承制度的认识也是如此。例如，关于继承制度的探讨，王国维提到了《左传·襄公三十一年》中的记载：

> 太子死，有母弟则立之；无，则立长。年钧择贤，义钧则卜，古之道也。

---

①〔魏〕王弼注，〔唐〕孔颖达疏：《周易正义》，《十三经注疏》整理委员会整理，北京大学出版社1999年版，第5页。

②〔汉〕王弼、〔晋〕韩康伯注，〔唐〕孔颖达疏：《宋本周易注疏·序一》，中华书局2018年版，第7页。

③〔汉〕王弼、〔晋〕韩康伯注，〔唐〕孔颖达疏：《宋本周易注疏·序一》，第8页。

④〔汉〕王弼、〔晋〕韩康伯注，〔唐〕孔颖达疏：《宋本周易注疏·序一》，第9页。

《左传·昭公二十六年》也有与之大致相同的记载：

> 昔先王之命曰："王后无適，则择立长。年钧以德，德钧以卜。王不立爱，公卿无私，古之制也。"

这两处记载明确说其叙述的继统法是"古之道""古之制"，特别是后者，它出于周王子朝遣使者告于诸侯之语，言周代先王也称此为古制，所以我们不得不信这种制度非周代独有。而需要注意的是，《左传》这里所说的都是立太子的具体情况，也就是在现任之君主的诸子中选择继承人的办法，即寻找新太子的办法，不少学者却把它误解为立新君的办法，二者是绝不可以等同的。

近年来，商朝王位继承制度的研究成了先秦继统制度研究的热点，经过对文献的细致分析和甲骨材料的深入研讨，不少学者已经认识到商朝王位继承制度的实质是父死子继制，而且已有嫡庶之分和宗法之制。兄终弟及是作为父死子继的补充，始终处于一种辅助的地位。商王如此，周先王也是这样，嫡长子继制应该是三代共通的根本制度。①

比如丧服制度中，"三年之丧"起于何时，或者说它是否为殷代旧制，这也是有较大争议的问题。以前，一般认为它是三代之制，现在持这种看法的也不乏其人。自清初学者毛奇龄提出三年之丧为殷制而非周制以来，又有傅斯年、胡适力主三年之丧为"殷之遗礼，而非周之制度"。郭沫若先生反对这种看法，认为三年之丧"并非殷制"。近又有人撰文讨论三年之丧的起源，否认其为殷制之说，认为三年之丧乃由春秋后期的叔向首先提出，后又被孔子及孟、荀等大力表彰。这种看法与廖平、康有为所谓三年之丧为孔子改定之制基本上是一样的。然而，通过深入研究三年之丧问题，并对诸家观点重新审视，我们认为三年之丧为殷代遗制的看法是正确的。②

实际上，殷人旧习在两周时期继续被行用者并不止三年之丧，周人不施行的殷礼有的仍在民间行用。1977年和1978年，山东博物馆证明古鲁城内居住着两个不同民族。在两组墓葬的发掘中，发现周人墓保持着灭商以前的作风，而另外一组墓葬（可能是"殷民六族"的成员）与周人墓"作

①参见杨朝明：《周先王继承制度研究》，《文史哲》1999年第5期；《近人商周继承制度研究之检讨》，《管子学刊》1996年第2期；《鲁国"一继一及"继承现象再考》，《东岳论丛》1996年第5期。

②杨朝明：《"三年之丧"应为殷代遗制说》，《史学月刊》1995年第2期。

风迥然有别”，随葬器物、腰坑、殉狗等“皆与商人墓的作风相似”，而且这种墓葬“从西周初年至少延续到春秋晚期”，这个事实说明他们“固有的社会风尚曾牢固地、长时间地存留着”。[①]这至少证明在葬礼方面，商人旧俗在鲁国一直完整地保留着。

人所共知，周人灭商后，对殷商旧部采取了“怀柔”政策，即使像参加武庚之叛的殷“顽民”，在被强制迁到成周附近后，也是让他们“宅尔宅，畋尔田”（《尚书·多方》），并没有对他们进行严厉的制裁。鲁国立有“周社”，同时立“亳社”，它曾作为盟誓国人之处，鲁国的国人显然属于殷人之后，而且其政治地位不低。又如，从卜辞上看，殷商时有遇旱而焚巫尪之礼。限于资料，周朝未见有行此礼的记载，但鲁国却有行此礼的记载。[②]

总之，周人灭商后，原来殷商的制度风俗在周代社会中仍有很多保留。虽然在一些方面，个别地区情况不尽相同，如齐、鲁两国建国方针上就有“简其礼，从其俗”“变其俗，革其礼”（《史记·鲁周公世家》）的差异，但根本性的制度并无明显改变。依照笔者的理解，孔子所谓的“损益”正是在保持根本制度不变基础上的“因、简”与“变、革”。鲁、卫两国初封时“启以商政，疆以周索”（《左传·定公四年》），也应该属于周人对商朝制度的损益。

按照“夏商周断代工程”所公布的三代年表，自商初到周（包括东周）末计有1300多年，将商朝制度、礼仪、习俗、思想与周朝特别是春秋、战国相比，其间的变化自然很大。王晖先生的《商周文化比较研究》对此进行了多维度的分解与剖析，认为商周文化“异大于同”，这自然没有问题。

可是，如果只是将殷周之际进行比照，虽然这是一个政治剧烈动荡的时期，但周制承袭商制还是历历可见的。按照王国维的说法，周之制度为周公制作，其实，“文化和制度是经历了长期的沿革而成立的，就很难说是某人的独创或一代所固有”“犹如封建之制，溯其源，至少上及殷高宗武丁之世，当然难以遽信是周公的独创了”。[③]周朝制度自周初确立以

---

①山东省文物考古研究所等编：《曲阜鲁国故城》，齐鲁书社1982年版，第214页。
②杨朝明：《试论西周时期鲁国“殷民六族”的社会地位》，《烟台大学学报》1996年第3期。
③［日］白川静：《胡厚宣氏的商史研究：〈甲骨学商史论丛〉》，王宇信主编：《甲骨文与殷商史》（第3辑），上海古籍出版社1991年版，第440页。

来，两周近800年中，历史文化按照自身的逻辑在变化、在发展，但不论认为商周文化“迥异”“微殊”，抑或“异大于同”“同大于异”，实际都是从不同视角对孔子“损益”说观察的结果。不言而喻，这些探索无疑将推进古代文化的比较研究，加深我们对商周文化的理解和认识。

这样，我们可以得出一个大致认知，就是孔子的三代礼制“损益”说，不仅概括了夏、商、周文化的继承与发展关系，更促使我们基于今天世人对于中国古代文明的理解，重新估价那时的发展水平。“温故而知新”“因而不失其亲（新）”，孔子如此，周公等也应大抵如此。周之于殷、殷之于夏，后代对前代的“因”当然不是简单“照抄”，而是有“损”有“益”，礼制发展是一个不断调整的过程。要知道，文明的进步是一个过程，我们必须有足够的耐心来理解这个过程的渐进性、缓慢性、长期性。

目　录

三代文化与礼制

黄河文化与中华民族共同体的形成 …… 003

傅斯年关于中国古代文化起源的假说 …… 013

《尚书·皋陶谟》与儒学渊源问题 …… 023

中国早期的邦国观念与爱国主义传统的形成 …… 034

“奚仲作车”与三代文明的再认识 …… 044

“三年之丧”应为殷代遗制说 …… 056

近人商周继承制度研究之检讨 …… 064

周先王继承制度研究 …… 073

文、武、周公之政

周文王遗训与儒家“中庸”思想 …… 087

“清华简”《保训》与“文武之政” …… 097

《逸周书》“周训”与儒家的人性学说 …… 108

《逸周书·宝典》篇与儒家思想 …… 124

《周礼》“六诗”与周代的诗乐教化 …… 133

周公的历史地位及其重要影响 …… 140

关于“周公辅成王”问题的研究 …… 149

元圣周公与“前儒学时代” …… 157

《周礼》成书问题再思考 …… 165

孔子“适周问礼”时间考辨 …… 171
“鲁酒薄”与周公《酒诰》 …… 176

鲁国文化的涵养

鲁国礼乐传统研究 …… 183
鲁文化在中国上古区域文化中的地位 …… 214
鲁国的经济特点与儒家的重农思想 …… 220
上海博物馆竹书《鲁邦大旱》管见 …… 229
鲁国郊天之礼探析 …… 241
鲁国与《诗经》…… 247
《左传》“季札观乐”与孔子删诗问题 …… 261
公羊学派“《春秋》王鲁”说平议 …… 270
论臧文仲 …… 281
柳下惠道德思想考论 …… 295
汉简《奏谳书》“柳下季治狱”浅议 …… 310
齐鲁文化的基本表象和精神特质 …… 318

三代文化与礼制

黄河文化与中华民族共同体的形成

作为一个文化共同体，中华民族历史悠久，在不断发展中逐渐形成、壮大。在这个过程中，以黄河流域为主的文化处于主导与领先位置，引领了中华文化的发展，奠定了中华文化的基调，铺染了中华文化的底色。中华民族是多源的，在很早的时候就不断发明、创造，并且相互交流融合，形成了中华民族共同体意识。在此基础上，中华民族共同体越来越牢固，中华民族文化特色越来越鲜明，在世界多姿多彩的文明中独树一帜。

一、传说时代的史实"素地"与古代文明新认识

任何一个民族共同体首先都是一个文化共同体，文化共同体的形成是民族共同体形成的基础。要认识中华民族共同体的早期形成，就不能不从儒学的渊源说起。儒学是中国传统文化的主干，它的根扎得很深很牢。如果不了解儒学形成的广阔背景，就无法理解中国文化的深度与高度，无法了解中华民族共同体的根基有多么牢固深厚。

黄河文化最丰硕的文明成果就是孔子所创立的儒学。孔子自称"述而不作，信而好古"（《论语·述而》），《中庸》说他"祖述尧舜，宪章文武"，阐明了孔子思想的直接来源。就像梁漱溟先生所说，孔子以前的中国文化差不多都收在孔子手里，这是说，孔子对此前中国文化的继承与总结，使儒学区别于其他很多思想学说，也使中国文化区别于其他很多文化体系。但是，从尧舜时代起，中华民族共同体意识已经处在形成和发展之中，中华文化一万年的说法绝非向壁虚造。例如，中国易学"人更三圣，世历三古"（《汉书·艺文志》）的说法，就很容易让人建立起从伏羲到孔子的文化联想。

在这样的联想中，我们不能不思索上古时期黄河流域里丰富的历史传说，同时想到前辈学者们所说的其中存在史实的"素地"（笔者曾听到李学勤先生在一次学术演讲中谈到这一说法，李学勤先生也曾在自己的著述中提到尹达先生有这样的看法）。伏羲文化可以视为中国文化的源头，我们应该在这样的基础上去认真思考中国文化的长度。说起来，从伏羲到今天，这是一个极其漫长的过程。在整个黄河流域，到处都有伏羲、黄帝的传说，留下了不少古迹。

伏羲文化具有明显的传说成分，然而它同样具有历史的"素地"。关于伏羲的传说有很多，据说他不仅创立了八卦，还教民渔猎、驯养野兽，变革婚姻习俗，创造文字用于记事，创造歌谣，发明乐器，设官分治等。

在后人心目中，伏羲具有了创世神的形象。伏羲时代自然条件恶劣，生产力水平低下，交通极为不便。即使有一项发明发现，推广开来也需要一个漫长过程，所以许多发明发现都归于伏羲，伏羲一定是一个不寻常的存在。

那么，伏羲到底特殊在哪里，为什么在那么多的地区都留下了伏羲的印记？我们知道，文明是加速度发展的，中华文明的漫长发展，让我们大胆地想到“伏羲多世说”。就是说伏羲也许不是一个人的名字，它可能是一个部落联盟首领的名称，而且在很长的时期里，这个名称一直被沿用。这样的看法也许是猜测，只能暂时解决我们当下史料解释中的很多疑惑。

实际上，在学术界很多学者已经提到过，伏羲未必是一个具体的人的名字，他所代表的或许就是一个时代。这样的说法非常有道理。之所以敢于这样认为或推测，是因为“伏羲时代”的创造与发明实在太有意义了，而且数量很多。例如，先天八卦的创立，开启了中华民族的文化之源，或者说它就是中华文化的原点，蕴含着天人一体、天人和谐的思维与观念；婚姻变革是社会组织形式的重大变化，是人类社会的重大进步；驯养野兽是家畜的由来，这意味着生产与生活方式的进步和改变。发明乐器，创作歌谣，使音乐走进了人们的生活，人们的精神世界开始得以丰富；文字的产生代替了结绳记事，更意味着人类文明的巨大进步。

这一个个重大改变，难道是在一个人主政时期完成的？关于伏羲的传说有很多记载，有的说伏羲称王111年以后去世。《帝王世纪》《遁甲开山图》《通鉴外纪》等书记载，在太昊伏羲之后，天下的15个部落联盟承继了伏羲的称号，他们分别是女娲氏、大庭氏、柏皇氏、中央氏、栗陆氏、骊连氏、赫胥氏、尊卢氏、混沌氏、昊英氏、有巢氏、朱襄氏、葛天氏、阴康氏、无怀氏。《易纬·稽览图》则认为，由甲寅伏羲氏到无怀氏，一共是57882年。这些记载当然不能作为信据，但如果把伏羲仅仅看作一个具体的部落联盟首领，很有可能与事实不符。

我们一开始听到“黄帝多世说”主张的时候也半信半疑。与伏羲被视为中华民族的“人文始祖”一样，黄帝也被看作“人文初祖”。与伏羲相比，与黄帝有关的发明发现更多。那么，“黄帝”又是一个什么样的存在？我们可否这样思考，正如“活佛”不只是指具体的某一个人，“黄帝”也很像一个“帝”的称谓而不像人名。由于年代久远且缺乏记载，人们只是朦胧记住了那个漫长时代的代表符号，博学如孔子也只能“略闻其说”。

孔子以前，有关于“黄帝三百年”的说法。《孔子家语·五帝德》记载，孔子的弟子宰我向孔子请教说："昔者吾闻诸荣伊曰：'黄帝三百年。'请问黄帝者人也，抑非人也？何以能至三百年乎？"[①]宰我存在疑问是正常的，因为一个正常人不可能在世上生存300年。孔子当然也不相信黄帝在世上生存300年的说法，于是孔子最终只能解释说："民赖其利，百年而死；民畏其神，百年而亡；民用其教，百年而移。故曰'黄帝三百年'。"[②]这样的解释隐含着一个问题的答案，就是人们为什么把一些相关的发明发现和文化创造附会到黄帝的身上。如果我们按照"黄帝多世说"的思路，第一任的黄帝必有极为重要的地位与影响，有很大的功绩与贡献，也奠定了帝位传承的模式与规则。他去世后，他的影响继续存在，他的形象、精神、教导不断地鼓舞和激励着后来的人们。然而，在那样的年代里，一个人的影响力能够持续数百年，必有其特定的形式与手段，这样的手段或许就包括帝号的延续。

其实，我们对"黄帝多世说"存在兴趣，或者说带有某种程度上的认同，是因为曾思考过类似问题。笔者曾提出"后稷多世说"，认为周先祖"后稷"曾经存在过很长时间，《史记·周本纪》记载的"世后稷"中的"世"很重要，所谓"世后稷"就是世袭农官。周族始祖被帝尧推举为农师，帝舜则"封弃于邰，号曰后稷"，从此历代都负责管理华夏族的农事活动，直到夏朝之衰。[③]

文明是加速度发展的，我们主张"伏羲多世说"，认为中国古代历史发展是一个极其漫长的过程，不宜把上古文明的形成看成一蹴而就的事情，也切不可简单解释上古时代的文化现象。最早的人文文化经过了一代又一代漫长积累。不然，我们就解释不了尧、舜、禹时代中华文明何以达到了那么高的水准，也很难理解夏、商、周作为统一王朝何以有那样高的文化水平。更为重要的是，中国古史传说的"素地"让我们思考一个十分重要的问题，即中国各个区域文明所形成的"早期中华文化圈"时代绝不会太晚。

二、以传说"素地"透视早期哲学与智慧的萌生

中国古代文明探源研究必须重视考古资料，要以考古材料为基础，但

---

①杨朝明、宋立林主编：《孔子家语通解》，齐鲁书社2009年版，第275页。

②杨朝明、宋立林主编：《孔子家语通解》，第275页。

③参见杨朝明：《先周文化渊源研究管见》，《人文杂志》2001年第4期；《周公事迹研究》，中州古籍出版社2002年版，第67—69页。

同时绝不可以轻视文献的记载，研究黄河文化尤其如此。中国古史记载可理解为“层累”地形成的，但如果理解为“层累”伪造就不恰当了。例如，在孔子时代，齐国的晏婴与孔子分别出自鲁国与齐国，晏婴是非常了不起的人物，但他对孔子的了解就很有限。或者说，我们对孔子的了解就很容易超过晏婴，这其实是一个并不复杂的常识。研究中国古代文明，要像李学勤先生一再指出的那样，要正确评估中国上古文明的发展程度，要走出疑古时代，超越疑古，走出迷茫。

中国古代文明研究进行多学科综合研究非常重要，在研究的方法论方面，王国维先生提出了二重证据法。当年王国维先生提出这一方法，恰是因为他看到了古史研究中出现的一些问题，他说：“吾辈生于今日，幸于纸上之材料外，更得地下之新材料。由此种材料，我辈固得据以补正纸上之材料，亦得证明古书之某部分全为实录，即百家不雅训之言亦不无表示一面之事实。此二重证据法惟在今日始得为之。”[①]运用“地下之新材料”与古文献记载相互印证，考量古代历史文化，被认为是一种科学的学术正流。这一方法的精髓在于引导人们在历史研究中合观参验，提高“史识”，一定不要轻易否认任何历史材料，包括文献、传说等各种材料。

王国维先生研究甲骨学与殷商史有独特的创获，他提出对于文献甚至传说资料要给予重视，因为“百家不雅训之言亦不无表示一面之事实”[②]。他用甲骨文考证《史记》中《殷本纪》的殷人世系，带来了很多新的认识，启示人们思考司马迁关于《夏本纪》等的记述。文献记载不是无中生有，文献的形成是一个复杂的过程。现在大量的考古遗存，把原来许多模糊的认识，变得形象、具体、生动起来。

从伏羲时代开始到孔子以前漫长时期，中国文化已处于萌生、形成并走向成熟的过程。庄子说：“六合之外，圣人存而不论。”（《庄子·齐物论》）所谓“六合”，就是上、下、东、西、南、北，这句话似乎是说，像孔子这样的圣人，不会去论说这个世界之外的那些玄乎的事物。庄子的这个说法是有道理的，《论语》就说孔子“不语怪力乱神”。仅从《孔子家语·五帝德》来看，这话也是有道理的。当宰我向孔子请教何以言“黄帝三百年”的问题时，孔子曰：“禹、汤、文、武、周公，不可胜以观也，而上世黄帝之问，将谓先生难言之故乎？”宰我曰：“上世

①王国维：《古史新证——王国维最后的讲义》，清华大学出版社1994年版，第2页。
②王国维：《古史新证——王国维最后的讲义》，第2页。

之传，隐微之说，卒采之辩，暗忽之意，非君子之道者，则予之问也固矣。”在宰我这样说之后，孔子才说：“可也，吾略闻其说。”当宰我继续询问关于颛顼的问题时，孔子又说：“五帝用说，三王有度，汝欲一日遍闻远古之说，躁哉！予也。”①从孔子的语气中也能看出他对于幽远的事情的态度。

《孔子家语》中还有一篇《五帝》，记载了鲁国的季康子向孔子请教关于五帝的问题。在孔子的回答中，他一开始就说“昔丘也闻诸老聃”，随后谈到了五帝即太皞、炎帝、黄帝、少皞、颛顼五位古代帝王。这个五帝系统是不同于《孔子家语·五帝德》的又一五帝系统。孔子所言，是从老聃那里听说而来，这一系统应当来源于楚地。楚地神话色彩浓厚，“绝地天通”的传说就源于楚地。孔子论五帝，与《孔子家语·五帝德》中所说五帝不同，说明孔子时代人们了解不少古代传说，只是由于地域文化等诸多因素而产生了不同的五帝系统。以孔子之博闻，听到不同的五帝系统说法不足为奇。

在这个五帝系统中，孔子提到了太昊。太昊，或作太皞，又作太皓。有人认为他就是伏羲或伏羲之后，是五方天帝中的东方天帝。《孔子家语》记载，季康子问孔子：“太皞氏其始之木何如？”孔子回答说：“五行用事，先起于木。木东方，万物之初皆出焉。是故王者则之，而首以木德王天下，其次则以所生之行转相承也。”②季康子所问，是为什么太皞氏要从木开始。孔子说，五行主事，先从木开始。木象征东方，万物一开始都从这里产生。所以帝王效法它，首先以木德称王于天下，然后以五行相生的顺序，依次转接。

值得注意的是，孔子的说法来自老子。《孔子家语·五帝》记载，季康子问于孔子曰：“旧闻五帝之名，而不知其实，请问何谓五帝？”孔子曰：“昔丘也闻诸老聃曰：‘天有五行：水、火、金、木、土。分时化育，以成万物，其神谓之五帝。’古之王者，易代而改号，取法五行。五行更王，终始相生，亦象其义。故其为明王者，而死配五行。是以太皞配木，炎帝配火，黄帝配土，少皞配金，颛顼配水。”③这里明确说“太皞配木”，而木主东方。如果是这样，那么太昊伏羲氏与古代东方文明的关系可能更为密切。

---

①杨朝明、宋立林主编：《孔子家语通解》，第275页。

②杨朝明、宋立林主编：《孔子家语通解》，第287页。

③杨朝明、宋立林主编：《孔子家语通解》，第285—286页。

由此可见，在孔子的心目中，伏羲是五帝之先，中华文明的源头也是从伏羲开始的。全国各地都有关于伏羲出生的传说，这样的传说与女娲传说一样，意味着人类文化生命的起源与扩展。在这些众多的传说中，伏羲的形象是逐渐丰满而富有生气的，伏羲的功绩也逐渐厚重而具有多样性。无论人们把他作为三皇之首还是五帝之先，都意味着人们对于伏羲的理解情意浓重，伏羲甚至已经成为比他所创造的八卦图还重要、特殊而神秘的存在。

伏羲是我们中华民族文明的创立者，是中华人文文化的开路者。《易·系辞下》从“八卦成列，象在其中”和“古者包羲氏之王天下”说起，可见伏羲时期对后来中国哲学的影响。宋代的陆游评价伏羲说：“无端凿破乾坤秘，始自羲皇一画时。”（《读易》）伏羲以阴阳划分乾坤，意义十分重大！伏羲时代中华文明开始形成，人们认识宇宙，体验天地间风云雨雪的来去，观察自然界飞禽走兽的出没，也意识到阴阳变化之理，产生了天人合一的观念，并且用简单而神秘的符号解释世间的一切，奠定了中华民族的哲学与智慧。

三、夏商周“三代”的“一统”与中华民族共同体意识

中华民族文化的突出特性体现在礼乐文化中，孔子重视礼乐，因而崇拜周公。周公制礼作乐不是凭空而为，而是在“损益”夏商二代的基础上进行的，此即孔子所说：“殷因于夏礼，所损益，可知也；周因于殷礼，所损益，可知也。”（《论语·为政》）在所谓传说时代之后，黄河流域先后出现的夏、商、周三代递相发展进步，到周公时期则系统总结上古以来的文明成果，“经天纬地，制礼作乐”，形成了“郁郁乎文哉”的周代礼乐文化。

2022年6月13日，中国社会科学院历史文化研究院王巍先生和中央电视台主持人连线谈三星堆遗址。经过近些年的发现与研究，三星堆遗址的神秘面纱慢慢被揭开，展示了蜀地人在那个时候的信仰世界。王巍教授的讲述传递了一个重要信息，那就是三星堆文化的年代相当于殷墟时期，这给人很多的思考。

因为《左传》的流传，我们现在对周代以后的情况了解相对较多，而对于商代的了解相对较少。三星堆遗址出土了大批的文物，尤其那些青铜面饰、铜人给人留下极其深刻的印象。结合学者们的研究，综合各方面的思考，这里可能是当时蜀人的一个大型祭祀遗址，而祭祀的中心，可能是作为中华文化初祖的黄帝。尤其那个大型铜人，格外引人瞩目。他手里似

乎握着什么东西，而其他出土器物证明那是一条龙，再加上背后、身上印的五条龙，总共是六条龙，我们马上想到后来周人的一些观念，如《周易》里天子“时乘六龙以御天”，想到后人所说“天子所乘曰龙”“马八尺以上曰龙”，想到洛阳的“天子驾六”，还想到《周礼》里的“六官”之设以及孔子所说：“古之御天下者，以六官总治焉：冢宰之官以成道，司徒之官以成德，宗伯之官以成仁，司马之官以成圣，司寇之官以成义，司空之官以成礼。六官在手以为辔，司会均仁以为纳。”①再加上那个铜人底座很像古籍所说的“轩辕之丘”，因此我们大胆推测，三星堆遗址可能就是当年蜀地人建立的一个以黄帝崇拜为中心的大型礼制中心。

我们重视考古遗址勘探与研究，同时也要重视文献和传说。清华大学出版社于2022年4月出版了李学勤先生的《〈五帝本纪〉〈夏本纪〉讲义》一书，其中记述了李学勤先生讲授《夏本纪》时的最后一课，在结束语中先生说：“大家常说现在是中国考古学的黄金时代，我说最好别这么说，中国太大了，历史太长了，欧洲的考古进行了二百多年，还有很多可以做的工作，中国的考古工作，能做的事情还多得很。真正的黄金时代还在以后，关于夏代文化可能还会有很多惊人的发现，这是完全可能的，只不过很可能就不是我所能看到的了。”十几年前李学勤先生所说的这番话，今天听起来同样有重要的启迪意义。

文献传说一定要有历史事实的佐证。比如关于古文字，中国有仓颉造字的传说，表示黄帝时期中国就已经有了古文字。当年大汶口文化的刻画符号发现以后，唐兰先生就认为这是当时发现的最早的中国古文字，而大汶口文化最早的年代距今6000多年。从考古成果看，我们还没有发现太多古文字，但很显然，“没有发现”和“没有”是两码事。就像关于《周礼》的成书问题，《周礼》涉及360多个官职，是否只有发现全部官职以后才能承认周公作《周礼》呢？周公继承了他以前的中国文化，“制礼作乐”，是中华礼乐文明的奠基人。正如《论语》所说，殷礼因于夏礼，周礼因于殷礼，是一种“损益”的关系。考古学家揭示，早在龙山文化时代，中国就有了礼制。

礼乐文明可说是中华民族的宝贵遗产。中华民族为礼仪之邦，“盖中国之所以为中国者，以有礼义之风，衣冠文物之美也”。自尧舜以来，承天之道，顺人之情，由“克明俊德”而“亲睦九族”，由“平章百姓”而

①杨朝明、宋立林主编：《孔子家语通解》，第297页。

“协和万邦”。至于文武周公，以礼纲纪天下，纳上下于道德，而合天子、诸侯、卿、大夫、士、庶民以成一道德之团体。总而言之，礼乐文明及其教化为中国古代文明确立了组织、制度与道德的稳定坐标。西周以前，中国礼乐文化已有漫长的演进过程。三代时期自然也各有其礼。据《礼记·表记》记载，后人把夏、商、西周的文化分别称为“尊命文化”“尊神文化”“尊礼文化”。中国礼乐文明并非周代的自创，而有着广阔背景与深厚底蕴。

在学术界，很多人崇奉德国哲学家雅斯贝尔斯提出的所谓“轴心时代”理论。其实，在人类文明研究中，“轴心时代”理论没有关注中华文明在诸子时代以前的漫长发展，没有注意中国许多思想家何以那样尊崇古代“先王”，这也与中国国内长期盛行疑古思潮有关。今天，我们必须超越“疑古过勇”带来的消极影响。

在中国思想文化演进的过程中，儒家“大一统”思想影响很大，我们认为《春秋》“大一统”思想有着很深的历史渊源。正如人们提到的，《春秋》“大一统”思想虽由《春秋公羊传》最早提出，但这种思想的产生却更早。在孔子心目中，理想帝王就应握有一统天下的权威，此即“礼乐征伐自天子出”。儒、墨、道、法等各派思想中都有“大一统”的内容。这不仅是由于《公羊传》阐发的是孔子的思想学说，更重要的是“大一统”思想深深扎根于夏、商、周三代文明发展的历史实际。

社会意识在任何时候都是社会存在的反映，思想观念是历史实际的折射。今天大力推进中华文明探源工程，在笔者看来，加强了对中华文明长度与宽度的认识，有助于我们更好地理解中华文明的高度和深度。结合文献中众多的记载，将地下材料与地上材料综合起来加以研究，可以更准确、更科学地评估中华古代文明的发展水平。

正确认识和理解孔子之前的“前儒学时代”，对认识孔子儒家“大一统”思想很有意义。三代时期，中国实际已处在思想文化上的一统时代。以往，人们接受的观念是“秦始皇统一中国”，《史记》说“至秦始皇立，天下一统，十五年，海内咸归于汉矣”，但秦始皇时“天下一统”，是司马迁总结公元前8世纪至公元前3世纪的历史趋势，说这个时期终结于统一，并没有否认以前有长期统一的事实。

李学勤先生特别指出，多年来他一直反对所谓“秦始皇统一中国”这个提法，他认为这个提法应该加一个“再”字，叫“秦始皇再统一中国”。因为秦始皇之前的夏、商、周三代都是统一的，只不过那时的统一没有秦代那么完整严密而已。夏、商、周三朝的政教影响到了相当广大的地区。西周时期，不管什么地方出土的青铜器，其铭文的字体都一样。到春秋时期，诸侯与周王室的关系已开始疏远，但山东各诸侯仍与王室保持着相当程度的联系。①

李学勤先生还说，夏代早期的历史故事，曾有人表示过怀疑，现在看来是不必要的，因为这段故事有它的真实性，这从它的名号——太康、仲康、少康中可以得到证明。商朝的王大都用天干取名，其中有许多太、仲、少之称，如太丁、太甲、太庚、太戊，中壬、中丁，小甲、小辛、小乙等。这些在甲骨文里都有记载，大等于太，中即仲，小就是少。在甲骨文里，“康”就是“庚”，因此，太康、仲康、少康，实际上就是太庚、仲庚、少庚。夏王的世系中还有孔甲、胤甲、履癸（桀），也是用天干取名的。这种取名法不是造假的人能够想象得出来的。周代的人已经不懂得这种名号是怎么起的，怎么用的，是什么意思。所以可以相信太康、仲康、少康这个世系一定有它的背景，有它的历史根据。

近几十年来，随着考古工作的进展，大家对夏王朝中心地区的认识有一个占优势的观点，就是认为其应该在晋南豫西，即山西的南部和河南的西部，最中心在洛阳地区。这种说法的提出是由于考古学者发现了二里头文化。学者们普遍认为，二里头文化就是夏文化。可是前文的讨论表明，除了豫西地区是夏朝的活动中心外，山东也是夏朝活动比较多的地区。夏朝的统治区域原是相当宽广的，并不是我们原来想象的只在晋南豫西这一小块。

傅斯年先生的著名论文《夷夏东西说》认为，夏商周时期，中国文化的核心可以沿黄河上下分为东、西两大部分。商与夷在黄河下游，属东系；夏与周在黄河中上游，属西系。开始是夷与夏相互斗争，其后，东方的商人代替了夏朝；再后来，周人承袭夏文化，兴于西方，东进而灭了商朝。李学勤先生指出，傅斯年先生以东西地理角度来讨论三代时期的民族构成关系，揭示了夏商周三族的冲突与交替，很有意思。这种观点在中国的历史学界和考古学界影响了相当长的时间。但是，今天看来，这种观点也需要重新讨论。

在中华文化的早期典籍中，“天下”“万方”“四海”之辞层出不穷，这源于中华文明的天下观、世界观、整体观、系统论。《尚书·周书·梓材》曰：“皇天既付中国民，越厥疆土于先王。”皇天上帝将中国

①李学勤：《夏商周与山东》，《烟台大学学报》2002年第3期。

的人民和土地，托付给先时圣王。在中国早期典籍中，“中国”与“诸夏”“四夷”等概念不断出现，体现了中国早期的政治、文化一统意识。中国古代“先哲”“先王”们站在人类发展的中心点，思考“人心”与“道心”的关系，为人类谋福祉，不仅系统而且完备。

实际上，《春秋》“大一统”思想的精髓在于尊文化，尊崇发展水平更高的文明。“大”，尊也，重也。其所尊、所重者，就是“王”，就是“道”，“大一统”就是尊王、尊王道。《春秋》“大一统”之义，其精髓乃讲述一高度的文明，中国、诸夏、四夷都一统在这一高度文明之下，此之谓“大一统”。人类向高度文明的靠拢，是对文明与进步的追求。“大一统”之“一”，一体也，整体也。它可以是一个政治共同体，也可以是一个文化共同体，它强调天子受命的合理性，要做到“天禄永终”，就必须重视国家政统和法统这个根本。“大一统”观念后来用作解释王朝更替，为王朝建立理论基础做出说明，但它还另有意义，这就是它既是夏、商、周早期国家建立的理念，也反映了那个时期中华民族文化圈的形成和中华民族共同体意识的强化。

傅斯年关于中国古代文化起源的假说

中国古代文化是怎样起源的？或者说中国上古文化的具体面貌如何？这是史学界、考古学界共同关心的重大课题。自20世纪二三十年代以来，学者们一直致力于探索与研究，随着考古资料的日渐丰富，原来一些若明若暗的问题已初步解决，尽管这些材料仍然是有限的，不过，不少文化遗址的揭示，使我们从远古传说中得到的神秘、渺茫而朦胧的对古代文化的认识，变得愈益清晰、形象、生动起来。在某种程度上，我们已可以对中国的上古文明进行新的估价。

然而，当我们综合审视有关上古文明的材料时，不得不注意傅斯年（孟真）先生关于中国古代文化起源的几个假说，这便是他的夷夏东西说、史前文明多元说、先商文明高级而又长久说。傅斯年的假说问世之初，引起了不少学者的赞誉。可是后来，他的假说似乎并没有受到足够重视。几十年来，考古学在发展，历史学在前进，中国文明的起源成了学术界瞩目的问题，许多论著相继问世。通过研究，我们已经可以回过头来反观傅斯年先生当年的假说。

就对后世的影响而言，傅斯年先生的“夷夏东西说”比较有名。《夷夏东西说》写于1931年，刊于1933年的《庆祝蔡元培先生六十五岁论文集》中，这也是傅斯年先生古史研究的代表作。他认为，中国自东汉以来，或者是政治的分裂，或者由于北方为外族所统治，常常表现为南北两方之分或争斗。然而这个现象却不能倒安在上古时期，“在三代时及三代以前，政治的演进，由部落到帝国，是以河、济、淮流域为地盘的。在这片大地上，地理的形势只有东西之分，并无南北之限。历史凭借地理而生，这两千年的对峙，是东西而不是南北。现在以考察古地理为研究古史的一个道路，似足以证明三代及近于三代之前期，大体上有东西不同的两个系统。这两个系统，因对峙而生争斗，因争斗而起混合，因混合而文化进展。夷与商属于东系，夏与周属于西系”①。

关于夷与夏的具体区域，傅斯年认为夏包括山西省汾水流域、河南省西部中部之伊洛嵩高一带地方，东不过平汉线，西则有渭水下游，大致在中原地区。在此范围内全部或一部即可称夏、诸夏、华夏等，夏为该区域

---

①傅斯年：《夷夏东西说》，国立中央研究院历史语言研究所：《庆祝蔡元培先生六十五岁论文集》（下），第1093页。

中文明程度较高而且势力极盛之国，为四方所共仰。夏为实际上的西方的帝国或联盟，曾一度或数度压迫东方。与夏同时，东方则为夷人，“夷”包括若干族类，其活动地区西至今河南之中心，东尽东海，北达济水，南则所谓淮夷徐舒者皆是。在商与西周以前或同时，分布在这一地区的部族皆为夷人。东南方分布的夷族与西方分布的诸夏恰成对峙的形势。夏、商、周三代之史正是在夷、夏的斗争与混合中发展的。

傅斯年先生的《夷夏东西说》发表后，引起了不少人的关注，如徐旭生先生根据传说资料在豫西对夏文化的调查，王献唐先生对山东古国史的研究，都对傅斯年的“夷夏东西说”加以赞誉。[①]几十年过去了，随着考古资料的丰富以及研究的深入，傅斯年的假说似有进一步被证实的趋势。例如，邹衡先生在为王迅《东夷文化与淮夷文化研究》一书所作的序言中说：“当前考古学界已公认东方特别是山东的考古学文化基本上属于东夷系统的文化，在考古学上印证了‘夷夏东西说’。”[②]

当然，也有学者不赞成“夷夏东西说”。在古史传说中，夏王朝的某些与国的地望在东方地区，如关于斟灌的地望有寿光说、淳于说和观县说，三地均属东方地区。因此，有的学者便认为夏文化应该分布于东方地区，杨向奎先生即持此论。1983年，杨先生发表《评傅孟真的“夷夏东西说”》，他称自己五十年前曾有这种看法，见其所著《夏代地理小记》《夏民族起于东方考》等著述中。几十年过去了，杨先生“始终坚信旧说”，认为：“夏禹之迹遍及全国，古代中国都属禹域，我们不能据之以定夏初政治中心之所在。中夏以前，启以后，夏之政治中心在今山东，其势力及于河北、河南，晚夏则移居于河东及伊、洛，东方仍有孑遗。”杨先生深信“他日考古发掘必将有以证实”。另外，还有人提出了“夏为东夷”的说法。[③]

不过，就现有的考古资料看，在东方地区尚未发现夏文化的踪迹。诚如王迅之书所言：由于以豫西和晋东南地区为重点的夏文化研究已取得丰硕成果，我们已经可以将东方地区相当于夏代的文化与中原地区同一时期的文化联系起来考虑。假如岳石文化或山东龙山文化或斗鸡台文化是夏文化，那么二里头文化、河南龙山文化就都不是夏文化。中原地区也就没有

①参见徐旭生：《1959年夏豫西调查“夏墟”的初步报告》，《考古》1959年第11期；王献唐：《山东古国考》，青岛出版社2007年版。

②王迅：《东夷文化与淮夷文化研究》，北京大学出版社1994年版，第1页。

③程德祺：《夏为东夷说》，《中央民族学院学报》1979年第4期。

夏文化，未曾有过夏族活动，这显然与史籍的记载不符，因为文献中夏族在中原地区的活动记载是很多的。如果东方地区曾有夏文化存在，这种文化就应该为二里岗下层期商文化所取代，但山东地区至今未见二里岗下层期商文化遗存。[①]笔者认为，虽然现在还不能完全排除在东方再现夏文化遗存的可能，但现有的考古材料却很难说明山东地区夏代的文化是夏文化；同时，夏为东夷的说法也还有待更为充分的论证。

诚然，杨向奎先生所言夏、商的政治中心并非一成不变是对的，尤其在夏、商两个王朝的前期，“不常厥邑”表现得十分明显。前期政治中心的变动，必有一个重要的前提条件，这就是部族的族众不至过于庞大，否则，经常的迁移就不可能。另一方面，早期部族对周围其他部落的统治，一般都带有明显的军事征服性质，随着各部族力量的消长，以及部落联盟的分合变化，某个区域中居统治地位的部族也会发生更迭，在这种情况下，原来居于统治地位的部族就会被迫移居到另外的地区。当然，那时部族迁徙的原因可能很多，但由彼此之间的争斗引发的迁移一定不少。夏、商早期的迁移，其具体原因如何，我们不得而知，但也不可排除其具有某种程度上的流亡性质。只是夏、商与其他部族不同，他们在迁徙之后又获得了更大的发展，以至于一直未失其当时全国最大的政治中心地位。

不言而喻，越是社会发展的早期，人类对自然界的依赖性越强，因而地理环境对社会的影响就越明显。夏、商两族也是这样，他们开始时人数不多，在被迫迁徙到新的地域之后，就不能不适应当地的固有文明，同时他们也不至于完全抛弃自身原来的文明。夏、商时期的自然面貌与现在差异极大，山川阻隔，交通不便，因而各区域之间的文化差异也很明显。另一方面，夏、商两个王朝都历时几百年，且不说他们迁移后要适应当地新的文明。动态地看，他们本身的文化也会有变化发展。因此，早期的中国文明既表现了明显的区域性特点，又由于频繁的部族迁移使诸多的文化因素相互沟通。美籍华裔学者张光直先生的观点大致就是如此，他一方面注意到各族文化间地域、时代与族别的区分，另一方面又注意到了它们之间的相互联系。

张光直先生是服膺傅斯年“夷夏东西说”的。1976年，他发表了《殷商文明起源研究上的一个关键问题》，“利用最新考古成果的研究结论也

---

①王迅：《东夷文化与淮夷文化研究》，第85页。

同傅斯年此说相近”[①]。

关于夏、商、周三代之间的关系，除傅斯年的《夷夏东西说》外，王国维先生的《殷周制度论》也是风靡已久的名文，王国维先生倡言“中国政治与文化之变革莫剧于殷周之际”，“殷周间之大变革，自其表言之，不过一姓一家之兴亡与都邑之移转；自其里言之，则旧制度废而新制度兴，旧文化废而新文化兴”[②]。可是，由于甲骨文与殷商史研究不断深入，人们发现周代的各种制度很多与殷代制度基本相近，或者说周代的不少制度滥觞于商代。历史学家李学勤先生也发现了这个问题，他通过对商周之间一些文化要素之间联系的研究，认为商周两代存在剧烈变革的见解“和古人所说不能相合”“如孔子论及商周礼制的因袭关系，以为其间不过是部分的损益”。《李学勤集》一书中收录的《商周青铜器对西土的影响》《周文王时期卜甲与商周文化关系》等文章，就是李先生对有关问题的一些探讨。

王国维先生是较早利用甲骨材料研究殷商史的人，可惜由于时间的限制，当时的研究仅处于起步阶段，否则王先生不会如此强调殷周两代文化的不同。傅斯年先生的“夷夏东西说”之所以具有生命力，是因为它强调了古代地理与古代历史之间的联系，强调了文化的区域性差异，而且在强调这种差异的同时没有忽略两系统因对峙而引发的争斗与混合。张光直先生有《中国青铜时代》，他自称其主要目的是对中国青铜时代文化与社会的若干主要特征做整体性的讨论。在其中的一些文章里，他谈到对夏、商、周三代文化的总体看法，他说：“夏、商、周在文化上是一系的，亦即都是中国文化，但彼此之间有地域性的差异。另一方面，在政治上夏、商、周三代代表相对立的政治集团，他们彼此之间的横的关系，才是了解三代关系与三代发展的关键。”[③]李学勤先生认为：“张先生的这个看法，既考虑了三代直的关系，又照顾到三代横的关系。他所讲夏、商、周代表相对立的政治集团，吸收了《夷夏东西说》的一些要点，而夏、商、周在文化上一系，则与《殷周制度论》以来的成说不同。”[④]

---

①张光直：《中国青铜时代》，生活·读书·新知三联书店2013年版，第103页。
②王国维：《殷周制度论》，《观堂集林》（第2册），中华书局1959年版，第451—480页。
③张光直：《中国青铜时代》，第72页。
④李学勤：《夏商周离我们有多远？——读张光直〈中国青铜时代〉一、二集》，《读书》1990年第3期。

实际上，我们应当承认傅斯年的夷夏东西说还有待古史学界的完善，值得欣慰的是，这个学说在具体内容方面已经得到了丰富和发展。如傅斯年以为中国上古历史的演进只有东西之分并无南北之限，东西之分在考古学文化上体现得十分明显，而东、西两系内的情形也有不同，表现出一定的区域性特征。例如，王迅的《东夷文化与淮夷文化研究》一书在20世纪50年代尤其70年代以来东方地区考古工作迅速发展的基础上，“全面系统地研究了东方地区诸考古学文化，尤其对江淮地区的考古材料作了重点分析，第一次在考古学上将东方地区诸考古学文化遗址划分为南、北两大系统，明确提出了淮夷文化问题，论证了东夷、淮夷与夏、商、周文化的关系，从而把夷人文化的研究又提升到另一个新的台阶”①。郭沫若曾将东周时期的铜器分为南、北二系，而且二系之色彩泾渭分明，“江淮流域诸国南系也，黄河流域北系也”，“徐楚乃南系之中心”。王迅的研究认为，中国上古文化的夷、夏东西两系统都有明确的南北之别，而这“正是东周铜器分南、北两系的重要原因和基础”②。

与夷夏东西说相比，傅斯年的史前文明多元说及先商文明高级而又长久说已经得到了更为充分的证实。

史前文明多元说是傅斯年首先在《城子崖》序中提出的，有着重要的意义。傅斯年说：“中国的史前文化原本不是一面的，而是多面互相混合反映以成立在这个文化的富土上的。海边及其邻近地域有一种固有文化，这文化正是组成周秦时代中国文化之一大分子。”傅斯年所说的这种“固有文化”首先发现于1928年，地点在山东章丘的龙山镇，1930年、1931年先后两次发掘，1934年正式出版了发掘报告《城子崖》。这便是众所周知的典型龙山文化（亦称山东龙山文化）的发现。当时，为了与被称为“彩陶文化”的仰韶文化相区别，便把城子崖这种以精美的磨光黑陶为显著特征的文化命名为“黑陶文化”。尽管当时人们对黑陶文化的认识还在初步，然而，城子崖所展示出的这一崭新的原始文化风貌，已启示傅斯年等人认定这是当地固有的一支文化。此后，山东的考古文化遗址陆续被大批发现、揭示，经过考古工作者的努力，不仅证实了傅斯年当年的推论，而且已经建立起了距今8000—3900年的北辛文化—大汶口文化—龙山文化的完整谱系。

①王迅：《东夷文化与淮夷文化研究》，第1页。
②王迅：《东夷文化与淮夷文化研究》，第90页。

更值得注意的是，自20世纪80年代以来，山东地区的考古又有了重大发现。1981年9月至10月，在沂源县土门乡发现了距今四五十万年前的“沂源人”。“沂源人”的生活时代大体与20世纪20年代末发现于北京周口店的“北京人”相当。另外，大体与“沂源人”年代相近的文化遗址在鲁东南地区还有发现。这使得山东地区已发现人类活动的遗迹的年代被大大提前，因为此前发现的较早文化遗存属于7—8万年前和2—3万年前的旧石器时代。到20世纪80年代中期，“在沂河源头到中游地区，南北长170多公里、东西宽几十公里的狭长地带，就发现了猿人化石和近百个旧石器、细石器地点，充分说明这里是几十万年来古人类活动的一个重要中心”①，有的学者推测：“随着考古工作的深入开展，完全有可能建立‘沂沭旧石器文化’比较完整的谱系，并通过‘沂沭细石器文化’这个关键环节，同已发现的山东新石器文化——北辛文化、大汶口文化、龙山文化的谱系连接起来，这样，就在鲁南地区形成了我国史前文化的完整序列。尽管我国是古人类和旧石器、细石器文化遗存最丰富的国度，但在一个小区内，可望把旧石器文化和新石器文化有机地连起来，从而形成中国史前文化比较完整的谱系的，还只有鲁南地区。”②通过对这一地区文化内涵的分析，学者们明确提出海岱历史文化区是中华文明的发祥地之一。

傅斯年先生是就山东考古的新发现立说的。除此之外，新中国成立以来的考古发现，如遍布南北各地的猿人遗迹、旧石器时代的众多文化遗址、新石器时代丰富多彩的历史遗存，都充分证实了史前文明的多元性质。所以，考古学家苏秉琦先生指出，在历史上，黄河流域的文化确曾起到重要的作用，而在同一时期内，其他地区的古代文化也以各自的特点和途径在发展着。严文明先生于1987年发表《中国史前文化的统一性与多样性》一文，论述了类似的观点。“这些观点同傅斯年四五十年以前的史前文明多元说何其相似！”③

李学勤先生在论及近些年中国古代文明起源研究的新特点时，认为“反对文明起源单元论的观点”是其中重要的一项，他说：“过去考古学尚未取得足够材料去打破中国文明起源于中原的单元论，现在考古学已为

①张学海：《从考古发现看山东在我国古史上的地位》，《文史知识》1987年第10期“山东专号”。

②刘宗贤主编：《鲁文化研究》，齐鲁书社2007年版，第6页。

③严文明：《中国史前文化的统一性与多样性》，《文物》1987年第3期。

中国文明起源的研究打下新的基础，单元论的传统观点就被打破了。”[①]李先生还对邵望平《〈禹贡〉“九州”的考古学研究》一文表现出浓厚的兴趣。邵文提出，公元前第三千年期间，特别是中、晚期，黄河、长江流域的史前文化发生了大的社会变革，进入考古学上的龙山时代。这个时代形成的龙山文化群体，是中国文明形成的基地。《禹贡》记述的九州，在很大程度上与当时的文化区系相对应，其内容之古老、真实，绝非后人凭想象所能杜撰。邵文认为，中国古代文明以黄河、长江流域为基地，以中原地区为中心，是多源的。

中国自古便是一个多民族的国家，中原地区以外，中国境内还有一些古代的民族，其文化面貌同中原地区有较大差异。傅斯年强调史前文明的多元性，同时也强调这些文明在多元基础上的混合，这与他的夷夏东西对峙、混合论是一致的。傅斯年始终坚持“中华民族是一个”的原则，认为中华民族自古及今经常与外族并合成一体，中国境内存在多个种族，但一直处在混合的过程之中，中华民族的整体性并不受到影响。李学勤先生的看法也是如此，他曾说“灿烂的中国古代文明，是各民族、各地区的人民共同缔造的”，他“一直主张古代中原地区与边远地区的文化间存在着双向的传播影响。中原文化强烈地影响到很遥远的地区，同时在中原也能找到源于边远地区的许多文化因素”。[②]如近些年发掘的四川地区的蜀文化，广汉三星堆器物坑的出土品以其特异而精美蜚声世界。这些器物一方面具有强烈的地域性，说明“当时的蜀文化有本身的发展和特点”，另一方面又“带有明显的中原文化影响”。[③]

从这种角度看，傅斯年先生的观点不独体现着他热爱中华民族的崇高情操，也表现了他于历史学上的真知灼见和求实精神。

傅斯年先生关于中国文化起源的另一个假说是先商文明高级而又长久说。这一假说见于他的中国古代思想史研究的代表作《性命古训辨证》，此书分上、中、下三卷，他在该书的中卷第三章论述说：殷商文化“乃集合若干文化系以成者，故其前必有甚广甚久之文化背景”，“以文字论，中国古文字之最早发端容许不在中土，然能自初步符号进至甲骨文字中之六书具备系统，而适应于诸夏语言之用，绝非二三百年所能达也。以铜器

---

①李学勤：《中华古代文明的起源：李学勤说先秦》，生活·读书·新知三联书店2018年版，第20页。
②李学勤：《走出疑古时代·自序》，辽宁大学出版社1994年版。
③李学勤：《中华古代文明的起源：李学勤说先秦》，第65页。

论，青铜器制造之最早发端固无理由加之中土，然制作程度与数量能如殷墟所表见者，必在中国境内有长期之演变”[①]。傅斯年《性命古训辨证》一书曾受到著名哲学史家赵纪彬的高度赞扬，他称此书“穷究人之源，通论思想之变，溥薄渊泉，精义时出，实有美不胜收之慨”[②]。其中，先商文明高级、长久论也是其“精义”之一。

关于先商文明，无论从事专门研究者还是其他人，倾力注意者已有不少。诚如张光直先生所说：“商文明起源对许多人来说是一个终极问题，对中国早期具有学术兴趣的人如此，对那些受到商艺术或商文明其他方面的吸引的人们也是如此。”[③]事实确实如此，笔者参加山东省孔子学会的一次学术讨论时，就听到一位并不专门从事中国上古文明研究的先生的议论，他也是以商代甲骨文的成熟文字形态为例证，认为我们对先商文明的估价偏低。傅斯年先生当年是从殷墟的部分发现中得到的启示。后来，商代文化的考古发现愈来愈丰富，更多的甲骨文字、青铜器物等考古材料被发现、被研究，人们对商代文明之灿烂看得更加清楚了。更何况，20世纪50年代末以来，考古学界不仅发现了二里头的夏文化，而且河北武安磁山、河南新郑裴李岗等遗址的发掘，使中原地区新石器时代的早期遗存得到确认，据测定，其时代的上限可以追溯至公元前6000年，中原古文化的年代大大提前。

21世纪20年代以前，我国历史上存在夏王朝或夏代是不成问题的，而从20年代起，这却成为一个有争议的问题，不少人认为那只是个神话或传说时代，以至于中国文明形成于商代成了长期流行于学术界的观点。日本著名学者贝冢茂树也说，中国文明的形成时代应定在由青铜器、宫殿基址和原始文字所表现出来的商代前期。对此，李学勤先生的看法是：“在考古学上，以那些遗物和现象来作为文明的可靠标志，本来是有待探讨的，但贝冢氏所列举的青铜器、宫殿基址（或城市）、文字三者，都确实是文明的重要因素。从最近的发现看，这些因素在商代以前都已有相当长的发展过程，古代文明是否迟到商代才形成，值得重新考虑。”[④]李学勤先生

①傅斯年：《性命古训辨证》，上海三联书店2018年版，第99页。

②赵纪彬编著：《赵纪彬文集第二卷·读〈性命古训辨证〉》，河南人民出版社1985年版，第14页。

③张光直：《早商、夏和商人起源问题》，张良仁、岳红彬、丁晓雷译，生活·读书·新知三联书店2019年版，第368页。

④李学勤：《重新估价中国古代文明》，《人文杂志》增刊《先秦史论文集》1982年。

曾就大汶口文化的陶器符号进行论述，并把中国和古埃及的文字起源进行比较，从而进行中外古代文明的比较研究，因为研究文明要素正是探讨古代文明形成问题的切实途径。李先生“一直主张中国文明时代的开端要比一般承认的早一个相当长的历史时期”，他曾推测“中国阶级社会、国家的起源应与两河区域的苏美尔、阿卡德古国一样地古老，一样地悠久”。[①]

行文至此，我们不禁想到唐兰先生很有影响的看法，他在20世纪70年代有感于山东大汶口文化的惊人发现，认为大汶口文化是东夷集团的少昊文化遗存，少昊文化“是奴隶社会初期的文化”，“中国已有了六千年的文明史”。[②]当然，唐兰先生的观点还不能被普遍接受，但他主张中国古代文明的形成年代应当提前，还是颇具启发意义的。

商族本来是起于东方的，《诗·商颂·玄鸟》称：“天命玄鸟，降而生商，宅殷土芒芒（茫茫）。”《史记·殷本纪》也说商人始祖契的母亲简狄洗浴时，“见玄鸟堕其卵，简狄取吞之，因孕生契”。殷商人把自己的祖先与鸟相联系，正是因为他们本是夷方的一支，而以鸟作为图腾加以崇拜乃是东夷人的特点。《殷本纪》又说“契兴于唐、虞、大禹之际”，还说“契长而佐禹治水有功”。从契至汤，传十四世，在时代上大约与夏王朝相始终。现在，学术研究取得进展，已很少有人怀疑我国古代文献关于夏代记载的可靠性，夏朝的存在已基本确立。在此基础上，我们同意张光直先生“商政治集团在夏朝的整个统治中可能与之并存”的看法。商人祖先既出自夷，那么，东方灿烂的原始文化便也是其早期发展的广阔背景，而商朝取代夏政之前又已有了数百年的发展历程。如此，先商文明之高级而又长久便不言而喻。

长期以来，疑古思潮限制了人们对中国上古文明的探索。可喜的是，今天中国的考古学、历史学、文献学都发展成相当成熟的学科，这些学科的互相沟通，给学术界以深刻的启示，人们肯定疑古思潮在思想史上的进步作用，也发现它难免造成古史空白的缺陷。于是，走在学术前沿的历史学家提出必须走出疑古时代，并对中国上古文明重新进行估价。挣脱了旧有束缚，便可对中国上古文明的诸多问题进行实事求是的研究。如果说傅

---

①张立东、任飞编著：《手铲释天书：与夏文化探索者的对话》，大象出版社2001年版，第130页。

②唐兰：《从大汶口文化的陶器文字看我国最早文化的年代》，《光明日报》1977年12月15日。

斯年先生当年对中国文明起源问题的看法尚属假说，那么，经过学术界几十年的努力，这些假说已经得到了证实、完善和发展，并被学界越来越多的人奉为定说。

《尚书·皋陶谟》与儒学渊源问题

《皋陶谟》是《尚书·虞夏书》中的一篇，根据传统的解释，晚出的《孔传》将《皋陶谟》一分为二，从中析出《益稷》，其实未必。但不论如何，《皋陶谟》记录帝舜与大臣讨论政务的话，可以分为两大部分，前记皋陶与大禹论其慎身、知人、安民之谋，后记大禹与帝舜论其注重民生、君臣之道以及对待苗民之计等。《皋陶谟》篇首有“曰若稽古”四字，意思是审查或者考究古代事迹，由此证明该篇属于后人的追记。但它是根据当时流传下来的资料写成，其成篇也不会如现代一些学者所说太晚，①它其实有重要的史料价值。

《皋陶谟》全篇字数不及两千，但其内涵之丰富，意义之精微，足以引起今人重视。皋陶、大禹处在尧舜时代，二人共辅舜政，是大舜最为得力的两位助手，所以孟子说：“尧以不得舜为己忧，舜以不得禹、皋陶为己忧。”（《孟子·滕文公上》）在《皋陶谟》中，舜与大禹、皋陶的讨论谈话，涉及修身养德、顺天应人等许多治国安民的根本道理，人们解读《皋陶谟》，自然会发现该篇与儒家主张之间的联系，并将皋陶的思想看作儒学的源头。②在前人研究的基础上，我们继续研读《皋陶谟》，分析该篇所蕴含的学术信息，认为它与作为儒学创始人的孔子有重要关系，或者说它对孔子思想产生的影响的确不可低估。

一

孔子以前，《诗》《书》《礼》《乐》等已经颇受社会重视，到了孔子时代，《诗》《书》《礼》《乐》有所散乱，于是，孔子对其进行整理

---

①疑古学风盛行时期，《尧典》《皋陶谟》的真实性受到怀疑。例如，有学者认为：“就史料的原始性质说，今本《尧典》和《皋陶谟》是最欠真实的，虽里面有些原始的史料，可是大半却受了周、秦制度的影响，并染了儒家思想的色彩，至于文词，更是战国时代的文词占大部分。”又说：“《尧典》是秦统一天下到禁《诗》《书》时所整编的，《皋陶谟》的整编也一定在……这个时期。”（蒋善国：《尚书综述》，上海古籍出版社1988年版，第170、171页。）这样的看法十分具有代表性。其实，《尚书》中的《尧典》和《皋陶谟》所记尧、舜、禹、皋陶的史迹基本可信，已有学者分析指出了疑古派观点的错误。参见金景芳、吕绍纲：《〈尚书·虞夏书〉新解》，辽宁古籍出版社1996年版。

②安徽六安成立了皋陶研究会。1997年5月，安徽六安又举办了“全国皋陶文化研讨会”，有学者就将皋陶与儒学渊源问题联系起来进行考察。参见何超、孟世凯主编：《皋陶与六安》（第2集），黄山书社1997年版。

加工，并以之教授生徒，使其影响越来越大。孔子重视《尚书》，也看重其中的《皋陶谟》，从孔子对《尚书》的编订以及他对该篇的评价中，可以看出该篇在他心目中的位置。

《尚书》中蕴涵着丰富的内容，具有教化的功能。关于这一点，春秋前期的人们已经注意到。《左传·僖公二十七年》记载晋人的话说：

> 臣亟闻其言矣，说《礼》《乐》而敦《诗》《书》。《诗》《书》，义之府也；《礼》《乐》，德之则也；德、义，利之本也。《夏书》曰："赋纳以言，明试以功，车服以庸。"君其试之！

由此可知，早在孔子以前，《尚书》已经在社会上流传，人们重视该书，发掘其中的意蕴，用以指导自己的行为。上述《左传》中所引《夏书》之言，见于《尧典》和《皋陶谟》，在《皋陶谟》中作大禹的话。

春秋末年，由于社会的剧烈变动，出现了"礼崩乐坏"的局面。在这样的情势下，《尚书》也出现了一定的缺失。《史记·孔子世家》云"孔子之时，周室微而礼、乐废，《诗》《书》缺"；《五帝本纪》也说"《书》缺有间"；新出土的马王堆帛书的《要》篇中有"《诗》《书》《礼》《乐》，不□百篇，难以致之"之语，这说明《诗》《书》《礼》《乐》都是有文成篇的。[1]但该篇又记述孔子的话，说"《尚书》多於也，《周易》未失也"，李学勤先生推测"於"字原为"阙"，后讹而省作"於"。"阙"与下句的"失"，正好互相呼应。[2]孔子正是在《尚书》出现缺失的情况下对该书进行整理的。

孔子整理《尚书》，也是因为其中蕴含着理解圣王政治、认识社会人生的义理。孔子对《尚书》的作用看得很清楚，《礼记·经解》中他说：

> 入其国，其教可知也：……疏通知远，《书》教也……《书》之失诬……疏通知远而不诬，则深于《书》者也。

在这里，他是把《尚书》与《诗》《乐》《易》《礼》《春秋》一起进行议论的。孔子认为，"疏通知远"的《书》教就像"温柔敦厚"的《诗》教、"广博易良"的《易》教、"恭俭庄敬"的《礼》教等一样，对邦国

---

①李学勤：《失落的文明》，上海文艺出版社1997年版，第308页。
②李学勤：《失落的文明》，第308页。

教化人的举止行为起到重要作用。在他看来，知识广博，通达于政事，了解历史，远知古代帝王，是得力于《书》的教化。如果不善于学《书》，就有可能知识失实。疏通博洽而不失实，就是真的深通《书》教了。

既然《书》可以疏通，可以知远，那么，对于缺失的《尚书》就有整理"论次"的必要。《荀子》说《书》为"政事之纪"，那么，孔子以前当有许许多多的《书》篇。需要指出的是，《孔子世家》所说的"《诗》《书》缺"及《五帝本纪》所说的"《书》缺有间"，其中"缺"更多的应该是缺失、缺损、不完整的意思，而不一定有匮乏的意思。当时，《诗》《书》同样出现缺失，对于《诗》，孔子就进行了整理，《论语·子罕》记孔子曰："吾自卫反鲁，然后乐正，《雅》《颂》各得其所。"根据《史记·孔子世家》和《汉书·礼乐志》的相关记述，孔子所"正"主要是正其篇章。另外，孔子时候，诗篇很多，他还做了删诗的工作。[①]"《诗》《书》缺"的"缺"应没有匮乏之意。

对于《书》，孔子可能主要是筛选和断限。《史记·孔子世家》说："（孔子）追迹三代之礼，序《书》传，上纪唐虞之际，下至秦缪，编次其事。"《五帝本纪》说："学者多称五帝尚矣。然《尚书》独载尧以来，而百家言黄帝，其文不雅驯，荐绅先生难言之。孔子所传宰予问《五帝德》及《帝系姓》，儒者或不传。"尧以前的材料，证据不足，难以取用，所以上限自尧开始。看来，刘歆《七略》所言是对的："《书》之所起远矣，至孔子纂焉，上断自尧，下讫于秦，凡百篇，而为之序。"（《汉书·艺文志》）

孔子编订《尚书》以尧为起点，是因为孔子崇尚先王之道，崇尚古代圣王，《中庸》说："仲尼祖述尧舜，宪章文武。"在孔子编订的《尚书》中，就有这样的体现。在孔子的心目中，尧、舜、禹、汤、文、武、周公等是圣王明君，《论语·泰伯》记载子曰："大哉，尧之为君也！巍巍乎！唯天为大，唯尧则之。"又曰："巍巍乎！舜、禹之有天下也，而不与焉！"孔子又对古圣王的礼乐文明制度倍加赞赏，据《论语·泰伯》记载，孔子赞尧曰："巍巍乎，其有成功也。焕乎！其有文章！"孔

①上海博物馆竹书《诗论》发现后，有人据而否定孔子删诗之说，其实《诗论》并不能说明孔子没有删诗。参见杨朝明：《上海博物馆竹书〈诗论〉与孔子删诗问题》，《孔子研究》2001年第2期；刘生良：《上博论诗竹简的发现并不能否定"孔子删诗说"》，中国诗经学会编：《诗经研究丛刊》（第2辑），学苑出版社2002年版。

子又极力称赞舜时的《韶》乐，《论语·八佾》记曰："子谓《韶》：'尽美矣，又尽善也。'"孔子更称颂舜能选贤任能以至无为而治。《论语·颜渊》曰："舜有天下，选于众。"《泰伯》曰："舜有臣五人而天下治。"《卫灵公》记："子曰：无为而治者，其舜也与？夫何为哉，恭己正南面而已矣。"在《益稷》中记帝舜的话说："臣作朕股肱耳目。"他重视臣下的作用，在《皋陶谟》的记载中，舜与禹、皋陶等贤能之士相与陈其智谋，讨论政治，一派君臣和谐气象。

孔子于《尚书》有"七观"之说。《尚书大传》记孔子说：

> 六誓可以观义，五诰可以观仁，《甫刑》可以观诫，《洪范》可以观度，《禹贡》可以观事，《皋陶谟》可以观治，《尧典》可以观美。

《孔丛子·论书》也有相近记述，子夏"问《书》大义"时，孔子回答说：

> 《帝典》可以观美，《大禹谟》《禹贡》可以观事，《皋陶谟》《益稷》可以观政，《洪范》可以观度，《泰誓》可以观义，五诰可以观仁，《甫刑》可以观诫。通斯七者，则《书》之大义举矣。

两相比较，二者大同小异。孔子编订《尚书》时选取这些篇章，应该有其用意在里面。孔子论《皋陶谟》，一曰可以观治，一曰可以观政，意思完全一致。孔子心目中的政治，正是《皋陶谟》所显示的样子。

从历史编纂学的角度看，《尚书》虽为官方文献的汇编，但它的成书过程却承载了编者的思想倾向。孔子不仅"祖述尧舜"，还说"吾于《帝典》，见尧舜之圣焉。于《大禹》《皋陶谟》《益稷》，见禹、稷、皋陶之忠勤功勋焉"，他删订《尚书》，"论次"《尚书》顺序，于众多篇籍中选出《皋陶谟》，将它置于记载尧舜事迹的《帝典》（《尧典》等）之后，明显可以看出孔子对皋陶论述的重视。反过来，《皋陶谟》对孔子的影响也不可低估。

二

我们将孔子学说与皋陶主张进行对比，不难看出他们思想的内在联系。在《皋陶谟》中，皋陶明确提出了"慎厥身"和"知人""安民"的主张，专家指出："这篇作品的中心内容是'在知人，在安民'六字。”[1]这是对的，该篇重点讨论任人用人、知人善任的问题。儒学是孔子创立的以修己治人为宗旨的学说，孔子以修己和安人之道为基本内容的学说的提出，标志着儒学的诞生。从根本上讲，孔子的思想是关于社会政治的论述，他的其他思想也都是在这样的基础上阐发的。

孔子考虑社会政治的时候，特别注重人的因素，孔子强调“为政在人”，这与《皋陶谟》所显示的皋陶主张是一致的。

如果对儒学的博大体系进行剖析，不难发现，在早期儒家的视野中，“人”处在最为根本的位置上，或者说“人”是最受关注的对象。无论是在天下、国家还是作为天下、国家基本单元的家庭或者家族中，人都是基本的构成要素。解决了人的问题，也就解决了社会的根本问题。社会基层的人要按照一定的行为规范处世做人，社会的管理者更要按照德政的要求为政治国。孔子说：“为政在人，取人以身，修身以道，修道以仁。仁者人也，亲亲为大；义者宜也，尊贤为大。亲亲之杀，尊贤之等，礼所生也。”（《礼记·中庸》）看得出，孔子把人作为国家长治久安的最关键因素，国家治理得好，必须以用人得当为前提。儒家强调修身，强调道、义、仁、礼，但说到底，还是一个“人”的问题。社会政治能否稳定，更取决于人。《中庸》记孔子之言曰：“文武之政，布在方策，其人存，则其政举，其人亡，则其政息。”可见，孔子十分重视政治中人的因素，他的思想与皋陶完全一致。

在《皋陶谟》中，皋陶的“知人”“安民”主张乃是从修德、修身开始的。皋陶说：“允迪厥德，谟明弼谐。”意思是诚实地遵行仁德，就能够谋虑高远，决策英明，使君臣协力同心。具备仁德，必须谨慎修身，而且要不懈地坚持下去，此即皋陶所谓“慎厥身，修思永”。要使九族亲厚顺从，使贤明勉励辅佐，都应该从修身做起。

人们注重修身、修德之后，更重要的还有两点：一是“知人”，即对德行的认识和辨别；二是“安民”，即安抚百姓，使民得安。知人的重要性不言而喻，用大禹的话说：“知人则哲，能官人。”能够识别和理解臣下就是明哲，就能够选取人才，从而任命和使用人才。安民则是重视民众，取得民众的支持。大禹认为“安民则惠，黎民怀之”，安定了人民，受人们的爱戴，民众就会怀念。既知人，又安民，就使人明哲而又慈爱，

①金景芳：《〈尚书新解〉序》，金景芳、吕绍纲：《〈尚书·虞夏书〉新解》，辽宁古籍出版社1996年版，第3页。

就不用担心天下不稳、人心不服。看来，“知人”与“安民”都十分重要，但二者相比较，前者似乎更为根本，没有“知人”作为前提保障，哪里谈得上“安民”？

那么，怎样才能做到“知人”呢？皋陶进一步谈论了考察人们德行的方法，这就是他所说的“九德”。皋陶详细列出了检验人的行为的“九德”：宽而栗，柔而立，愿而恭，乱而敬，扰而毅，直而温，简而廉，刚而塞，强而义。这里所谈的“九德”中，前后每两字组成一“德”，实际包含着“允执其中”的思想。如其中的“宽”指宽宏，但过于宽宏，不把握分寸，就会没有威严；与之相同，“柔”也应有度，“柔”指和柔、柔顺，如果一味地强调这一点，就会“植立”，难有建树，如此等等。这些德行也为后世所遵行，它具体要求人们宽厚而不失威严，柔顺而不失主见，随和而不失庄重，具有治世能力而又谨慎认真，驯服而不失刚毅，正直而不失温和，宽大简洁而不忽略小节，刚正果敢而实事求是，坚强而不失良善。

儒家重视“德”，而在儒家学派形成之前，不少早期的文献就对“德行”的体系进行过概括。[①]有的是归为三德、四德、六德、九德，有的归为三行、三达道、四道、五教、六行、七教、八政、九行、九守、十伦等等，名目不一，内容也有很大区别。就内容而言，这些德目有的表述了个人的品质，有的则表述了社会基本的人伦关系，有的是两者结合在一起。大要别之，有的属于政治，有的则属于伦理。但综合儒家学说，把这些德目放在整个儒家思想体系中考察，其实它们又没有严格的界分。这些所谓的“德行”分别出自《尚书》《左传》《礼记》《逸周书》《周礼》等典籍，从中可以看出，我国自古以来就有重视德行的传统，儒家的道德体系正是对这一传统的继承。

当然，“德”的内涵是变化的，早期的“德”与后世“道德”的“德”有一定区别，但二者之间的联系也是显而易见的。[②]

如果把《皋陶谟》的“九德”进行这样的比较分析，同样会发现值得重视的学术信息。金景芳、吕绍纲先生讨论过“九德”之后就产生了“三点想法”：第一，《皋陶谟》所谓“九德”，无非人之性格、心理以及行为能力方面的特点，尚不具有后世如仁义礼智信忠孝等道德范畴的意义；第二，《皋陶谟》的“九德”反映出了一种“过犹不及”的思想，与后来

---

①陈来曾对古代典籍中的有关论述进行了辑集分类。参见陈来：《古代宗教与伦理——儒家思想的来源》，生活·读书·新知三联书店1996年版，第306—307页。
②参见杨朝明：《周公事迹研究》，中州古籍出版社2002年版，第13—14页。

孔子所表述的中庸之道一致；第三，《皋陶谟》的“九德”与《尧典》的“直而温，宽而栗，刚而无虐，简而无傲”似有渊源关系。而《洪范》的“三德”就是这里“九德”的概括。“宽而栗，柔而立，愿而恭”相当于《洪范》的“柔克”；“乱而敬，扰而毅，直而温”相当于《洪范》的“正直”；“简而廉，刚而塞，强而义”相当于《洪范》的“刚克”。《吕刑》亦有“三德”之说，这说明《尚书》各篇内容是贯通的。以上三点共同证明《皋陶谟》“九德”的早期性与真实性。[①]

《尚书》有所谓四德、九德、三德，《逸周书》中有所谓八政、九行、九德，《周礼》有所谓六德，将三者进行比较，不难看出《尚书》中的“德”属于个人品质，而《逸周书》和《周礼》中的“德”则既有属于个人品质的，又有属于社会的人伦关系的。而《周礼》的六德则具有普遍性的道德价值。我们认为，《逸周书》和《周礼》的德目，基本反映了西周的道德观念的面貌。通过这样的比较，可以看出德目出现的先后关系，也可以看出各种典籍与儒家的密切程度。儒家重视《尚书》，儒家在讨论人的问题时常常论及其中的德目。儒家更重视《周礼》，孔子等早期儒家向往的正是“郁郁乎文哉”的周代礼乐文明，他们尤其对《周礼》中的礼乐教化思想格外看重，儒家大谈仁、义、忠、信、礼、智、圣、和等等，都与《周礼》所显示的道德思想一致。新出郭店楚墓竹简中有《六德》一篇，该篇是十分重要的儒家文献，学者们认为它是子思学派的作品，其中以圣、智、仁、义、忠、信为六德，正可资这方面的理解和认识。

皋陶谈论的“九德”属于个人品质，那时的人们已经注意到了“人”在社会政治中的重要性，人们便当然地视之为中国早期“人学”思想的滥觞。皋陶、大禹作为当时的统治者，他们当然十分关心如何“官人”，如何鉴别地使用人才，只有任人、用人得当，才能保证政治的良好运作。考察“九德”得当，选出才能出众的人担任官职，用他们辅佐政事，各种事情都会办好。

“官人”之事属于最高统治者要做的工作，这里的话都是对最高统治者而言的。皋陶继续说道，当政者应当表彰有德行的人，臣僚们互相效法，使各级当政的人都能用德行勉励自己，从而顺从君王，处理好各种政务。治理国家的人更不能贪图安逸和私欲，要兢兢业业尽职尽责，完成上天交给的纷繁复杂的各项事情。

---

①金景芳、吕绍纲：《〈尚书·虞夏书〉新解》，第206页。

三

在谈论了“知人”问题之后，皋陶又谈到五典、五礼、五服、五刑的问题，这些则属于“安民”的范畴。“五典”一般指五种常法，即父义、母慈、兄友、弟恭、子孝，就是后世所谓的五常。“五礼”何指，郑玄说是天子、诸侯、卿大夫、士、庶民，王肃说是王、公、卿、大夫、士，孔安国说是公、侯、伯、子、男五等之礼。从下面“同寅协恭和衷哉”的句子看，这里的五礼说的是尊卑等级是有道理的，上天规定了这种等级，君臣之间就应当相互敬重、协力同心、和善相处。“五服”是天子、诸侯、卿、大夫、士五等礼服。五服五章，以五等礼服表彰五者。“五刑”指墨、劓、剕、宫、大辟五种刑罚，用来惩罚有罪的人。

总体分析《皋陶谟》，可以看出，皋陶由修身出发，谈及知人、安民。语言虽然十分简练，内容却十分丰富。我们研究《逸周书》，发现周初训语如《度训》《命训》《常训》等也是如此，里面谈论人的需要，分析人的特征，都是阐述为政治民的原则和方法。[①]

皋陶所谈修身的重要性，早期儒家也有清楚的认识。孔子、孟子等人谈论修身、知人和道德，都着眼于当时的社会政治，都是对统治者阐发的。[②]他们思想中有民本主义的倾向，这决定他们的思想以社会国家为本位，因此，他们首先必须注意到社会上层的道德问题。意欲安民，必先修己。对此，孟子的话很有代表性，他说：“天下之本在国，国之本在家，家之本在身。”（《孟子·离娄上》）又说：“身不行道，不行于妻子。”（《孟子·尽心下》）安民、安国、安天下，都必须从自身做起。

从对“刑”“德”关系的论说看，孔子思想与皋陶主张若合符节。关于这一点，是有必要特别加以指出的，因为不少人注意到皋陶与中国刑罚的密切关系。《皋陶谟》中的皋陶提出以“五刑”惩罪，但认真研究后发现，皋陶乃是把道德修养作为治国的根本，提出“九德”作为对人的要求，强调德治教化，“五刑”仍然是德治的辅助。

孔子也常常论述“刑”与“德”的关系，他特别强调“德治”，强调“德主刑辅”。除了不少文献中的零星记载，《孔丛子》《孔子家语》都

---

①杨朝明：《周训：儒家人性学说的重要来源——从〈逸周书·度训〉等篇到郭店楚简〈性自命出〉》，《关于21世纪的儒家文化国际会议报告论文集》，日本磐城·东日本国际大学儒学研究所2000年6月22日—23日。

②杨朝明：《孔子的道德学说及其历史启示》，《东方杂志》1999年第10期。

有集中的论述，这些文献向来不被重视，其实它们都可以与新出竹书相互印证，都是极珍贵的资料。如郭店楚简的《成之闻之》中曰："民可敬道（导）也，而不可弇（掩）也；可牙（驭）也，而不可殴（驱）也。"与《大戴礼记·礼察》所说"导之以德教，或驱之以法令"完全一致。据介绍，上海博物馆购藏的楚竹书中有《鲁邦大旱》篇，其中记载了孔子评论鲁国大旱是其当政者"刑"与"德"的措置问题。①

一般研究者注意到，孔子的思想与周公的主张有明显的继承关系。在孔子思想中，周人的传统政治观念占据了极其重要的地位，而周公就是周人传统观念的奠基人。周初，周公明确提出了"明德""慎罚"的思想主张，这些主张都以西周王朝的长治久安为出发点。不难看出，周公的这一思想主张同样是对统治者阐发的。他主张以德为主，以刑作为补充，对后来的思想家、政治家影响很大。春秋时期，崇德、重德甚至成为一种社会风气。

孔子"祖述尧舜，宪章文武"，尧、舜、禹、汤、文、武、周公都是孔子敬仰的古代圣王，他编订《尚书》，有记录大禹、皋陶对话的《皋陶谟》等篇，更有记载周公事迹的《周诰》等。在德、刑关系等方面的思想主张，无论皋陶还是周公，都不同程度地影响了孔子，影响了孔子以后的儒家。

皋陶对孔子和早期儒家的影响，有直接的史料可以显示。例如，《论语·泰伯》记孔子说："舜有臣五人而天下治。"这里的五人是指禹、稷、契、皋陶、伯益，而其中最为主要的恐怕就是大禹和皋陶。所以《孔子家语·王言解》记孔子的话说："昔者帝舜左禹而右皋陶，不下席而天下治。"《尚书大传》说："左曰辅，右曰弼。"皋陶与大禹同为帝舜的辅弼，难怪后人称颂皋陶"功不在禹下"。所以《论语·颜渊》记孔子的弟子子夏说："舜有天下，选于众，举皋陶，不仁者远矣。"《孟子·滕文公上》记孟子说："尧以不得舜为己忧，舜以不得禹、皋陶为己忧。"

四

《皋陶谟》不是尧舜时代的作品，而是后世的整编，这当然没有什么

---

①参见杨朝明：《〈孔子家语·执辔〉篇与孔子的治国思想》，《传统文化与以德治国国际学术研讨会会议论文》，山东济南2001年8月17日—21日。

问题。其整编的年代在什么时候，还没有取得一致的看法。然而，站在现在学术发展的高度，透过人们的争论与怀疑，同样可以加深对该篇内容的理解。

以前，人们对《皋陶谟》并没有太多的怀疑，只是指出该篇“文字稍简洁平易，或系后世重编”，这当然是容易理解的。因为《皋陶谟》不是大禹时代史官的直接记录，而是之后的学者根据那时传留下来的资料写成，所以它语言的平易就可想而知了。我们将《尚书》与《史记》的相关部分对读，就不难发现《史记》“以诂训代经文”的撰述方法。《皋陶谟》叙述的史实虽然时代在前，但经文未必最为古奥难懂。

关于《皋陶谟》的写成时间，王国维先生在《古史新证》中认为“至少亦必为周初人所作”，这是近代以来关于《皋陶谟》成篇时间的较早估计。以后，疑古思潮盛行，人们对此篇成篇时间的估计就越来越晚，有的认为在周室东迁以后，有的认为在战国初年，有的认为在战国之末，有的甚至认为在秦汉时期。

时至今日，《皋陶谟》具体的成篇时间仍然难以确定，但它不晚于孔子时期还是可以肯定的。孔子时期，《尚书》早在社会上流行，《尚书》之名已经存在，[①]古籍中也间有引述《皋陶谟》语句者。更值得注意的是，新出的郭店楚墓竹简中有《缁衣》一篇，该篇共征引《尚书》六篇九条，很值得我们对《尚书》的成书与流传问题进行新的思考。郭店楚简出土的是战国中期的墓葬，其中的《缁衣》篇成篇当然早于这个时间，所以《缁衣》引述的《尚书》文句时代更早。尤其令人惊讶的是，《缁衣》还征引了《咸有一德》《君牙》《君陈》三篇四条古文《尚书》，从中可以看出，“清人关于晚出古文《尚书》乃东晋人伪造的结论并非无懈可击，仍可以再作讨论”[②]。

不少学者认为《皋陶谟》成篇时代很晚，主要是看到其中所显示的思想主张与儒家有相同或者相通之处，例如，郭沫若的《中国古代社会研究》认为它“为后世儒家伪托”，“完全是儒家的创作，在研究儒家的哲理上是必要的资料，但要作为古代的信史，那是断断乎不可！”因为在郭沫若看来，《皋陶谟》中所显示的人格发展的阶段、天人一致观的表现

---

①李学勤：《失落的文明》，第308—309页。

②吕绍纲：《〈郭店楚墓竹简〉辨疑两题》，国际儒学联合会编：《纪念孔子诞辰2550周年国际学术讨论会论文集》（下），国际文化出版公司2000年版。

以及折中主义的伦理都应当在儒家出现之后。[①]在《先秦天道观之进展》中，郭沫若更具体指出《皋陶谟》出自孔子的孙子子思之手。

受郭沫若的影响，蒋善国也不相信《皋陶谟》记述的真实性，他在《尚书综述》中认为该篇与相关的篇章是受了周、秦制度的影响，“并染了儒家思想的色彩”。《皋陶谟》中所提到的“九德”是“受儒家中庸思想的影响”，其“整编时代当在《论语》以后”，他还推测《皋陶谟》的材料乃与尧、舜传说同时出现，“汉代以来所传的《皋陶谟》，是秦并天下，禁《诗》《书》时儒家和博士所整理的”[②]。

现在看来，这些说法的不当是显而易见的。与疑古学派在古籍成书问题认识上的不少错误一样，他们在《皋陶谟》主张与儒家思想关系的认识上，陷入了逻辑上的颠倒。但他们看到了儒家思想与《皋陶谟》的一致性，这一点应该是没有什么问题的。

①郭沫若：《中国古代社会研究》，《郭沫若全集·历史编》（第1卷），人民出版社1982年版，第90—96页。

②蒋善国：《尚书综述》，第170—172页。

中国早期的邦国观念与爱国主义传统的形成

中华民族的爱国主义起源于先秦时期，质言之，先秦时期是我国爱国主义优良传统的奠基时期，而这又与当时的邦国观念密切相连。中国早期的国家形成于先秦，这是一个漫长的历史过程。在这个过程中，人们对于邦国的认识也在不断发生变化。囿于当时的时代条件，他们对地理上“天下”的认识尚有很大局限。在周代的分封制度下，关于“邦”或“国”与周室之“天下”的关系的认识，当时的人们因为政治观点的不同而有很大差别。西周时期，“溥天之下，莫非王土；率土之滨，莫非王臣”（《诗经·小雅·北山》），在这种情况下，“礼乐征伐自天子出”（《论语·季氏》），各诸侯邦国基本属于周室统辖下的行政单位，只是这种统属关系与后世封建时代有所不同而已。后来，随着周天子威权的衰落，人们的“邦”“国”观念也逐渐得到强化，加之春秋战国以来列国间争战不已，“杀人盈城”“杀人盈野”“破国”和“丧家”的惨痛局面常常出现。这样的时代大背景下，人们对“父母之邦”的特殊感情便逐渐深厚起来。战国时期楚国的典型爱国诗人屈原便是在这种情况下出现的。

一

在我国，现代意义上的国家，其形成有一个漫长的历史过程。西周时期有所谓国、野之别，这里的国也有一个悠久的发展过程，它是由以前氏族居住的大邑发展而来。“国”和“野”在《诗经》的《雅》《颂》部分等先秦典籍中多次出现，它们指的是西周、春秋时期在周王畿和诸侯国中普遍存在的两大政治区域，只不过相对于野来说，国的面积要小得多。如果把广大的野比作一个面，那么国就与上面的点差不多。[①]

西周乃至春秋时期的“国”还不是现代意义上的国家。在原始时代，甚至进入阶级社会的夏商时期以至周初，氏族组织曾长期存在于社会组织内部，在这种情况下，人们始终聚族而居，形成了一个个聚民点。社会的进步和生产力的发展，使人口不断增多，人们的居邑也在逐渐扩大，所以，到夏、商时期，由于各氏族之间发展的不平衡性，一些大邑率先涌现出来。不过，当时人烟稀少，虽然笼统而言，周初时的国、野（或称点、面）基本框架大体具备，但在广大的原野上，由于山川阻隔、交通困难，

①参见王玉哲：《殷商疆域史的一个问题》，《郑州大学学报》1982年第2期。

人们的活动极其有限，星罗棋布地分散于各地的氏族、部落或方国，大都互不相属，各自为政，并自由流徙，不常其居，即使夏、商、周人先族也不免时常迁徙流移。在这个过程中，他们的政权范围也主要局限于所赖以生存的居邑之中。只是像殷商那样大的氏族强盛起来以后，周围的一些部族便屈从了他们的统治。

从文字学的角度考察，国、野之别也是客观存在过的。《说文解字》云："国，从口从或。"其金文形体像人所守护的有一定范围的处所；"野"字古文从林从土，显然是指广袤的原野。在金文和《尚书》《诗经》中，国又常被称为邑或邦。《释名·释州国》称邑为"邑人聚会之称"，这同国的初义差不多。邦与封同义，表示用树木圈定的住地。周人称国为邦，称国为邑，显属新时期沿袭旧称。但是，虽然国与邑、封在本初意义上极为相似，或者说国就从邑、封发展而来，并且由于周人对国、邦界划分不那么严整，甚至有时称在野部族为国，但严格意义上可称为国的毕竟还是有限的。

周族人曾自称为"小邦"，而称殷商为"大邑"。殷商时期，服从于商朝或不服从于商朝统治的方国众多，武王当初征伐四方，《逸周书·世俘解》篇谓其"凡敦（敦，即伐的意思）国九十有九国"。《保卣》《禽簋》等铜器铭文记录，成王、周公东征时依然方国林立。《逸周书·作雒解》篇称"凡所征熊盈族十有七国"，《孟子·滕文公下》则说"灭国五十"。以上所说的"国""邦""邑"都属于同一概念。当时的所谓"灭国"，往往只不过是去掉原有的国君而已，周人服奄，也就是"迁其君于薄姑"（《今本竹书纪年疏证》）。

《周礼》上说："惟王建国，辨方正位，体国经野，设官分职，以为民极。"按照这个说法，区别国、野，分而治之，倒与建造王都、设官分职一样，成了天子实施其政治的基础。《冬官考工记》则称："匠人营国，方九里，旁三门。国中九经九纬，经涂九轨，左祖右社，面朝后市，市朝一夫。"这些描述似乎是理想化的，实际上不会这般整齐划一。因为从夏、商甚至更早的时期以来开始形成的点、面区分到西周以来的国、野之别，这个发展过程是自然的。司马迁说："齐、晋、秦、楚，其在成周微甚，封或百里，或五十里。"（《史记·十二诸侯年表序》）但到春秋战国之时，他们都成了泱泱大国，彼时他们的疆域绝不互相连属，中间还有许许多多的小邦分布其间，只是在大国发展之后，这些小邦才相继沦为他们的小邑。例如，鲁国初封之时，封土不过百里，但到后来，"鲁方百里者五"（《孟子·告子下》），疆土扩大超出原来许多倍，诸如极、鄅、根牟、邿、项等都被鲁国吞并，邾、莒、曹、宋等的土地也有被鲁国削夺的现象。鲁以曲阜为中心，控制了大片地区，在广大的国土上又分布着诸多的居邑，这些居邑自然有大小之别，当周初始封之时，各诸侯国在原有居民点的基础上，进行“城”“筑”，并向周围拓展，不断地开发土地，垦荒种植。这个过程便包含了居民点的增多、增大和控制区域的拓展。这样，人口的增加、土地面积的扩大，更加剧了列国间发展的不平衡，彼此间出现了冲突和争夺。逐渐地，国野之间的界限也有消失的趋势。与之相应的是“领土国家”之现代意义概念的出现。西周之时，家与国有别，“天子建国，诸侯立家”，国指诸侯所居，家指卿大夫的采地。而春秋以来，“国”与“家”往往连称。另一方面，诸侯国纷纷“思启封疆”，各国之间土地的拓展，彼此间出现了一些连接点和结合部，“于是，边界、国境诸问题也自然而然地应运而生了”[①]。

二

一般说来，爱国情感是伴随着邦国观念的强化而产生的。商朝以前，特别是商朝之时，他们虽然把统治地区分成畿内和畿外两部分进行治理。但这种统辖方式是十分松散的。畿外方国自不待言，即使畿内方国，其对王室的隶属也不稳定，各国之间亦有弱小与伯长之分，一旦王室统治力量削弱，他们之中便往往首先出现“诸侯畔离”现象。因此，商朝时期王室统治下的臣属之邦虽对王室有固定的义务，如定期朝贡、提供力役、奉命征伐等，但其天下一统的观念尚不明确。

周初的大分封借鉴了殷制而有重要完善，周初所封主要是周室子弟、功臣、甥舅，他们被分封到各地，建立起一个个诸侯之国。以周公为代表的周初统治者同时“制礼作乐”，以宗法制度配合政治统治，对周室的权力和诸侯国的义务作出细致的规定。西周时，人们普遍认为：“溥天之下，莫非王土；率土之滨，莫非王臣。”（《诗经·小雅·北山》）周天子是全国土地和人民名义上的最高主宰者。然而，天子将土地和土地上的人民分封之后，诸侯国君又在封域内拥有了最高权力，即所谓“封略之内，何非君土；食土之毛，谁非君臣”（《左传·昭公七年》）。在此基础上，诸侯国往往还继续分封土地，建立采邑，使卿大夫、士拥有土地。这种政治统辖关系下，卿大夫之于诸侯、诸侯之于天子既互相联属，又相

①赵世超：《周代国野制度研究》，陕西人民出版社1991年版，第259页。

对独立。周天子在名义上是天下“共主”，当其威权鼎盛之时（如西周时期），诸侯国都可以尽其义务，贡纳征伐，唯天子之命是从。然而，王权衰微之后，情况便不复如是。

西周后期，周王室对全国的统治逐渐出现了危机。周厉王实行暴政，“下民胥怨，财力单竭，手足靡措”（《逸周书·芮良夫解》）。不久便发生了“国人暴动”。周宣王以后，诸侯小国对王室也出现了离心倾向。宣王虽然“内修政事，外攘夷狄，复文武之境土”，甚至被后人称为“中兴”之王，但他并没有消除内部矛盾，统治危机依然存在。他的失礼之举也有不少，如“不籍千亩”（《国语·周语上》），“杀其臣杜伯而不辜”（《墨子·明鬼下》）等等，特别是为鲁废长立少，择选幼君一事，更使诸侯离心，“多畔王命”（《史记·鲁周公世家》），诸侯“从是而不相亲睦于王”（《国语·周语上》韦昭注）。

西周末年至春秋以来，随着王室衰微和大国争霸的加剧，人们的邦国本位观念愈来愈浓，在大致成于春秋中后期以前的《诗经》中，“邦”“邦家”“邦国”等便常常被提起。如《小雅·黄鸟》写一位流亡于周都镐京的人，在抒发自己的思归情怀时写道：“黄鸟黄鸟，无集于谷，无啄我粟。此邦之人，不我肯谷。言旋言归，复我邦族。”此人思恋旧邦，而对所流亡之处十分不满意，认为“此邦之人，不可与明”“此邦之人，不可与处”。一般说来，人们自从开始了定居的农业生活，对生养自己的故土自会有亲切感，从而生发出热爱与怀恋。但把这种情感扩大到以国、邦为对象，春秋时期则更具有典型意义。

在周代的众多邦国中，鲁国是姬姓“宗邦”，诸侯“望国”，故“周之最亲莫如鲁，而鲁所宜翼戴者莫如周”[①]。然而，鲁国处在大国争霸的大环境中，他们也必须谋求自身的生存与发展，思虑邦国的安危。《诗经·鲁颂》中的《閟宫》一诗为鲁僖公时的鲁人所作，其中就有“保彼东方，鲁邦是常”“泰山岩岩，鲁邦所詹”“宜大夫庶士，邦国是有”等句子。鲁襄公十五年，宋国的向戌聘鲁，鲁于几年后派季武子到宋国聘问。在宋公享季武子的宴会上，季武子应对得体，宋国人很高兴，重重地送给他一些财礼。当季武子回国复命时，鲁襄公设享礼招待他，他表示感谢。襄公遂赋《诗·小雅》中的《南山有台》一诗，取其“乐只君子，邦家之基”“乐只君子，邦家之光”等语，夸奖季武子能为国增辉。

①〔清〕高士奇：《左传纪事本末》，杨伯峻点校，中华书局1979年版，第5页。

尽管此时人们已有了较强的邦国观念，但这种观念还是受多种因素的制约。

首先，春秋以来周天子虽“名为共主，实为附庸”，但毕竟其“名”尚在，各诸侯国仍然不能完全抛开周室，“共主悉臣”之义依然起到重要的制约作用。如春秋霸强之首齐桓公虽“九合诸侯，一匡天下”，但仍然“遵旧典，守信义”，“正而不谲”，始终是在“尊王”的旗帜下图谋与成就个人霸业。一些诸侯强国虽然竟至与王室分庭抗礼，但也往往借助“王命”以讨“不庭”，周王室天下共主的虚名成为大国利用的工具。在这种情况下，诸邦国的行为举止的评判标准，还在一定程度上必须服从周室一统天下的需要，否则，就有可能被另外一些国家找到攻伐的借口。这时期的思想家在主张人们“修身”“齐家”“治国”的同时，还强调“平天下”，以“天下为公”。

其次，种族关系或地域关系也对邦国观念有重要的影响。西周、春秋时期，居于中原地区的文化较先进的民族被称为华夏族。华夏族是以夏族、商族、周族为主体，加上和周族结成同盟关系的封国、部落的居民的一个总称。华夏族居于中原文化发达的地区，当时人们认为是天下之中，华夏族的周王朝及其封国便自称为“中国”。除华夏族以外，在中原地区和四周地区，还居住着蛮、夷、戎、狄，这是华夏族对一些少数民族的称呼。《礼记·王制》说：“中国、戎、夷五方之民，皆有性也，不可推移。东方曰夷，被发文身，有不火食者矣。南方曰蛮，雕题交趾，有不火食者矣。西方曰戎，被发衣皮，有不粒食者矣。北方曰狄，衣羽毛穴居，有不粒食者矣。中国、夷、蛮、戎、狄，皆有安居、和味、宜服、利用、备器。”又说：“五方之民，言语不通，嗜欲不同。”正是由于言语、嗜欲等方面“中国”与周边少数族有很大差异，在周室统辖下的华夏诸邦国就有了诸多的一致性，他们同族、同域，同属于周室这个“共主”的臣民，因而在与蛮、狄、戎、夷的冲突中便团结到了一起。平王东迁，主要迫于犬戎内侵，以后，戎狄也常常袭扰内地，这样，“攘夷”成为“尊王”的重要举动，“攘夷”也把华夏诸国维系在一起。孔子曾说：“微管仲，吾其被发左衽矣。”（《论语·宪问》）意思是假如没有管仲，我们都会披散着头发，衣襟向左开，沦为落后民族了。孔子为鲁人，管仲为齐人，但孔子依然赞颂管仲，赞扬他辅佐桓公成就霸业从而率领中土诸侯“尊王攘夷”的功绩。

周族人有明显的“亲亲”观念，他们似乎十分相信“非吾族类，其心必异”（《左传·成公四年》）的古训，时人的宗法观念是“凡今之人，莫如兄弟”“兄弟阋于墙，外御其侮”（《左传·僖公二十四年》）。所以，周代的姬姓诸侯首先亲近同姓兄弟，如鲁与卫、晋为兄弟之国，故晋人说：“晋与鲁、卫，兄弟也。”（《左传·成公二年》）孔子也说：“鲁、卫之政，兄弟也。”（《论语·子路》）鲁、晋、卫之间的交往便温和得多。他们在盟会等活动中，便亲同姓而外异姓，即所谓“周之宗盟，异姓为后”（《左传·隐公十一年》）。而杞国桓公朝鲁时，因用夷礼，故鲁国贱之，齐国虽非姬姓，但为周之东方重镇之一，始封之君姜尚亦是周初重臣，故齐用周礼，而且世与鲁国等为婚姻之国。故周世诸侯以姬姓鲁、晋等为中心，先同姓，继华夏，最后是四夷，感情上愈来愈疏远。

最后，人们对邦国的态度还明显地受到政治立场的制约。例如，柳下惠与孔子同是鲁国的思想家，可他们二人就有一些差别。柳下惠主要生活在鲁僖公时期，他出身于鲁国公族，为孝公五世孙。他不仅以善于讲究贵族礼节著称，而且以儒家道德为理想形象。《论语·微子》记：“柳下惠为士师，三黜。人曰：‘子未可以去乎？’曰：‘直道而事人，焉往而不三黜？枉道而事人，何必去父母之邦？’”对此，《战国策·燕策三》中所载燕王喜谢乐毅书中的话正可作为注解：“柳下惠吏于鲁，三黜而不去。或谓之曰：‘可以去。’柳下惠曰：‘苟与人之异，恶往而不黜乎？犹且黜乎，宁于故国尔。’”柳下惠直道事人而不枉道，走到哪里也免不了会受压抑，然而，个人的原则是不可以改变的，既然如此，倒没有必要离开生养自己的故土。

柳下惠的这一点与孔子相似而有差别。孔子当然也对故国有着特殊感情，然而他表现得更加合乎时宜，用孟子的话说，就是“可以速而速，可以久而久，可以处而处，可以仕而仕”（《孟子·万章下》）。当孔子在齐，觉得齐景公不可事时，就“接淅而行”，即淘米时不等淘完，漉干就马上离去，这是“去他国之道也”。而离开祖国的情形也不同，孔子去鲁时，说：“迟迟吾行也，去父母国之道也。”（《孟子·尽心下》）柳下惠与孔子的不同处，则是应该去而没去，不可仕亦出仕。不过，这只有在父母之邦才如此。也就是说，相对于个人的际遇而言，他对父母之邦的感情更加深沉，诚如《风俗通义·十反卷》中所说“展禽（柳下惠）不去于所生”，或曰“柳下惠不去父母之国。”

柳下惠与孔子之间的这种不同显然是与他们的政治态度相联系的。孔子时代，世界多元，孔子希望维护周天子的一统天下，念念不忘恢复周代礼制，对当时“礼崩乐坏”的政治形势感到痛心疾首。因此，他希望能借助于一位有道的邦君来实现他的政治主张。故他以“鸟能择木，木岂能择鸟乎”（《史记・孔子世家》）自命，把自己比作“择木之鸟”，可以在当时的列国之树中间选择可栖之处。故孔子强调，“笃信好学，守死善道。危邦不入，乱邦不居。天下有道则见，无道则隐”。（《论语・泰伯》）他还把个人的富贵与政治是否清明联系起来，说：“邦有道，贫且贱焉，耻也。邦无道，富且贵焉，耻也。”（《论语・泰伯》）柳下惠的妻子也用同样的道理劝说柳下惠。《列女传》记载，柳下惠三黜不去时，其“妻曰：‘无乃渎乎？君子有二耻：国无道而贵，耻也；国有道而贱，耻也。今当乱世，三黜而不去，亦近耻也。’柳下惠曰：‘油油之民，将陷于害，吾能已乎？且彼为彼，我为我，彼虽裸裎，安能污我？’油油然与之处，仕于下位。”鲁国无道，孔子便离开鲁国，寻找能实现个人抱负的贤良之君；柳下惠却不然，在他看来，鲁国无道，并不影响他本人洁身自好。

三

如果说春秋时期大国之间的争霸战争表面上还大都打着维护周天子一统天下的旗号，那么战国时期则变成了赤裸裸的兼并战争。春秋之时，一些较强大的国家通过军事行动和朝聘会盟等手段对小国进行掠夺，而且不少小的邦国归属于大国的统治。例如，今山东地区诸小国被齐所并，河北、山西诸小国为晋所并，江淮、汉水流域诸小国为楚所并，西北地区诸小国为秦所并，春秋之初的百余个国家，缩减成为若干个较大国家。这些争霸战争使各族之间的界限变得模糊，列国间的分野也被打破，这样终于形成了战国时期七强争雄的局面。

争霸战争与兼并战争之间有明显差异。春秋时期的争霸战争中，虽然同时伴随有土地的掠夺，但似乎掠夺土地还不是争霸的终极目的。如晋文公称霸后，于鲁僖公三十一年（前629）曾“解曹地以分诸侯”，如果晋以扩大领土为目的，就不会将曹国的土地分给他国，完全可以霸为己有。实际却不如此，晋文公是以此为手段拉拢诸侯，巩固自己的霸主地位，也就如有人所说：“晋始伯而欲固诸侯，故解有罪之地以分诸侯。”（《国语・鲁语上》）到了战国，情形已大不相同，这时的战争基本上都属封建性的兼并战争。这时期，周天子已完全被抛在脑后，诸侯国各自为战，即使暂时的“合纵”“连横”，也都是为了对付共同的敌国，避免被灭亡的厄运。“七雄”之间的战争频繁而激烈，他们不但兼并中、小诸侯国家的土地，而且彼此间也进行土地的扩张与争夺。

从实质上讲，战国时期的兼并战争本身是一种政治行为，其发展趋势则是向封建的统一战争转化。因而，此时的战争呈现出由封建割据转向封建统一的特点，经过长期的搏杀，最后由秦统一了全国。然而，实行全国统一虽然似乎是每个国家的统治者都希望做到的所谓“王霸之业”，但是他们都不愿意通过自身的灭亡而由他国来做到这一点。因而，无论哪个国家，无论哪个阶层，都有浓厚的“强国”“富国”“护国”观念。为了“强国”“富国”，魏、楚、秦分别任用李悝、吴起、商鞅进行变法，赵、韩、齐、燕也进行了相应的变革，如兴修水利、构筑堤防、开凿运河等等，发展农业和手工商业。由于战争的需要，各国也都着意改进武器，增加兵员，并且有的还打破了夷夏之防，向少数民族学习，如公元前307年赵武灵王开始实行的胡服骑射，可能是中原地区借鉴北方游牧民族的经验最早组建的骑兵。另一方面，战争防御手段也有进步，各国都在国境上把原有的大河堤防加以扩建，或者利用险要的地形，建筑起大规模的防御工程。如秦、赵、燕三国北境的匈奴、东胡、林胡、楼烦等游牧民族，他们精于骑术，行动迅捷，常常内侵，为了防御他们的进攻和骚扰，三国都修筑了长城。齐国也曾修建长城，而且齐长城还可能是先秦各国最早修建的长城，它可能始建于春秋中期，经过几代人的努力，到齐宣王时期最终完成。齐长城西起黄河之畔，东到黄海之滨，随山就势而建，绵延一千余里。

上述的一切行为，都源自诸侯国各自的邦国本位观念。随着这种观念的加强，出现了不少的忧国忧民之士，他们不惜牺牲自身利益，以国事为重。在春秋时期，郑国有一位贩牛的商人青史留名，颇得后世人的敬仰。公元前627年，秦穆公想通过里应外合偷袭郑国，恰巧郑人弦高赶着牛群前往周朝都城洛阳，当他知道秦军偷袭郑国时，他毅然假称自己是郑君派来的使者，并将自己的十二头牛送给秦军以表示犒劳。这使秦军误认为郑国已有准备，遂不敢轻举妄动，最后不得不因心虚而退兵。作为一位普通商人，弦高不顾惜个人财物，换来了国家的安全，表现了他以国家利益为重的可贵品格。到战国时，以国事为重，而不计较个人利益的事例更多也更典型。如赵国的廉颇、蔺相如都有功于国，二人地位都很高。蔺相如为上卿，位在廉颇之上。廉颇为著名将领，他自恃功高，心中不服，千方百计想羞辱蔺相如。蔺相如因而处处躲着他。蔺相如认为：“强秦之所以不敢加兵于赵者，徒以吾两人在也。今两虎共斗，其势不俱生。吾所以为此者，以先国家之急而后私仇也！”（《史记·廉颇蔺相如列传》）蔺相如先考虑国家危难的高尚情操，深深感动了廉颇，廉颇于是肉袒负荆请罪。这个因顾虑“国家之急”而出现的“将相和”的感人场面，成了千古美谈。

战国时期楚国诗人屈原更是伟大的爱国者。在楚怀王时，屈原主张实行政治改革，对外联齐抗秦，但他的改革遭到守旧贵族势力的反对，结果遭到放逐。后来，楚怀王虽把屈原召回，但已不再信任他。楚怀王死在秦国后，楚襄王时屈原又被长期放逐到江南，且永不许还。屈原看到国家无望，悲愤不已，最后竟投汨罗江而死。

屈原的一生，特别是在被放逐期间，他仍然有着浓烈的爱国之情，司马迁称赞他说：“虽放流，眷顾楚国，系心怀王，不忘欲反，冀幸君之一悟，俗之一改也。其存君兴国而欲反覆之，一篇之中三致志焉。”还说屈原“竭忠尽智，以事其君”。（《史记·屈原贾生列传》）屈原早年写过一篇《橘颂》说：“后皇嘉树，橘徕服兮。受命不迁，生南国兮。深固难徙，更壹志兮。”他满怀激情地赞颂橘树扎根故土、专心如一的美好品质，借诗言志，表达了个人坚定不移的爱国之心。屈原还写了《国殇》，对在卫国战争中英勇杀敌、为国捐躯的楚国将士，表示崇高的敬意与悼念，同时寄托和抒发了个人抗敌救国的决心。在《招魂》中，他呼唤“魂兮归来，哀江南”，表面看来，他是为怀王招魂，而实际上是在沉沉呼唤楚国的民族精神，希冀国势重振，抗敌兴邦。屈原的情怀、屈原的爱国之心，受到了楚国人民的同情与尊敬，也成为二千多年来中华民族所认同的民族精神，他激励了无数仁人志士，鼓舞了千百万人的爱国情操。

四

综合以上论述，我们可以得出以下几点启示。

第一，中国国家的形成是一个历史的发展过程，我们对中华民族爱国主义传统的理解也应具有历史的眼光。氏族社会时期，人们以血缘关系来划分社会群体，每一个氏族的成员都热爱自己的氏族，他们长期生活在一起，有共同的利益，有时为了自己的氏族，不惜牺牲自己的生命。如部落仇杀中，这种群体意识便得到了集中体现。然而，国家与氏族不同，经过相当长的发展之后，春秋战国以来“国”“国境”等概念渐趋形成、明确、加强，人们的“邦国”意识亦渐浓烈。在列国交战之时，人们自然心系“父母之国”的安危，从而爱国之举才层出不穷。

春秋以来，由于与周室的亲疏不同或政治观点各异，周天子失去了控制诸侯的权力，对“天下”与“国”的关系的看法也出现了很大差别。这种情况也影响到战国时期，天子虽“自列为诸侯”，“徒建空名于公侯之上耳”（柳宗元《封建论》），但它毕竟实在地存在，各诸侯本受封于周天子，因此不少士人仍然穿梭于各诸侯间，只要能被重用，似乎在哪个国家还不十分重要。不过，“爱国”“爱邦”的人随着“邦”“国”观念的明确而日益增多，他们不愿“父母之国”为人屠戮、受制于人，纷纷献计献策，出汗出力，谋求本国富强。春秋时郑人弦高，战国时赵人廉颇、蔺相如“将相和”，楚人屈原都是如此。有人称他们所爱的仅是一个诸侯国，只相当于现在的一个省，难道我们还要他们热爱当时“天下”所有的邦国？

第二，不少学者从战争性质上来评判历史上的爱国者，这有一定的道理。但先秦时期的诸侯战争却不容易给以明确界分。孟子称“春秋无义战”（《孟子·尽心下》），虽然春秋的争霸战争加速了新旧制度的更替过程，加快了中国的统一步伐，对民族融合也十分有利，而这仅仅是最终的客观效果，就各国的最初动机而言，很难区分战争双方谁是正义之师。战国时期也是如此，此时的兼并战争是历史的进步性与野蛮的掠夺性交织在一起的。当然，最后秦朝建立，是僻处西方的秦国消灭了其他诸国，但不能由此而认定秦国代表进步一方。如果把秦国看成进行统一战争，他国反秦则是反对统一，由此而认为屈原主张联齐抗秦应该被否定，则实在于理不通，也不是历史唯物主义的观点。

第三，中国封建时代，“尊君”与“爱国”往往是联系在一起的，先秦时代更是如此。最早的邦国观念之中，国君是国、邦的代表，春秋以前所谓的“灭国”，仅仅是换掉原有的国君而已。周的封邦建国，也是将城邑土地分给具体的人，由他来管理城邑，疆理那里的土地，并世传其位。这些邦国之君代表了邦国，因此，热爱邦国便离不开热爱邦国之君。鉴于此，屈原心系怀王，念念不忘“存君兴国”便容易理解了。

第四，爱国有不同的表现形式。一切有利于国家的行为，都属于爱国的行为。春秋时期，周的分封制已经破坏，县制开始产生，然而，春秋战国时期出现的以地域划分居民的国家虽然是新型的，但它的形成毕竟经历了很长的时间。中国在很早的时候便有了定居的农业生活，虽然有举族迁徙的现象，但相对稳定才是主流。定居一地的人们自然对祖邦充满忠诚与热爱的感情，在这种感情支配下，他们在谋求个体生存的同时，希望国富、国强、国运长久。就是说，国家形成之后，爱国主义的深厚感情也随之产生了。

“奚仲作车”与三代文明的再认识

我国古代有“奚仲作车”的说法，流传甚广，很多古籍中都有记载。不论文献记载还是考古发掘，都可以证明我国马车的起源至少可以追溯到夏代初期。不言而喻，车的发明对人类的文明进步起到了十分重要的作用。奚仲是上古时期夏代薛国的始祖，那么，“奚仲作车”是否属实，“奚仲作车”反映了怎样的社会文明发展状况，“奚仲作车”蕴含着怎样的文化信息？这都是饶有兴趣的问题。本文试结合学术界的相关研究成果谈一些粗浅认识。

一、车的起源与“奚仲作车”的事实

我国的“车”出现很早。人们发现在殷商甲骨文中就已有“车”字，考古工作者在商朝晚期遗址中也发现了大量的车马坑。中国目前发现的时代最早的车子实物遗迹是商代晚期的殷墟出土的殷代车马坑。就发掘完整的最早马车实物遗迹来看，当属1981年于殷墟西区发现的一个车马坑，其绝对年代测定为公元前13世纪。[①]因此，商代已经有车是个不争的事实。

据文献记载和考古发掘，车的出现并不始于商朝，至迟在夏代就已经有车了。《世本》记载：“相土作乘马。”相土是商朝的第三世祖，其生活的时代大约在夏朝初年，当时一定是先有车才能出现以马驾车之事。目前考古发掘所公布的最早车辙的实证是，2004年在河南偃师二里头遗址宫殿区南侧大路发现的两道大体平行的夏代车辙痕，这是迄今所知我国最早的车辙遗迹，它的发现将我国双轮车的出现时间上推至二里头文化早期，将我国用车的历史上推至距今3700年。[②]虽然其用途是战车还是民用尚难断定，但据此推定夏代有了双轮车是没有问题的。[③]

尽管在目前的考古发掘中还没有更早时期古车的实物信息，但根据中国史书的记载，中国使用畜力车的历史已远远超出了商朝的纪年范围。在古籍文献中，关于造车的记载，主要有“轩辕氏造车”和“奚仲作车”两

---

①参见中国社会科学院考古研究所河南安阳工作队：《殷墟西区发现一座车马坑》，《考古》1984年第6期。

②参见衡云花、黄富成：《技术发展与先秦古车起源蠡探》，《中原文物》2007年第6期。

③参见詹子庆：《夏史与夏代文明》，上海科学技术文献出版社2007年版，第137页。

种。在这两者之中，关于“奚仲作车”的记载又相对较多。先秦文献中对奚仲作车的记载主要见于《世本》《山海经》《左传》《墨子》《管子》《荀子》《吕氏春秋》《说文》《通志·氏族》《纲鉴易知录》等。

上述诸多先秦文献不约而同地记载造车者为奚仲，我们没有理由不相信这是历史的事实。从历史文化背景看，奚仲作车有大量古籍文献记载作为依托，而且有夏代车辙的发现作为佐证，古代文献的记载应非向壁虚造。《吕氏春秋·君守篇》注中称奚仲是上古薛国的始祖，在作为古薛国故地的今之山东滕州前掌大晚商墓地便发现了多座车马坑。商代晚期距离夏代不过数百年时间，这项重要的考古发现为确认奚仲作车、奚仲受封于薛地，提供了非常珍贵的实物证据。可见，典籍中关于“奚仲作车”的说法是值得相信的。

但是，这里还有一个值得思考的问题，就是为什么典籍中出现了“轩辕氏造车”和“奚仲作车”两种说法。其实，还有的将车的发明归功于奚仲的儿子吉光，《山海经·海内经》就记载：“番禺生奚仲，奚仲生吉光，吉光是始以木为车。”我们认为，奚仲技术高明，可能对车的改进起到了重要作用，所以，《管子·形势解》记载：“奚仲之为车器也，方、圆、曲、直皆中规矩钩绳，故机旋相得，用之牢利，成器坚固。”需要注意的是，典籍一致说奚仲是“夏车正”，如果他发明了第一辆车，他应该不会已经做了夏朝专门管理车乘的职官。我们认为，奚仲作为夏朝的车正，或许正像周王室的祖先们“好耕农”擅长农业，从而“为农师”“世后稷”（《史记·周本纪》）那样，奚仲也是因为擅长车的制作而被封为“夏车正”，正因如此，奚仲父子才都被视作车的发明者。如果是这样，所谓“奚仲作车”一定不会意味着他以前没有车的出现。

二、“奚仲作车”与上古文明的发展

从文献记载可知，奚仲生活于夏代初期，是治水英雄夏禹的大臣。奚仲为任姓，属于黄帝之后，春秋时代的薛即其后裔。《通志略·氏族略》记载：“黄帝之孙颛帝少子阳封于任，故以为姓，十二世孙奚仲为夏车正。”《左传·定公元年》也记载：“薛之皇祖奚仲居薛，以为夏车正。”由此可知，奚仲在造车期间居于薛，薛地是他的封地。近年来，考古工作者在战国时期的薛国故城遗址中发掘的商代之前的小城址，考古专家分析这大概与奚仲封邑有关。由于他精通造车技术，又了解夏王朝的车服制度，夏禹便任命他为“车正”。实际上，“车正”为夏朝宫内负责出行和服饰的礼官，所以奚仲不仅是一位工官，还是一位礼官。杜预在《左传·定公元年》注中说："奚仲为夏禹掌车服大夫。"

造车是一门复杂的工艺，《考工记》说："一器而百工聚焉。"造车需要多人合作，"车的制造，工艺复杂，不仅需要较高的木工技术，还需要铜工、皮革工的合作"①。这种工艺复杂的创造性活动，只有各项手工技术水平大致都处于同一阶段的情况下才能做到。我国上古时期的人们能够制造这种复杂的工具，可见当时已有较高的生产力水平。按照前引《管子·形势解》的说法，奚仲所设计创造的车结构合理，各个部件的制作均有一定的标准，因而坚固耐用，驾驶起来也十分方便。由此可见，奚仲所处的薛国在夏代就已有较高的造车水平了。奚仲能造出"机旋相得""成器坚固"的车子，这不是在短时期内所能达到的水平，需要先有一个摸索和经验积累的阶段。②我们完全可以估计，在夏代以前车子的制造就已经有了一个发展的过程，到夏代时奚仲总结了先人的经验，就制作了技术含量较高的车。

夏朝时期，古薛国在手工业方面水平已相对较高。由此我们还可以推测，既然当时的薛国手工制造业水平如此之高，那么它周边方国的手工业水平应该也不会太低，进而，由方国组成的夏朝，其手工业水平也就显而易见了。

文献记载，夏朝王畿内外分布着许多封国，当时在今山东省境内的邦国主要有少昊之墟（曲阜）、薛、缯、有莘氏、有虞氏、有缗氏、顾等，这里有龙山文化和岳石文化遗存，其中龙山文化时期是中国历史上最早发现的"万国林立"的城邦时期。1993年山东省文物考古研究所在对薛国故城的复探和试掘中，在薛国故城内尤楼城东南部钻探出数百万平方米的龙山文化遗址，又在滕州市境内考古发掘出100多处龙山文化时期的文化遗址，其中分布在薛国故城上游及周边地区的就有60多处。可以说，薛地早在龙山文化时期就是一个经济、文化、军事中心，这个时期的城址与薛地民族有着密不可分的关系。

在上古时期，奚仲所开创的薛国与周边其他方国一起，构成了一个大的文化圈，当今考古学界将其命名为"海岱历史文化区"。《尚书·禹贡》记载"海、岱惟青州""海、岱及淮惟徐州"。从事上古时期考古研究的专家们遂使用"海岱"来代指今山东地区。有学者认为："至迟到北

---

①孙森：《夏商史稿》，文物出版社1987年版，第218页。

②孙森：《夏商史稿》，第218页。

辛文化时期，海岱文化区就已形成，大汶口文化早、中期阶段是其巩固和发展时期，到大汶口文化晚期阶段和龙山文化时期达到鼎盛时期，进入岳石文化时期后，仍然保持着强劲的势头，商周时期，逐渐融汇于中华古代文化的洪流之中。”[①]奚仲所在的古薛国应属于龙山文化时期，这一时期在海岱历史文化区中应处在鼎盛时期。有学者认为，以山东为中心，以大汶口文化、山东龙山文化为代表的新石器中晚期东夷文化，在中国上古诸考古历史文化中，具有的城址较多也较大，这些城址极有可能是各部落联盟的早期宫殿与宗庙建筑，每组城似乎就是一个以部落联盟形态存在的古国。如果再结合考察蛋壳黑陶等物质文化，以及阴阳五行等精神文化，不难发现以山东为中心的东夷文化区是我国上古文化最为发达的地区，证实了东夷文化在中国同期诸地域性文化中无可争议的先进地位。[②]这里的远古文化在许多方面处在当时社会发展的最前列，已经基本上成为学术界的共识。奚仲所处的龙山文化时期手工业技术与工艺的长足进步是格外引人注目的。这一时期的手工业进步不仅表现在制陶业的高水平发展上，同时表现在硬度很高的玉石器和精雕细镂的骨、角、牙质器物的制作上，以及其他日用工艺的综合创造和运用诸方面，其中就包括奚仲对车的发明创造。另外，如制玉、制骨、作舟车、制陶，尤其是白陶、蛋壳黑陶，技术水平高于其他区，对中国的西方、南方原始手工业的发展影响很大。

在距离薛国故城一步之遥的滕州境内发现了前掌大遗址。考古专家测定，前掌大遗址中的居住遗址时代分别被定位为龙山文化、岳石文化、殷商、西周、春秋、战国、秦汉时期。在墓区中发掘出土了数千件青铜器、玉器、漆器、原始青瓷器、骨器、玛瑙、水晶饰品等。据发掘者称，该遗址与薛国密不可分。王献唐在其《炎黄氏族文化考》中指出，东夷文化、炎族文化、邾娄文化乃是一回事。这是因为黄帝族称东方的炎族为东夷，又由于炎族的语言音调如邾娄，黄族人又呼炎族为邾娄。笔者认为，炎族人制造了舟、车等，而这些在上古时属于顶端的工程技术，如果没有相当高的力学、数学，尤其是几何学和机械学的知识是难以制造的。所以三邾地区应是古代文化科学最为先进的地区。[③]

由上可知，奚仲时代，他所在的古薛国以及周边的方国都属于海岱历

---

①栾丰实：《海岱地区考古研究》，山东大学出版社1997年版，第69页。

②参见陈平：《略论东夷文化在中国上古诸文化中的先进地位》，“全国莒文化学术研讨会”论文，山东莒县，2000年10月27日—28日。

③参见杨朝明：《鲁文化史》，齐鲁书社2001年版，第35页。

史文化区中的龙山文化时期和岳石文化时期。这个时期的手工业技术与工艺有了很大的进步，并已出现与农业分离的现象，正处于向独立的生产部门方向过渡的阶段。奚仲所开创的薛国，历经夏、商、周三代，创造了极富地域特色的方国文明，这是构成海岱历史文化区的一支重要而又璀璨的土著文化。认识到这一点，有益于我们正确估价中国上古文明的发展程度，也有利于透视“奚仲作车”所包含的社会历史文化信息。

三、“奚仲作车”与三代的车驾文化

车的发明所能够引发的一系列变革不言而喻，“奚仲作车”对我国古代陆路交通工具改进具有重要意义。奚仲作车的贡献不仅如此，还在于他促进了牵引动力——马的引进和推广使用。马车的形成规模，逐渐在上古三代时期占有越来越重要的地位，车驾逐渐形成一种文化，人们还将车驾与国家政治、王权地位联系在一起，车驾逐渐发展成为代表贵族阶级地位的一种象征。

文献记载，至迟在夏朝时，我国古人就已经驯化了马匹。《夏小正》记载，每年四月间，人们要调教马匹，“执陟攻驹”，传文谓：“执也者，始执驹也。执驹也者，离之去母也。陟，升也。执而升之君也。攻驹也者，教之服车数舍之也。”[①]这是说要将马驹与母马分开，调教马驹驾车，要将其与母马分别厩养。可以看出，这时期人们已经开始驯化马来驾车了，而且养马业很可能已经有了很高的水平。所以，我国古代马车的形成至迟应从夏开始算起。

奚仲所担任的“车正”就是夏王室专门掌管车辆制作的官员。夏王启在与有扈氏作战时所作的誓师词中，批评“左不攻于左”“右不攻于右”和“御非其马之正”（《古文尚书·甘誓》）的现象。这里所说的“左”“右”和“御”，即指作战时居于战车左右的兵士和驾驭战车者。不过车辆的制造是一种需要多种工匠结合的复杂工艺，在当时生产力低下的条件下，还不能大量生产，军队所使用的战车数量当不会很多。[②]在河南安阳殷墟遗址里发现的马坑和车马坑，里面葬有完整的马，当属于商代晚期。在距离古薛国故城仅一步之遥的山东滕州前掌大遗址中也发现了车马坑，出土了完整的马骨架。由此可见，驯马驾车在商时已成为比较普遍

①〔清〕孙诒让：《十三经清人注疏·周礼正义》，中华书局2013年版，第2615页。
②参见安作璋主编：《山东通史·先秦卷》，山东人民出版社1993年版，第253页。

的现象。殷人很少用马作为祭祀时的牺牲，这大概是马多被用于驾车的缘故。殷墟出土有车马坑，可为其证。[①]马车的出现，对上古时期的社会政治、军事、经济、文化交流发挥了极其重要的作用。

据研究观察，考古发掘的商代马车都是木质双轮单辕车，辕前端有一驾马的衡，载人的车舆位于辕后部轴的上方。除车轮外，其他几个部件均附有少量的青铜部件、饰件。根据车马坑内出土的遗物，可将商代晚期马车的用途分为两类。一类是战车，在这些放置战车的车马坑内还放置了以铜戈为主的兵器；另一类在已发现的车马坑中，车上没有兵器，这也许是贵族日常出行的乘车。那么，商代是否有车兵，其具体情况如何，在先秦文献中也有所记录。例如，《吕氏春秋·仲秋纪·简选篇》云："殷汤，良车七十乘必死六千人，以戊子战于郕，遂禽推移、大牺。"此处所说的"战于郕"的"郕"，其他书中记作"鸣条"。"推移""大牺"，人名，指夏桀的两位大臣。

《淮南子》的《本经训》云："汤乃以革车三百乘，伐桀于南巢，放之夏台。"《主术训》亦云："汤革车三百乘，困之鸣条，擒之焦门。"这是汤伐夏时曾使用兵车的记载。甲骨文中也保存了关于商朝车战的记载。将文献记载与考古资料结合起来观察可知，在商时马车被用作战车，商代晚期的连年对外征伐，战车在其中发挥着不可替代的作用。同时，车已演变为不同阶级与阶层地位的象征，成了奴隶主贵族阶级亡去的陪葬品。这时的车已披上了贵族阶级的外衣，在这个时期车驾制度应该已经形成。

到了周时，马车配置有了进一步的提高。《周礼》云"漆车藩蔽"，是说这时的车已开始用油漆来装饰兼作防腐。在车的关键部位还使用了青铜件，有的采用金属车轴，轴承开始用油脂润滑。《诗经·魏风》中有《伐檀》一篇，十分有名。以往，人们多以为此诗为"刺贪"之诗，因为其中有"不稼不穑，胡取禾三百廛兮？不狩不猎，胡瞻尔庭有县貆兮？彼君子兮，不素餐兮"等句，甚至以为此诗反映的是"古代的伐木奴隶在繁重的劳役之中，为反抗奴隶主阶级的残酷压榨而发出的愤怒的吼声"，但实际上，此诗主旨未必刺贪。[②]从《伐檀》中记有"伐檀""伐幅""伐轮"等词语，可以看出，这时车辆已分工和批量制造，《诗经·鲁颂·闷宫》中有"公车千乘"之句，所谓"千乘之国"，也就是说那时的国家已

---

①参见晁福林：《夏商西周的社会变迁》，北京师范大学出版社1996年版，第191页。

②参见杨朝明：《〈伐檀〉诗旨未必刺贪》，《儒家文献与早期儒学研究》，齐鲁书社2002年版，第156—160页。

是拥有一千辆兵车的大国。《诗经·鄘风·定之方中》中又有"秉心塞渊，騋牝三千"的句子，《诗经·鲁颂》中也有《駉》《有駜》等诗，其实说的都是养马的问题，那时候，马主要用于驾车，从另一方面反映了车的制造与使用的实际情形。

周代以前，车驾制度应当已经十分成熟。周代的马车已经明确成为地位和贫富的象征。贵族阶级用马匹数来标志官爵的高低大小，使车成了权力的象征。通过文字可以看出古时人用马匹数来区别官阶的大小，"骈"是两马并行，"骖"是三马，"驷"是四马，马匹数越多代表的官爵越大，这时的王用六匹马来驾车，这也应该是最高级别了。2003年在河南洛阳发现的东周时期王陵遗址中就有"天子六驾"（"六马之驾"），"六马之驾"的发现无疑是此次考古发现中的翘楚，人们确定这座墓地为王室墓地，认定其中的两座大墓属于周王，所谓"天子六驾"都是十分关键的直接证据。

关于古代的车驾之制，我们现在知道汉晋之世天子有"驾六马"的制度。《文献通考》卷一百十七《王礼考十二》叙述，周代"致仕之老及后乘"安车；汉代，"乘舆、金根、安车、立车，是为德车。五时车，安、立亦皆知之……所御驾六马，余皆驾四。"《文献通考》卷一百十六《王礼考十一》还详细描述了天子乘舆、金根、安车、立车的车制，描述了轮、毂、较、轼、盖等情况，说"画日月升龙，驾六马"。又叙马的装束及有关情形，指出"所御驾六，余皆驾四，后从为副车"在《古文尚书》中记载："予临兆民，凛乎若朽索之驭六马。"《逸礼·王度记》云："天子驾六马，诸侯驾四，大夫三，士二，庶人一。"《周礼》四马为乘。《毛诗》天子至大夫同驾四，士驾二。《易》京氏、《春秋公羊传》说皆云天子驾六。许慎以为天子驾六，诸侯及卿驾四，大夫驾三，士驾二，庶人驾一。《史记》曰，秦始皇以水数制乘六马。"郑元（玄）以为天子四马，《周礼》乘马有四圉，各养一马也。诸侯亦四马，《顾命》，时诸侯皆献乘黄朱，乘，亦四马也。今帝者驾六，此自汉制，与古异耳。"①

《文献通考》认为"帝者驾六"是汉代以后之制，与先秦不同。其实，说汉代以前没有"六马之驾"制度是对文献的误解。关于周代及其以前的情况，文献记载简略，因而造成后人的不同理解。依我们看，周代以

---

①〔元〕马端临：《文献通考·礼考十一》，清乾隆十二年刻本，第116卷第13页。

前礼制中确有“天子乘六马”的制度。[①]后世天子乘六驾，应该也是沿袭三代的车驾礼制。周人重礼，“六马之驾”意味着周王地位的尊隆，非一般人可以比拟。

值得注意的是，在《古文尚书》中有“六马之驾”的记载，对此问题，我们曾经进行过讨论。[②]

《古文尚书·五子之歌》曰：“皇祖有训……予临兆民，懔乎若朽索之驭六马。”《五子之歌》记夏王启的五个儿子、太康的五个兄弟所作之歌，其中所指“皇祖”自然应是大禹。对这句话，孔颖达《尚书正义》曰：“腐索驭六马，索绝马惊，马惊则逸，言危惧甚也。经传之文，惟此言‘六马’，汉世此经不传，余书多言驾四者。《春秋公羊传》说天子驾六，《毛诗》说天子至大夫皆驾四；许慎案《王度记》云天子驾六，郑玄以《周礼》校人养马，‘乘马一师四圉’，四马曰乘，《康王之诰》云‘皆布乘黄朱’，以为天子驾四。汉世天子驾六，非常法也。然则此言马多惧深，故举六以言之。”

《古文尚书》晚出，汉代未曾流传，其中关于“六马”之说自然无人知晓。孔颖达不同意“天子驾六马”之说，遂以“马多惧深”作解。其实不然。孔颖达的根据是“余书多言驾四”，尤其是“《毛诗》说天子至大夫皆驾四”。另外就是郑玄以《周礼》等为依据的一些说法认定“天子驾四”。

“古《毛诗》说”的观点其实经不起推敲。“古《毛诗》说”云：“天子至大夫同驾四，皆有四方之事；士驾二也。《诗》云‘驷骡彭彭’，武王所乘；‘龙旗承祀，六辔耳耳’，鲁僖所乘；‘四牡騑騑，周道倭迟’，大夫所乘。《书传》云‘士乘饰车两马，庶人单马木车’是也。”这里依据“驷骡彭彭”为“武王所乘”以证明天子不乘六马之驾就明显缺乏说服力。

如果《古文尚书·五子之歌》的记载不是出于后人的“伪造”，那么，夏朝初年的车驾制度究竟如何，颇值得深入思考。[③]

---

①杨朝明：《东周王陵“六马之驾”发现的学术史意义》，原载《河南科技大学学报》（社会科学版）2003年第4期。人大报刊复印资料《先秦·秦汉史》2004年第2期转载

②杨朝明：《东周王陵“六马之驾”发现的学术史意义》。

③关于《古文尚书》的真伪问题，现在已经有学者进行了细致深入的研究，传统上所认为的《古文尚书》不可靠的看法值得商榷。参见杨朝明：《说说那部最著名的“伪书”——答刘义峰〈古文尚书〉问》，《出土文献与儒家学术研究》，台湾古籍出版有限公司2007年版。

四、"奚仲作车"与三代的治国观念

奚仲发明了车，对后世产生的影响不可估量。一方面，车的功能逐渐延伸，变成多种用途、形式各异的交通工具，又被人赋予了一种等级色彩。当战车被应用于战争以后，由于战车的使用越来越多，种类也越来越丰富，人们对车的重视程度也越来越高。于是，人与车的关系越来越密切。

由于人的社会生活与车的密切关联，上古时期的基础教育"六艺"中就有"御"，周代的"小学"教育中，"御"与礼、乐、射、书、数等就是基本的内容。在先秦古籍中，多有关于"御"的重要地位的记载。《周礼·地官司徒·保氏》云："养国子以道，乃教之六艺：一曰五礼，二曰六乐，三曰五射，四曰五驭（御），五曰六书，六曰九数。"古时"御"是贵族必学的一门技巧。所谓"御"，自然就是驾车。到春秋末年，"御"也被孔子应用到实践教学之中，他对"御"非常重视，把"御"作为人的一种基本技能，当有人讽刺他"博学而无所成名"时，他便对学生说："吾执御矣。"（《论语·子罕》）这可以看出孔子对"御"的积极态度及"御"的重要作用。

随着车与国家政治生活的联系越来越密切，到周晚期，人们逐渐将治国与驾车联系起来。在《孔子家语·执辔》中，孔子将治国比喻为驾车，以天子总辔治国，把德法看作统御人民的工具，说："夫德法者，御民之具，犹御马之有衔勒也。君者，人也；吏者，辔也；刑者，策也。夫人君之政，执其辔策而已。"在《孔丛子·刑论》中也可以找到类似的记载，"以礼齐民，譬之以御，则辔也；以刑齐民，譬之以御，则鞭也。执辔于此而动于彼，御制良也。无辔而用策，则马失道矣。"《诗经·郑风》载："执辔如组，两骖如舞。"《大戴礼记·盛德》篇记："御者同是车马，或以取千里，或数百里者，所进退缓急异也；治者同是法，或以治，或以乱者，亦所进退缓急异也。"

出土文献中也有以驾车来比喻治国的记载。在郭店楚墓竹简中，《成之闻之》所论述的儒家治国理论颇引人注目，其中有谓："上不以其道，民之从之也难。是以民可敬道（导）也，而不可弇（掩）也；可馯（驭）也，而不可敺（驱）也。"[①]"驭（御）"与"敺"字相对，皆就驾车而

①《简帛书法选》编辑组：《郭店楚墓竹简：成之闻之》，文物出版社2003年版。

言，二者有密切联系，有时甚至在意义上没有区别。若细绎之，“馭”与“毆”却有显著区分。馭即驾驭，其重点在于以辔使马，有引导、引诱之意；而“毆”的重点则在于对马进行鞭打、驱使，具有明显的强制性。在《执辔》篇中，孔子又说：“六官在手以为辔，司会均仁以为纳，故曰御四马者执六辔，御天下者正六官。”“善御马者，正身以总辔……天子以内史为左右手，以六官为辔，已而与三公为执六官，均五教，齐五法故亦惟其所引，无不如志。”古以德法为治，因为德盛者治，德薄者乱，所以在对六官的管理中，“季冬正法，孟春论吏”，“以季冬考德正法，以观治乱”，“以孟春论吏之德及功能”。如此，便可以达到御者至千里的目的，可以坐庙堂之上而知天下之治乱。①

孔子将治国与驾车作比，称古代御天下的天子与三公一起，“以内史为左右手，以六官为辔”，从而注重德法，考课官吏，治理国家。孔子所说的“六官”即《周礼》中的冢宰、司徒、宗伯、司马、司寇、司空。②将治国与驾车联系反映了三代时期礼制的因革关系，驾车、治国体现了当时的具体礼制形态。因此，透过驾车与治国的关系可以看到三代时期礼制的关系沿革。孔子不仅对周礼非常精通，而且对夏礼、殷礼都相当熟悉，特别是他对三代礼的关系有过精辟的分析。在《论语·为政》中孔子说：“殷因于夏礼，所损益可知也；周因于殷礼，所损益可知也；其或继周者，虽百世可知也。”孔子用“损益”二字来概括夏礼、殷礼和周礼的关系，是非常精当的。《论语·八佾》中又讲：“周监于二代，郁郁乎文哉，吾从周。”他认为周代的制度文化是参考了夏、殷二代的制度文化而制定的，因此周代制度文化最齐备昌盛，达到了“郁郁乎文哉”的境界，因此孔子对周礼倍加赞赏和崇拜。另外，孔子对于三代之礼的同异问题也有精辟的论述：“三代之礼一也，民共由之。或素或青，夏造殷因。”（《礼记·礼器》）意思是说三代之礼，精神实质是相同的，仅是在仪式细节上有差别，它们之间是夏时创造、殷时因袭的关系。夏礼是中华文明的基石之一，周的典制文化（周礼）集殷礼、夏礼之大成。“礼”的核心意义是维护等级制，规范人们的行为准则和稳定社会秩序，正如《左传·宣公十二年》所云：“君子小人，物有服章，贵有常尊，贱有等威，礼之不逆也。”《左传·隐公五年》记载：“昭文章，明贵贱，辨等列，

---

①参见杨朝明：《〈孔子家语·执辔〉篇与孔子的治国思想》，《儒家文献与早期儒学研究》，第275—294页。

②参见杨朝明、宋立林主编：《孔子家语通解·执辔》，第292页。

顺少长，习威仪也。”归根结底，正如荀子《礼论》强调的一样，礼的作用在于“别”，在于“分”，以求达到“贵贱有等，长幼有差，贫富轻重皆有称也”的有序状态。这与“天子六驾”以及“骈”“骖”“驷”的划分是完全吻合的。

然而，孔子将治国与驾车作比，除了春秋时期车驾文化发达这个原因外，还有一个不可忽视的问题，这就是《尚书·五子之歌》中大禹所说的“予临兆民，懔乎若朽索之驭六马”对孔子及儒家的影响。孔子曾经整理《尚书》，而且孔子崇尚包括大禹在内的古代圣王，如果作为“古文尚书”的《尚书·五子之歌》不是出于后人的伪造，那么他对孔子的影响应当不可低估，尤其在“奚仲作车”与三代治国观念这样的思考中，更应给予特别的注意。

《易经》的《彖辞》中有一句“时乘六龙以御天”颇值得研究。《文言》解释此语时也说道：“时乘六龙以御天也。”《易经》所谓“乘六龙”，前人多不得其解，有的说“六龙”乃“六气”，乃“六位之气”，有的解为天地四时“六位之龙”。唐朝李鼎祚《周易集解》说：“九家易曰：谓时之元气依王而行，履涉众爻，是乘六以御天也。”[①]孙星衍《周易集解》引汉代孟喜曰“天子驾六”，又引庄氏曰此乃“申明乾元乃统天之义，言乾之为德，以依时乘驾六爻之阳气，以控御于天体。六龙即六位之龙也，所以居上下言之，谓之六位也。阳气升降，谓之六龙也。……此名乘驾六龙，各分其事，故言以御天也”。[②]

今人解释《周易》，多沿袭这些说法或有发挥。有学者认为六龙即指六爻，因为乾卦六爻的爻辞都取用龙的功能，作为六爻变化的象征，“御天”即驾御天道运行的规律。所以，《彖辞》此句可译为“按时驾着六条龙拉的车子运行在天空中”，意思是犹如六条龙一样，接连着驾御天体运行的规律；《文言》比喻乾卦六爻的爻辞，说它像随时乘六条变化不测的龙，有规律地驾御着天地而不休息，将此句译为“乾德象按时乘着六龙驾的车子巡行天上”。还有人将其作为“上古神话”进行解释，认为是“日乘着六条飞龙拉着的车子，以羲和为御，运行在天空”，即太阳驾驶着六条飞龙在空中有规律地运行。

实际上，“龙”乃是指骏马。《周礼·夏官司马·庾人》曰：“马

①〔唐〕李鼎祚：《周易集解》，中华书局2016年版，第23页。
②〔清〕孙星衍：《周易集解》，中华书局2018年版，第24页。

八尺以上为龙，七尺以上为騋，六尺以上为马。”郑玄注引《尔雅》对“騋”进行解释，又引《月令》中多次说到天子“驾苍龙”。贾公彦疏以为：“引之者，证‘騋’是马色。先郑引《月令》者，谓春之三月，天子听朔及祀帝，皆驾苍龙，顺时色。引之，以证龙是马也。”“《春秋公羊传注》说”也有与之相近的说法，曰：“天子马曰龙，高七尺以上；诸侯曰马，高六尺以上；卿大夫、士曰驹，高五尺以上。”这样，“龙”应指天子所乘的高大的骏马。《周易》中的“乘六龙以御天”，其意应为天子乘六马之驾以统驭天下。徐彦《春秋公羊传注疏》记载，许慎“《异义》‘《公羊》说’引《易经》云‘时乘六龙，以驭天下也’，知天子驾六”，是其也认为“乘六龙”即乘六马之驾。

孙星衍《周易集解》引汉代孟喜曰“天子驾六”，可以说意识到了其中的联系，看到了《易经》“乘六龙”的本义。联系周初流传下来的《月令》等的记载，《易经》“乘六龙”确应是天子驾六马统驭天下的象喻。

《周易》原为卜筮之书，具有一定的神秘性，带有“以神道设教”的特点。唯其如此，才使得《易经》可以曲畅旁通，灵活时变，不偏主一事一物，具有普时性或普适性特征。也正因这样，人们对《周易》的理解才有更大难度。孔子“晚而喜《易》”，以至“居则在席，行则在橐”，是因为孔子看到《周易》中有“古之遗言”。司马迁说得对：“《易》之为术，幽明远矣，非通人达才孰能注意焉？”孔子实际正是这样为数不多的“通人达才”之一。对于《彖》辞，孔子就以“君德”作解。例如，孔子在《文言》中解释九二爻说：“《易》曰：‘见龙在田，利见大人。’”《文言》对乾卦的解说都很明确，认为其中所讲都是“君子之德”，其曰：“‘元’者，善之长也；‘亨’者，嘉之会也；‘利’者，义之和也；‘贞’者，事之干也。君子体仁，足以长人；嘉会，足以合礼；利物，足以和义；贞固，足以干事。君子行此四德者，故曰‘乾：元、亨、利、贞。’”《彖》辞在“时乘六龙以御天”之后接着说：“乾道变化，各正性命。保合太和，乃利贞。首出庶物，以利天下。”其着眼点正是世间的政治。由此，《易经》所言应该不是什么驾驶飞龙在空中运行之类。

从《尚书·五子之歌》中大禹所说的“予临兆民，懔乎若朽索之驭六马”，到《易经·彖辞》中的“时乘六龙以御天”，再到孔子以治国喻驾车，我们可以看到，夏代开始的车驾文化对三代时期的政治观念影响可谓既深且广。应当说，作为一种文化现象，“奚仲作车”对于上古社会的发展与进步功不可没。

“三年之丧”应为殷代遗制说

“三年之丧”究竟为何时之制，或者说它是否殷代旧制，这是一个很有争议的问题。以前，一般认为“三年之丧”是三代古制，现在持这种看法者也不乏其人。自清初学者毛奇龄提出三年之丧为殷制而非周制[①]以来，又有傅斯年、胡适力主三年丧制为“殷之遗礼，而非周之制度”[②]。郭沫若先生也反对这种看法，认为“三年之丧并非殷制”[③]。又有黄瑞琦、顾洪先后撰文探讨“三年之丧”的起源，他们也否认“三年之丧”为殷制说，认为“三年之丧”乃由春秋后期的叔向首先提出，又被孔子及孟、荀等大力表彰的结果。[④]这种看法与廖平、康有为所谓“三年之丧”为孔子改定之制基本上是一样的。然而，深入研究“三年之丧”问题，并对诸家观点重新审视，我们认为还是“三年之丧”为殷代遗制的看法是正确的。今试将愚虑所及陈述如下，以向方家求正。

丧服制度的产生与宗法制是密切相连的，学者们的研究已经证实，我国的宗法制度“至迟在殷商的晚期已具雏形，甚至可以说已经成熟”[⑤]，殷商时期产生丧服制度是可能的。只是由于史籍记载的缺乏，我们已很难得知那时候丧服制度的具体形态。不过，从文献的零星记载中，我们可以推知殷商时期已有了三年丧制。当然，这种制度未必已臻成熟形态，或者说，它的实行并不一定十分普遍和严格。

《尚书·无逸》篇中有一段话：“其在高宗，时旧劳于外，爰暨小人。作其即位，乃或亮阴，三年不言；其惟不言，言乃雍。”这里的“高宗……亮阴，三年不言”是什么意思，孔子的学生子张曾向孔子请教。孔子说：“何必高宗，古之人皆然。君薨，百官总己以听于冢宰三年。”（《论语·宪问》）意思是国君死后，新即位的君王三年不问政事，由宰相代行职权，总理政事。《尚书大传》认为“高宗有亲丧，居庐三年”“未尝言国事”。郑玄也说：“小乙崩，武丁立，忧丧三年之礼，居

---

①见于〔清〕毛奇龄：《丧礼吾说篇》《四书剩言》等。

②傅斯年：《周东封与殷遗民》，《傅斯年全集》（第3册）联经出版事业公司1980年版；胡适：《说儒》，《国立中央研究院历史语言研究所集刊》（第4本，第3分），商务印书馆1934年版。

③见于郭沫若：《青铜时代·驳〈说儒〉》，《郭沫若全集·历史编》（第1卷）。

④黄瑞琦：《“三年之丧”起源考辨》，《齐鲁学刊》1988年第2期；顾洪：《试论“三年之丧”起源》，《齐鲁学刊》1989年第3期。

⑤陈戍国：《先秦礼制研究》，湖南教育出版社1991年版，第40页。

倚庐柱楣，不言政事。”《伪古文尚书》的《说命》篇有“王宅忧，亮阴三祀。既免丧，其惟弗言”，也认为高宗亮阴三年与守丧有关。《伪古文尚书》的作者对殷商时期的史实是有一定研究的，不然的话，他的伪品就不会蒙蔽那么多的人。另外，与其大约同时代的杜预在议皇太子丧服时也有类似的看法。[①]

以上各家对《尚书·无逸》的解说皆为殷高宗（武丁）在守三年之丧。今人对此种理解多持反对态度。我们认为，就《尚书》该篇的主旨而言，此处所说的确与高宗守丧无关，把它理解为殷高宗在三年内很少说话，从而“默以思道”倒是多数人都能够接受的。不过，解说“高宗亮阴，三年不言”一句的本意，固然应该像顾颉刚先生在《史林杂识》中所主张的那样，跳出“三年之丧”的牵缠。但回过头来看，为什么又会有那么多人受到了“三年之丧”的牵缠呢？

春秋战国之时，上古实行“三年之丧”的说法比较流行。《尧典》谓：“二十有八载，帝乃殂落。百姓如丧考妣，三载，四海遏密八音。”后人有的就据此认为“尧以前丧考妣三年”[②]，此乃“心丧三年未有服制之明验”[③]。《孟子·万章上》也说“尧崩，三年之丧毕……舜崩，三年之丧毕……禹崩，三年之丧毕”。这些后代人的说法不足凭信，当然也很难作为“三年之丧”起自尧时的根据。但孔子说“夫三年之丧，天下之通丧也”（《论语·阳货》），又说“古之人皆然”，孟子也随而说：“三年之丧，齐疏之服，飦粥之食，自天子达于庶人，三代共之。”（《孟子·滕文公上》）皆言之凿凿，不会没有根据。我们不宜轻易以孔子等所说为“一句谎话”或“独断式”而不再探究。

毛奇龄是最先接触这一问题肯綮的人。在《孟子·滕文公上》“定为三年之丧”疏中，焦循引毛氏《剩言》云：“滕文公问孟子，始定为三年之丧，岂战国诸侯，皆不行三年丧乎？若然，则齐宣欲短丧，何与？然且曰‘吾宗国鲁先君不行，吾先君亦不行’，则是鲁周公、伯禽、滕叔绣，并无一行三年之丧者。往读《论语》子张问高宗三年不言，夫子曰：‘何必高宗，古之人皆然。’遂疑子张此问，夫子此答，其周制当必无此事可知。何则？子张以高宗为创见，而夫子又言古之人，其非今制昭然也。及读《周书·康王之诰》，成王崩，方九日，康王遽即位冕服，出命令诰诸

①见于《晋书》卷二十《礼志》。

②〔唐〕孔颖达疏：《礼记·三年问》。

③〔唐〕贾公彦疏：《仪礼·丧服》。

侯，与三年不言绝不相同。然犹曰此天子事耳。后读《春秋传》，晋平公初即位，改服命官，而通列国盟戒之事。始悟孟子所定三年之丧，引三年不言为训，而滕文奉行，即又曰‘五月居庐，未有命戒’，是皆商以前之制，并非周制。周公所制礼，并未有此。故侃侃然曰周公不行，叔绣不行，悖先祖，违授受，历历有辞，而世读其书而通不察也。盖其云‘定三年之丧’，谓定三年之丧制也。然则孟子何以使行商制？曰：使滕行助法，亦商制也。”清人谓“奇龄说经，好立异议”[①]，其它著述中也时有“颠舛乖谬”之说，但此处所言却属中肯之论。

表面看来，《孟子·滕文公上》所说“三年之丧”，鲁、滕先君皆未实行，与孔子所谓“三年之丧”为天下通丧相矛盾。但实际并不如此，傅斯年先生认为“三年之丧”这种制度为殷民所有，当时孔子所谓“天下”，指的是殷遗民之国，他们所行乃是殷礼，而滕先君和鲁先君都是周王的后代，是殷遗民的统治者，行的自是周礼，自然不是三年之丧了。这种解释不仅使得文献“面面圆到”“彼此相安”，而且也十分科学，符合当时的历史实际。

能论证傅斯年之说者还有一个重要资料，它似乎没有引起人们的注意，这就是《史记·鲁周公世家》的记载：

> 鲁公伯禽之初受封之鲁，三年而后报政周公。周公曰：“何迟也？”伯禽曰：“变其俗，革其礼，丧三年然后除之，故迟。”太公亦封于齐，五月而报政周公。周公曰：“何疾也？”曰：“吾简其君臣礼，从其俗为也。”及后闻伯禽报政迟，乃叹曰：“呜呼，鲁后世其北面事齐矣！夫政不简不易，民不有近；平易近民，民必归之。

这里提到了一个“三年之丧”的问题。伯禽在鲁国实行“三年之丧”，好像也与“鲁先君未之行”相抵触，但实际情况亦不如此。

鲁为周公之子伯禽的封国，又是周的东方强藩。周公东征以后，鉴于武庚叛乱，徐、奄、淮夷等亦并兴反的教训，不仅强化了对东方的控制，也注意分散殷遗民的势力。在将一部分殷“顽民”迁至洛邑就近控制以后，又将一部分殷遗民交由微子启，在宋国进行统治，“俾守商祀”。另外，又分别封予鲁、卫两国“殷民六族”“殷民七族”，并令两国“皆

① 《丧礼吾说篇》提要，《四库全书总目》经部·礼类存目一。

启以商政，疆以周索”（《左传·定公四年》），以此作为治国方针之一。当时，周公秉政，他显然是委鲁、卫两国以重任的。鲁国本殷商旧地，商朝曾建都于此，殷人势力很重，周公便以其长子镇守于此；卫为殷墟，乃殷人大本营，周公遂将其弟康叔封于此，因为“太姒（文王妃）之子，唯周公、康叔为相睦也”（《左传·定公六年》），二人之相睦在《尚书·康诰》中也能反映出来。康叔初受封时，“周公旦惧康叔齿少，乃申告康叔曰：‘必求殷之贤人君子长者，问其先殷所以兴所以亡，而务爱民。’”（《史记·卫康叔世家》）从《康诰》看，周公对康叔的叮嘱真可谓语重心长，不仅对他寄予厚望，而且充满了关怀。鲁、卫两国封建时，都受到了基本相似的特殊待遇，后来两国也有大致相近的治国策略和风情民俗，故孔子有“鲁、卫之政，兄弟也”（《论语·子路》）的话。

鲁、卫两国治国策略的相同首先表现在对殷遗民的怀柔与笼络政策上。两国皆“启以商政，疆以周索”，根据杜预的解释，即虽然依据周法疆理土地，但又因殷民风俗，沿用商朝的政事。这种政策是周公治理天下的既定政策，也是周公作为政治家的高明之处。对此，笔者另有《试析西周时期殷遗民的社会地位》一文专门论述。

鲁为商奄旧地。鲁国除了在分封后来到鲁国的周人、殷民六族外，便是原来居住在这里的奄人。伯禽至鲁后，根据周公“启以商政”的思想，利用自己年富力强、精力充沛的优势，下了不小的气力，企图彻底改变“商奄之民”的风俗，代之以殷人的传统习俗。周公明知鲁地受商文化的熏染极深，故令鲁国遵从商人习俗，因为只有这样，才能更好地笼络殷民，但周公并不是要伯禽进行大的动作，彻底改变奄民旧礼，以殷人之礼俗规范奄民。因为只有简易旧有礼俗，才能得到人民的拥护。所以，伯禽应顺应殷人习俗，而不应强迫奄人全都接受殷人习俗。由此看来，在对待当地人的政策上，伯禽的“变俗革礼”就不如太公在齐国的“从俗简礼”，他对周公原意的理解有一定偏离，难怪周公担心以后鲁国会“北面事齐”。

以前，包括笔者在内的许多人对伯禽“变俗革礼”的对象有错误的理解，认为鲁国是要彻底改变殷民的风尚，代之以周人的传统习俗。有人甚至怀疑《史记》的记载，说这是“后代臆造的预见，实际都是近于小说家言的演义”，“报政故事‘丧三年然后除之’的话便是无稽之谈”[1]。现在看来，这种观点是不对的。既然鲁国的周人没有实行“三年之丧”，那么伯禽“变俗革礼”就不是在推行周人之制，而是“启以商政”，推行殷民礼俗。

伯禽“变俗革礼”并非改变殷民礼俗也得到了考古材料的证实。1977年和1978年，山东博物馆等单位联合对曲阜古鲁城进行调查发掘，证明古鲁城内居住着两个不同的民族。在对两组墓葬的发掘中，发现周人墓保持着灭商以前的作风，而另外一组墓（可能是殷民六族的成员）与周人墓“作风迥然有别”，随葬器物、腰坑、殉狗等“皆与商人墓的作风相似”，而且这种墓葬“从西周初年至少延续到春秋晚期”，这个事实说明他们“固有的社会风尚曾牢固地，长时间地存在着”[2]。这至少证明在葬礼方面，鲁国仍然允许商人旧俗完整地保留着。既然如此，伯禽“丧三年然后除之”显然也是在推行殷制。

郭沫若先生等对殷代实行过“三年之丧”持反对态度。在我们看来，他们对于“三年之丧”的理解过于偏狭和绝对化了。如郭沫若先生说，卜辞中记有帝乙在其父死后的第二年四月亲自主持殷祭，“古者祭祀侑神必有酒肉乐舞，王不用说是亲预其事了”，我们以为用此类例子作为反证，似显有些无力。

殷人行三年之丧，也并不一定三年之内不为政、不与礼乐。比如，祭礼实为礼之大者，用以追思、祭奠崇敬对象，其中自然包括祭祀刚刚去世的祖先，如此，守丧之人当更应与祭。从民俗上也可帮助我们理解这一问题。今山东孔孟之乡的许多乡村，家中若有父、祖之丧，子、孙一般也“守孝”三年，不仅穿衣上有一定的规制，而且三年之内春节时不贴春联（至少不贴红纸的春联），不放鞭炮；三年之中有多次固定的祭奠日，每到这时，他们不仅以酒肉之类的供品祭奠死者，而且同时也宴享来参加这些活动的外地亲戚，只是这种享宴之中绝无喜庆气氛而已。殷周时候，“国之大事，在祀与戎”，祭祀与战争乃国家大事，即使在居丧期间也难以身处局外，因此，守丧者也可能参与与此有关的活动。如孔子极力宣扬“三年之丧”，但他仍认为“三年之丧，卒哭，金革之事不辟”（《礼记·曾子问》）无可厚非。

---

①刘敦愿：《西周时期齐鲁两国的地位及其互相转化》，《东夷古国史研究》（第1辑），三秦出版社1988年版。

②山东省文物考古研究所等编：《曲阜鲁国故城》，齐鲁书社1982年版，第214页。

需要说明的是，“三年之丧”虽为殷代遗制，但它在那时候绝不能与后世儒家所宣扬的丧服制度相比。商朝，宗法制度正处于形成和完备时期，可以肯定，“三年之丧”在商朝中期还难至于成熟形态。商族与周族有着大致相似的发展历程，由周族的繁衍扩大，亦可推知殷商之民至周初时尚不至发展成为一个极为庞大的宗族。当然，与其他各族相比，殷为当时的“大邦”自无疑问。然而，盘庚以前，商人一直“不常厥邑”，多次迁都，说明商的族众尚不至于迁徙不便，人数并不太多。盘庚迁殷以后，商族才有了较大发展。司马迁说过：“契为子姓，其后分封，以国为姓，有殷氏、来氏、宋氏、空桐氏，稚氏、北殷氏、目夷氏。”（《史记·殷本纪》）周公又曾说殷商王朝有内、外服之分，殷的分封以及内、外服之分可能都是盘庚迁殷以后的事。我们推测，“三年之丧”的正式形成也不会早于此时，到商朝末年也未必已在殷民中间被广泛而又严格地执行，不然的话，在殷文化熏染极深的鲁国，伯禽就没有必要刻意地对“三年之丧”加以推行。

但是，殷代毕竟已有了“三年之丧”，并且后世受其影响的痕迹亦历历可寻。在齐国，“齐宣欲短丧”，显见其有久丧之制。这个事实，前引毛奇龄《剩言》已经谈到。又，《左传·襄公十七年》记：“齐晏桓子卒，晏婴粗缞斩、苴绖、带、杖，菅屦，食鬻，居倚庐，寝苫、枕草。”但其家臣却讥为“非大夫之礼”，可见当时齐国的服丧之礼已较完备；在鲁国，久丧之习的影响也见端倪，闵公为庄公、文公为僖公服丧甚至长达二十一二个月。鲁襄公死后，晋国甚至都因此拒见外来宾客。《左传·襄公二十一年》记：“公薨之月，子产相郑伯以如晋，晋侯以我丧故，未之见也。”晋与鲁关系较为密切，晋人曾说：“晋与鲁、卫，兄弟也。”（《左传·成公二年》）“周初封建，内宗亲而外异姓，宗亲之中，鲁与卫、晋为最。”“后来卫国不竞，沦为晋、楚之附庸，鲁、晋遂继宗周为华夏文明之中心。”①因此，晋以鲁丧而拒客便容易理解了。

在晋国，殷代的丧服制度影响更大，他们已经开始施行“三年之丧”了。据《左传·昭公十一年》记载，鲁昭公在母亲去世后，仍“大蒐于比蒲”，几个月后送葬时，“公不戚”。晋国的叔向听说后，说：“鲁公室其卑乎！君有大丧，国不废蒐；有三年之丧，而无一日之戚。国不恤丧，不忌君也；君无戚容，不顾亲也。国不忌君，君不顾亲，能无卑乎？”叔

①杨向奎：《宗周社会与礼乐文明》，人民出版社1992年版，第278页。

向还对周王的有关行为进行评论，据《左传·昭公十五年》记，这一年中，王太子寿和王穆后先后去世，晋荀跞如周。在葬礼结束后，“以文伯（荀跞）宴，樽以鲁壶”。叔向认为：“王一年而有三年之丧二焉，于是乎以丧宾宴，又求彝器，乐忧甚矣，且非礼也。彝器之来，嘉功之由，非由丧也。三年之丧，虽贵遂服，礼也。”在叔向看来，三年之丧即便是天子亦须遵守，周王不守其礼，既早宴乐，又求贡品于吊丧之人，实在是“一动而失二礼”，违背了国家的根本法度，所以“王其不终乎”。

从以上的事实中，我们至少可以看出两个问题：

第一，晋国行“三年之丧”本非叔向时始有之制。叔向之时，各国诸侯、贵族虽然以礼相标榜，但多是流于形式，或者说，礼之数尚在，礼之义已失。因此，人们认识到：“礼之所尊，尊其义也。失其义，尊其数，祝史之事也。故其数可陈也，其义难知也。知其义而敬守之，天子之所以治天下也。”（《礼记·郊特牲》）孔子所说的“礼云礼云，玉帛云乎哉？乐云乐云，钟鼓云乎哉”（《论语·子罕》）就是这个意思。因此，社会上的忧世之人或有识之士便以礼作为臧否人物、评判事实乃至个人处世立身的准则，叔向也和孔子等人一样，“是一个忠实的传统礼治主义者”。“叔向主张‘奉之以旧法，考之以先王’，初步提出了以先王之法作为现实社会政治和法律的评价标准的思维模式，即法先王的价值论和方法论。他的这一命题多因循少变易，多保守少进取，但在因循保守中又隐藏着批判性，为后世的礼法论，主要是儒家的礼法论提供了思想资料。”①叔向提倡的“三年之丧”就显然属于因循的古代旧法，而这个古代旧法显然属于殷代以前之遗制。从对儒家礼法论影响的角度来看，“三年之丧”也是较为典型的例子。如果“三年之丧”刚刚在晋国产生，他就不应直接用以评人论事，而应该把重点放在实行三年丧制合理性的论述上。

第二，“三年之丧”亦非晋国独有的丧制。如果这个制度仅仅在晋国存在，叔向便不会以之来责难周王和鲁公；他用同样的情况来评论晋国以外的人，恰好说明孔子所说的“三年之丧为天下之通丧”，晋国以外如鲁国等都有这种丧制存在。正是因为如此，孔子才在鲁国收拾遗散，从社会下层实行着的旧礼中，挑出诸如“三年之丧”等有助其说的礼制，重新加以宣传和解释，并把它当成治世良方之一，这便是他所谓的“礼失而求诸

①耘耕：《论叔向》，《孔子研究》1991年第1期。

野”。所以他认为：“先进于礼乐，野人也；后进于礼乐，君子也。如用之，则吾从先进。”（《论语·先进》）

或问，叔向孔子生当周世，何以推行和提倡殷制？这也是容易理解的。我们已经谈到，在周代，殷人的地位并不低，由于各种因素的作用，周人对殷遗民尽量怀柔和拉拢，没有也不可能对他们压迫和歧视。前引毛奇龄的话中也谈到，孟子为周人之后，他尚使滕国行用殷的礼法。孔子为殷人后裔，更有“故殷”倾向，在周室衰微、礼坏乐崩的情况下，他举起“兴灭国，继绝世，举逸民”的旗帜，提倡殷人故有的并且在民间继续实行着的三年丧制，便成了情理之常。

实际上，殷人旧习在两周时期继续被行用者并不止“三年之丧”。首先，周礼就是“损益”殷礼而来，此外，周人不施行的殷礼有的也仍在民间行用，前面谈到的鲁地原来居民的葬礼就是如此。又如，从卜辞上看，殷商时有遇旱而焚巫尪之礼，[①]而周代不见有行此礼的记载。但鲁国却有类似情况出现。鲁僖公二十一年（前639）夏天，大旱，僖公欲焚巫尪，臧文仲曰：“非旱备也。……巫尪何为？天欲杀之，则如勿生；若能为旱，焚之滋甚。”僖公从之，“是岁也，饥而不害”（《左传·僖公二十一年》）。卜辞中又有殷人暴巫尪的记载，如“隹妌烄，有雨。勿烄妌，亡其雨”[②]“所谓妌烄，事与《礼记·檀弓》暴巫尪相类，也是为求雨而祭天。”[③]《礼记·檀弓上》所记是鲁穆公时的情况；“岁旱，穆公召县子而问然，曰：‘天久不雨，吾欲暴尪而奚若？’曰：‘天久不雨，而暴人之疾子，虐，毋乃不可与！’‘然则吾欲暴巫而奚若？’曰：‘天则不雨，而望之愚妇人，于以求之，毋乃已疏乎！’”鲁僖公焚巫尪与鲁穆公暴巫尪实质是一样的。据《吕氏春秋·尽数篇》注，尪为“突胸仰向疾也”，郑玄注《檀弓》亦云：“尪者面向天，觊天哀而雨之。”焚巫尪与暴巫尪本殷人祈雨时所用之旧礼，而鲁君在遇旱时也欲以此习行事。正因焚、暴巫尪本非周人之礼，故鲁君的行为才有人陈词反对，这能说明殷民旧有之习在鲁国有所保留，以至于连鲁君都受到很大影响。“三年之丧”这时期在各国的影响与之十分相似。

---

①裘锡圭：《说卜辞的焚巫尪与作土龙》，《甲骨文与殷商史》（第1辑），上海古籍出版社1983年版。

②《甲骨文合集》1130。

③陈戍国：《先秦礼制研究》，湖南教育出版社1991年版，第124页。

近人商周继承制度研究之检讨

在宗法礼制中，继承制度乃是最为关键的问题。近些年，商周时期继承制度的研究已经取得了重要进展，然而其中一些精当的研究成果还没有受到应有的重视，今日言宗法礼制者仍在因袭旧说，而且在相关问题上言人人殊、异说纷呈。鉴于此，笔者拟对自王国维以来近人关于商周继承制度的研究进行初步检讨，总结已有成果。

今有很多人认为殷周的继承制度有着极大不同，而以为殷商时期实行"兄终弟及"之制，嫡长子继承制始于周公而行于西周以后。这种看法在很大程度上是受了王国维的影响。

王国维是较早系统论述殷周继统法之异的学者，他在所著《殷周制度论》中说："周人制度之大异于商者，一曰立子立嫡之制……殷以前无嫡庶之别……商之继统法以弟及为主而以子继辅之，无弟然后传子。自成汤至于帝辛三十帝中，以弟继兄者凡十四帝，其以子继父者，亦非兄之子而多为弟之子。……（周）太王之立王季也，文王之舍伯邑考而立武王也，周公之继武王而摄政称王也，自殷制言之，皆正也。传子之法实自周始，当武王之崩，天下未定，国赖长君，周公相武王克殷胜纣，勋劳最高，以德以长，以历代之制，则继武王而自立，固其所矣。而周公乃立成王而己摄立，后又反政焉。摄政者，所以济变也；立成王者，所以居正也。自是以来，子继之法遂为百王不易之制矣。"王国维认为中国的政治与文化在殷周之际发生了剧烈的变革，在诸多的表象之中首推"立子立嫡之制"。然而，王氏所论殷周继统法有显著区别实属不当。

要了解殷周时的继承制度，应当根据文献中对这种制度的论述，结合各类资料所反映的此时期的继承谱系进行探讨。王国维的研究也利用了论述这种制度的有关文献。需要说明的是，王国维对周季历、武王之立和所谓周公"摄政称王"所言有所不当，对此，笔者另有《周初以前周人的继承制度问题》一文予以申说，兹不赘言。除了所谓周公"摄政称王"之外，王国维立论的根据是他所说的两个"条例"。"条例"之一见于《左传·襄公三十一年》：

> 太子死，有母弟则立之；无，则立长。年钧择贤，义钧则卜，古之道也。

另一"条例"是《公羊传·隐公元年》的说法：

> 立嫡以长不以贤，立子以贵不以长。

对此，何休《解诂》曰：

> 礼，嫡夫人无子立右媵，右媵无子立左媵，左媵无子立嫡侄娣，嫡侄娣无子立右媵侄娣，右媵侄娣无子立左媵侄娣。质家（殷商）亲亲先立娣，文家（周人）尊尊先立侄。嫡子有孙而死，质家亲亲先立弟，文家尊尊先立孙。其双生也，质家据见立先生，文家据本义立后生。皆所以防爱争。

将《左传》与《公羊传》进行对比，可看出二者的说法是一致的。“立嫡以长不以贤，立子以贵不以长”确为当时继统法之精髓。嫡夫人诸子最贵，而其中又以长子为贵中之贵，是为太子。太子未即位而死，先在同母弟中选其长者，而不论其贤否。嫡夫人无子，则仍以年龄为标准选其长者。《左传》之说也是如此，其言“年钧择贤”，也是以立长为前提，只是在遇有二人“双生”年龄完全相同时才选其中贤者。至于何休《解诂》所言，其细密程度过于繁复，有个人想象的成分也未可知。

《左传》与《公羊传》的说法应该是符合实际的。《左传·昭公二十六年》记王子朝使告于诸侯的话中有一段与《左传·襄公三十一年》大致相同的话：

> 昔先王之命曰：“王后无适，则择立长。年钧以德，德钧以卜。王不立爱，公卿无私，古之制也。”

《左传》的两处记载明确说其叙述的继统法是“古之制”“古之道”，特别是《左传·昭公二十六年》的记载，其出自周王子使告于诸侯之语，而言周代先王也称此为古制，所以我们不得不信这种制度非周代独有。

然而，何休《解诂》却离析殷周，强调两代之异，其说很可能与实际不符。当然，他的说法并非完全由他本人所创，战国时期已有此种说法。《礼记·檀弓上》曰：

> 公仪仲子之丧，檀公免焉。仲子舍其孙而立其子，檀弓曰：“何居？我未之前闻也。”趋而就子服伯子于门右，曰：“仲子舍其孙而立其子，何也？”伯子曰：“仲子亦犹行古之道也。昔者文王舍伯邑考而立武王，微子舍其孙腯而立衍也。夫仲子亦犹行古之道也。”子游问诸孔子。孔子曰：“否，立孙。”

郑玄注："公仪仲子，公仪氏；仲子，字。鲁之同姓也，其名未闻。"清人毛奇龄云："公仪氏不见于春秋，惟鲁缪公时有公仪休为鲁相。其人在孔子卒后。"[①]而据文意，公仪仲子至晚与孔子同时，不知此人此事确有否？但综观《檀弓》全篇，其可信的程度实不太高，清人郭嵩焘曾谓："《檀弓》所记，多非事实，于孔氏尤多诬诞；注家又并《檀弓》之意失之，其说乃益支离也。"[②]今也有人注意到《檀弓》的一些问题，如"讨论丧礼之处特多，且无准则""篇中所言诸礼，既已义理互错，而说春秋时事，又多与他书不合"[③]。如子服伯子所说"文王舍伯邑考而立武王"就不可凭信。据《檀弓》本意，其言"舍伯邑考"乃"舍伯邑考子"之省文。实际上，"未必文王有意废立"，《檀弓》所说"乃子服伯子附会之言"[④]。《史记·殷本纪》正义引《帝王世纪》云伯邑考在文王时为质于殷，"纣烹为羹"。《逸周书·世俘》说武王克殷后在殷都祭"太王、太伯、王季、虞公、文王、邑考"。《史记·管蔡世家》谈到武王之立时，亦说"伯邑考既已前卒矣"，后又说"伯邑考，其后不知所封"。伯邑考早死无后，当无多大问题。依当时之宗法观念，伯邑考如果有子继封，则其"微弱久灭失传"[⑤]，并且连司马迁都见不到任何记载的可能是极小的。

由上所述，《檀弓》中子服伯子之言所隐含的"周人嫡子死则立嫡孙"，只可作为当时存在这样一说来理解。因为《檀弓》"盖为战国时代学者，捃拾诸说礼者不同意见，荟撮成篇。其性质与《杂记》上、下篇相仿佛"[⑥]。

但《檀弓》所言对后来的影响却不可低估。仅我们上引的这段话，司马迁《史记·管蔡世家》就采用了其中"文王舍伯邑考而立武王"的说法；又，嫡子死后立庶子本为殷时古道，《左传》记载周人亦行此法。即《檀弓》此处所言，也能说明周人舍孙立子者不乏其人，只是檀弓、孔子主张嫡子死则立嫡孙。尽管此处所记还未必可信，但到汉人时，舍孙立子已经被说成仅仅是殷时古道，檀弓、孔子所主张的嫡子死则立嫡孙则被认

---

①王梦鸥：《礼记今注今译》，天津古籍出版社1987年版，第61页。
②〔清〕郭嵩焘：《礼记质疑》卷三，邬锡非、陈戍国点校，岳麓书社1992年版，第65页。
③王梦鸥：《礼记今注今译》，第61页。
④〔清〕梁玉绳：《史记志疑》卷十九，中华书局1981年版，第904页。
⑤〔清〕梁玉绳：《史记志疑》卷十九，第904页。
⑥王梦鸥：《礼记今注今译》，第61页。

定是周代之制。如《史记·梁孝王世家》褚少孙补记袁盎的话：

> 殷道亲亲者，立弟。周道尊尊者，立子。殷道质，质者法天，亲其所亲，故立弟。周道文，文者法地，尊者敬也，敬其本始，故立长子。周道，太子死，立嫡孙；殷道，太子死，立其弟。

袁盎是西汉时的大臣，当时，窦太后说："吾闻殷道亲亲，周道尊尊，其义一也。安车大驾，用梁孝王为寄。"其意欲立梁孝王为太子，景帝"问其状"时，袁盎便进行了上引一番说解。袁盎将殷、周分言，其根据是窦太后所言"殷道亲亲，周道尊尊"。但窦太后所说到底有何据呢？在宗法制度下，"尊尊"和"亲亲"可谓两条根本原则，周礼如此，殷礼也不会例外。而且，宗法社会里的"尊尊"和"亲亲"也是一致的。这一点，窦太后也是清楚的，所以她说"殷道亲亲，周道尊尊，其义一也"。周人实是"尊尊"与"亲亲"并重的，如鲁国初建时，周公就为鲁国确立了"尊尊而亲亲"（《汉书·地理志》："太公曰：何以治鲁？周公曰：尊尊而亲亲。"）的治国方针。鲁为周公之后，是周礼的典型执行者，鲁国并没将"尊尊""亲亲"离析开来。如果说殷道亲亲，而周人事实上也讲亲亲，那么，这或许与"太子死，有母弟则立之"的古来之道周人亦照样遵行的情形一样。

实际上，夏、商、周三代礼制虽有"损益"关系，但其间相因相袭者更多，继承制度当也不会有截然的改变。孔子讲三代礼制有"损益"现象，后儒便大讲三代礼制之异，观《礼记》中关于夏、殷、周制对比的诸多论说便可了然。或许由于《檀弓》中说孔子主张太子死则立孙，汉儒便据此进行发挥，到公羊学者何休那里，这种解释遂更臻细密。

本来，《左传》《公羊传》甚至《礼记·檀弓》所说都是立太子的具体情况，也就是在现居位之君的诸子中选择继承人的办法。不论如何，这都是为了有序、合理地将君位传给君主之子，其本质总不离君位父子相传。但袁盎、何休所言不仅未必恰当，而且容易使人将寻找新太子之法误解为立新君的办法。而寻找新太子和立新君是绝不可等同的。例如，袁盎说"殷道亲亲者，立弟"，如果殷王死后立弟，犹是"兄终弟及"；如果殷太子死后立弟，那么，在位殷王死后传位于新立的太子仍是"父死子继"。顾颉刚先生曾说史家的传统说法是："殷尚贤，兄死传弟；周尚文，父死传子。”[①]如果这与袁盎、何休等的说法有关，那么它显然属于误解。事实上，确实有学者误解了袁盎之说，如金景芳先生引袁盎“周道太子死，立嫡孙；殷道太子死，立其弟”之言，认为这是“殷周二代君位继承制的根本区别”[②]。

《左传》之记载已经昭示了西周以前已有父子相传的继承制度，而且嫡庶之制也已产生。王国维引证了这个记载，却又以周公为嫡长子继承制的创始者，并说殷以前无嫡庶之制，是其没有细察《左传》的记载。王国维引《左传·襄公三十一年》的话，只引“太子死，有母弟则立之；无，则立长。年钧择贤，义钧则卜”，而未引“古之道也”。王国维一方面强调殷周继统制之异，一方面又引证了何休的言论，是否他亦有所误解，值得怀疑。

王国维先生在《殷周制度论》中的一些提法已有不少被后来学者所扬弃，对其所言殷周的继承制度，提出异议者亦有不少。在众多的研究者中，陈梦家先生对王国维《殷周制度论》有不少辩难，在殷人“兄终弟及”的问题上，陈先生据《史记·殷本纪》和卜辞的殷王世系，对王国维之说进行了四点修正：（1）子继与弟及是并用的，并无主辅之分；（2）传兄之子与传弟之子是并用的，并无主辅之分；（3）兄弟同体而有长幼之别，兄弟及位以长幼为序；（4）虽无嫡庶之分，而凡子及王位者其父得为直系。[③]可见，陈梦家虽感王说不妥，但他修正之后仍以为殷代没有嫡庶之制，仍以为殷商实行兄终弟及之制，说“商人传弟则确为其继统法的特色”[④]。

王国维观点之不妥是显而易见的，但陈梦家的看法依然不周。

在陈梦家之前，胡厚宣、范文澜已提出了与王国维不同的看法。胡厚宣先生通过对卜辞等记载所反映的殷制的研究，认为殷代制度大体与周代相近，周代制度乃自殷代而来，从而对王国维殷周之际剧烈变革论有所订正。胡厚宣先生通过对殷代婚姻家族宗法生育制度的研究，认为殷人实行一夫一妻制，但帝王地位特殊，为生子有后广嗣重祖，故常多妻。“妻子多乃有传子之制，由是而渐有嫡庶之分，渐生宗法之制，试观殷代后期，

---

①顾颉刚：《周公执政称王》，《文史》（第23辑）。

②金景芳：《马克思主义关于奴隶制社会的科学概念与中国古代史分期》，《社会科学战线》1985年第1期。

③陈梦家：《殷虚卜辞综述》，科学出版社1956年版，第370页。

④陈梦家：《殷虚卜辞综述》，第370页。

自小乙迄帝辛，九代之中七代传子，是已非兄终弟及制矣。”[1]范文澜先生通过对商王世系的分析，认为夏帝和商先公都是父子相继，兄弟相及仅是例外，“商朝的继统法是以长子继为主，以弟继为辅。”[2]

陈梦家之后，较早提出与王、陈二氏不同看法的是李学勤先生。根据文献和卜辞中有太子、小王等的记载，李先生肯定当时有了立储制度，否定了王国维“弟及为主”和陈梦家“弟及子继并用”之说，而提出殷人继承制乃是“子继为常，弟及为变”[3]。

近年来，商朝王位继承制度的研究成了先秦君位继统制研究的热点。事实上，商王的继承制度正是夏、商、周继承制度总体研究的关键。夏代资料阙落，夏代的继承制度只能根据现有文献记载和商代继承制度的特点进行推测。殷商的文献比之周代虽然也不丰富，但赖于甲骨卜辞的出土，商朝社会实际在很大程度上得以准确地反映出来。随着甲骨文与殷商史研究的深入，商朝继承制度的研究也得到了极大的促进，不少学者相继著文，对商代的王位继承制度进行探讨。在笔者所见的诸文章中，虽然各家的论述还有一定的参差，但大都已经认定商代王位继承制度的实质是父子继承制，而且已有嫡庶之分和宗法之制。

应当特别指出，人们发现亲族制度中的嫡庶之分和宗法之制具有十分重要的意义。在传子之法既定的情况下，嫡庶之分与宗法之制的产生，很容易使得“立子立嫡之法”成为常制，周人所说的“古之道”“古之制”（“太子死，有母弟则立之；无，则立长。年钧择贤，义钧则卜”）作为“立子立嫡之法”的补充和完善而随之出现也就不难理解。

嫡庶之分和宗法之制是否迟到商朝时方才产生，研究者多采取了谨慎的说法。我们认为这是一个有待继续探讨的问题。笔者以为，嫡庶之分应是王位世袭制度的必然伴生物，因为继承之法成为制度，其实质无非为了“济变”“弥争”。恩格斯曾指出：“掠夺战争加强了最高军事首长以及下级军事首长的权力；习惯地由同一家庭选出他们的后继者的办法，特别是从父权制确立以来，就逐渐转变为世袭制，人们最初是容忍，后来是要求，最后便僭取这种世袭制了；世袭王权和世袭贵族的基础奠定下来

①胡厚宣：《殷代婚姻家族宗法生育制度考》，载《甲骨学商史论丛》初集（第1册）。
②范文澜：《中国通史简编》（修订本），人民出版社1955年版，第118页。
③李学勤：《论殷代亲族制度》，《文史哲》1957年第11期。

了。”[①]最初的财产掠夺和私有制的产生，到世袭王权制的生成，是一个合乎逻辑的发展过程。而世袭贵族的基础奠定之后，他们便自然会思考如何维护和巩固这个基础，这种情况下，嫡庶之制便应运而生了。《吕氏春秋·审慎》就曾说道：“先王之法……立嫡子，不使庶孽疑（陶鸿庆《读诸子札记》曰：疑读为拟，谓相比拟也）焉。疑生争，争生乱。是故……妻不分则家室乱，嫡孽无别则宗族乱。”何休《解诂》说殷商与周人立嗣之制有异虽有不妥，但他说立嗣之法无论如何规定，其目的“皆所以防爱争”却是没有问题的。王国维《殷周制度论》论嫡庶之制的产生，乃据何休之言立说，故亦认为：“天下之大利莫如定，其大害莫如争；任天者定，任人者争。定之以天，争乃不生，故天子诸侯之传世也，继统法之立子与立嫡也，后世用人以资格也，皆任天而不参以人，所以求定而息争也。古人非不知官天下之名美于家天下，立贤之利过于立嫡，人才之用优于资格。而终不以此易彼者，盖惧夫名之可藉而争之易生，其敝将不可胜穷，而民将无时或息也。故衡利而取重，絜害而取轻，而定为立子立嫡之法，以利天下后世。”[②]

在我国，世袭制的开始应在夏朝之初。禹利用自己的权力，将王位传于儿子启，后来，“益干启位，启杀之”（《晋书·束皙传》引《纪年》），王国维所说的“官天下”便从此让位于“家天下”。按照《今本竹书纪年》注的说法，夏朝历时430余年，在如此久长的“家天下”的发展历程中，时人难道就没有“求定而息争”的考虑？

观《史记·夏本纪》所记的夏王世系，夏代的王位基本上是父子相传的，兄弟相传的只有三次，但这三次传位对我们观察夏代的继承制度还是很有启发意义的。其一是太康传位于弟中康，据《夏本纪》记载，启死后，子太康即位，“帝太康失国，昆弟五人，须于洛汭，作《五子之歌》”。然而，太康以后只有中康继位，中康之后，帝位并没有依次传给其他兄弟。另两次兄弟相及是“帝不降崩，弟帝扃立。帝扃崩，子帝廑立。帝廑崩，立不降之子孔甲，是为帝孔甲。”。这里虽有两次兄弟辈的王位传承，但王位却又传回到原本应当继位之王。夏代王位中的这些继承现象应当不是偶然出现的。

当然，用郭沫若的话说：“关于夏代的情形，我们今天还不能够多

---

①［德］马克思、恩格斯：《家庭、私有制和国家的起源》，《马克思恩格斯选集》（第4卷），第160—161页。

②王国维：《殷周制度论》，《观堂集林》第二册，第457-458页。

说，且等待日后从地底下能有丰富的资料出现。”[①]然而，甲骨文的研究，已经逐步证明了《史记》中的《殷本纪》确有凭据，并非伪托杜撰。既然如此，“那么《夏本纪》也未必子虚乌有，夏王世系应有历史的真实性”[②]。据《史记索隐》，可知《世本》虽与《夏本纪》有一点差别，但二者大体是相同的。另外，今、古本的《竹书纪年》所记各王名称大致同于《史记》，也对《夏本纪》的夏代世系是个印证。此外，与夏王的继承现象相得益彰的是商朝先公先王的父子继承。据《史记·殷本纪》记载，商人由其始祖契至汤，灭夏建国之前已历十四世，其发展历程正与夏王朝相始终。这十四世全部是父子继承，而且成汤以前到王亥（振）的八世已为卜辞所证实。所以有人说：“商人早在成汤的十四世祖契时就已摆脱了兄终弟及制，而实行父子相继的制度了。”[③]

由于《史记》等的记载比较简略，其他留存下来的史料亦付阙如，所以我们还不能肯定夏代王位中以子继父者都具嫡子身份。但我们完全有理由推断夏代出现嫡长子继承制是可能的。

当然，夏代及商周时期存在着“兄终弟及”现象也是事实。不少研究者以为这是母权制的遗迹或游牧族的传统，其实未必如此。正如有的研究者已经指出的那样，父死子继的继位法在理论上能够讲通，但实行起来却是有困难的。如王无嫡子或者根本无子，王的嗣子年幼或者嗣妇早夭而嗣孙稚弱，所以不得不传位于弟，“三代兄终弟及的现象，大抵由以上两种原因所致，它始终是作为‘父死子继’的补充而出现的，始终处于一种辅位的地位”[④]。另外还有非正常的兄弟传承，这多由争位的变乱所造成，如殷代的“九世之乱”。所以李学勤先生说：“正如周代宋宣公到庄公间有篡弑之事，不能据为规律来比附殷代祖辛至南庚间的继承。其实，周代各国同世兄弟及位的情形也很多……以年数与其次数的比率而论，多不少于商代，而其事迹可考者也多由于争位。这种情形不能指为亲族制度的规律，是无疑的。”[⑤]比如，周代的鲁国在春秋早期以前的君位继承是继及相间的，而且表现得似乎特别整齐，不仅如此，《史记·鲁世家》还明记

①郭沫若：《奴隶制时代》，《郭沫若全集·历史编》（第2卷），人民出版社1984年版，第17页。

②李学勤：《郭沫若同志对夏代的研究》，《中国史研究》1992年第3期。

③常玉芝：《论商代王位继承制》，《中国史研究》1992年第4期。

④彭林：《殷代“兄终弟及”平议》，《北京师范大学学报》1986年第4期。

⑤李学勤：《论殷代亲族制度》，《文史哲》1957年第11期。

鲁人叔牙之语曰："一继一及，鲁之常也。"有人遂以为鲁国的继承制度是所谓"一继一及制"。但笔者经过细致考察，发现这仅仅是表面现象，其实质是地地道道的嫡长子继承制，叔牙所说仅仅是就表面现象为庆父继庄公而立寻找的借口而已。

总之，夏代是否已经实行嫡长子继承制还不好肯定，但殷周时期通行此制却是毫无疑问的。只是"我们在探讨一个王朝的继承制时，应剔除其特殊情况，不为表面现象所迷惑"[①]。只有这样，才能看到继承制度的本质。

①常玉芝：《论商代王位继承制》，《中国史研究》1992年第4期。

周先王继承制度研究

继承制度是宗法礼制中的关键问题，也是商周史研究的重要问题。近些年关于商王继承制度的研究已经取得了重要进展，但对商朝时期及其前后的周人继承制度问题却少有人探讨，因而在不少相关问题上异说纷呈。①有鉴于此，笔者拟对西周建立以前的周人，亦即本文所说的周先王的继承制度问题试加探讨，以期使之佐证商朝王位继承之制，亦为研究商、周乃至三代之间的纵横关系提供借鉴。

关于周先王的继承制度问题，王国维在《殷周制度论》中说："大王之立王季也，文王之舍伯邑考而立武王也，周公之继武王而摄政称王也，自殷制言之皆正也。舍弟传子之法实自周始。"②他认为商朝时期的周人在继承制度上与商王相同，这是没有什么问题的。但他认为殷商王位以兄终弟及为主，并且强调殷、周制度之异，这已为学界大多数人所扬弃。而在周族本身继承法的进展这一点上，今日论周代宗法礼制者却与王说并无根本不同。③

根据司马迁对周先王世次的叙述，当时已经确立了严格的长子继承制。《史记·周本纪》记周先王在文王之前十四传，无一例外是父子相传：

> 后稷—不窋—鞠—公刘—庆节—皇仆—差弗—毁隃—公非—高圉—亚圉—公叔祖类—古公亶父—季历—昌（文王）

其中，季历为古公亶父少子，司马迁已特意说明，这表示其他以子继父者皆为长子。

可是，周先王的这种继承制度如今却很少有人相信。我们研究周先王的继承制度，有助于深化对这个问题的认识。让我们逐次剖析《周本纪》所记周先王世次的可靠性、季历和武王之立的真相以及武王传位等问题。

---

①如周公是否称王的问题。持否定意见者多认为殷商行"兄终弟及"之制，周公未居王位，乃是以实际行动矫正古制，周人嫡子继承法由此而定。持肯定意见者有的认为当时周礼未备，按商朝的"兄终弟及"制，周公继王位乃顺理成章，有的则认为周代实行"一继一及"制，周公称王即其一例。如此等等，不一而足。

②王国维：《殷周制度论》，《观堂集林》卷十，朝华出版社2018年版，第383页。

③如郭宝钧《中国青铜时代》（三联书店1963年版）、陈戍国《先秦礼制研究》（湖南教育出版社1991年版）、钱杭《周代宗法制度史研究》（学林出版社1991年版）都是如此。

一、《史记·周本纪》对"后稷"的记述

后人研究周族的发展历史，都把姜原生弃到不窋看作一个发展阶段。弃在虞夏之际始任后稷之官，后被封于邰。弃的后代世为后稷，直到不窋失官。对此，《史记·周本纪》记载：

> 周后稷，名弃。其母有邰氏女，曰姜原……初欲弃之，因名曰弃。弃为儿时，屹如巨人之志。其游戏，好种树麻、菽，麻、菽美。及为成人，遂好耕农，相地之宜，宜谷者稼穑焉，民皆法则之。帝尧闻之，举弃为农师，天下得其利，有功。帝舜……封弃于邰，号曰后稷，别姓姬氏。后稷之兴，在陶唐、虞、夏之际，皆有令德。后稷卒，子不窋立。不窋末年，夏后氏政衰，去稷不务，不窋以失其官而奔戎狄之间。

春秋时的周人亦说"后稷封殖天下"（《左传·昭公九年》），因此，继烈山氏之子柱以后担任农官——田正[①]。《国语·鲁语上》记鲁人展禽说："昔烈山氏之有天下也，其子曰柱，能殖百谷百蔬；夏之兴也，周弃继之，故祀以为稷。"《左传·昭公二十九年》记晋人史墨之言亦曰："有烈山氏之子曰柱为稷，自夏以上祀之。周弃亦为稷，自商以来祀之。"展禽时在春秋前期，史墨则在春秋后期，他们二人都熟谙礼制，通晓掌故，其所言可以信据。由他们的话可知弃之生活年代当夏朝之初，此与《周本纪》所说亦合。

司马迁叙述"后稷之兴"后，又说"后稷卒，子不窋立"，并且说不窋当夏朝政衰。由此而引起人们的疑议，因为夏朝历时数百年，不可能父子二人分处夏朝始、末。

实际上，弃号为后稷，不窋父亦号后稷，二者并非一人。不仅如此，他们二人之间的历代继承者都是号为后稷的。《国语·周语上》记祭公谋父说："昔我先王世后稷，以服事虞、夏。及夏之衰也，弃稷不务，我先王不窋用失其官，而自窜于戎狄之间。"韦昭注："后，君也。稷，官也。父子相继曰世，谓弃与不窋也。"

韦昭以"世"谓弃与不窋是错误的。《国语·鲁语上》"自稷以及王季莫若文、武"，韦昭亦注曰"稷，弃也"。显然他是以弃与不窋为父

---

①《左传·昭公二十九年》："稷，田正也。"

子，且把“稷”看成他们二人独有称谓的。但韦昭以“世”为父子相继并无问题，只是这种父子相继并不只有一次，而是出现了很多次。祭公谋父已经明白地说“先王世后稷”，不窋失稷之官，时值夏末。如果弃与不窋为父子，显然不得服事虞及有夏一代。所以谯周认为此“言世稷官，是失其代数也。若以不窋亲弃之子，至文王千余岁唯十四代，实亦不合事情”[①]。《毛诗疏》亦说：“虞及夏、殷、周，共有千二百岁。每世在位皆八十年，乃可充其数耳。命之短长，古今一也，而使十五世君在位皆八十许载，子必将老始生，不近人情之甚。以理而推，实难据信。”[②]

司马迁当然明白这一点，以下五个方面足以说明。

第一，《周本纪》据《国语》祭公谋父之言加以改写，几乎是原文照录，但特意将“弃稷不务”改成“去稷不务”。因为姜原子名弃，这样改动以免引起误会。

第二，叙“后稷卒，子不窋立”之前，司马迁明言“后稷之兴，在陶唐、虞、夏之际，皆有令德”。一个“皆”字，其意已明。这里的记述虽极简略，但《周本纪》对整个夏朝时期从弃到不窋之父的叙述并无缺环。

第三，从史书编纂的角度看，《史记·周本纪》主要记录周王朝之世纪，对周朝建立前的先王，只追溯其兴盛史上有重要意义的十几代，此与《殷本纪》是相类的。这正如《史记·秦楚之际月表》叙论所谓“汤、武之王，乃由契、后稷修仁行义十余世”，因而从弃到不窋之父也就从简而概略叙及。

第四，司马迁从来没说不窋为弃之子，而只说他是后稷子，《周本纪》如此，《三代世表》也是这样。[③]

第五，司马迁在《史记·刘敬叔孙通列传》中记刘敬之言曰：“周之先自后稷，尧封之邰，积德累善十有余世。公刘避桀居豳。”公刘是不窋之孙，自不窋至公刘，可能一直避居在戎狄之间，只是不窋之前的周族以邰为封邑。这样，从弃到不窋便有十余世。有人说司马迁这里的记述与《周本纪》的记载“自相矛盾”[④]，其实是没有弄清《周本纪》的记述。对于司马迁记述的本意，吕思勉先生的理解极是：“自‘封弃于邰’至

①〔唐〕司马贞：《史记索隐·周本纪》，中华书局1963年版，第113页。

②〔汉〕毛亨传，〔汉〕郑玄笺，〔唐〕孔颖达疏：《十三经注疏·毛诗正义》，第1110页。

③《史记·三代世表》：“后稷生不窋。”

④王恩田：《从鲁国继承制度看嫡长制的形成》，《东岳论丛》1980年第3期。

‘不窋立’三十四字之间，‘后稷’二字，凡有三解。‘号曰后稷’之后稷指弃；‘后稷之兴’之后稷，包弃以后不窋以前居稷官者；‘后稷卒’之后稷，则不窋之父也。”①

在司马迁之前，对周人早期的世系已有人迷惑不解。②司马迁依据《左传》《国语》等资料，对弃到不窋的周先祖历史进行了虽然简要但正确无误的表述。同是根据早期的资料，后人依然多有不正确的理解，而对司马迁《周本纪》有误解者亦代不乏人。

二、从毁隃到古公亶父的世次

弄清楚了《史记·周本纪》关于不窋之前周先王的记载，我们再来看其后的周先王世系。对这段世系，除了毁隃以下到古公亶父之间诸先王之名，其他并无异议。

对毁隃到古公亶父之间的诸王之名，《世本》（据《史记·周本纪》索隐所引）、《史记·周本纪》、《汉书·古今人表》以及皇甫谧《帝王世纪》都有记载或者解释：

《世本》	《史记·周本纪》	《汉书·古今人表》	《帝王世纪》
公非辟方	公非	辟方，公非子	公非，字辟方也
高圉侯侔	高圉	夷竢，高圉子 梁玉绳《古今人表考》曰：夷竢“亦曰侯侔”	高圉，字侯牟③
亚圉云都	亚圉	云都，亚圉弟	云都，亚圉字
太公组绀诸盩	公叔祖类。《三代世表》称“祖类”	公祖	公祖，一名组绀诸盩。 字叔类，号曰太公

①吕思勉：《先秦史》，上海古籍出版社1982年版，第116页。

②如《礼记·祭法》所记“圣王之制祭祀”的原则，基本同于《国语·鲁语上》展禽之语。《礼记》即使不是直接录自《国语》，也肯定是依据了同一资料。《鲁语上》“夏之兴也，周弃继之，故祀以为稷”，《礼记》却将其中的“兴”改为“衰”，这样，周弃继烈山氏之子而为稷，由夏初被移到了夏衰。《礼记》之不妥显而易见，此盖其作者不解周弃至不窋世代为稷官所致。

③徐宗元《帝王世纪辑存》案：“《路史·发挥四》云‘《史记》乃后，辟方、侯牟、云都、诸整，至皇甫谧遂以为公非、高圉、亚圉、祖绀之字’，是《帝王世纪》原有此文。”可以信据。

其中，《世本》写定较早，该书是先秦史官记录和保存的部分历史档案资料。司马迁著《史记》，参考该书较多，《周本纪》所记公非等的名字，当也参照了《世本》。《汉书·古今人表》与之有明显差异，可能另有所据。晋人皇甫谧著《帝王世纪》，前述材料都可看到，自会对这些记载有所甄别去取。清人崔述亦认为《帝王世纪》是"因《史记》之文而强为说，以曲全之"[①]。但崔氏立说的根据是："不窋之窜，在夏桀前，至文王时，不下六七百岁，安得每君皆享国至五十年之久乎？"[②]关于不窋之窜，《史记》本于《国语·周语上》，二者皆谓时当夏政之衰。《史记·夏本纪》说："帝孔甲立，好方鬼神，事淫乱。夏后氏德衰，诸侯畔之。"难道不窋失官在孔甲时？即使如此，至文王时亦不过五百余年，未知崔述"六七百岁"由何而得。

夏朝历时数百年，周弃至不窋世为稷官，《史记》言其"皆有令德"，其忠于夏朝，且深得信任。据《国语·周语上》，不窋失官，乃自弃之。孔甲失德，诸侯有叛，不窋或不至因而弃官外窜。况孔甲、帝皋以后，帝发即位之时，尚有"诸侯宾于王门，再保墉会于上池，诸夷入舞"[③]，是夏之德威依然在一定程度上存在。然至夏桀之时，情况大变，"桀不务德而武伤百姓"（《史记·夏本纪》）。在这种情况下，"守法之臣"外逃者一定很多，如太史令终古即奔于商。既然"众庶泯泯，皆有远志"[④]，世为夏朝农官的周族首领也不堪忍受，不窋此时外逃的可能性极大。如果是这样，从不窋到文王前，共历13王，不足450年，每王平均在位不足35年，于事理较为切近。而且周族皆父子相继，每王在位时间相对较长亦在情理之中。

除崔述外，同意《汉书·古今人表》之说的还有罗泌、金履祥、梁玉绳等人，但他们最基本的出发点都是认为《世本》所记与《汉书·古今人表》相同。如梁玉绳说："罗氏泌、金氏履祥据《世本》及《表》以纠《史》缺。"[⑤]还说："云都、亚圉弟，惟见《周纪》索隐、《路史·发

①《丰镐考信录》卷一。见于顾颉刚编订之《崔东壁遗书》，上海古籍出版社1983年版，第165页。

②《丰镐考信录》卷一。见于顾颉刚编订之《崔东壁遗书》，第165页。

③《书钞》八十二引《纪年》。

④《吕氏春秋·慎大览》，中华书局2011年版，第466页。

⑤〔清〕梁玉绳：《古今人表考》。转引自王利器、王贞珉：《汉书古今人表疏证》，齐鲁书社1988年版，第478页。

挥·周世考》引《世本》。”[①]崔述则说：“（《周本纪》）索隐所引《世本》之文，自公非至太王凡九世。”[②]但《史记·周本纪》所引《世本》，正如我们前表所列，其与《古今人表》哪有相同之处？《周本纪》索隐提及“云都”其人之原文为：

> 《汉书·古今人表》曰：“云都，亚圉弟。”按：如此说，则辟方、侯侔亦皆二人之名，实未能详。

但梁玉绳之说，则把《汉书·古今人表》误作为《世本》了。关于《世本》所说“公非辟方”“高圉侯侔”“亚圉云都”等本来各为一人，还有更显然、更确凿的证据。如《尚书·酒诰》孔颖达疏曰：“周自后稷以至文王十五世”，案《世本》云：“……毁榆（隃）生公飞（非）……公飞（非）生高圉……高圉生亚圉……亚圉生组绀……组绀生大王亶父……”[③]其中未见有所谓辟方等三世，这当是孔颖达省略公飞（非）等人的字，绝不应当是故意“删缩元文”[④]；又，“《路史》述《世本》曰侯牟生亚圉”[⑤]，是侯牟与高圉同指一人，侯牟为高圉字毫无疑问，我们不必再怀疑《路史》的记录有误。实际上，《世本》根本就与《汉书·古今人表》不同，其说公非等人之名，乃兼举其字，《帝王世纪》之说正可作为《世本》与《周本纪》所记不同的合理解释。所以，翟云升《校正古今人表》云：“以《世本》亚圉云都证之《帝王世纪》，以云都为亚圉字似是。据此，则夷竢为高圉字，而《表》重出辟方、夷竢、云都三人。”[⑥]罗泌、金履祥、梁玉绳、崔述几位古史名家居然都误解了《周本纪》索隐等所引《世本》。[⑦]

---

①〔清〕梁玉绳：《古今人表考》。转引自王利器、王贞珉：《汉书古今人表疏证》，第478页。

②《丰镐考信录》卷一。见于顾颉刚编订之《崔东壁遗书》，第165页。

③〔汉〕孔安国传，〔唐〕孔颖达疏：《尚书正义》卷十四，〔清〕阮元校刻：《十三经注疏》（上册），中华书局1980年版，第206页。

④〔清〕梁玉绳：《古今人表考》。转引自王利器、王贞珉：《汉书古今人表疏证》，第478页。

⑤〔清〕梁玉绳：《古今人表考》。转引自王利器、王贞珉：《汉书古今人表疏证》，第478页。

⑥顾颉刚编订：《崔东壁遗书》，第478页。

⑦今亦有人误解《周本纪》索隐等所引《世本》，如钱杭《周代宗法制度史研究》（学林出版社1991年版，第20页）就说皇甫谧《帝王世纪》的解释“违背《世本》原意”。

关于周先王从不窋父后稷到文王的总世数，史书所载也是一致的。《国语·周语下》记周灵王太子晋曰："自后稷之始基靖民，十五王而文始平之。"又记卫人彪傒曰："后稷勤周，十有五世而兴。"韦昭注曰："自后稷至文王，十五世也。"此外，《吴越春秋·吴太伯传》亦云"公刘卒，子庆节立。其后八世而得古公亶父"[①]。这都与《史记》《世本》相合。《国语·鲁语上》记鲁宗有司说"工史书世"，史官对于世代之先后是有明确记录的。周先王之世次不一定有史官加以记载。但根据一些没有文字的民族，通过口耳相传都能将自己祖先的谱系背诵至三十多代、千年前左右的事实[②]，前述对于周朝总世数的说法应该是没有什么问题的。这都证明了《史记》所记周先王世系是可靠的。

三、季历之立

关于季历之立，《史记·周本纪》曰：

> 古公有长子曰太伯，次曰虞仲。太姜生少子季历，季历娶太任，皆贤妇人，生昌，有圣瑞。古公曰："我世当有兴者，其在昌乎？"长子太伯、虞仲知古公欲立季历以传昌，乃二人亡如荆蛮，文身断发，以让季历。

《左传·僖公五年》有一段相关的记载。当晋侯假道于虞以伐虢时，宫之奇谏虞公不要答应，他担心晋国会顺势灭虞。但虞公却不以为然：

> 公曰："晋，吾宗也，岂害我哉？"对曰："太伯、虞仲，太王之昭也。太伯不从，是以不嗣。虢仲、虢叔，王季之穆也；为文王卿士，勋在王室，藏于盟府。将虢是灭，何爱于虞？"

司马迁在《史记·晋世家》中转述了《左传》的记述。以《晋世家》释《左传》，则宫之奇所言"太伯不从"为不跟随在侧之义。[③]《诗·大雅·皇矣》云："柞棫斯拔，松柏斯兑，帝作邦作对，自太伯、王季。"崔述以为这里似有太伯已尝君周而后让位于季历之意，而且《论语·微

---

①转引自吕思勉：《先秦史》，上海古籍出版社1982年版，第117页。

②林耀华主编：《原始社会史》，转引自常玉芝：《论商代王位继承制》，《中国史研究》1992年第4期。

③顾炎武有此说，杨伯峻先生从其说。见杨著《春秋左传注》，中华书局1981年版，第308页。

子》记逸民，有虞仲而无太伯，亦似独虞仲未尝为君。[①]《逸周书·世俘》记武王灭商后在殷都祭其先人，“王烈祖自太王、太伯、王季、虞公、文王、邑考以列升，维告殷罪。”晋孔晁注曰：“虞公，虞仲。邑考，文王子也。皆升王于帝。”而不及太伯，是孔晁抑或认为太伯曾就君位。崔述之言可备一说。如此，太伯可能是在即位之后又让之于季历的。

虞公称晋为虞国同宗，司马迁以二国同姓加以理解。但崔述以太伯之弟虞仲为虞国之始封君似为不妥[②]。《左传·哀公七年》曰：“太伯端委以治周礼，仲雍嗣之，断发文身，裸以为饰。”《史记·吴太伯世家》曰：“吴太伯、太伯弟仲雍，皆周太王之子，而王季历之兄也。季历贤，而有圣子昌，太王欲立季历以及昌，于是太伯、仲雍二人乃奔荆蛮，文身断发，示不可用，以避季历。”以此二处之记载与《周本纪》相较，则知《周本纪》之虞仲与此处所说仲雍本是一人。这个虞仲（或仲雍）随太伯奔吴，他绝不会是虞国始封之君。

《史记·吴太伯世家》又曰：“太伯卒，无子，弟仲雍立，是为吴仲雍。仲雍卒，子季简立。季简卒，子叔达立。叔达卒，子周章立。是时周武王克殷，求太伯、仲雍之后，得周章。周章已君吴，因而封之。乃封周章弟虞仲于周之北故夏墟，是为虞仲，列为诸侯。”关于这个虞仲与太伯之弟虞仲何以二人同称，《史记》索隐解释说：“今周章之弟亦称虞仲者，盖周章之弟字仲，始封于虞，故曰虞仲。则仲雍本字仲，而为虞之始祖，故后代亦称虞仲，所以祖与孙同号也。”应当承认，这种解释是非常有道理的。

在周族的兴盛史上，古公亶父是一位具有决定性意义的人物。《周本纪》称颂他“复修后稷、公刘之业，积德行义，国人皆戴之”。由于他的仁德，他去豳到岐时，不仅豳人扶老携幼，尽归岐下，而且“他旁国”亦闻而归之。古公亶父为之营筑城郭室屋，还“作五官有司”进行管理。关于“五官有司”，《史记》集解引《礼记》曰：“天子之五官曰司徒、司马、司空、司士、司寇，典司五众。”又引郑玄曰：“此殷时制。”另外，由于归从的民众之中带来了一些不同的风俗，于是，“古公乃贬戎狄之俗”，改造他们的旧有习惯，使之从于周人。可见，此时的周族作为商的一个西部方国已有了较大发展，古公亶父在其“私属”和归附者中都有

① 《丰镐考信录》卷八。见顾颉刚编订之《崔东壁遗书》，第249页。
② 《丰镐考信录》卷八。见顾颉刚编订之《崔东壁遗书》，第249页。

较高的威望。

古公亶父少子季历之子姬昌（即文王）“有圣瑞”，崔述等不少人以为这是后人揣度附会的说法，其实未必。三代时期的人们是有类似观念的。如《竹书纪年》叙上古史事，其中就有明显的记异倾向：一方面，它“反映了《纪年》的作者相信灾异感应，注意搜集神话传说的倾向”，因为这些传说“多带有战国时期的色彩”[①]；另一方面，《竹书纪年》的材料根本于前代国史“承告据实而书时事”[②]，虽然它经过了改写，但依然在一定程度上体现着古人相信灾异的观念。

周人之中也是盛行迷信之风的。他们相信灾异，相信天瑞，如《尚书·金縢》记有武王病重时周公卜祷之事，时人以所谓占卜征兆和风来雨去的天气变化附会人事。对这些看似荒唐的事，当时人们可能是深信不疑的。殷人每事必卜，常常祈求“帝”与先王的保佑。周人也是这样，在陕西周原出土的西周卜辞，可证明周人早期像殷人那样盛行迷信之风。姬昌“有圣瑞”，可能当时的人就是这样认为的。

以上的分析有助于我们了解季历之立。司马迁所记可以说明，古公亶父时周人早已确立起长子继承之制。姬昌既有所谓“圣瑞”，古公亶父便以为他有可能带来周族的兴盛。作为周族首领，古公亶父当然希望立昌而使周族更加兴旺。但姬昌之父季历为古公亶父少子，他尚有太伯、虞仲两位兄长，而且，按《周本纪》所说，似乎季历与太伯、虞仲还不是同母所生，按照嫡长子继承原则，季历不能得立，因而也就无法传位于其子昌。这样，古公亶父面临的实际上是一个两难选择。在这种情况下，古公长子太伯、次子虞仲为成全父志，遂“亡如荆蛮”，解决了古公亶父心头的难题。太伯、虞仲还“文身断发”，以示不还之志已决。显然，二人若有返还可能，季历之立便不合理。这充分证明当时长子继承制已深入人心，不易动摇。此外，古公亶父喜爱孙子姬昌，但并没有直接传位于昌，而是先传于季历，季历卒，姬昌方立。可见，父子相传也是不能轻易改变的。

四、武王之立

武王之立与季历之立有些相似，这就是二人都是在兄长不能即位的情况下继立的。不同的是，季历二兄是远走不归，武王之兄则是早早被殷纣

---

①李学勤：《古本竹书纪年与夏代史》《走出疑古时代》，辽宁大学出版社1994年版，第49页。

②〔晋〕杜预：《春秋经传集解·后序》。

王所害。

关于武王之立，《礼记·檀弓上》记子服伯子曰："昔者文王舍伯邑考而立武王。"《史记·管蔡世家》亦曰"文王舍伯邑考而以发为太子"。实际上，《史记》沿用的是《檀弓》之说，而《檀弓》言"舍伯邑考"乃"舍伯邑考子"之省文。①前人已指出，"未必文王有意废立"②，《檀弓》之说"乃子服伯子附会之言"③。《史记·殷本纪》正义引《帝王世纪》云伯邑考在文王时质于殷，"纣烹为羹"。武王克殷后，在殷都祭其先人时亦祭邑考。《史记·管蔡世家》谈到武王之立时亦说"伯邑考既已前卒矣"，后又说"伯邑考，其后不知所封"。伯邑考早死无后，当无多大问题。依当时之宗法观念，伯邑考如果有子继封，则梁玉绳所谓"盖微弱久灭失传"④连司马迁都见不到任何记载的可能性是极小的。

值得留意的是《逸周书·世俘》的记载。⑤其中说到武王祭先人，将"太王、太伯、王季、虞公、文王、邑考"一并祭祀。武王所祭是自太王以来已经即位和本可即位而没即位的所有先人。按照继承制度，伯邑考之于武王，也就像太伯、虞仲之于季历那样，本有继父位的当然优先权。只是伯邑考未立而死，按照"太子死，有母弟则立之"（《左传·襄公三十一年》）的原则，武王才以次子的身份而取得了嫡长的资格，这与太伯、虞仲一去不返，季历才得继立，实质是一样的。

五、武王传位

谈到武王传位，首先要征引《逸周书·度邑》的记载：

> 王曰："旦！予克致天之明命，定天保，依天室……我维显服，及德之方明。"叔旦泣涕于常（裳），悲不能对……王曰："旦，汝维朕达弟，予有使汝，汝播食不遑暇食，矧其有乃室。今

---

①《左传》中就有一些省"子"的例子，如成公十六年"潘在之党"应为"潘在之子党"的省文；襄公二十三年"申鲜虞之傅挚"应为"申鲜虞之子傅挚"的省文；定公四年"文，武，成，康之伯犹多"应为"文，武，成，康之子伯犹多"的省文。

②〔清〕梁玉绳：《史记志疑》卷十九引徐氏《测议》，中华书局1981年版，第904页。

③〔清〕梁玉绳：《史记志疑》卷十九引方苞《史记注补正》，第904页。

④〔清〕梁玉绳：《史记志疑》卷十九，第904页。

⑤对《逸周书·世俘》篇的史料价值，前辈学者如郭沫若、顾颉刚、吕思勉、李学勤等先生都有论定，认为该篇提供了大量不见于其他文献的记载。

维天使予，维二神授朕灵期。予未致于休，予近怀于朕室。汝维幼子，大有知……乃今我兄弟相后，我筮、龟其何所即令（命），用建庶建。”叔旦恐，泣涕共（拱）手。

这说明武王病重时曾经打算传位于周公，其记载当然是可信的，但我们却不可孤立地看待这个记载。

首先，武王病重，知道自己死期（“灵期”）将至。但周邦新造，天下不稳，即武王所谓“德之方明”“未致于休”，周的天下还需要一个有能力的人来稳定和巩固，而武王之子诵还不足以胜此重任。在这非常时期，武王审时度势，从周朝统治的大局出发，才不得不采取这种“兄弟相后”的策略。

其次，武王为使周公答应继而为“后”，对周公的劝说可谓言之谆谆，语重心长。当武王说出“兄弟相后”“用建（孙诒让《斠注》疑为“用逮”）庶建”之后，“叔旦恐，泣涕共（拱）手”。如果兄弟相及属于常理，武王、周公何须如此？

最后，武王欲使周公继立，但周公惊恐，拱手推辞，没有接受。于是，就依继承法的常制而立武王子诵为嗣。对此，史料的记载是明确的。《逸周书·武儆》曰：“惟十有二祀四月，王告梦。丙辰，出金枝《郊宝》《开和》细书，命诏周公旦立后嗣，属小子诵文及宝典。”《今本竹书纪年》曰：“命王世子诵于东宫。”《史记·周本纪》曰：“武王……崩，太子诵代立。”

总之，《逸周书》所谓“兄弟相后”，乃是在当时的严峻形势下，武王打算采取的权宜措施而已。相关的记载文义显然，无须赘言。

综观全文，我们足可以认定《史记·周本纪》对周先王直至成王时期的世系记载等都是可以信赖的。学者们对于商王继承之制的研究已经证实，商王王位传承实行的是嫡长子继承制，[①]我们的讨论则证明周人在商朝时期直至周初，实行的也是嫡长子继承制。

①常玉芝：《论商代王位继承制》，《中国史研究》1992年第4期；彭林：《殷代“兄终弟及”平议》，《北京师范大学学报》1986年第4期。

文、武、周公之政

周文王遗训与儒家“中庸”思想

中庸思想是孔子儒家学说的精髓，也是中华文化博大精深之所在。但是，长期以来，人们对于“中庸”还有很多不同的理解甚至误解。目前，收藏于清华大学的战国竹书（“清华简”）正在陆续整理面世，整理出版的第一批简文已公开面世，其中第一篇名曰《保训》，经李学勤先生释读介绍，发现这是一篇周文王的遗言，而且该篇有关于“中”的记载引起学界热议，人们对“中庸”学说有了新的认识。现谨将个人对清华简《保训》篇研读的一点心得总结如下，以就正于方家。

一、周文王“宝训”的发现

清华简《保训》记载的是周文王遗训。其中说：

> 惟王五十年，不瘳。王念日之多历，恐坠宝训。戊子，自靧。己丑，昧爽……王若曰：“发，朕疾适甚，恐不汝及训。昔前人传宝，必受之以詷（诵）。今朕疾允病，恐弗念终，汝以书受之。钦哉，勿轻！”

在竹简整理之初，李学勤先生根据第一句“惟王五十年”就断定其中的“王”指的是周文王。①经过研究，大家一致认为这就是周文王的遗言。从简文记载可知，周文王晚年病重，感觉自己来日不多，恐怕来不及给太子“宝训”，于是就将他的儿子姬发叫到跟前，对他进行了一番语重心长的训教。

周文王主要向周武王讲了两件事。

其一，是舜得帝位。

> 昔舜久作小人，亲耕于历丘，恐求中，自稽厥志，不违于庶万姓之多欲。厥有施于上下远迩，乃易位迩稽，测阴阳之物，咸顺不扰。舜既得中，言不易，实变名，身滋备惟允，翼翼不懈，用作三降（隆）之德。帝尧嘉之，用受厥绪。呜呼！发，钦之哉！

这是讲由尧到舜、舜得帝位的史事。其中，舜“自稽厥志”，不懈努力，“求中”而“得中”，最终获得帝尧的称赞，继承帝位。

---

①刘国忠：《走近清华简》，高等教育出版社2011年版，第44—45页。

其二，是上甲微“复”仇。

> 昔微矵（假）中于河，以复有易，有易服厥罪。微无害，乃归中于河。微志弗忘，传贻子孙，至于成唐（汤），祗备不懈，用受大命。

上甲微是商汤的祖先，微的父亲曾到有易做生意被杀，微要报仇，因此“矵（假）中于河，以复有易”。从这一故事看，微在复仇之后，又“归中于河”，并“传贻子孙”，从而“用受大命”。

可以看出，文王临终所恐坠落的“宝训”当为“中”。什么是“中”？文王为什么对此念念于怀？可见，这个“中”一定不是一种简单的事物，因为它关乎周朝江山社稷的安危，以至于在文王看来，他必须郑重地告诫太子，使之成为合格的周王。

《保训》整理问世后，人们进行了很多研究，出现了各种各样的说法。我们认为，李学勤先生所说是正确的，即这里的“中”就是儒家所倡言的“中道”。[①]或者说，这里所谓的“中”就是处事之“中”。

文王遗训具有特殊的意义，因为文王临终所教给儿子的，一定是最重要的东西。按照这样的思路，这两个故事之间还应有内在的联系：前者通过舜的事迹，告诫太子发要勤苦努力，增长才干，了解民情，知民之性，尽快成长，使自己具备应有的能力；后者则是通过上甲微解决历史遗留的矛盾，使太子发学会如何处理纠纷，应对复杂事务，以使社会安定。这两个故事，一个是如何掌握治理国家的本领，使自己通达；另一个是如何运用治国本领，更好地统驭天下。

二、周代的“中道”传承

对于“中道”，人们的理解有很多不同。其实，这个“中”与儒家所倡言的“中庸”也是一致的。只是“中庸”曾经被深深地误解。

关于“中庸”之“庸”，《说文》曰：“庸，用也。”在古代典籍中，“庸”有“用”意的很多，如《书·尧典》“畴咨若时登庸”，《诗·王风·兔爰》“我生之初，尚无庸”，《诗·齐风·南山》“齐子庸止”等。“庸”本意就是“用”。从《易经》看，“庸”在先秦时期与“用”字相通。“中庸”应该叫“中用”，即“用中”，也就是如何“使

①李学勤：《周文王遗言》，《光明日报》2009年4月13日。

用中道”。借助郭店楚简《五行》和文献学的帮助，不难考辨出“中庸”的原义就是“用中”。“用中”也就是“用心”，用心之道就是“诚”。

在一个历史时期里，“中庸”曾备受误解，甚至时至今日，还会听到一些似是而非的论调。例如，有人说中国近代落后的根源就在于中国人太“中庸”了，以为中国人因为“中庸”而缺乏锐气，“中庸”思想竟成了中国落后的替罪羊！其实，孔子就非常反对无原则的“折衷”与“调和”，他认为这种“和稀泥”的人就是“乡愿”，而这种“乡愿”乃是“德之贼”（《论语·阳货》），是道德的敌人和败坏者。

关于“中庸”，郑玄其实已经解释清楚了。郑玄《目录》云：“名曰《中庸》者，以其记中和之为用也。庸，用也。孔子之孙子思伋作之，以昭明圣祖之德。”“中”就是处理事情时要把握分寸，将事情处理得恰到好处。

如何在实践中用“中”？如何把握“中”道？这可是“说起来容易做起来难”的事情，它需要具备知识与境界，具备认识水平，了解事物的内在属性，把握事物的发展规律。孔子说：“舜好问而好察迩言，隐恶而扬善，执其两端，用其中于民。”“用其中”，这不是一个简单的数理概念。“中”是不断变化的，就如同我们平常用的“秤”，物体重量一旦有所增减，平衡就会被打破，要保持平衡，秤砣就应进行相应的移动。舜把握“中”也一定是这样，因此，孔子感叹道：“舜其大知也与！”（《礼记·中庸》）真正到位的“用中”需要大智慧。

在《保训》中，周文王所说的“中”与上述“中”是一致的。该篇记文王最后说：

> 呜呼！发，敬哉！朕闻兹不久，命未有所延。今汝祗备毋懈，其有所由矣。不及尔身受大命，敬哉，勿轻！日不足，惟宿不详。

文王对太子发提出的要求是严格的，而且他希望太子发认真遵行，不要松懈。为了周朝安宁与发展，要他保持诚敬的态度。从文献记载看，文王以后，周人对文王谆谆告诫的“中”是认真执行了的。

据记载，武王临终时，对辅佐成王的周公谆谆嘱托，要他以“中”教训，使年幼的成王稳定地位，尽快成长。《逸周书·五权解》说：

> 维王不豫，于五日召周公旦，曰：“呜呼，敬之哉！昔天初降命于周，维在文考，克致天之命。汝维敬哉！先后小子，勤在维政之失。”

在这些话之后，周武王还希望周公：

> 克中无苗，以保小子于位。
>
> 维中是以，以长小子于位，实维永宁。

克，允之。苗，借为谬。所谓“克中无苗”，就是做到适中无邪；以，用也。所谓“维中是以”，就是“唯中是用”。由此不难察见武王对于“中”的重视。

西周时期，“中道”思想很受重视。《逸周书·武顺解》记周人说：“天道尚左，日月西移；地道尚右，水道东流。人道尚中，耳目役心。”这种朴素的“人道”主张与“天道”“地道”合观，将人放在天地之间，没有孤立地看待人的问题。人道尚“中”被认为像“日月西移”和“水道东流”那样自然而然，理应如此。所谓“耳目役心”，实际上是“耳目役于心”，人们看到的、听到的信息，要用心去思考、分析、把握，要有透过现象看本质的能力，这才能达到“中”。

那么，这个“中”的标准是什么？这个“中”就是“礼”。符合礼的为“中”，否则就不是“中”。所以《逸周书·武顺解》又说：“天道曰祥，地道曰义，人道曰礼。”这里的“礼”符合天理、人情。西周职官中有“师氏”，具体掌管邦国事情是否合乎法度、礼制。《周礼·地官司徒》说，师氏“掌国中失之事，以教国子弟。凡国之贵游子弟学焉”。郑玄注曰：“教之者，使识旧事也。中，中礼者也；失，失礼者也。”

三、孔子所谓刑罚之“中”

在周代的“中道”传承中，还有一个非常值得注意的方面，这就是所谓刑罚之“中”。刑罚之“中”是在执行刑律或者狱讼判决时的最佳效果，因为刑罚不应是为处罚而处罚，而是为了通过惩戒他人，以杜绝类似狱讼的再度出现。或者说，刑罚的执行应追求最佳的教育效果。

除了舜“求中”而“得中”，《保训》的另一个故事与刑罚之“中”有关。关于上甲微“复”有易，《今本竹书纪年》记曰：“殷侯子亥宾于有易而淫焉，有易之君绵臣杀而放之。故殷上甲微假师于河伯，以伐有易，灭之，遂杀其君绵臣。”夏之中叶衰而上甲微复兴，故《国语·鲁语上》曰：“上甲微，能帅契者也，商人报焉。”古代文献中很多“杀”字并不一定是今天意义上的“诛死”，而是具有“流放”的意思。《说文》：“杀，戮也。”“戮”还有一个解释，即“羞辱”“侮辱”。如《孔子家语·始诛》曰：“余今戮一不孝以教民孝。”《山海经·大荒东经》记载说："河念有易，有易潜出。"郭璞注："言有易本与河伯友善。上甲微，殷之贤王，假师以义罚罪，故河伯不得不助灭之。既而哀念有易，使得潜化而出，化为摇民国。"将这些材料合观，便可以看出《保训》何以说"微无害，乃归中于河"了。上甲微认为"中""复有易"，可能对商朝先人树立威信、部族兴盛起到了重要作用，所以《保训》说"微志弗忘，传贻子孙，至于成唐（汤），祗备不懈，用受大命"。

周代重视社会教化，西周有"以刑教中"的说法。周代司徒是教民、治民之官，分大、小司徒与师保之属。据《周礼》记载，"大司徒"的职责有所谓"十二教"，"以刑教中"就是其中之一：

> 一曰以祀礼教敬，则民不苟；二曰以阳礼教让，则民不争；三曰以阴礼教亲，则民不怨；四曰以乐礼教和，则民不乖；五曰以仪辨等，则民不越；六曰以俗教安，则民不偷；七曰以刑教中，则民不暴；八曰以誓教恤，则民不怠；九曰以度教节，则民知足；十曰以世事教能，则民不失职；十有一曰以贤制爵，则民慎德；十有二曰以庸制禄，则民兴功。

孔子所说的刑罚之"中"与《周礼》一致。《论语·子路》记载：

> 子曰："名不正，则言不顺；言不顺，则事不成；事不成，则礼乐不兴；礼乐不兴，则刑罚不中；刑罚不中，则民无所措手足。"

在孔子思想中，刑罚之"中"与"圣人"之治相互统一。孔子认为政治治理的最高境界是"圣人之治"。他说："圣人之治，化也，必刑政相参焉，太上以德教民，而以礼齐之；其次以政焉导民，以刑禁之，刑不刑也。"[①]刑罚是德政的补充，刑罚只对付那些"化之弗变，导之弗从，伤义以败俗"的人。刑罚之用就应当能够惩戒世人、彰显是非。

在政治实践中，力求做到刑罚之"中"十分重要，它关系到社会的公平与正义，关系到人心的向背。社会上有公平正义，才有可能做到刑罚之"中"，反之，如果"礼乐不兴"，社会风气败坏，就往往"刑罚不中"。"刑罚不中"，则"民无所措手足"，百姓就往往是非混乱。从某

---

①杨朝明、宋立林主编：《孔子家语通解·刑政》，第355页。

种意义上说，社会能否稳定、和谐、发展，往往取决于能否做到刑罚之“中”。

孔子的思维深度往往令人惊叹不已。例如，在现代司法实践中，“举证责任倒置”“疑罪从无”乃是一个重大进步，它从“人性善”的人本主义出发，体现的是对人的尊重。我们初读《孔子家语·刑政》篇时，竟然发现孔子在两千多年前就已经明确地说：“疑狱则泛与众共之，疑则赦之，皆以小大之比成也。”

儒家特别重视为政者的品质与道德。从本质上讲，儒家思想是关于社会管理的学说。作为社会管理的主体，为政的“君子”应具有较高的道德素质。孔子说：“其身正，不令而行；其身不正，虽令不从。”（《论语·为政》）孟子说：“其身正而天下归之。”（《孟子·离娄上》）正因为如此，周代才有“刑不上大夫，礼不下庶人”（《礼记·曲礼上》）的规定。以往，人们对《礼记》的这一说法颇有微词，好像这是对贵族特权的规定。其实，关于这个问题，孔子的弟子专门请教过孔子，孔子的解说也十分清楚，只是这一讨论记录在了被认为是伪书的《孔子家语》中，没有引起人们的重视。该书《五刑解》记述：

> 冉有问于孔子曰：“先王制法，使刑不上大夫，礼不下于庶人。然则大夫犯罪，不可以加刑，庶人之行事不可以治于礼乎?
>
> 孔子曰：“不然。凡治君子，以礼御其心，所以属之以廉耻之节也。……大夫之罪，其在五刑之域者，闻而谴发，则白冠厘缨，盘水加剑，造乎阙而自请罪，君不使有司执缚牵掣而加之也；其有大罪者，闻命则北面再拜，跪而自裁，君不使人捽引而刑杀，曰：‘子大夫自取之耳，吾遇子有礼矣。’以刑不上大夫，而大夫亦不失其罪者，教使然也。……所谓礼不下庶人者，以庶人遽其事而不能充礼，故不责之以备礼也。”

刑法之“中”关涉着“君子”之教。对于为政的“君子”不应当等闲视之，他们应为民表率，他们身上承载着是非，彰显着荣辱。如果这样的人犯罪，就应当自我裁断、自我惩处，以更好地警醒世人。

孔子所在的鲁国，其法律就特别严格要求为政者。如张家山汉简《奏谳书》“柳下季断案”引《鲁法》云：

> 盗一钱到廿，罚金一两；过廿到百，罚金二两；过百到二百，为白徒；过二百到千，完为倡。又曰：诸以县官事訑其上者，以白

徒罪论之。有白徒罪二者，加其罪一等。

《奏谳书》记载了“柳下季断案”的案例。在断案实践中，柳下季按照这个律条，严格执行《鲁法》，他没有将眼光停留在表面犯罪上，其论处的重点在于“诛心”，惩处那些欺世盗名的人，其效果不难想象。

孔子也是如此，他评人论事，往往着眼于社会大局。《孔子家语·致思》记载：

《鲁国之法》：赎人臣妾于诸侯者，皆取金于府。子贡赎之，辞而不取金。孔子闻之曰：“赐失之矣。夫圣人之举事也，可以移风易俗，而教导可以施之于百姓，非独适身之行也。今鲁国富者寡而贫者众，赎人受金则为不廉，则何以相赎乎？自今以后，鲁人不复赎人于诸侯。”

《吕氏春秋·察微》有一个类似的例子：

子路拯溺者，其人拜之以牛，子路受之。孔子曰：“鲁人必拯溺者矣。”孔子见之以细，观化远也。

子贡与子路做法不同，孔子评价也就不同，但他都是着眼于社会的整体，着眼于执行《鲁法》的社会效果。不难理解，如果处理得好，就有利于敦化社会风气，而处理得好，也就意味着执行《鲁法》时做到了“中”。

四、孔子的“时中”智慧

孔子在鲁国曾担任大司寇，主管司法，然而，这样一位“司法部长”，留给人们的印象却更像“教育部长”，他似乎更像周朝主管道德教化的大司徒。其实，司徒之职与司寇之掌乃殊途同归。前者教化人心社会，使人更好地立身处世，使社会真正“讲信修睦”，和谐安宁；后者则是“以刑教中”，用刑罚这一特殊的形式树立为人处世的标准。这正如周文王临终训导太子时，既讲到了舜帝“求中”而“得中”，也说到了上甲微“假中”又“归中”。在教化社会人心的意义上，大舜与上甲微的故事内涵是相同的。

孔子善于总结历史经验，常常谈到“古之为政”的经验。他曾说：“古之御天下者，以六官总治焉：冢宰之官以成道，司徒之官以成德，宗伯之官以成仁，司马之官以成圣，司寇之官以成义，司空之官以成礼。六官在手以为辔，司会均仁以为纳，故曰：御四马者执六辔，御天下者正六官。”[①]孔子所说的“六官”即《周礼》中的冢宰、司徒、宗伯、司马、司寇、司空。《周礼》太宰执“六典”，其中，“五曰刑典，以诘邦国，以刑百官，以纠万民”。秋官司寇的职责就在于“以刑教义”，在孔子看来，司寇的职责是“使帅其属而掌邦禁，以佐王刑邦国”。孔子认为，司寇执“刑”应该“成义”，他说：“刑罚暴乱，奸邪不胜，曰不义。不义则饬司寇。”“义”，事之宜也。事情“应当”如此做，这显然就是“中”。

孔子依据《周礼》而言，说的正是“以刑教中”。在《周礼》太宰所执的六典中，地官司徒掌“教典”，任务是“以安邦国，以教官府，以扰万民”。司徒以德安国，用《周礼》的说法，就是“使帅其属而掌邦教，以佐王安扰邦国”。孔子也谈到古代为政的方式，说：“地而不殖，财物不蓄，万民饥寒，教训不行，风俗淫僻，人民流散，曰危。危则饬司徒。”[②]

与其他各家各派的学说一样，儒家思想的宗旨也在于“治”，用司马谈的话说，就是“务为治”（《史记·太史公自序》“论六家之要指”）。治理天下，有“德政”与“法治”两途，二者缺一不可。然而，在孔子看来，治国就像驾车，古代善于驾驭天下的天子，乃“天子以内史为左右手，以德法为衔勒，以百官为辔，以刑罚为策，以万民为马”，从而“数百年而不失”。孔子认为：“人君之政，执其辔策而已。”这是治理的最高境界。孔子认为用刑应当十分慎重，在他看来，刑罚仅仅是德政的补充，或者说是“教中”的手段，人君切不可“弃辔而用策”。孔子分析说：“不能御民者，弃其德法，专用刑辟，譬犹御马，弃其衔勒而专用棰策，其不制也，可必矣。夫无衔勒而用棰策，马必伤，车必败；无德法而用刑，民必流，国必亡。”[③]

孔子“祖述尧舜，宪章文武”（《礼记·中庸》），按照朱熹的解释：“祖述者，远宗其道；宪章者，近守其法。”从尧、舜至文、武，儒家所大力尊崇的“圣王之道”实际上就是“中道”，或称为“中庸之道”。在孔子整理过的《尚书》中，有被后人极力推重的“十六字心传”，即“人心惟危，道心惟微，惟精惟一，允执厥中”（《尚书·大禹

---

①杨朝明、宋立林主编：《孔子家语通解·执辔》，第297页。
②杨朝明、宋立林主编：《孔子家语通解·执辔》，第297页。
③杨朝明、宋立林主编：《孔子家语通解·执辔》，第294页。

谟》）。“清华简”《保训》篇的问世，印证了从尧、舜到文、武、周公以至于孔、孟的“道统”传承。

在孔子儒家思想体系中，“中庸”占有极重要的地位。在宋代，阙里孔庙的大门称为“大中门”，可见时人对孔子“中庸”学说的理解。《礼记·乐记》曰：“人生而静，天之性也。感于物而动，性之欲也。物至知知，然后好恶形焉。好恶无节于内，知诱于外，不能反躬，天理灭矣。夫物之感人无穷，而人之好恶无节，则是物至而人化物也。人化物也者，灭天理而穷人欲者也。”人在外物的诱导下产生了“好恶”的感情，外物不停地“感人”，人心的好恶变化不断发展，如果无所节制，不能反躬自省，就会乱象丛生。因此，中国历代特别是宋代，学者们围绕一个核心问题苦苦思索，即“天理”与“人欲”的关系。如何使自然的人变为社会的人，如何处理好“天理”与“人欲”的关系，达到人的“自然性”与“社会性”的协调统一。于是，“天理”被格外地强调出来，处理“天理”与“人欲”的“度”便是“中”。

人处在社会中，时时处处都需要“中”。但真正做到“中”并不容易，长期做到“中”则更难。孔子说：“中庸其至矣乎！民鲜能久矣！”又说：“人皆曰予知，择乎中庸，而不能期月守也。”（《礼记·中庸》）可谓意味深长！孔子在很多场合都谈到“中”，比如认识人、对待人，他认为都应把握“中”，孔子说：“敬而不中礼，谓之野；恭而不中礼，谓之给；勇而不中礼，谓之逆。”他也希望自己的弟子们能够“中”，他说：“夫回能信而不能反，赐能敏而不能屈，由能勇而不能怯，师能庄而不能同。兼四子者之有以易吾，弗与也。此其所以事吾而弗贰也。”[①]如此等等，不一而足。

在具体的行为实践中如何理解“中”，怎样才能做到“中”？孔子说应当以礼制“中”。孔子评论弟子说：“师，尔过，而商也不及；子产犹众人之母也，能食之，不能教也。”子贡曰：“敢问将何以为此中礼者？”子曰：“礼乎！夫礼，所以制中也。”（《礼记·仲尼燕居》）[②]“过犹不及”是对“中”的一种把握。“中”的标准就是“礼”。如果做到“中”，就能“天地位”“万物育”，前者是稳定和谐，后者是成长发展，这也是礼的要求。可见，所谓“礼”就是“理”，

①杨朝明、宋立林主编：《孔子家语通解·六本》，第184页。
②杨朝明、宋立林主编：《孔子家语通解·论礼》，第318页。

所以孔子说："礼也者，理也；乐也者，节也。君子无理不动，无节不作。"（《礼记·仲尼燕居》）[①]《礼记·礼器》也说："礼也者……理万物者也。"简单地说，以"中"的要求理事无非就是依礼行事。

当然，"中"的要求不是简单地循礼而动。孔子主张用"中"，但"中"绝不是静态的，不是静止不变的。孔子说："君子之中庸也，君子而时中。"又说："愚而好自用，贱而好自专，生乎今之世，反古之道：如此者，灾及其身者也。"（《礼记·中庸》）一个"时中"道出了"中"的奥妙。就像人生礼仪中的冠礼，它作为"成人礼"，就像《国语·晋语六》所说："戒之，此谓成人。成人在始与善，始与善，善进善，不善蔑由至矣；始与不善，不善进不善，善亦蔑由至矣。"冠礼的举行符合"适时而教"的原则，不然，就会如《礼记·学记》所说的那样："时过然后学，则勤苦而难成；杂施而不孙，则坏乱而不修。"孔子儒家的"时中"智慧在于因时行止，在于"进退无恒"，在于"知至至之""知终终之"，（《易·乾·文言》）所以，《淮南子·人间训》说："终日乾乾，以阳动也；夕惕若厉，以阴息也。因日以动，因夜以息，唯有道者能行之。"

从孔子"祖述尧舜，宪章文武"，我们可以反观孔子"中道"思想的广阔背景和深刻来源；从周文王临终前对太子发的反复叮咛，我们可以进一步去体会孔子"中道"思想的博大精深。

---

①杨朝明、宋立林主编：《孔子家语通解·论礼》，第319页。

“清华简”《保训》与“文武之政”

因为“清华简”中的《保训》篇系“周文王遗言”，而且其中涉及儒家所倡言的“中”道，格外引人瞩目。事实上，孔子“从周”（《论语·八佾》）、“宪章文武”（《孔子家语·本姓解》《礼记·中庸》），春秋末年以降，依然“布在方策”的“文武之政”（《孔子家语·哀公问政》《礼记·中庸》）对孔子思想与早期儒学产生了极其重要的影响。这样的看法虽可以说是人所共知，但人们往往习而不察，未加细究。而今《保训》篇的发现，可以帮助我们更加深刻地认识孔子思想学说形成的广阔背景，正确估价“文武之政”的历史地位与巨大影响。

一、孔子“宪章文武”

孔子所创立的儒家学说是中国传统文化的核心，在理解早期儒学时，孔子所言“述而不作，信而好古”（《论语·述而》）颇值得玩味。孔子思想是在继承上古三代文化的基础上形成的，用荀子的话说，就是“法先王”（《荀子·儒效》），唯其如此，才成就了孔子学说的“博大精深”。

孔子推崇“三代明王之政”（《礼记·哀公问》），尊崇禹、汤、文王、武王、成王、周公等“三代之英”（《孔子家语·礼运》），但由于夏、殷“文献不足”（《论语·八佾》），孔子更注重周礼。孔子“祖述尧舜，宪章文武”，按照朱熹的解释：“祖述者，远宗其道；宪章者，近守其法。”所以，对孔子影响更大、更为直接的还是周政，还是文王、武王、成王、周公。

当有人向孔子的弟子子贡询问孔子的学问来自哪里时，子贡说：“文武之道，未坠于地，在人。贤者识其大者，不贤者识其小者，莫不有文武之道焉。夫子焉不学？而亦何常师之有？”（《论语·子张》）他认为孔子所学即是“文武之道”。《淮南子·要略》谈到儒学的产生说：“文王业之而不卒，武王继文王之业……武王立三年而崩，成王在褓褓之中……周公继文王之业……股肱周室，辅翼成王……成王既壮，能从政事，周公受封于鲁，以此移风易俗。孔子修成、康之道，述周公之训，以教七十子，使服其衣冠，修其篇籍，故儒者之学生焉。”孔子儒学直接来源于文武成康之道，与子贡所说一致。

在学修“文武之道”方面，孔子做了大量工作。《孔子家语·观周》记载，他曾西至洛邑，“观先王之遗制，考礼乐之所极”，他不仅问礼于老聃，访乐于苌弘，还历郊社之所，考明堂之则，察庙朝之度。他非常感慨，说：“吾乃今知周公之圣，与周之所以王也。”从周朝都邑返回鲁国，他精进学问，其道弥尊。

在《保训》中，“中”字出现了四次，都是具有政治哲学意义的观念。文王、孔子都称说舜的“中”道，在《保训》中文王说他“求中”“得中”，在《论语》《中庸》中孔子说他“执中”“用中”。《保训》还说到殷先人微在河伯的帮助下以“中”“复有易”，使之诚服，并表达了这种执中而服人的做法对殷商的兴盛起了重要作用。周初，武王、周公自然也重视中正、中道。《逸周书》的《宝典》记周公所言“九德”之中就有“中正”。按照《周书序》，《武顺》篇应为武王伐商之前的文献，其中说“人道尚中”，认为“天道曰祥，地道曰义，人道曰礼”，以礼为“中”。孔子所说的言语之“中”（《论语·先进》）与行为之“行”（《论语·子路》）都与之一致。

二、“文武之政”与“方策”

孔子认为“为政在于得人”，当鲁哀公向孔子问政时，孔子说：“文武之政，布在方策。其人存，则其政举；其人亡，则其政息。”方，版也；策，简也。木曰方，竹曰策，策大而方小。《仪礼·聘礼》曰：“束帛加书将命，百名以上书于策，不及百名书于方。”《仪礼·既夕礼》曰：“书赗于方，若九、若七、若五。书遣于策。”孔子时代，人亡政息，但在方版和竹简上还保留着周文王和武王的为政之道。

在西周、春秋时期，当有不少重要的文献保留在方版和竹简上。清朝光绪版的《嘉祥县志》著录了《周宣王册命鲁武公金版》，有人说：山名鲁宅，鲁先公冢墓在此可信。考册文年代，义意符合，文亦大似周诰。金版长周尺一尺二寸许，宽如其半，铜质涂金，外面饰以云螭，其内以银线界作竖格，好像清代殿试策，“字痕皆赤，所谓丹书也”。说到丹书，我们不禁想到《大戴礼记·武王践阼》中师尚父所说的“皇帝、颛顼之道”，这些极其宝贵的内容就保存在丹书之中。

其实，周初就有将重要文献铸于金版的习惯，如《逸周书·大聚》记周武王向周公请教调和殷政的办法，武王就令冶官把周公的话“冶而铭之金版，藏府而朔之”；《武儆》篇记武王立后嗣时曾“出金枝《郊宝》《开和》细书”，其中，“金枝”即为“金板（版）”之误，是说《郊宝》乃是铸在铜版上的文件。《六韬》原称《金版六韬》，相传为周初姜太公所作，《群书治要》卷三十一《六韬》之《武韬》中有太公云云，

“文王曰：善，请著之金版”。

除了金版，更多的材料应记录在竹木所制成的简册上。《孔子家语·礼运》记孔子说：“昔大道之行，与三代之英，吾未之逮也，而有记焉。”“三代之英”包括文王、武王、成王、周公，孔子虽然没赶上这一时代，但毕竟有“记”。“记”即记载，《礼记·礼运》作“志”，朱彬引刘台拱曰：“识也，识记之书。”

细察《周书序》，《保训》应不在《逸周书》七十篇中（李学勤先生说）。但在内容的性质上，《保训》与《逸周书》的许多篇章十分相似。我们认为，《逸周书》许多篇章如《文儆》《文传》《柔武》《大开武》《小开武》《宝典》《酆谋》《寤儆》以及《大聚》《武儆》《五权》等等，可能都是周初流传下来的记载“文武之政”的“方策”。

三、“文武之道”与周政

所谓“文武之道”，既是“周道”，也是孔子所推尊的“王道”。“文武之道”的形成有周族自身纵向发展的过程，也有周族与夏商横向的相互学习与影响。

自周人始祖后稷开始，周族自身的文化传统便开始形成。后稷名弃，善于农业耕作，在当时特定的历史文化背景下颇受重视。《史记·周本纪》叙述说：“弃为儿时，屹如巨人之志。其游戏，好种树麻、菽，麻、菽美。及为成人，遂好耕农，相地之宜，宜谷者稼穑焉，民皆法则之。帝尧闻之，举弃为农师，天下得其利，有功。”

后稷被尧任命为农师以后，他的后代子孙长期世袭担任此职，都被称为“后稷”。所以《史记·周本纪》说“后稷之兴，在陶唐、虞、夏之际，皆有令德”。后稷这一职务一直到“夏后氏政衰”之时，周族祖先方“去稷不务，不窋以失其官而奔戎狄之间”。不窋的孙子公刘虽在戎狄之间，仍然复修后稷之业，务耕种，行地宜，取材用，使得“行者有资，居者有畜积，民赖其庆”。因此，百姓多徙而保归，影响越来越大。故太史公司马迁说：“周道之兴自此始。”

公刘之后，数传至古公亶父。“古公亶父复修后稷、公刘之业，积德行义，国人皆戴之。”此时，周人已经开始了“翦商”的事业。其子公季继位后，“修古公遗道，笃于行义，诸侯顺之”（《史记·周本纪》）。“周道”继续得以发扬。

真正兴盛周族、振兴“周道”的自然是周文王。文王年少时即得古公亶父喜爱，父亲公季去世后，文王姬昌即位。据《史记·周本纪》记载，姬昌“遵后稷、公刘之业，则古公、公季之法，笃仁，敬老，慈少。礼下贤者，日中不暇食以待士，士以此多归之”。他逐渐成为“西伯”，天下三分有其二，为西方诸侯之长，也使周族加快了灭商的步伐。

“周道”在文王时的发展自然得益于文王对尧、舜以来夏、商文化传统的吸收和继承。文王被囚于羑里的时候，“益《易》之八卦为六十四卦”（《史记·周本纪》），这无疑是文王在继承作为夏、商之《易》的《连山》《归藏》基础上的发展。“清华简”《保训》篇的发现，使我们更加清晰地看到了文王对前代文化的学习与继承。

文王之后，武王灭商，取得天下。后来，周人后裔所作的颂词中说，周族在后稷时“奄有下国，俾民稼穑”，又说“奄有下土，缵禹之绪”（《诗经·鲁颂·閟宫》），显然是指夏朝时的受封。周人继承了夏政，而在《保训》篇中，文王不但说到了尧舜，还说到了商朝先公以及殷商的开国者商汤。

由《保训》之“训”，我们想到“周道”中的“训典”。后来，周穆王时的大臣祭公谋父曾说，不窋“自窜于戎狄之间。不敢怠业，时序其德，遵修其绪，修其训典，朝夕恪勤，守以敦笃，奉以忠信”。（《史记·周本纪》。这里的记载也见于《国语·周语上》。其中的“修其训典”，一般笼统地说是修其训教典法。这里或许是实指，后来的周代训教典籍颇有来历。

周人常常提到先王之训，如：

> 宣王欲得国子之能导训诸侯者，樊穆仲曰：“鲁侯孝。”王曰：“何以知之？”对曰：“肃恭明神而敬事耇老；赋事行刑，必问于遗训而咨于故实，不干所问，不犯所咨。”（《国语·周语下》）
>
> 若启先王之遗训，省其典图刑法，而观其废兴者，皆可知也。（《国语·周语下》）
>
> 今齐社而往观旅，非先王之训也。（《国语·鲁语上》）
>
> 《训语》有之，曰：“夏之衰也……”（《国语·郑语》）
>
> 教之训典，使知族类，行比义焉。（《国语·楚语上》）

从“清华简”《保训》中，我们不难看出“训典”的重要意义。从本质上讲，训教关涉上古帝王所认同的核心价值，正如有人所言，某种程度上它具有中国古代文化“元”的意味，其重要性无论如何评价都不过分。

周代先公先王的训典，史书或称之为“训语”“遗训”等。《逸周书》首卷开头即有《度训》《命训》《常训》三篇，应当属于周训一类。《周书序》称“三训”皆成于周文王时，说：

> 昔在文王，商纣并立，困于虐政，将弘道以弼无道，作《度训》；殷人作教，民不知极，将明道极以移其俗，作《命训》；纣作淫乱，民散无性习常，文王惠和化服之，作《常训》。

“训”有训教之意，既名曰“训”，其出于周先公、先王便合乎道理。《度训》等三篇以“训”为名，皆言为政牧民之道，而且各篇从天道、民性问题谈起，内容丰富，“理极精深”①。周训既为先王遗训，自然会支配周人的政治思维，理应也影响到儒家的学说。

文王之后，武王姬发、周公姬旦继承发扬文王之志，极大地光大“周道”，所谓“文武之道”至此成为后世推尊的典范。如《礼记·杂记下》说：“一张一弛，文武之道也。”“文武之道”更受到儒家的推崇，《论语·子张》记载，卫公孙朝问于子贡曰：“仲尼焉学？”子贡曰：“文武之道，未坠于地，在人。贤者识其大者，不贤者识其小者，莫不有文武之道焉。夫子焉不学？而亦何常师之有？”孔子弟子明确说孔子所学就是“文武之道”。《中庸》说孔子“宪章文武”，正是指此而言。

四、周代的“以刑教中”

值得注意的是，在周文王遗言中，他重点讲了“中”，短短的一篇《保训》竟然四次说到了“中”，着实引人注目。

文王所讲的两个故事如下：

> 昔舜久作小人，亲耕于历丘，恐求中，自稽厥志，不违于庶万姓之多欲。厥有施于上下远迩，乃易位迩稽，测阴阳之物，咸顺不扰。舜既得中，言不易，实变名，身滋备惟允，翼翼不懈，用作三降（隆）之德。帝尧嘉之，用受厥绪。呜呼！发，钦之哉！
>
> 昔微叚（假）中于河，以复有易，有易服厥罪。微无害，乃归中于河。微志弗忘，传贻子孙，至于成唐（汤），祗备不懈，用受大命。

①蒋善国：《尚书综述》，上海古籍出版社1988年版，第440页。

如果大致概括，这两个故事一是讲如何学会增长才干，理解人生，懂得社会；二是怎样把握方式，处理矛盾，恰到好处。

文王之训诫显然起到了作用。据记载，武王临终时，对辅佐成王的周公谆谆嘱托，要他以“中”教训年幼的成王，使其地位稳定，尽快成长。《逸周书·五权解》说：

> 维王不豫，于五日召周公旦，曰：“呜呼，敬之哉！昔天初降命于周，维在文考，克致天之命。汝维敬哉！先后小子，勤在维政之失……”

在这些话之后，周武王还希望周公：

> 克中无苗，以保小子于位。
>
> 维中是以，以长小子于位，实维永宁。

其中，“克”，允之。“苗”，借为谬。所谓“克中无苗”，就是做到适中无邪。“以”，用也。所谓“维中是以”，就是唯中是用。由此不难察见武王对于“中”的重视。

“清华简”《保训》公布后，学者们对其中的“中”进行了不少研究，也出现了五花八门的解说。其实，这里的“中”就是儒家倡言的“中道”，竹简整理者李学勤先生很早就指出了这一点。[①]这里所谓的“中”就是处事之“中”。

西周时期，“中道”思想一定很受重视。《逸周书·武顺解》记载周人的论述说：“天道尚左，日月西移；地道尚右，水道东流。人道尚中，耳目役心。”这种朴素的“人道”主张却与“天道”“地道”合观，将人放在天地之间，没有孤立地看待人。在这里，人道尚“中”被认为像“日月西移”和“水道东流”那样自然而然、理应如此。所谓“耳目役心”实际上是“耳目役于心”，也就是说，看到的、听到的信息，人们要用心去思考、分析、把握，要有透过现象看本质的能力，只有这样才能达到人道之“中”。

那么，这个“中”的标准是什么？这个“中”就是“礼”。符合礼的为“中”，不符合礼的就不是“中”。所以《逸周书·武顺解》又说道：“天道曰祥，地道曰义，人道曰礼。”这里的“礼”就是符合天理、人情

---

①李学勤：《周文王遗言》，《光明日报》2009年4月13日。

的礼，它包含两层意思：其一，道理。有“理应如此”之意。其二，遵循。人之所以为人，就必须循礼而动，否则就违背了做人的基本原则。《孔子家语·论礼》记孔子说：“夫礼者，理也；乐者，节也。无礼不动，无节不作。”（《礼记·仲尼燕居》也有同样的记载）

在西周的制度中，“中道”理念一定得到了很好的贯彻。如西周职官中有“师氏”，其具体职责就是掌管邦国事情是否合乎法度，是否符合礼制。《周礼·地官司徒》载，师氏“掌国中、失之事，以教国子弟。凡国之贵游子弟学焉”。郑玄注曰：“教之者，使识旧事也。中，中礼者也；失，失礼者也。”

按照周人的传统，国家治理的最高境界自然是以德治国，实行德政。然而，任何时期都可能“化之弗变，导之弗从，伤义以败俗”（《孔子家语·刑政》）。因此，在政治治理中，“刑”就成为不可或缺的了。

那么，怎样用刑才能起到最好的惩戒作用，怎样用刑才能达到最佳的社会效果？这种“最好的惩戒作用”和“最佳的社会效果”，恐怕就是用刑的“中”。如果做到了这一点，社会就能稳定，社会也能发展。因此周代十分重视“以刑教中”，通过刑罚使人们了解曲直，分清是非，以使正气得到弘扬，正义得到伸张。很显然，把握刑罚之“中”十分紧要！因此，在西周时期，司徒作为教民、治民之官，分大、小司徒与师保之属，其中，“大司徒”职责的所谓“十二教”中的第七项就是“以刑教中”。《周礼·地官司徒》说：“以刑教中，则民不虣。”虣，通“暴”。哪里能够真正做到“以刑教中”，哪里的社会秩序就会好起来，哪里就会少一些“伤义以败俗”的人。

社会风俗的好坏是由多方面的因素决定的。但不容否认，做到刑罚之“中”十分紧要。如果违法不究，执法不严，处置不公，惩罚失当，势必造成严重的社会后果，并在社会风气中显现出来。所以孔子说：“礼乐不兴，则刑罚不中；刑罚不中，则民无所措手足。”（《论语·子路》）当然，要真正避免“刑罚不中”，绝不是轻而易举的事情，需要执法者对人生与社会有深刻认知，需要执法者公平与公正，需要“天地位”“万物育”的良知与良能。

五、“文武之政”新识

作为周文王遗言，“清华简”《保训》给我们带来了许多新的认识，它启示我们思考更多的问题，原来不少模糊、朦胧的认识变得清晰、生动起来。

第一，“文武之政”基础深厚、内涵丰富。

与中国学术史的特殊背景密切相关，长期以来，人们怀疑《逸周书》《竹书纪年》《周礼》《孔子家语》乃至《史记》等的相关记载，对中国上古文明的发展程度估价偏低，所以很少有人相信典籍中关于“文武之政”的记述。新出土简帛文献不像传世文献那样经过了后人的传抄，因此，它可以用来检验以往研究的得失，印证相关传世文献的记载，从而矫正我们的一些认识。

在“清华简”《保训》篇中，文王训导作为太子的武王发，他认真总结前人经验，说明他不仅重视周族自身的文化传统，也认真借鉴尧舜以来的思想文化成果。孔子说周礼乃是“损益”夏、商之礼而来，周文化对于夏、商文化的继承，在文王、武王身上已经开始有所体现。在古公亶父的基础上，文王继承后稷、公刘之业，使周族兴盛起来，并具备了“用受大命”的条件，为武王最终取代殷商而有“天命”打下了坚实的基础。

前面提到，《逸周书》中的许多篇章具有重要价值，《保训》篇的发现使我们对这一问题有了更加深入的了解。如《逸周书》中的《文儆解》《文传解》，《周书序》曰“文王有疾，告武王以民之多变，作《文儆》”“文王告武王以序德之行，作《文传》”。文王在位的时间很长，他的晚年最为牵挂的自然是翦商大业，因此他也一定极其关心太子的成长。我们认为，“清华简”《保训》的发现不仅不会“排斥”《文儆解》《文传解》，反而应该更加映衬出这些篇章的价值与意义。《文儆解》开头说：“维文王告梦，惧后嗣之无保，庚辰，诏太子发曰：‘汝敬之哉！民物多变，民何向非利？利维生痛，痛维生乐，乐维生礼，礼维生义，义维生仁。’”《文传解》则记载文王说：“我身老矣，吾语汝。我所保与我所守，传之子孙。吾厚德而广惠，忠信而志爱，人君之行。”其思想与《保训》完全一致。

实际上，文王训诫后人尤其太子发的文献一定还有不少。除了我们前面提到的《周书》“三训”（《度训》《命训》《常训》），已经亡佚的《八繁解》也应当属于此类。《周书序》说：“文王训乎武王以繁害之戒，作《八繁》。”

与文王一样，武王也十分重视对历史经验的总结与借鉴。例如，《大戴礼记》中有《武王践阼》篇，据该篇记述，周武王即位之初，曾经向大夫们征求可以恒久指导后世子孙行为的简约名言，众人不知。当问及师尚父（姜太公）“皇帝、颛顼之道”时，师尚父遂引导武王，告知他保存的丹书之言，大意是应当敬而不怠、行义灭欲。他还告诫武王，要“以仁得之，以仁守之”。武王听了，感到十分震撼，于是写成诫书，在自己能够常常看到的地方铭刻下来，以随时提醒自己。其实，这样的材料在《逸周书》的许多篇章中都有体现。[①]综合认识和研究相关文献，会发现周初的思想内涵十分丰富，从而会对“文武之政”的内涵有一个全新的认识。

第二，孔子思想与“文武之政”一脉相承。

在孔子的思想学说中，“中庸”思想占有十分重要的地位。“中庸”的内涵是什么，人们有种种解说。其实，所谓“中庸”就是“中用”，即“用中”，也就是“使用中道”。《说文》中说：“庸，用也。”《尚书·尧典》有“畴咨若时登庸”，《诗·王风·兔爰》有“我生之初，尚无庸”，《诗·齐风·南山》有“齐子庸止”等等，其中的“庸”都是“用”的意思。

从《易经》看，“庸”在先秦时期与“用”字相通。借助郭店楚简《五行》和文献学，考辨“中庸”的原义乃是“用中”。“用中”也就是用心，用心之道就是“诚”。郑玄《三礼目录》解说“中庸”之名云：“名曰《中庸》者，以其记中和之为用也。庸，用也。孔子之孙子思伋作之，以昭明圣祖之德。”

从这样的意义上理解“中庸”，“中”就是处理事情时要把握分寸，要将事情处理得恰到好处。孔子说：“执其两端，用其中于民。”但是，“中”却不是一眼看透的事，也不是数理意义上的“中间”。所以，孔子所谓“中”与《尚书》“十六字心传”即“人心惟危，道心惟微，惟精惟一，允执厥中”是前后贯通的。曾几何时，“中庸”备受误解，人们认为它即所谓的“折中”“调和”，还有的将中庸理解为“和稀泥”“折中主义”。其实，孔子认为“和稀泥”的人就是“乡愿”，而这种“乡愿”是“德之贼”，是道德的败坏者。时至今日，依然有似是而非的论调，认为中国近代落后的根源就在于中国人太“中庸”了，中庸思想竟然成了中国落后的罪魁，罪莫大焉！今天，有《保训》作为重要的旁证，这样的误解就容易消除了。

在对孔子的评价中，有一个事例比较典型，这就是孔子对待“女子”的态度。《论语·阳货》记孔子曰：“唯女子与小人为难养也，近之则不孙，远之则怨。”不少人以之为孔子“轻视妇女”的铁证。其实，孔子斯语，包含了“女子难养”和“小人难养”，而在《尚书》《逸周书》中

①参见杨朝明：《〈逸周书〉有关周公诸篇刍议》，《儒家文献与早期儒学研究》；《〈逸周书〉所见灭商之前的周公》，《河南科技大学学报》（社会科学版）2008年第1期。

都有“小人难保”一语，所谓“保”，《说文解字》明确说：“保，养也。”“小人难保”即“小人难养”。这里的“小人难保”对正确理解孔子的话很有价值。

《逸周书·和寤解》记周武王的话说：“呜呼，敬之哉！无竞惟人，人允忠。惟事惟敬，小人难保。”这里说因为“小人难保”，故应“惟事惟敬”，这正是周人传统的“敬德保民”思想的体现。不难理解，孔子强调“小人难养”，也一定是秉承周人的牧民思想，针对各层各级“养民”者（所谓统治者或管理者）而说的。孔子思想与文王、武王、周公等一脉相承，由周初文献可知，孔子说“小人难养”不仅不含有轻视“小人”的意义，反而反映出他对这一群体的重视。同样的道理，孔子说“女子难养”恐怕也不是轻视妇女的意思。

通过这一典型的例子，我们认识到孔子思想与“文武之政”有一脉贯通的意义，通过它不仅可以理解孔子思想与周人传统观念的联系，还有助于理解孔子学说，甚至纠正人们对孔子思想的一些错误认识。

第三，“文武之政”是儒家的理想政治样板。

作为儒家学派的创始人，孔子主张“王道”，推崇“三代明王”。在孔子的心目中，“三代明王”之治体现了政治治理的最高境界，所以，他“述而不作”。据《孔子家语·礼运》记载，孔子的政治理想就是实现社会“大同”，而这样的“大同”之世，就是指“三代之英”。（《礼运》篇既见于《孔子家语》，又见于《礼记》。对于该篇，人们多有误解。①）

所谓“三代之英”，即三代时期的英杰人物，当然是指的禹、汤、文王、武王、成王、周公等人。孔子推崇三代圣王（即文献所说的“三王”），后世所谓的“孔子之道”，实际就是孔子推崇的三代圣王之道，所以，孔子作《春秋》的意义就在于《史记·太史公自序》所说的“夫《春秋》，上明三王之道”。孔子也崇尚“五帝”，正如司马迁在《史记·五帝本纪》中所言：“学者多称五帝，尚矣。”关于黄帝等上古帝王的事迹，“荐绅先生难言之”，孔子也曾经回答弟子宰我问五帝之德，但“儒者或不传”。相比之下，孔子更加推崇三代圣王。这样的材料很多，如：

> 子言之：“昔三代明王，皆事天地之神明。”（《礼

①参见杨朝明：《〈礼运〉成篇与学派属性等问题》，《中国文化研究》2005年第1期。

记·表记》）

孔子遂言曰："昔三代明王之政，必敬其妻子也，有道。"（《礼记·哀公问》）

孔子曰："昔三代之明王之有天下者，莫之余（予）也，而□（终）取之，民皆以为义。……其乱王，余（予）人邦家土地，而民或弗义。"（上海博物馆藏竹书《从政》）

而且，孔子时代，三代圣王之治为社会普遍认可。因为推崇三王者不止儒家，如《墨子·鲁问》云："昔者三代之圣王禹、汤、文、武，百里之诸侯也，说忠行义，取天下。三代之暴王桀、纣、幽、厉，仇怨行暴，失天下。"

孔子思想之所以与"文武之政"血脉相连，主要在于孔子对"文武之政"的认识和理解。"文武之政"体现的"文武之道"为孔子格外推崇。《中庸》说孔子"祖述尧舜，宪章文武"。朱熹在《四书章句集注》注解说："祖述者，远宗其道。宪章者，近守其法。"法，即法则、做法。尧舜年代久远，而"文武之政"还在，足可以为法则。"文武之政"指周初文王、武王乃至周公的治国方略。文王、武王、周公明德慎罚，提倡民惟邦本、修身重人，深受后人推崇。直到春秋孔子时代，"文武"的政治方略仍是"未坠于地，在人"，孔子还以"文武之政"指导鲁哀公，可见孔子对"文武之政"是倍加尊崇的。

孔子尊崇"三王"，更提出尊崇"周政"。例如，《孔子家语·执辔》记载，孔子弟子闵子骞为费宰，问政于孔子。孔子曰："古者天子以内史为左右手，以德法为衔勒，以百官为辔，以刑罚为策，以万民为马，故御天下数百年而不失。"孔子又说："古之御天下者，以六官总治焉：冢宰之官以成道，司徒之官以成德，宗伯之官以成仁，司马之官以成圣，司寇之官以成义，司空之官以成礼。六官在手以为辔，司会均仁以为纳，故曰：御四马者执六辔，御天下者正六官。"孔子这里所说的"六官"即《周礼》中的冢宰、司徒、宗伯、司马、司寇、司空。将《周礼》六官以及太宰一职的职掌与孔子的论述一一对照，不难发现它们之间的内在联系。关于这一点，我们曾经进行专门探讨。①种种材料表明，"文武之政"是儒家的理想政治样板。

---

①参见杨朝明：《〈孔子家语·执辔〉篇与孔子的治国思想》，《中国文献学丛刊》（第1辑），国际炎黄文化出版社2003年版；收入杨朝明：《儒家文献与早期儒学研究》。

《逸周书》"周训"与儒家的人性学说

周代先王曾有训典，史书或称之为"训语""遗训"等，我们姑且总名之曰"周训"[①]。《逸周书》首卷开头即有《度训》《命训》《常训》三篇，应当属于周训一类。"训"有训教之意，既名曰"训"，其出于周先王便合乎道理。《度训》等三篇以"训"为名，皆言为政牧民之道，而且各篇从天道、民性问题谈起，内容丰富，"理极精深"[②]。周训既为先王遗训，自然会支配周人的政治思维，也理应影响儒家的学说。特别是由于"儒者法先王"（《荀子·儒效》），孔子及其后学不仅"祖述尧舜"，而且"宪章文武"（《中庸》《汉书·艺文志》），一定从周训中吸取了不少的思想营养。在儒家思想体系中，人性学说占有重要地位，我们认为，早期儒家的心性理论与周训有密切联系，将《逸周书·度训》等篇与郭店楚墓竹简《性自命出》初步比较，即可看出这一点。

一、《逸周书》"三训"的年代问题

我们研究周训，首先必须明了《逸周书》中《度训》《命训》《常训》等篇的年代问题。《周书序》称"三训"皆成于周文王：

> 昔在文王，商纣并立，困于虐政，将弘道以弼无道，作《度训》；殷人作教，民不知极，将明道极以移其俗，作《命训》；纣作淫乱，民散无性习常，文王惠和化服之，作《常训》。

但在今天，学界已经很少有人相信《周书序》的这种说法，一般认为它们的成书年代不会太早。依笔者的研究，周训各篇出于周文王应当是没有什么问题的。

除《度训》等三篇，《逸周书》中还有与周文王有关的篇章，如紧接其后的《文酌》，《周书序》说："上失其道，民散无纪，西伯修仁明耻

---

①"训语"见于《国语·郑语》："训语有之，曰：'夏之衰也……'。""遗训"见于《国语·周语下》："若启先君之遗训，省其典图刑法，而观其废兴者，皆可知也。"《国语·楚语上》有"训典"一词，曰："教之故志，使知废兴者而戒惧焉；教之训典，使知族类，行比义焉。"韦昭以为"训典"指"五帝之书"，其实它应泛指前代典训。《左传·襄公四年》有"夏训有之曰"一语，杜预注曰："夏训，夏书。"《国语·郑语》韦昭注则曰："训语，周书。"例之"夏训"，周人所言"训语""遗训"可称为"周训"。

②蒋善国：《尚书综述》，第440页。

示教，作《文酌》。”该篇与“三训”文体相类，在内容上也有颇多相通之处，所以人们认为它们成篇的时代基本一致。

人们对《逸周书》“三训”等篇年代的看法，与对该书全书的认识密切相连。读《逸周书》，很容易得到的印象是其“驳杂”，因为其书已佚不全，不仅各篇文气不类，纪年方式不一，属辞成章体制有别，而且有的完整，有的残缺；有的有注，有的无注。正因如此，后人对《逸周书》的性质有种种推测，如认为它是战国之士私相缀续、战国后人依仿为之、战国逸民处士纂集以备私藏、衰周战国之士以己意参入，如此等等，还有的甚至以为是汉代隐士缙绅之流所伪，或者东汉魏晋间诡士所作。这也直接影响到了今人对《逸周书》中“三训”等篇性质的理解，如有人认为它们“近于诸子的政治论”①。

也有不少与前述诸说不同者，看到了《逸周书》的重要价值。如姜士昌《逸周书序》说：“其文辞湛深质古，出左氏上”；《四库全书总目提要》说：“究厥本始，终为三代之遗文”；谢庸《周书序》说：“其宏深奥衍，包孕精微，断非秦汉人所能仿佛”；朱右曾《逸周书集训校释》说：“虽未必果出文、武、周、召之手，要非战国秦汉人所能伪托。”②我们认为这些观点都不同程度地接近了《逸周书》的记载真相，因而他们对“三训”的认识也同样接近实际。例如，清代大学者孙诒让精研周代典籍，他就认为《逸周书》一定早于《左传》以及战国诸子，实为早期篇帙之遗，足视为瑰宝。他说：“《周书》七十一篇，《七略》始著录。自《左传》以逮墨、商、韩、吕诸子，咸有诵述，虽杂以阴符，间伤诡驳，然古事古义多足资考证，信先秦雅记壁经之别枝也。”③《汉书·艺文志》道家有《周训》十四篇，孙诒让认为《度训》等三篇“或即《周训》遗文仅存者”④。

孙诒让的看法是对的。其实，《逸周书》的不少篇章，《周书序》所说可能都有其根据。著名历史学家李学勤先生对上古文献有独到的研究，他认为《度训》《命训》等是“很有意义的内容”⑤，它们和《逸周书》

①蒋善国：《尚书综述》，第440页。

②转引自［日］谷中信一：《〈逸周书〉的思想及其成书》，《姜太公与齐国军事文化》，齐鲁书社1997年版。

③孙诒让：《周书斠补·叙》，光绪二十六年刊本，齐鲁书社1988年点校本。

④孙诒让：《周书斠补》卷一。

⑤李学勤：《〈逸周书〉源流考辨》序，黄怀信《〈逸周书〉源流考辨》，西北大学出版社1992年版。

里的好多篇可以视为一组，这一组在《逸周书》中“占较大比例”[①]，它们的文例特点是常用数字排比，朱右曾说：“周室之初，箕子陈畴，《周官》分职，皆以数纪，大致与此书（《逸周书》）相似。”结合《左传》《战国策》所记春秋人之语曾经引述属于这一组文字的某些篇，李学勤先生强调指出《度训》《命训》等篇“年代也不一定晚，这一点颇关重要”[②]。

关于早期典籍引述《逸周书》中《度训》等篇以及与之相联系的文献情况，已有前人指出，也有人据以推断《逸周书》各篇的年代，只是在这一点上，还没有人肯定《周书序》的说法。让我们列成下表[③]，以观察《逸周书》中《度训》等篇与其它早期文献的关系。

序号	《逸周书》	对应文献	说明
A.《度训》			
1	□爵以明等极	《荀子·王制》：先王恶其乱也，故制礼义以分之，使有富贵贫贱之等	据陈逢衡说
2	极以正民	《诗·大雅·殷武》：商邑翼翼，四方之极 《诗·周颂·思文》：立我烝民，莫匪尔极	据俞樾说
3	内外以知人	《大戴礼记·小辨》：内恕外度曰知外	据陈逢衡说
4	凡民生而有好有恶。小得其所好则喜，大得其所好则乐；小遭其所恶则忧，大遭其所恶则哀。凡民之所好恶，生物是好，死物是恶	《左传·昭公二十五年》：生，好物也；死，恶物也。好物，乐也；恶物，哀也	据陈逢衡说
5	力争则力政	《大戴礼记·用兵》：诸侯力政	据刘师培说

①李学勤：《失落的文明》，第332—333页。

②李学勤：《〈逸周书〉源流考辨·序》，黄怀信《〈逸周书〉源流考辨》，西北大学出版社1992年版。

③［日］谷中信一：《〈逸周书〉的思想及其成书》，《姜太公与齐国军事文化》；黄怀信：《〈逸周书〉源流考辨》；黄怀信、张懋镕、田旭东撰：《逸周书汇校集注》，上海古籍出版社1995年版。

续表

序号	《逸周书》	对应文献	说明
6	凡民不忍好恶，不能分次	《书·仲虺之诰》：惟天生民有欲，无主乃乱 《国语·周语上》：庶民不忍	据丁宗洛说
7	和非中不立，中非礼不慎，礼非乐不履	《国语·周语上》：然则长众使民之道，非精不和，非忠不立，非礼不顺	据刘师培说
8	明王是以无乐非人，无哀非人	《孟子·梁惠王下》：乐以天下，忧以天下	据陈逢衡说
B.《命训》			
9	立明王以顺之	《书·泰誓》：惟辟奉天，惟圣时宪	据陈逢衡说
10	大命有常，小命日成	《周礼·宰夫》：旬终则令正日成	据孙诒让说
11	六方三述	《仪礼·士丧礼》：不述命。《诗·邶风·日月》：报我不述	据朱右曾说
12	明王是故昭命以命之，曰：大命世罚，小命罚身	《大戴礼记·本命》：逆天地者，罪及五世；诬文武者，罪及四世；逆人伦者，罪及三世；诬鬼神者，罪及二世；杀人者，罪止其身	据朱右曾说
13	和之以均	《周礼·均人》：掌均地政，均地守，均地职，均人民、牛马、车辇之力政	据潘振说
14	罚不服	《书·吕刑》：正于五罚，五罚不服	据丁宗洛说
C.《常训》			
15	天有常性，人有常训	《六韬·文启》：天有常形，人有常生	据谷中信一说
16	明王于是生政以正之	《左传·桓公二年》：礼以体政，政以正民，是以政成而民听	据黄怀信说
17	民生而有习、有常，以习为常，以常为慎，民若生于中。习常为常	《左传·昭公十年》：将因是以习，习实为常	据孙诒让说

续表

序号	《逸周书》	对应文献	说明
18	夫习民乃常，为自血气始	《大戴礼记·保傅》：孔子曰："少成若天性，习惯之为常。"	据陈逢衡说
19	古者因民以顺民	《国语·晋语四》：夫固国者，在亲众而善邻，在因民而顺之	据黄怀信说
20	上贤而不穷	《群书治要》引《文韬》曰：上贤下不肖	据刘师培说
21	叁伍以权	《易·系辞上》：叁伍以变	据潘振说
22	慎微以始而敬，终乃不困	《左传·襄公二十五年》引《书》曰：慎始而敬终，终以不困	据刘师培说
23	耳因皆有疑	《诗·大雅·桑柔》：靡所止疑	据陈汉章说

上表中有一些对应文献显然来自《逸周书》，时代应在其后，如第4、7、8、12、16、17、19等项；第22项的《左传·襄公二十五年》更明言引《书》，说明《常训》不仅本在《书》中，而且"三训"之作必在襄公以前。

将《逸周书》中《度训》等三篇与其它文献对比，我们可以看出它们的年代绝不会太晚，与《周书序》所说的时代倒十分合拍。其中，第1、2、3、5、6、9、10、11、13、14、15、20、23等项的对应文献都与"三训"之言有诸多相通之处，可以证明其时代当在西周。在这些文献之中，《诗》之《大雅》和《周颂》、《书》之《泰誓》和《吕刑》成书很早自无争议，而《大戴礼记》和《易》之《系辞》所说也当有较早的根据。如第18项《大戴礼记》在引述孔子之言后接着说"此殷周之所以长有道也"，证明孔子所说很有可能本于"周训"，而"周训"之作不会迟至周衰之后；第21项《易·系辞上》所言"叁伍以变"也是解释孔子所说"《易》有圣人之道四焉"。

另外还有许多材料可以证明"三训"之作大致在周文王时。如第6项《国语·周语上》之"庶民不忍"全句为："商王帝辛，大恶于民。庶民不忍，欣戴武王，以致戎于商牧。"与《度训》"凡民不忍好恶，不能分次"应该有共同的语言背景。第7项《国语·周语上》之言，刘师培以之来看《度训》，认为《度训》之中的“中”即“忠”省，“慎”亦“顺”假，《周语》应该本于《度训》。而《周语上》此语前乃蒙“先王知大事之必以众济也，是故……”等语。第20项《群书治要》所引《文韬》之“上贤下不肖”即为尚父（姜太公）之语。这都透露了“三训”成于周文王之时的信息。

《文酌》与“三训”义意相通，其中也有很多可以证明其成篇很早的早期文献与之对应，如《书·洪范》《诗·大雅》《周礼》《六韬》等等，前人也已经指出[①]，在此不作列举。

二、《度训》等篇与《性自命出》的联系

作为周人的重要文献，“周训”对后来的影响一定很大，这从后人常常谈及先王训教的语句中可以得到证明。我们看到的文王“三训”，文献中不仅有明确征引，而且约其文辞而义旨相承者更多。种种迹象显示，孔子以及以子思、孟子为代表的“思孟学派”，在人性理论方面受到《度训》等篇“周训”的影响比较明显。在基本弄清了《逸周书》中《度训》等篇的年代之后，我们以之与新出郭店楚墓竹简中的《性自命出》等试加对照，以初步梳理早期儒家人性理论形成的基本线索。

1998年5月，郭店楚简经过专家的整理与识别后，其图版及释文由文物出版社出版发行，引起了学术界不小的震动，学者们感到由衷的兴奋与喜悦。郭店楚简中既有道家的典籍，又有儒家的著作。特别是其中儒家的著作，学者们认定是属于孔孟之间子思一派的作品，先秦儒学由孔子到孟子发展的缺环得到了联结，原来不少争议难决的学术问题也得以解决。

这批儒家著作中，尤其引人注目的是《性自命出》一篇。如杜维明先生说：“最使我感到惊讶的是在《性自命出》篇中直接讨论身心性命之学的字汇如此之多，意蕴如此之深而内涵又如此丰富，真是美不胜收。”[②]其实，这一特点为郭店儒书所共有，只是《性自命出》体现得较为显著而已。所以，李学勤先生指出：“郭店简这些儒书，共同的特点是阐述理论性、哲学性的问题。所谓天道性命等概念，在这里都得到讨论，体现出早

①黄怀信、张懋镕、田旭东：《逸周书汇校集注》，上海古籍出版社1995年版。

②杜维明：《郭店楚简与先秦儒道思想的重新定位》，《郭店楚简研究》，《中国哲学》（第20辑），辽宁教育出版社1999年版，第6页。

期儒家的哲学趋向。”[①]

据介绍，郭店出土竹书的楚墓墓主的身份是“东宫之师”，他曾任楚国太子的师傅。正因如此，有学者认为郭店所出著作应为当时思想界重要文献的精选本。如果是这样，《性自命出》等谈论身心性命之学更具典型意义。

我们即从儒家人性理论的角度来观察《度训》等“三训”各篇的思想观点，并以之与郭店楚简《性自命出》作初步比较。《度训》等“三训”意旨相同，脉络相通，因此，为方便叙述和区分，我们不妨将其统称为《周训》。

（一）人有常顺，变习生常

人生而具有自然的秉性，人生来就有习惯、有常行。无论《周训》还是《性自命出》，对此都有表述。《周训》说：

> 天有常性，人有常顺。顺在可变，性在不改。不改可因，因在好恶。好恶生变，变习生常……
>
> 民生而有习有常，以习为常，以常为慎（按：当作顺），民若生于中。

《周训》中还没有明确说到“人性”一词，但“常顺”与“常性”对举，亦有此意。“顺”为顺应自然，即指人的自然行为。人的行为受到外物的驱使而变化，变化一旦成为习惯就产生恒常。这里所说的是社会中的人的人性，还没有专门说到“人之初”时的情形。早期儒者移天之“性”的概念于人，从而开始明确地谈论“人性”问题。《性自命出》所说的对象同样也是具有社会性的人：

> 凡人虽有性，心亡奠志，待物而后作，待悦而后行，待习而后奠。

裘锡圭先生按：“亡，无也；奠，定也。”这里的“心亡奠志”实际上是《周训》所谓的“人有可变之常顺”；“待习而后奠”亦即《周训》的“变习生常”。

---

①李学勤：《先秦儒家著作的重大发现》，《郭店楚简研究》，《中国哲学》（第20辑），辽宁教育出版社1999年版，第17页。

（二）民有好恶，好恶以物

好恶为性是说人的本性有好有恶。关于这一点，《周训》和《性自命出》都有表述。《周训》说：

> 凡民生而有好有恶。小得其所好则喜，大得其所好则乐；小遭其所恶则忧，大遭其所恶则哀。凡民之所好恶，生物是好，死物是恶。民至有好而不让……民至有恶不让……凡民不忍好恶，不能分次。……明王是以极等以断好恶。
>
> 不改可因，因在好恶。好恶生变，变习生常。……古者因民以顺民。

这是说，好恶是所有人生来都具有的本性，喜欢的东西，得少小喜，得多大喜；厌恶的东西，遇少小悲，遇多大悲。《周训》还说“夫民生而乐生”“民生而恶死”，故人们“生物是好，死物是恶”。在这里，谈到了人的好恶对象乃是“物”。人有好恶，人的本性在于趋好避恶。天性不变，人的自然行为却可以变化，人们因循天性，但这又取决于人的好恶。统治者制定政令时应该首先知道这一点。

《周训》中的上述意思，《性自命出》的表述则非常简洁：“好恶，性也；所好所恶，物也。”

（三）民有喜乐忧哀

喜乐忧哀与人的好恶直接相联，人因好恶而喜乐忧哀，这便是前述《周训》所说的“小得其好则喜，大得其好则乐；小遭其恶则忧，大遭其恶则哀”。与《周训》各篇同属一组的《文酌》则说“民生而有欲、有恶、有乐、有哀……”，“欲”即是喜好，这是将哀、乐与好、恶并列。人生俱有喜乐忧哀，治国牧民应该注重民之喜乐忧哀。《周训》说：

> 明王是以无乐非人，无哀非人。
>
> 敛之以哀，娱之以乐。
>
> 乐不满，哀不至。
>
> 哀乐不淫，民知其至。
>
> 哀乐不时，四征不显……四征：喜、乐、忧、哀。动之以则，发之以文，成之以名，行之以化。

《逸周书》中还有《官人》一篇，其中也有相关论述：

> 民有五气：喜、怒、欲、惧、忧。喜气内蓄，虽欲隐之，阳喜

必见。怒气内蓄，虽欲隐之，阳怒必见。欲气、惧气、忧悲之气皆隐之，阳气必见。五气诚于中，发形于外，民情不可隐也。

依《周书序》，《官人》系周公为成王所作，年代晚于《周训》。依笔者的看法，《官人》出于周公是可信的。①《逸周书·官人》与《大戴礼记·文王官人》又肯定有密切联系，因为两者都记选官察人的方法，内容相同。黄怀信先生认为其事为真，只是《官人》为成王询于周公而周公告之，《文王官人》却是文王告太公望，二者可能同据。②除此之外，《群书治要》所引《六韬》，内言八徵、六守，亦与此篇相近。所以，刘师培说："此为周家官人之法，始于文王，迄于武王，成王之时作辅之臣咸举，斯言相勖，惟所举之词互有详略异同。"③《官人》中的"民有五气"，《文王官人》作"民有五性"。喜、乐、忧、哀等"气"或"性"成于内而发于外，都是民情的显现，这正可以作为为政的依据。

《性自命出》的表述也是这样：

喜、怒、哀、悲之气，性也。及其见于外，则物取之也。

（四）习民乃常，自血气始

《周训》说：

不改可因，因在好恶。好恶生变，变习生常。常则生丑，丑命生德。明王于是生政以正之。

人生而有自然的秉性，但这种自然秉性能否因循沿袭，还取决于人们的好恶。孔子曾说"性相近也，习相远也"（《论语·阳货》），人们也各自因其好恶走上不同的路向。圣王施教，明其耻丑以命之，则产生道德。《性自命出》也说："四海之内，其性一也。其用心各异，教使然也。"又说："教所以生德于中者也。"可见，从《周训》而孔子而《性自命出》，其意旨是完全一致的。

在解释《周训》此语时，朱右曾说："好恶，情也。好善恶恶，性也。非情无以识性，故因在好恶。性无不善，情兼善恶，故生变。变于所

---

①杨朝明：《〈逸周书〉有关周公诸篇刍议》，《儒家文献与早期儒学研究》，第130页。

②黄怀信：《〈逸周书〉源流考辨》，第116—119页。

③黄怀信、张懋镕、田旭东：《逸周书汇校集注》。

习，则以变为常，而善恶之类判然矣。因其丑而命之，使人弃恶迁善而生德。”《周训》中的这种情、性关系论，《性自命出》中曾两次表述为“情生于性”。

《周训》又说：

> 夫习民乃常，为自血气始。明王自血气耳目之习以明之丑。丑明乃乐义，乐义乃至上，上贤而不穷。

前人谓血阴气阳，合而成气质；又说血气为知觉运动所托，乃是与生俱来的。朱右曾说：“气质之性，非性而害性，故慎习必自血气始。”所以明王应当明丑以使人变其习，从而变化其气质。这个工作应从幼小的时候开始做起，使之早早地知丑明耻，自觉地合宜慕义，向上尊贤。孔子说：“少成若天性，习贯之为常。”（《大戴礼记·保傅》）同样以为习民当自幼小时开始。《性自命出》除了前面所谓的通过教而“生德于中”，还有义以厉性、习以养性、道以长性等思想，说“动性者，物也；逢性者，悦也；交性者，故也；厉性者，义也；出性者，势也；养性者，习也；长性者，道也”“习也者，有以习其性也”。在这一思想上，从《周训》到孔子再到《性自命出》，仍然是上下一贯的。

（五）天生民而成大命

关于天一命一性之间的关系，《性自命出》的表述比较明确：“性自命出，命自天降，道生于情，情生于性。”

研究者都注意到了此语与《中庸》首句“天命之谓性”相似。陈来先生认为：“如果把宋儒对《中庸》的解释放在一边，则‘性自命出，命自天降’的意思是说，性出于命，命来自天，故在文字上就可以理解为‘天命为性’。”①

我们再来看《周训》的相关说法：

> 天生民而成大命……大命有常……
>
> 明王昭天、信人以度，功地以利之，使信人畏天，则度至于极。
>
> 夫天道三、人道三：天有命、有祸、有福，人有丑、有绋絻、

---

①陈来：《荆门竹简之〈性自命出〉篇初探》，《郭店楚简研究》，《中国哲学》（第20辑），辽宁教育出版社1999年版。

有斧钺。以人之丑当天之命，以绋絻当天之福，以斧钺当天之祸。六方三述，其极一也，不知则不存。

“天生民而成大命”“天有命”与“命自天降”同义。前面引用《周训》说“天有常性，人有常顺”，此处又说“大命有常”，常是固定不变之义。与天之性、人之顺相同，大命成自天，亦为固定不变的“常”。在这样的意义上，人性与天命具有了一样的属性，更何况王者奉天出治，人道合于天道，天人合一，感应不殊。所以，《周训》虽然没有明确地说到“性自命出”，却已经包含了这层意思。

（六）明德慎罚

以德治民，慎重刑罚，是政治统治的一个恒常话题，《周训》中亦有涉及，如：

人众，赏多罚少，政之美也；罚多赏少，政之恶也。罚多则困，赏多则乏。乏、困无丑，教乃不至。

天生民而成大命。命司德正之以祸福，立明王以顺之。

夫司德司义，而赐之福禄。福禄在人，能无惩乎？若惩而悔过，则度至于极。夫或司不义，而降之祸。在人，能无惩乎？若惩而悔过，则度至于极。

极命则民堕……极福则民禄……极祸则民鬼……极丑则民叛……极赏则民贾其上……极罚则民多诈……凡此六者，政之始也。明王是故昭命以命之，曰：大命世罚，小命罚身。

福莫大于行义，祸莫大于淫祭，丑莫大于伤人，赏莫大于信义，让莫大于贾上，罚莫大于贪诈。

抚之以惠……畏之以罚……

周朝建立后，周公又系统地阐发了明德慎罚的主张。此后，孔子继承了这一思想，并将其纳入自己的思想体系，从而对其他早期儒者产生了重要影响。《性自命出》主要探究身心性命之学，注重人自身内在的省察，所以不及刑罚而重点谈论仁德，如：

人不慎斯有过，信矣。

贱，而民贵之，有德者也；贫，而民聚焉，有道者也。

闻道反己，修身者也。……修身近至仁。

《性自命出》看重修身，体现了早期儒家所共有的特点。《周训》为王者立言，重点讲为政牧民之道，这与《性自命出》有显著的区别。当然，《周训》义理精微，包容宽广，内涵十分丰富，例如，其中也讲到“八政”“九德”等等。所谓“八政”，即夫妻、父子、兄弟、君臣；所谓“九德”，即忠、信、敬、刚、柔、和、固、贞、顺。《周训》所说“八政不逆，九德纯恪”应该就是修身的具体要求。

以上所举数端，是《周训》与《性自命出》之间有重要关联的几点。陈来先生曾对《性自命出》的思想论点作过归纳[①]，将本文所举《周训》的思想论点与陈来先生的归纳进行对比，则不难看出《性自命出》中《周训》的影子。

陈来曾说《性自命出》的“性说和心说是最值得注意的部分”，其实，由于《周训》要阐明为政治民的原则和方法，这种性质使之谈及时人对于人性特点的认识，因此，二者之间的关联便主要集中在性说方面。

先秦儒家的人性学说基本上属于自然人性论，也就是以生之自然者为性。早期儒者把人生理的、心理的活动纳入性的范畴，其中包括感官的感受以及喜怒哀乐之情等等。从上面的比较论述中不难看出，在这一点上，《周训》完全可以视为早期儒家人性学说的先导。因此，如果说郭店楚简的发现为我们重新审视先秦儒家的人性论提供了重要文献，那么正确认识《周训》各篇，对深入探讨儒家人性论的来源则有十分重要的意义。

三、后人怀疑《周训》等篇的原因分析

无论是对《逸周书》中《度训》等三篇年代的研究，还是它与《性自命出》等的比较，都可说明《周书序》所说《度训》等篇出于周文王的说法应无问题。然而，学界在探讨儒家的人性学说时，并没有给予应有的注意，十分可惜！人们怀疑《周训》，主要有以下几个原因：

（一）疑古思潮的巨大消极影响

长期以来，由于疑古思潮的巨大冲击，不少本来已经比较清楚的历史问题反而模糊起来，许多历史文献得不到正确的认识，因而也影响到了对于儒学来源的研究。值得庆幸的是，随着学术事业的进步，人们正在不断打破疑古思潮的束缚，逐步走出迷茫，对中国的上古文明进行新的估价，儒家思想的早期来源问题也从而有了认真研究的空间。例如，1997

---

①陈来：《荆门竹简之〈性自命出〉篇初探》，《郭店楚简研究》，《中国哲学》（第20辑）。

年5月，中国先秦史学会与安徽的六安皋陶研究会联合召开“全国皋陶文化研讨会”，对皋陶的历史地位进行了新的评价。皋陶历经尧、舜、禹三代，以事舜时间最长，根据《尚书·皋陶谟》，他曾兴“五教”、定“五礼”、创“五刑”、立“九德”、亲“九族”等等。有关皋陶的记载属于信史，这成为与会学者的共识，并且不少学者还把皋陶思想与儒学渊源问题联系起来加以探讨。[①]这对我们重新认识《周训》以及其它相关的历史文献都是重要的启示。

儒家思想入世、治世的特点，决定了它是一个庞大的体系，仅就先秦时期的原始儒学而言，其内容也同样异常丰富，因此，关于儒家思想的来源，自不可作狭隘的理解。先秦时期的思想家都言儒者宗法“先王”，连出于孔子之孙子思的《中庸》里亦说“仲尼祖述尧舜，宪章文武”，明显道出了尧、舜、禹、汤以及文、武、周公对儒家思想体系的重要影响。在孔子的心目中，尧、舜、文、武等是圣王明君，孔子对他们倍加赞赏。由于孔子特别向往周代的礼乐制度，他对于文、武、周公更是十分推崇，孔子的弟子子贡也说孔子学修“文武之道”[②]，孔子本人则说：“周监于二代，郁郁乎文哉！吾从周。”（《论语·八佾》）孔子从周，是因为周代之礼经过对夏、商之礼的损益以至礼文大备。

文王是周政最主要的创始人，连周公也动辄述其“文考”之言，对于文王，孔子自然情有独钟。在周游列国途中被围于匡时，孔子还说：“文王既没，文不在兹乎？天之将丧斯文也，后死者不得与于斯文也；天之未丧斯文也，匡人其如予何？”（《论语·子罕》）由此可知，孔子是以文王之道的担当者自期的，或者可以说他自认是文王之道的传人。《中庸》记孔子之言说：“文武之政，布在方策。”“方”指方版，“策”即册，指竹简，“方策”泛指典籍。这句话是说周文王和周武王的政治都明白地记述在典籍上。史籍称孔子曾经删订《尚书》，后人又说《逸周书》乃孔子删书之余，此言或者有据。如果是这样，孔子能够得见《逸周书》“三训”当无疑问。

（二）对古书的形成问题认识不清

与疑古思潮的消极影响密切相关，学界对不少上古文献的写定时间缺

---

①参见何超、孟世凯：《皋陶与六安》，黄山书社1997年版。

②《论语·子张》：“卫公孙朝问于子贡曰：‘仲尼焉学？’子贡曰：‘文武之道，未坠于地，在人。贤者识其大者，不贤者识其小者，莫不有文武之道焉。夫子焉不学？而亦何常师之有？’”。

乏正确的认识，如《周礼》《六韬》《古文尚书》等，这就影响到了人们对《逸周书》年代问题的看法。《周礼》一书，旧说为周公所作，现在相信此说的人很少。不过，由于文物考古资料的日渐丰富及学术研究的进步，越来越多的学者发现此书具有极其重要的价值，人们认识到该书的记述都有历史根据，并非像有人所说的是出于后来“大国主义”者的设计。有的研究者认定《周礼》“只能出于一人之手”[①]，如果是这样，这位作《周礼》的人是否为周公，笔者以为很值得认真探讨。《六韬》原称《金版六韬》，相传为周初姜太公所作，《群书治要》卷三十一所录《六韬》之《武韬》中有太公云云：“文王曰：善，请著之金版。”周初就有将重要文献铸于金版的习惯，如《逸周书·大聚》记周武王向周公请教调和殷政的办法，武王就令冶官把周公的话“冶而铭之金版，藏府而朔之”；《武儆》篇记武王立后嗣时曾“出金枝《郊宝》《开和》细书”，其中，“金枝”即为“金板（版）”之误，是说《郊宝》乃是铸在铜版上的文件。1872年，山东临沂银雀山西汉前期墓葬中出土了部分《六韬》竹简，残存的内容与今传本的《文韬》《武韬》《龙韬》中的相应篇章大多相合，其中文字不避汉初帝王之讳，说明竹简的书写肯定在西汉以前。将《六韬》与较早的文献对比，我们认为《群书治要》所录《六韬》基本出于太公可以信据。至于《古文尚书》，其书虽系晚出，但至少人们公认其有较早的材料来源。

人们怀疑一些篇章时代较晚，往往主要是认为“文字不古”，似有后代词语。如《逸周书》的《柔武》中有“德”“义”“信”等；《小开武》中有“五行”说；《宝典》中则有“信”“义”“仁”等。

其实，仁、义、圣、智、德、信、孝、慈等概念西周时期已普遍运用，《周礼》中这样的词语就有不少，如西周的师儒与教化便对此涉及很多，例如，地官之“大司徒”职中的所谓“十二教”，“以乡三物教万民而宾兴之”的“六德”“六行”“六艺”，国子教育中的“师氏”“保氏”等等，都是道德教育与礼仪教育相结合的，其中就出现了不少“仁”“义”之类的概念，这正是后世儒家思想的渊源所在。而新近的研究基本终结了《周礼》遭受怀疑的命运。看来，以所谓的“文字不古”而确定《逸周书》各篇的写定时间尚须慎重。

①彭林：《〈周礼〉主体思想与成书年代研究》，中国社会科学出版社1991年版，第231页。

《小开武》中出现的“五行”与前述情况相类似。其文曰：“在我文考，顺明三极，躬是四察，循用五行。”后文具体地说：“五行：一黑，位水；二赤，位火；三苍，位木；四白，位金；五黄，位土。”前人以为五行为战国时代的产物，学者已经指出实未可信，因为《国语·郑语》载厉王时的周太史史伯之言即曰：“故先王以土与金、木、水、火杂，以成百物。”可见五行西周时已有。另外，《小开武》所言五行之顺序与《尚书·洪范》同，而与战国时有别，说明《小开武》非战国时文，应与《洪范》时代基本相同。但是，后人论《洪范》，多以其为春秋中期的作品，因而《小开武》的时代亦被后置。

其实，《洪范》写定很早，诚如金景芳先生所说，“它为西周的作品是不容怀疑的”，李学勤先生也说：“《洪范》一篇成于西周，应该没有什么问题。”因为从《书序》《尚书大传》《史记》到现代不少学者如王国维等，都认为《洪范》所载是周武王时实有之事。从史籍的引用看，春秋战国时人已经把《洪范》奉为经典，援引其中带有原理性质的文句，加以推阐引申，儒、墨、法等家概莫能外；又如《诗·小旻》中的语句也与《洪范》“五事”节的句子有显著关联，这都是《洪范》成于西周的重要证据。李学勤先生还说：“很多人觉得《洪范》晚出，是由于篇中首列五行，而近人的一项成见，是以为五行的出现很迟。这种论证的方式，在逻辑上是颠倒的。”①实际上，人们论说《逸周书》各篇的时代，也往往陷于这样的错误。

（三）学界对《逸周书》研究不够

由于《逸周书》明显存在一些问题，学者们便对其抱有种种疑虑，从而也自然地产生怀疑，这当然是十分正常的。但其存在的不少显著问题，也体现了它的古朴。除了上述原因，也许如刘向所说它是“孔子所论百篇之余”，其地位与《尚书》远不能同日而语。正是《尚书》在经学史上的光辉，使《逸周书》相对暗淡了许多。在《汉书·艺文志》中，该书被称为《周书》，以“周史记”视之，著录于《六艺略》之《尚书》诸家之后，地位还很重要。但到了后来，情况发生了很大的变化。虽有目录学家把它列入“书”类，但更多的则列之于史类，清代的《四库全书》则将之收于“史部”的“别史”类，其不被重视显而易见。

该书问世之后，也有人对此书留意，却多数是进行文字的校勘，很

---

①李学勤：《失落的文明》，上海文艺出版社1997年版，第310—317页。

少有人能对此书做综合研究。徐珩为《周书解义》作跋，称《逸周书》“千百年来未有专家”，基本上符合实际。自清人朱右曾作《逸周书集训校释》以来，《逸周书》已经引起了不少学者的重视，今如李学勤先生、黄怀信先生等都曾倾力加以研究，海外学者加以研究者也不乏其人，但以笔者之见，与此书的重要性相比，它还应该受到更多学者的关注和研究。

笔者曾对《逸周书》中有关周公事迹的二十余篇进行考察，发现《周书序》所言与各篇所叙史实大体一致，基本可信，初步认定它们都可以看作是周初历史的真实记载，这与学界以往的传统看法出入很大。

《逸周书·宝典》篇与儒家思想

对于我们研究孔子以及早期儒家，考察他们思想的渊源，《逸周书》是一部十分重要的典籍。以孔子为代表的早期儒家推崇周政，向往“郁郁乎文哉”的西周政治，所以《礼记·中庸》说孔子“宪章文武”，孔子的弟子子贡说孔子学修“文武之道”（《论语·子张》）。孔子之时，周朝典章尚在，故孔子本人曾说：“文武之政，布在方策。”（《礼记·中庸》）经过研究，我们认为《逸周书》中的不少篇章应该就是西周时期流传下来的重要文献，孔子等人不仅能够看到这些文献，而且十分重视这些文献。他们修习这些文献，对于儒家学说的形成起到了关键作用。我们细致研究《逸周书》中的《宝典》篇，就能够从中清晰地看到早期儒学的影子。

一、《宝典》与儒家仁的思想

据《周书序》，《宝典》为武王告周公以仁德为宝而作，此篇应该属于武王之政的重要典籍。它通过武王与周公的对话，讲述了所谓“四位”“九德”，讲述了所谓“十干”“十散”“三信”。这些内容涉及王者修身、择人、敬谋、慎言的原则，重点讲信、义、仁，而其落脚点在于“仁”。武王与周公在往返对话中说道：

> 而其余也，信既极矣。嗜欲□在，在不知义，欲在美好有义，是谓生宝。
>
> 既能生宝，恐未有，子孙其败。既能生宝，未能生仁，恐无后亲。
>
> 上设荣禄，不患莫仁。仁以爱禄，允维典程。既得其禄，又增其名，上下咸劝，孰不竞仁？

从这些对话看，他们希望在有信、义之后，最好能够出现上下竟相为仁的局面。周武王最后语重心长地说：“维子孙之谋，宝以为常！”为后世子孙计，他希望能够珍视这些原则，以之作为常法。

在《逸周书》中，《宝典》篇前接《小开武》，该篇是武王向周公询问防备殷人的最好办法，即文中所谓的“道极”。周公的回答，包含了天时、地利、人和等方面，他希望武王修德待时，把握时机，静观时变，遵从事物发展规律，综合各方面因素，对形势客观预测、判断。《宝典》篇在《小开武》之后，潘振《周书解义》云：“宝，贵也；典者，常经也。

前既访道极，道固君子之所贵，而以为常经者也，故次之以《宝典》。”

《宝典》篇开篇说到武王与周公对话的时间是“维王三祀二月丙辰朔”。关于文王去世后武王时期的纪年，有学者已经指出：“武王没有改元，继续以文王受命称王之年为元年，文王称王七年而死，武王仍以即位后的一年称为八年。”[①]在《逸周书》中，武王时的纪年方式有的是“维……祀”，有的则是“维王……祀”，前者是文王受命之后的年祀，后者则是具体的周王在位年祀。[②]如此，《宝典》篇所记乃是武王即位第三年的事情。

其实，武王作为太子时，文王曾经与他谈到类似的话题。《逸周书》中有《文儆》篇，此篇记文王告诫彼时还是太子的武王，希望他保本行善，以为民则。文王说：

> 民物多变，民何向非利？利维生痛，痛维生乐，乐维生礼，礼维生义，义维生仁。

由物利开始，谈论利维生痛，变而向善。如清人朱右曾所说：“民之为物，其情多变，利必有害，故生痛。知其害而安于分次，则知足而乐，乐则能循礼之节文。循礼以处事则曰义，安义无私曰仁。”[③]

将前面引述的《文儆》与《宝典》的文字比较，不难看出二者之间思想内容上的一致。有意思的是，《文儆》篇出于文王诫武王，《宝典》篇出于武王劝周公，此外又有《武儆》篇，记述武王诏周公立武王长子姬诵为太子，“属小子诵文及《宝典》”，将《宝典》传与太子。

太子姬诵即成王。成王刚刚被确定为周武王的继承人，武王就命周公在宣布策命文书的同时将《宝典》传给他，以之训诫太子，足见武王对于《宝典》的重视，也可见《宝典》篇在《逸周书》中非同寻常的地位。

从文王到武王，由武王而周公，再由周公到成王，他们谈论“仁”，重视仁德，可谓一以贯之。《宝典》篇被称为“宝典”，可谓名副其实。孔子以前，经史文献中都有谈论“仁”的内容，《诗经》《尚书》《左传》《国语》中也都有“仁”的概念出现。而充分反映文、武、周公之政的《周书》各篇中出现的“仁”字更多，而且往往是明确作为道德概念

---

①杨宽：《西周史》，上海人民出版社1999年版，第85页。

②杨朝明：《周公事迹研究》，中州古籍出版社2002年版，第83页。

③朱右曾：《逸周书集训校释》，丛书集成本，商务印书馆1937年，第33页。

的。那么，学修“文武之道”的孔子从中汲取思想营养便成为自然之理。

学术界研究孔子的思想，都知道“仁”的思想在孔子思想中占有重要地位。在孔子那里，“仁”确实受到了高度的重视，“仁”的思想内涵也非常丰富。孔子处在春秋末年，与文、武、周公时期相比，时代已经经历了数百年的发展变化，孔子“仁”的思想内容或与《逸周书》的论述有所不同。但毕竟《宝典》篇最根本的思想还是谈论“仁”，不难想象，孔子的“仁”的思想与之会有一定联系。

二、《宝典》与儒家的修身思想

《宝典》篇与儒学联系最为鲜明的是其中的修身思想。修身思想由来久远，在《尚书》的《皋陶谟》中，舜与大禹、皋陶的讨论谈话，便涉及修身养德、顺天应人等许多治国安民的根本道理，人们解读《皋陶谟》，很自然地发现该篇与儒家主张之间的联系，并将皋陶的思想看作儒学的源头。[①]但相比之下，《逸周书》的《宝典》篇关于修身思想的论说已经十分系统。

关于修身，《宝典》提到了“四位”和“九德”，说：“何修非躬，躬有四位、九德。”潘振《周书解义》云：“位，所也，指心而言。”所谓“四位”，即定、正、静、敬。《宝典》篇记曰：“敬位丕哉！静乃时非，正位不废，定得安宅。”在四者之中，“敬”最为重要，依次是“静”“正”“定”。说到这里，我们会很自然联想到《中庸》《大学》中的有关论述。《中庸》讲“诚”，讲“诚敬”，《大学》中则说：“知止而后有定，定而后能静，静而后能安，安而后能虑，虑而后能得。”《大学》强调追求至善境界，认为人的修养应当明确努力的目标，明确所当止之地，即至善之所在。明确了这一点，就会志有定向，心不妄动，所处而安，从而处事精详，得其所止。《宝典》中所说的“定得安宅”其实就是《大学》中的“得”，即得其所止。很显然，周公的思想主张是深刻的，以至于儒家的经典中都有与之相近的表述。《中庸》讲“诚”，或者“诚敬”，《大学》讲正心、诚意、致知、格物，讲内在心性的修养功夫。这些都是为了修身，都是为了达到齐家、治国、平天下的目的。

《宝典》中的“四位”与“九德”是相互联系的，也就像《大学》里

---

①杨朝明：《〈尚书·皋陶谟〉与儒学渊源问题》，《儒家文献与早期儒学研究》，第1页。

的正心、诚意、致知、格物与修身的关系。《宝典》中所说的“九德”，包括孝、悌、慈惠、忠恕、中正、恭逊、宽宏、温直、兼武（明刑）。这些概念，都为后来以孔子为代表的儒家所积极倡导。

值得注意的是，《宝典》中的“九德”，其具体论述也与早期儒家的观点如出一辙。例如，关于“孝”“悌”，《宝典》说：

一孝。子畏哉，乃不乱谋。二悌。悌乃知序，序乃伦，伦不腾上，上乃不崩。

如果君能孝亲，则为人子者皆畏惧父母，就不会出现悖乱之谋。如果君能悌长，则人人知悌，人人知长幼之序，就能够不失其伦，下不越上，上不崩坠于下。《宝典》以“孝”和“悌”为“九德”的前二者，由德出发，最终归结到“仁”，可谓抓住了根本。儒家正是以孝悌为政治之本的，无论孔子还是孟子，都主张仁政、德治，都把“仁”看得很重，《论语·学而》篇曰：

有子曰：“其为人也孝弟（悌），而好犯上者，鲜矣；不好犯上，而好作乱者，未之有也。君子务本，本立而道生。孝弟也者，其为仁之本与！”

将《论语》中孔子弟子有子的论述与《宝典》比较，《论语》简直可以视为《宝典》的注脚。

又如“九德”之中又包括“兼武”，这与孔子的一贯主张也完全吻合。《宝典》中说：

九兼武。是谓明刑，惠而能忍，尊天大经。

根据前人的解释，这里的意思是如果君主能够兼武，就是明刑，广泛施恩惠以拯救黎民百姓，能够含忍而不黩武，有罪当讨，乃天之大经，宜贵重而不可亵渎。

孔子和早期儒家的主张大都如此，尤其是孔子，他一贯主张德政，反对滥用刑罚。但是，孔子也不排斥刑罚，他主张明德慎罚，以刑佐教，用刑罚作为教化的补充。例如，《孔子家语·刑政》篇记孔子曰：“太上以德教民，而以礼齐之；其次以政焉导民，以刑禁之，刑不刑也。化之弗变，导之弗从，伤义以败俗，于是乎用刑矣。”《孔丛子·刑论》中说：“齐之以礼，则民耻矣；刑以止刑，则民惧矣。”意思是说，刑之设不独为刑，更在于止刑，惩恶不是终极目的，劝善才是最高宗旨。在这里，刑是在德的前提下的应用，刑只适用于愚顽不化、不守刑法的人，它乃是德治的补充措施。由此知道，《宝典》中以"兼武"为"九德"之一，其意义是非常深刻的。

关于修身，《宝典》中还讲到"信"。信，即诚信，即诚实无欺，它也是一个道德概念。《宝典》中说道：

> 言有三信。信以生宝，宝以贵物，物周为器。

言语诚信可以视为国家的宝物，所谓宝物乃是由于物品的可贵，而物品是可以被广泛使用的。治理国家的人，最重要的是要以"信"为"器"。为政治国的人，一定要以诚信行事，养生殖财就像春生夏长那样公正无私，百姓就不会迷惑；赏善罚恶就像秋落冬杀那样有一定之规，政教才能通行；尽人之性以尽物性，了解人与物的性情，使人与物各得其所，这样人们都能感君之德。

三、《宝典》中的择人与敬谋

《宝典》不仅论述修身，还说到了择人、敬谋等问题，这些问题也与早期儒家和孔子有一些联系。

关于择人，《宝典》说了"十奸"。其实，"奸"应读为"干"，意义为"求"，而非"奸邪"。古代"干""奸"相通。《论语·为政》曰"子张学干禄"，《史记·孔子世家》有"孔子明王道，干七十余君，莫能用"，其中的"干"都是"求"的意思。《说文解字》曰："古文奸，从旱心。"其声谐"旱"，而"旱"即谐"干"声，亦足见"干""奸"二字可通。卢文弨校定《逸周书》时引谢墉云："十姦，当作'十干'，古字'姦'作'奸'，'奸'与'干'通用，后人讹作'姦'。"①

《宝典》中的"十干"是：

> 一，穷□（居）干静；二，酒（洒）行干理；三，辩惠干知；四，移（侈）洁干清；五，死勇干武；六，展允干信；七，比誉干让；八，阿众干名；九，专愚干果；十，愎孤干贞。

《宝典》中说："何择非人，人有十干。"即怎么样不能选择到合适

①转引自黄怀信、张懋镕、田旭东：《逸周书汇校集注》，李学勤审定，上海古籍出版社1995年版，第303页。

的人选，前列“十干”就是种种表现。身居于俭约者未必甘心于俭约，只是外趋于清静之名；洒行以自表现，饰外以欺世，以求方正有道之名；本来没有什么高深知识，却恃辩言小慧以求智者之名；矫为廉洁以求清誉；原本没有武略，却勇于赴敌，虽死无悔，欲侥幸以求武功；没有真正的孚民之信，而处处显示自己的信，只是为了得到信的名声；违背正道以求得声誉，却推让于人，只是为求得让的名声；阿谀逢迎众人，以得名于世；无决断之才，而专擅自用其愚，希望得到果断之名；性情孤僻而孑然独居，却以孤高自命，以求得坚贞之名。

这里所说的“十干”都是不诚之行。这里所说其实与“九德”是相通的，德行的修养要求人们诚信，类似“十干”等沽名钓誉的行为与“九德”是格格不入的，在拣选人才时，应当密切注意这种行为，否则，就很难选到真正具有良好品质的人才。

在《宝典》所说的“十干”中，静、理、知、清、武、信、让、名、果、贞均为君子所追求，但是，求得这些美好的名誉应当依靠切实的行动。在后世儒者看来，人只有名实相符，才符合君子品格的要求。在上海博物馆新发现公布的战国楚竹书《从政》篇中记有孔子的话：“行在己而名在人，名难争也。……是故君子强行，以待名之至也。”《论语·卫灵公》也记孔子的话说：“君子疾没世而名不称焉。”但《礼记·表记》记孔子之言又说：“先王……耻名之浮于行也。”《孝经》中也说：“行成于内，而名立于后世矣。”孔子强调“行”，主张以行得名，反对单纯追逐虚誉。

关于敬谋，《宝典》说了“十散”。散，在这里应理解为“失”。《宝典》所说的“十散”是：

> 一，废□□□，□行乃泄；□□□□，□□□□；三，浅薄间瞒，其谋乃获；四，说咷轻意，乃伤营立；五，行恕而不愿，弗忧其图；六，极言不度，其谋乃费；七，以亲为疏，其谋乃虚；八，心思虑适，百事乃僻；九，愚而自信，不知所守；十，不释太约，见利忘亲。

这里的“十散”是说谋划中的十种缺失，如处事不深，保密不严，轻脱大意，行为疏忽，过度言语，以亲为疏，愚蠢自信，如此等等，都会导致谋划丧失。

在孔子的思想中，对于“阴谋”“攻伐”之类显然是排斥的。孔子不语“怪力乱神”，孔子注重德政，反对刑杀，因此，孔子编订《尚书》

时，今存《逸周书》中灭商之前周人谋划商朝的篇章便不在其选编之列。《宝典》不在《尚书》之内，或许是由于其有谋略、筹划的内容，但是，孔子的言语之中，也能够透露出他曾经研习该篇。例如，“十干”中有“专愚干果”，“专愚”，朱右曾《逸周书集训校释》以为即“愚而自专也”；“十散”中有“愚而自信”。这很自然会令人想到《礼记·中庸》中所记孔子的话：“愚而好自用；贱而好自专；生乎今之世，反古之道：如此者，灾及其身者也。”

四、《宝典》篇的可靠性问题

我们说《逸周书》的《宝典》篇与儒家思想特别是孔子思想有重要的联系，其前提是基于对该篇记载的信赖，我们认为，《宝典》篇应该是可靠的周初文献。然而，在许多学者心目中，《宝典》篇的成篇时间还是存在疑问。

《逸周书》各篇所记载的周朝史事，上自文、武，下到灵、景，其中周初文献占据了很大比重。在这些文献中，有好多属于文王时期，还有一些时间在武王灭商之前。《逸周书》时代不一，各篇的具体成篇时间有较大差异，但不论《逸周书》整部的书籍何时编成，其中有不少应该是早已流传的作品。我们很难想象这些标有具体年代、具体人物和史事的作品竟然会是后人的伪品。

在流传过程中，《逸周书》出现了不同的复杂情况，由于各篇内容差异较大，人们对各篇倾注的注意力不同，因而看起来有明显参差。然而，人们论说时，常常在没有确实根据的情况下，凭自己的感觉而大致确定古籍年代。可以想见，这样的判断往往会出现偏差。

据《汉志》，《逸周书》就是“周史记”，颜师古注引刘向说：“周时诰誓号令也。”今人看《逸周书》，认为关于诰誓号令的文章只占一半。各篇小序虽然明确说其为周史记，但仍然对其心存疑虑。认为各篇文体，有的类似《尚书》，有的则文字平近类似于周、秦诸子。有的学者认为《宝典》篇“略近于《尚书》”，但不认为它与《尚书》的《大诰》篇具有同等价值。[①]

其实人们的判断存在一定的偏差，如《逸周书》的《大武》篇被视作“兵家的话”，被认为“近于诸子”，既然如此，它就应当产生很晚。可

---

①蒋善国：《尚书综述》，第440页。

是，1987年湖南慈利出土的战国时期的楚简中就有《逸周书·大武》的两种写本，比较其间文字的差别，不难看出都是流传过程中造成的，其意思并没有任何差异。竹简《大武》篇出现在战国时期楚地的墓葬中，证明它早已流传于世，这应该可以引起人们对《逸周书》成书与史料价值问题的深刻反思。

《宝典》篇同样绝非后人伪托造作而成。有学者指出该篇为春秋流传改写之作，因为与有的篇章相比，文字浅近。但即使如此，该篇也绝非在春秋时期写成。因为此篇毕竟有一定的来历，[①]不仅《武儆》篇记武王诏周公立后嗣时，曾经“属小子诵文及《宝典》”，而且《国语·晋语》载有这样的话：

> 昔先主文子……有孝德，以出在公族；有恭德，以升在位；有武德，以羞为正卿；有温德，以成其名誉。

其中所言的“孝”“恭”“武”“温”四德，都在《宝典》的“九德”之内。

在对象上，《宝典》中的“九德”讲的都是君德，孔子常常说起的也是要求统治者“为政以德”。“德”的概念，出现很早，不惟《逸周书》，《诗经》《尚书》、金文中亦极其多见。新出土的遂公盨中，在不足百字的铭文中，竟然也有六个“德”字。在西周、春秋时期，“德”是政治历史上极为重要的概念，无论天人之间，还是君臣、君民之间，其间关系的发展与变化，都可以由“德”的不同而引发。到儒家的孔子那里，“德”的观念经过了过滤与拓展，儒家的德政思想由此而生。

孔子以前，不少文献对“德行”体系进行过概括。这些德目有的表述了个人的品质，有的是社会的基本人伦关系，有的则是两者的结合；有的属于政治，有的属于伦理。这些德目分别出现于《尚书》《左传》《礼记》《逸周书》《周礼》等典籍，从中可以看出，我国自古就有重视德行的传统，儒家道德体系正是对这一传统的继承。但是，比较典籍中出现的林林总总的德目，很显然能够看出，孔子的道德伦理思想与《宝典》之间有更为直接的联系。

在研究方法上，常常发生这样的情况，即用静止的观点看待古书成书问题，忽略古籍成书的内在过程，以所谓“文字不古”将文章成篇年代人

---

①黄怀信：《〈逸周书〉源流考辨》，西北大学出版社1992年版，第101—102页。

为后置。而对于先秦典籍年代的考订，人们以前往往采用类似的简单方式进行处理，一些典籍的年代被误判，另一些以此为参照的典籍也跟着被误判，一伪俱伪的现象就这样出现了。

人们感觉《宝典》文字浅近，其实未必。实际上，人们在理解该篇时，有的与文字本意还存在一些偏差。《宝典》中的确有不少西周、春秋时期的习惯用语，如《宝典》与《诗经》一致：

> 伦不腾上，上乃不崩。（《宝典》）
> 不亏不崩，不震不腾。（《诗·鲁颂·閟宫》）
> 百川沸腾，山冢崒崩。（《诗·小雅·十月之交》）

又如《宝典》不仅与《诗经》一致，还与金文相互参照：

> 准德以义，乐获纯嘏。（《宝典》）
> 岂弟君子，俾尔弥尔性，纯嘏尔常矣。（《诗·大雅·卷阿》）
> 锡尔纯嘏子孙其湛。（《诗·小雅·宾之初筵》）
> 绥以多福，俾缉熙于纯嘏。（《诗·周颂·载见》）
> 天赐公纯嘏，眉寿保鲁。（《诗·鲁颂·閟宫》）
> 用匄屯叚（纯嘏）永命。（《克钟》）

关于“纯嘏”一词的用法，徐中舒先生《金文嘏辞释例》[①]已有详说，无须多言。

①见于《徐中舒历史论文选辑》（上），中华书局1998年版。

《周礼》“六诗”与周代的诗乐教化

《周礼》记载周代大师以“六诗”为教，大司乐以“乐语”教国子，古代诗、乐一体由此可见。而“六诗”和“乐语”都是依乐为序的，并以“乐德”为中心，这显示了周代重视乐教的传统。但周代乐教包含诗教，两者合而为一。春秋时期，“礼崩乐坏”，乐人四散，周代的乐教传统面临断裂的危机，“诗”逐渐独立于“乐”而存在。以孔子为代表的儒家整理诗、乐，传承教化，而周代“六诗”的原始功能却逐渐丧失，职能也发生改变。“六诗”名存实亡，诗、乐结合的乐教，发展成诗、乐相对独立的“诗教”和“乐教”。后来，孔子所删订的《诗三百》受到越来越多的重视，“诗教”重于“乐教”已是大势所趋。

关于《诗经》的分类，人人都知《诗序》以“六义”即风、雅、颂、赋、比、兴来论述《诗经》之文本，按照孔颖达的说法，它们有体、用之别，即所谓“用彼三事，成此三事，故同称为义，非别有篇卷也”。可是，周代又有“六诗”之说，《周礼·春官宗伯》说大师“教六诗：曰风、曰赋、曰比、曰兴、曰雅、曰颂”，不难看出，《周礼》“六诗”与《诗序》“六义”不同，前者明显属于六种并举之体。在《诗经》研究中，学者每每以乐言诗，从而以风、雅、颂三分今本《诗经》。古代诗、乐一体，“诗三百”原也是周代的乐章，可以诵、弦、歌、舞，那么，《周礼》“六诗”也应当与乐有关，更何况《周礼·春官宗伯》还有大司乐以乐德、乐语、乐舞“教国子”的记载，周代非常重视乐教。由此，《周礼》“六诗”应当蕴含了许多学术信息，通过探讨，可以了解今本《诗经》成书以前的诗、乐关系，了解周代的乐教传统。

人们注意到《周礼》“六诗”的价值，与对《周礼》的认识有重要关系。众所周知，《周礼》所叙述的官制，其中所言职官体系，以我们今天的眼光看，显得十分整齐，十分细密。人们在想，远在四千年前，周人难道能够有如此系统的政治管理制度？在疑古思潮泛滥时期，人们往往用后世文献与《周礼》比对，显然，《周礼》中的不少概念都可以在后世典籍中找到。另一方面，《周礼》中所述职官又绝不可能都得到“可靠”文献（包括金文材料）的证实。于是，尽管前人对周公作《周礼》（亦称《周官》）言之凿凿，却依然有人怀疑，到了后来，相信者越来越少，《周礼》成书很晚几乎成为学人共识。

所庆幸的是，最近几十年来，越来越多的学者开始关注《周礼》，人们研究该书的成书，研究它的史料价值。大家认识到，《周礼》成书不会像有些学者所认为的那样时间很晚，其中所述制度不会是凭空捏造，一定都有历史依据。我们认为，从学界不少的研究成果尤其是利用金文材料的研究[①]来看，恐怕《周礼》成于周初，乃是“周公致太平之迹”的传统说法更经得起考验。既然《周礼》是研究周代历史的重要津梁，那么，研究周史，如果不能注意到《周礼》，就会失去很多宝贵的材料。

实际上，人们研究西周的历史问题，往往难以脱离《周礼》。在诸子百家中，儒家最重视社会教化，探讨儒学问题，就离不开对周代教化传统的研究，离不开对西周时期官学教育的了解，否则，就难以说明为何以孔子为代表的儒家有那样的学术思想特征。我们不断看到有学者从文字训释的角度，从字源学的角度说“儒”解“儒”[②]，这当然可以作为一种探索途径，但正如有学者所说，“语学的”“史学的”研究方法，还不足以说明“儒家”作为一种思想的来源。[③]要准确而全面地把握儒学，还应当从思想史的角度来看孔子、儒家思想的起源，而这样的研究往往必须追溯到《周礼》的相关记载。[④]

儒家重视乐教，自然也必须从《周礼》的记载中寻找渊源。《周礼·春官宗伯·大司乐》：“大司乐掌成均之法，以治建国之学政，而合国之子弟焉。凡有道者、有德者，使教焉。死则以为乐祖，祭于瞽宗。以乐德教国子：中、和、祇、庸、孝、友。以乐语教国子：兴、道、讽、诵、言、语。以乐舞教国子：舞《云门》《大卷》《大咸》《大磬》《大夏》《大濩》《大武》。以六律、六同、五声、八音、六舞，大合乐以致鬼神祇，以和邦国，以谐万民，以安宾客，以说远人，以作动物。”大司乐掌管学政，以有道、有德者教导国子，从而祭祀天地鬼神，和谐邦国万民，整合社会人心。

颇值得注意的是，《周礼》称“以乐语教国子：兴、道、讽、诵、

①李学勤：《从金文看〈周礼〉》，《寻根》1996年第2期。

②如徐中舒先生认为“儒”的本义“像以水冲洗沐浴濡身之形”。见《甲骨文中所见的儒》，《四川大学学报》1975年第4期。今有学者认为“需（儒）”的产生源于原始的雷神崇拜。“需（儒）”字的原型上为雨，下为人形，其形义反映的是祭祀雷神的求雨仪式。“需（儒）”的本义为雷神燎祭集团中的女性祭祀者。见徐山：《儒的起源》，《江海学刊》1998年第4期。

③陈来：《古代宗教与伦理——儒家思想的根源》，生活·读书·新知三联书店1996年版，第340—341页。

④杨朝明：《鲁文化史》，齐鲁书社2001年版，第332—336页。前揭陈来先生所著《古代宗教与伦理——儒家思想的根源》就充分利用了《周礼》的材料。

言、语”，它正是理解《周礼》“六诗”的关键。《周礼·春官宗伯·大师》：“大师掌六律六同，以合阴阳之声。……教六诗：曰风、曰赋、曰比、曰兴、曰雅、曰颂。以六德为之本，以六律为之音。”在“乐语”与“六诗”之间，存在着一种联系。对此，今之学者朱渊清先生已经指出有共同之处，也有差异。他说：“差别在于大师掌管的是‘六律六同’，以乐工为教；大司乐掌管的是‘成均之法’，以‘合国之子弟’为教。故‘六诗’偏重于‘乐’，基本按风（徒歌）、赋（吟诵）、比（和唱）、兴（合唱）、雅（配器乐）、颂（配打击乐和舞蹈）这种音乐性递增的次序排列；‘乐语’六类则偏重于‘语’，于是按兴（合唱）、道（和唱）、讽（徒歌）、诵（朗诵）、言（韵语，‘歌永言’之‘言’）、语（白语）这种音乐性递减的次序排列。”朱先生还引《贾子新书·传职》之言：“号呼歌谣声音不中律，燕乐雅颂逆乐序，凡此，其属诏工之任也。”认为这说明古乐语、六诗是依乐序设教的。①

对于《周礼》“六诗”，学者们已经有所留意，并认识到它与周代乐教传统的密切关系。②《周礼》明言“大司乐”的职责是“建国之学政”，其“教国子”，除了“乐语”，还有“乐德”“乐舞”。需要留意的是，三者之中，《周礼·春官宗伯·大司乐》首言“乐德”，这应该是周代乐教最为重要的东西，“乐语”“乐舞”则是“乐德”教育的辅助。“乐语”“乐舞”与“乐德”的关系，应该是一种形式与内容之间的关系。

按照《周礼》的说法，所谓“乐德”，即指中、和、祗、庸、孝、友，这些“德行”，为后世儒家所大力倡导，这些概念，常常出现在儒家典籍之中，可见，它们在儒家学说中占有重要地位。从这些概念中，也能够察见其与后世儒家之间的密切关联。例如，孔子曾说：“广博易良，乐教也。”（《孔子家语·问玉》，又见于《礼记·经解》。）乐教可以使人广博易良，也就是使人变得豁达、平易而又善良，这甚至可以作为《周礼》所言“乐德”的注脚。《周礼》又明确地说，“大师”教六诗，乃“以六德为之本”；《周礼》又说瞽蒙“掌《九德》《六诗》之歌”，同

①朱渊清：《六诗考》，载中国诗经学会编：《第三届诗经国际学术研讨会论文集》，香港·天马图书有限公司1998年版。

②如朱渊清：《六诗考》；胡咏超：《〈周礼〉六诗——风赋比兴与雅颂解故》。俱载于中国诗经学会编：《第三届诗经国际学术研讨会论文集》，香港·天马图书有限公司1998年版。

样将“诗”与“德”并言。周代乐教，恐怕最根本的目的即在于此。

我们还可以进一步思索，周代的乐教传统是否也渊源有自呢？很显然，就像周礼乃是从前代之礼中“损益”而来那样，《周礼》记载的主要内容也都会有历史的源头，特别是有关“乐教”的思想。

从礼乐歌舞的特征看，礼乐歌舞的起源、发展应当与人类文明的演进同步，因此，人们认识音乐的教化功能也会很早。据记载，夏朝以前，已经出现了典乐之官，而且那时的人们对诗歌声律的社会教化功能也有了深刻的认识。《尚书·舜典》载帝舜命夔典乐教胄子：“帝曰：‘夔！命汝典乐，教胄子：直而温，宽而栗，刚而无虐，简而无傲。诗言志，歌永言，声依永，律和声。八音克谐，无相夺伦，神人以和。’夔曰：‘於！予击石拊石，百兽率舞。’”

《礼记·乐记》说：“王者功成作乐，治定制礼。其功大者其乐备，其治辩者其礼具。”古代圣王得天下，往往制礼作乐，所以，在周代，掌乐之官能够掌握和演奏历代之乐，《周礼·春官宗伯·大司乐》所说到的《云门》《大卷》《大咸》《大磬》《大夏》《大濩》《大武》都是如此。古代圣王功成作乐，当然也基于他们对乐舞的理解与认识。这可以从后人有关的论说中得到印证。如《国语·周语下》记伶州鸠论钟律曰：“夫政象乐，乐从和，和从平。声以和乐，律以平声。金石以动之，丝竹以行之，诗以道之，歌以咏之，匏以宣之，瓦以赞之，革木以节之，物得其常曰乐极，极之所集曰声，声应相保曰和，细大不逾曰平。……夫有和平之声，则有蕃殖之财。于是乎道之以中德，咏之以中音，德音不愆，以合神人，神是以宁，民是以听。若夫匮财用，罢民力，以逞淫心，听之不和，比之不度，无益于教，而离民怒神，非臣之所闻也。”

诗言志，歌咏言，诗乐声律有益于教，基于此，周人才十分重视乐教；又因为诗、乐相连，周代“大师”才以“六诗”为教。《周礼》“六诗”启发我们的思索很有价值，有学者认为：“《周礼》‘六诗’乃周代‘乐教’之纲领，习乐之教程。”[①]周代的乐教原来如此，难怪后人那样看重乐教，难怪《礼记·乐记》说“乐者，通伦理者也”，又说“审乐以知政”。

周代的贵族教育有诗有乐，周代的社会教化也同样重视诗教与乐教。

①胡咏超：《〈周礼〉六诗——风赋比兴与雅颂解故》，载于中国诗经学会编：《第三届诗经国际学术研讨会论文集》，香港·天马图书有限公司1998年版。

但是，在周代，由于诗、乐不分，还看不出“诗教”与“乐教”的分离，文献中也没有这样明确的概念出现，二者仿佛是一体的。然而，孔子之时，二者已经有所区别，如孔子说：“入其国，其教可知也：其为人也，温柔敦厚，诗教也……广博易良，乐教也。……故诗之失，愚……乐之失，奢……温柔敦厚而不愚，则深于诗者矣……广博易良而不奢，则深于乐者矣。”（《孔子家语·问玉》，又见于《礼记·经解》。）

“诗教”与“乐教”的分离与春秋社会的变动有关。相比于春秋时期，西周时期乐教可能更为重要。随着周王室的衰微，社会上“礼崩乐坏”，乐人四散，如《论语·微子》说：“大师挚适齐，亚饭干适楚，三饭缭适蔡，四饭缺适秦，鼓方叔入于河，播鼗武入于汉，少师阳、击磬襄入于海。”这样，周代的乐教传统也面临断裂的危机。在社会教化方面，虽然诗乐仍然难以完全区分，但有时候，“诗”已经可以独立于“乐”而被应用。

在“礼崩乐坏”的背景下，以孔子为代表的儒家开始收拾遗缺，整理诗、乐，宣传乐教。在古乐衰亡的同时，儒家的诗教主张开始受到越来越多的重视，尤其是孔子删诗，整理成为《诗三百》；又正乐，使“雅、颂各得其所”，以后，在儒家的倡导下，“诗教”与“乐教”都得到重视。后来虽然也有人出来“非乐”，但更有人重视音乐，重视乐教。因为声乐毕竟有自身的特点，正如《荀子·乐论》所说：“夫声乐之入人也深，其化人也速，故先王谨为之文。乐中平则民和而不流，乐肃庄则民齐而不乱。民和齐则兵劲城固，敌国不敢婴也。如是，则百姓莫不安其处，乐其乡，以至足其上矣。然后名声于是白，光辉于是大，四海之民莫不愿得以为师，是王者之始也。”儒家提倡“王道”，自然重视先王所制定的礼乐。

不难理解，儒家所重，自然是周代乐教的德化功能。周代的诗乐教化，可以使人在音乐的教习中启发心智，在演习中于心理的层面得到感化，发生变化。这便是《乐记》中所说的：“乐也者，圣人之所乐也，而可以善民心；其感人深，其移风易俗，故先王善其教焉。”先王重乐，正是看到了音乐教化人心、催人向善的功能，所以《乐记》又说：“先王之制礼乐也，非以极口腹耳目之欲也，将以教民平好恶，而反人道之正也。”儒家认为，“先王”重视乐教即所谓“善其教”，乃是为了以音乐教导人心，去恶从善。乐的功能与礼不同，如果说礼主要强调秩序，强调“分”或者“别”，那么乐则主要在于“和”，礼乐配合，各自发挥功能，使社会政治达到更好的境地。正如《乐记》所说：“乐由中出，礼自外作。乐由中出故静，礼自外作故文。”“乐者，天地之和也；礼者，天地之序也。和，故百物皆化；序，故群物皆别。”又说：“乐者为同，礼者为异。同则相亲，异则相敬。乐胜则流，礼胜则离。合情饰貌者，礼乐之事也。礼义立则贵贱等矣，乐文同则上下和矣。”

尽管“德”的内涵有一定变化，但重“德”却是三代相沿已久的传统。儒家乐教也以“德”为先。人们认为，先王重视音乐，不是为了满足“口腹耳目之欲”，而是为了现世的政治。据《礼记·乐记》，孔子弟子子夏就说到“德音”“溺音”等概念。所谓“德音”，即贯穿着“德”的声音，《乐记》说：“礼乐皆得，谓之有德。德者，得也。”对于礼乐都深有所得，称为有德。德就是在精神上与理智上的完美获得。而那些“好滥淫志”“燕女溺志”“趋数烦志”以及“敖辟乔志”的声音正好相反，它们不仅无助于德，而且“淫于色而害于德”，这些音乐乃是“溺音”。子夏说：“天下大定，然后正六律，和五声，弦歌诗颂，此之谓德音。德音之谓乐。诗云：‘莫其德音，其德克明。克明克类，克长克君。王此大邦，克顺克俾。俾于文王，其德靡悔。既受帝祉，施于孙子。’此之谓也。”在他看来，古代“天地顺而四时当”时圣人出现，圣人制乐，正律和声，以“德音”教化百姓，从民众到万物，都在这种“德音”的感召下得到凝聚，从而达到至高境界。所以《乐记》说“声音之道，与政通矣”，又说：“礼乐刑政，四达而不悖，则王道备矣。”既然如此，就应该发扬“德音”，摒弃“溺音”，对于声音有所别择，以音乐为教，努力达致“政和”。

孔子以前，《诗》《乐》的教育一直受到重视。春秋时期，《诗》《书》《礼》《乐》是人们共同学习的科目，《左传·僖公二十七年》有“说《诗》《书》而敦《礼》《乐》”就证明了这一点。《礼记·王制》云：“乐正崇四术，立四教，顺先王《诗》《书》《礼》《乐》以造士，春秋教以《礼》《乐》，冬夏教以《诗》《书》。”说的也是春秋时期的普遍情形。《诗》《书》《礼》《乐》为“先王”之书，为士人所必须修习，因而受到孔子的重视。

孔子曾经整理“六经”。所谓“整理”，当然不是凭空制作，而是有现成的材料或者底本。例如《诗经》，现在我们看到的乃是孔子删订后的本子，即《论语》等书中所说的《诗三百》。孔子以前，“诗”当然存在，而且也不会与孔子整理后的本子差别很大，孔子删订的目的乃求其用，非求其异。也就是说，孔子希望作为读本的《诗》应当更加实用，更加有益于教化，他不会去专门用心追求与已有《诗》之教本的差异。

《左传·襄公二十九年》所记“季札观乐”有曰：“吴公子札来

聘……请观于周乐。使工为之歌《周南》《召南》……为之歌《邶》《鄘》《卫》……为之歌《王》……为之歌《郑》……为之歌《齐》……为之歌《豳》……为之歌《秦》……为之歌《魏》……为之歌《唐》……为之歌《陈》……为之歌《小雅》……为之歌《大雅》……为之歌《颂》……曰：'……观止矣！若有他乐，吾不敢请已！'"吴公子季札至鲁观乐时，孔子年仅8岁。从这段记载可以看出，孔子以前的《诗》与孔子删订后的《诗》，在基本面貌上并没有极大差异。

诗、乐的渊源是悠久的，诗、乐的历史是漫长的。到春秋时期，它至少已经有数千年的发展历程。仅仅到西周、春秋时期，也有几百年的演变过程，在这样的过程中，诗、乐的应用与分工不断地进行着。"六诗"本来是作为歌乐的不同表述方式，后来，口头传唱的歌乐被著为文本的《诗》。在此之后，"六诗"的原始功能逐渐丧失，其职能发生了改变。这样，"六诗"之名也名存实亡，诗、乐结合的乐教，发展成诗、乐相对独立的"诗教"和"乐教"。

综括全文，不难看出，周代的诗、乐教化都有历史的渊源，也有一个历史的演变过程。它们本身所具有的特征，使得诗与乐相连，古代诗教、乐教也关系密切。在继承前代的基础上，周代应当诗教、乐教并重。只是春秋以降礼乐崩坏，周代的传统乐教面临空前危机，随着周王室的衰微，古乐的消亡，出现了诗、乐相分的趋势。逐渐地，诗教功能突显，而相比之下，周代的传统乐教却愈加逊色。在"礼崩乐坏"的背景下，孔子开始重视传统的诗教、乐教。不过，在孔子删诗、正乐之后，虽然儒家仍然重视乐教，但毕竟时代变化，乐人流失，而与之同时，诸子著作引诗，多出自《诗三百》，孔子所删订的《诗》受到越来越多的重视，于是，诗教重于乐教的演进趋势并不能得到改变。

周公的历史地位及其重要影响

20世纪30年代，史学家夏曾佑先生曾说：“孔子之前，黄帝之后，于中国有大关系者，周公一人而已。”[①]作为周初杰出的政治家、思想家，周公凭自己一生辅国安邦的实践活动，对周王朝的稳定和巩固起了极为重要的作用。他首先辅佐武王灭商，又在武王去世、成王年幼的情况下摄行天子之政。他高瞻远瞩，勤苦努力，终于使风雨飘摇的周王朝稳定下来。如果没有周公，就没有周朝的稳固江山，就没有赫赫煌煌的宗周文明。周公的卓著功绩，周公的政治品格，对中国文化发展的影响可谓至深至巨。可是，长期以来，由于疑古思潮的影响，人们对不少历史记载产生了怀疑，周公在中国文化史上的重要地位也受到了挑战。随着学术的进步，一些典籍的价值逐渐得到了正确认识，也为我们公正评价周公的历史地位及其重要影响提供了条件。

第一，周公辅佐武王，在翦灭商朝的过程中是武王的得力助手。

周公名姬旦，因为他先以太王所居地为采邑，故被称为周公。文王元妃太姒之子十人中，周公仅次于武王姬发而排行第三[②]，兄弟二人的年龄比较接近。武王去世时年仅54岁[③]，因而克商前后的周公正值年富力强。商朝末年，周公的长兄伯邑考曾经在殷纣王那里做人质，后被纣王烹死，姬发遂以次子身份取得了嫡长的地位。周公聪慧足智，他自称“多材多艺”（《尚书·金縢》），武王也说他“大有知”（《逸周书·度邑》），武王姬发和周公都深得文王的喜爱。文王时，周族在西方已经获得了很大的发展，周人几乎拥有了商朝天下的三分之二。文王去世后，武王继承父位，继续进行灭商的事业。在武王灭商的过程中，周公一直是武王的得力助手。这诚如《史记·鲁周公世家》所说：“及武王即位，旦常辅翼武王，用事居多。”

武王即位的第二年，周人在孟津（今河南孟津）大会诸侯。据说，这次盟会的目的在于试探商朝的虚实和诸侯的反应，结果有八百诸侯参加，背叛了商朝。这是武王即位后第一次大规模出师，此次则“周公辅行”（《史记·鲁周公世家》）；又过了两年，周人做好了灭商的准备，而且灭商的时机也已经成熟，于是，武王由周公以及姜太公、召公等人辅佐，

---

①夏曾佑：《中国古代史》，上海商务印书馆1935年版，第31页。
②杨朝明：《周公长于管叔考》，《中国史研究》1998年第3期。
③杨朝明：《文王、武王享年考》，《求是学刊》1996年第5期。

载着文王的牌位，浩浩荡荡，兴师灭商。武王即位第五年的二月甲子日天将亮的时候，大军来到商都郊外的牧野，他们在这里举行了伐纣的誓师大会，而后，与商朝的军队展开战斗。由于商朝各种矛盾的激化，商纣王的军队居然掉转矛头，“前徒倒戈”。这样，周人的军队如摧枯拉朽一般，这场王朝鼎革的战争只用了一天便胜利结束。次日，周人举行了隆重的祭社典礼，以宣告周人正式继承了殷商的天命。据《逸周书·克殷》，这次典礼上，“周公把大钺，召公把小钺，以夹王”。就是说，周公、召公手持象征军事权力的斧钺，分站在武王的两边，由此可见周公在武王灭商中的重要地位和作用。

其实，灭商以前，武王就常常与周公一起讨论军国大事。武王主动向周公征求意见，询问计策，他们共同谋划灭商大计，可以推断，那时的重要决策很有可能都是武王和周公二人讨论的结果。对此，《逸周书》的不少篇都有明确记载[①]，如《柔武》记武王召见周公，谈论治国免戎以胜敌的方法；《大开武》记武王日夜思虑灭商之事，于是访问周公，征询怎样得到诸侯响应；《小开武》记武王日夜戒备殷人，因此访求周公，希望他能提出一个最好的办法；《宝典》记武王与周公谈论修身、择人、敬谋、慎言的原则；《酆谋》记谋商之言告知武王后，武王诏告周公，称商纣已成罪孽，希望周公具体谋划，实施灭商行动；《武儆》记武王恐怕伐商不能成功而求诫于周公。从上述各篇的记述中，可知武王诸事皆谋于周公，对武王来说，周公既是亲密无间的弟弟，更是最可信赖的辅相。

由于过度的操劳，武王的身体受到了严重的影响。据《逸周书·度邑》，灭商以后，武王忧虑天下，结果彻夜未眠。周公得知此事，急忙赶到武王那里。武王觉得自己将不久于人世，便殷殷相嘱，将个人的一些想法告诉周公。二人交谈时，武王还希望与周公“兄弟相后”，武王出于当时特殊时代环境的需要，打算让周公在自己去世后继承王位。但按照传统的嫡长子继承制度[②]，王位不应传给周公。所以周公听后非常惊恐，“涕泣拱手”，没有答应。于是，在周公的主持下，他们立了武王的儿子诵为太子，由周公负责培养和教育。

据《尚书·金縢》，武王病重时，群臣忧惧，太公和召公打算到文王

①关于《逸周书》这些篇的时代，学术界认识有所不同，实际上，各篇的记载都应当是可信的。笔者撰有《〈逸周书〉有关周公诸篇刍议》一文，待刊。

②关于当时的继承制度，参见杨朝明：《周先王继承制度研究》，《文史哲》1999年第5期；又《近人商周继承制度研究之检讨》，《管子学刊》1996年第2期。

庙去敬求卜问。周公认为仅用卜问未必可以感动先王。于是，周公乃以身为质，设筑三坛，周公面北而立，持璧秉圭，祝告于太王、王季、文王，甘愿以自身代替武王，从而侍奉先王。祷告之后，周公占卜，得了吉卦。周公把祷告的祝册收藏在用金縢封缄起来的柜中。据说，武王的病情次日便有了好转。周公举足轻重的地位在这件事情中得到充分体现。①

第二，武王去世后，周公摄理国政，对稳固周邦起了至关重要的作用。

牧野之战虽然推翻了商朝的统治，但殷周王的后代以及殷人的残余势力还远没有被彻底消灭，稳固已夺得的天下成为亟待解决的问题。武王去世后，年仅13岁的成王即位②，由周公以冢宰的身份总理百官③，于是，周公担负起了安定天下、巩固周朝统治的重任。立成王之后，周公又告诸侯，会群臣，葬武王，做了一系列工作，使周王朝的国家机器运转起来。周公还教导成王，“大开告成王以所当用”④，使成王尽快成熟起来。到秋天，周公便为成王举行了冠礼，以示成王已经长大成人。可以想见，周公所做的这些工作，在当时纷乱的局势下，对于稳定人心会有多么重要的意义。

一般载籍认为，武王崩，成王幼，周公便毅然代行天子之政，为稳固周王朝的统治做了大量工作。如《尚书大传》铺陈周公的德业说：“周公摄政，一年救乱，二年克殷，三年践奄，四年建侯卫，五年营成周，六年制礼乐，七年致政成王。”这个说法基本概括了周公在成王时的主要历史功绩。为了周王朝，他勤于政务，“不遑暇食”（《逸周书·度邑》）；为得天下之贤人，周公曾“一沐三捉发，一饭三吐哺，起以待士”（《史记·鲁周公世家》）。在建立周朝统治秩序的过程中，周公的确是呕心沥血的。

---

①不少学者怀疑《金縢》篇的完整性和可靠性，其实不然。参见杨朝明：《也说〈金縢〉》，《庆祝杨向奎先生教研六十年论文集》，河北教育出版社1998年版。

②《古尚书说》称武王崩时成王年十三，后世引此说者屡见，如《公羊传》隐公元年疏引许慎《五经异义》、谯周《五经然否论》、《宋书·礼志一》等。笔者认为《古尚书说》的说法是可信的。

③《今本竹书纪年》成王元年纪谱称“命冢宰周文公总百官”。《今本竹书纪年》有所谓真伪问题的争论，其实，该书有极其重要的史料价值。参见杨朝明：《〈今本竹书纪年〉并非伪书说》，《齐鲁学刊》1997年第6期；又《沈约与〈今本竹书纪年〉》，《史学史研究》1999年第4期。

④《逸周书·成开》朱右曾训释语。

可是，周公的行为却引起了他人的怀疑，也给一些不甘心失败的殷遗势力造成了可乘之机。这时，管叔、蔡叔等人不满周公执掌政权，遂制造谣言，说周公将对成王不利。一时间，人们大都误解了周公，连成王、召公也都不明白周公的心志。为此，周公不得不“内弭父兄，外抚诸侯”（《逸周书·作雒》），耐心细致地去做各方面的工作，解除人们的疑虑，取得他们的信任与支持。

在周公看来，如果不消除动荡之源，局势就会越来越严重，这对新建的周政权是极大的威胁。周公是幼主成王的主要辅佐者，他觉得那样会愧对先王。因此，周公开始居于东方（“居东”），以防查致乱之源，等待时机到来。后来，成王看到了当年周公为了周王朝的大业，甚至欲代武王而死的祷告，才明白了周公的心志，彻底打消了对周公的怀疑。

周公得到了成王和群臣的信任，便开始大举兴师“克殷”，这次克殷的结果，武庚北窜，管叔自缢，蔡叔被流放。据《今本竹书纪年》记载，从成王元年“武庚以殷叛”到成王三年“王师灭殷”，前后已有三个年头。所以《史记·周本纪》曰：“管、蔡叛周，周公讨之，三年而毕定。”之后，周公在殷商王畿之地建立宋、卫等国，使殷旧地彻底安定下来。

武庚的此次叛乱，参加者除了管、蔡等势力以外，其余基本都是东方殷人的残余势力。东方是殷遗势力集中的地区，平定殷旧地以后，周公便继续向“大东”进攻，征伐奄国。奄国曾是殷商旧都，可以说此时的奄国是殷商势力的大后方，是周初社会动荡的根源，据《尚书大传》记载，奄国可能正是武庚之叛的鼓动者，这些势力不清除，周的统治就不能彻底稳固。于是，周公先消灭附奄的东方异族，其中包括徐戎、淮夷、薄姑等，这也是周公东征的重要内容。这次平定东方叛乱，从克殷之后到成王四年“王师伐淮夷，遂入奄”，共历二年，故《史记·鲁周公世家》在叙述平定管、蔡、武庚之叛后说：“宁淮夷东土，二年而毕定，诸侯咸服宗周。”

政治局势稳定后，周初的统治者自然要考虑如何巩固这来之不易的成果。如何控制广大的东方地区，怎样有效地维持统治秩序，乃是周公等人必须认真思考的问题。实际上，在稳定局势的过程中，他们已经着手这方面的工作，而在真正控制了东方地区后，他们又更加积极地推行稳定政治的措施。

首先是建侯卫，即分封诸侯。分封制是周代统治的重要特征，也是适应周初政治局势的客观需要，而周公则是分封制度的创立者。武王时期封神农、黄帝、尧、舜、禹的后裔，又封武庚“以续殷祀”，这类“褒封”的着眼点在于收取人心，树立自己在众多方国中的领袖形象，或者说，这不过是招徕天下诸侯的姿态而已。而周代的分封则首先将自己可靠的力量分封到各个战略位置比较重要的地区，以藩屏周室，镇抚殷遗势力，对抗外部侵扰，从而达到控制全国的目的。

周公主持的分封以及与周公有直接关系的分封，主要有宋、卫、鲁、齐、燕、晋诸国。宋、卫两国在殷商王畿之内，鲁、齐分别位于泰山南、北，负责镇抚东方。鲁国也像宋、卫那样担负着管理殷遗民的任务。燕、晋两国则分别“北迫蛮貉”“匡有戎狄”。可见，在分封这些主要的诸侯国家时都有战略上的考虑。这些大国附近原有一些小的侯国，而后其周围又随而建立起一些国家，其中有不少就成为大国的附庸，于是，周室对于地方的统治秩序逐渐确立起来。周公创立的分封制度，基本上解决了周室对原来殷商统治的广大地区的控制问题，在当时的历史状况下，这是一个非常成功的举措，它对于周代政治体制的建立具有重大的意义。

周人兴起于西方，在控制了全国之后，为便于统治广大的东方地区，客观上需要将政治中心东移。对此，周初的政治家是很清楚的，还在周武王时，他们对于在洛邑兴建新都就已有考虑。武王反复思考营成周等巩固周政权的各项事宜，只是周室新建，当时还来不及付诸实施。

武王的愿望是在周公时才变为现实的，成王五年五月，伐奄结束，东土安定下来。周公、成王从东方返回后，开始“迁殷民于洛邑，遂营成周”（《今本竹书纪年》）。成周洛邑的兴建自成王五年开始，至七年周公又“复卜申视”（《史记·周本纪》）。据《今本竹书纪年》记载，到成王十七年洛邑始成，成王十八年正式定鼎洛邑。这应该是对的，洛邑的兴建肯定不会短期内就能完成。周初统治者之所以选中洛邑作为“新邑”，正如《史记·周本纪》中所说，“此天下之中也，四方入贡道里均”。

第三，颁行政令，制礼作乐，奠定了周代礼乐文明的基础。

周朝统治稳定后，周公还在总结前代的基础上承袭损益，从而颁行了不少相关政策、制度和法令，以使国家迅速走向发展的轨道。据研究，《逸周书》中的一些篇便是当时的遗留，如《周书序》曰：“周公正三统之义，作《周月》；辩二十四节气之应以明天时，作《时训》。周公制十二月赋政之法，作《月令》。周公肇制文王之谥，义以垂于后，作《谥法》。周公将致政成王，朝诸侯于明堂，作《明堂》。”《礼记·明堂位》还说：“武王崩，成王幼，周公践天子之位以治天下，六年朝诸侯于明堂，制礼作乐，颁度量而天下大服。”这些说法基本都是可靠的。[①]

除了颁行政令，在合诸侯、迁殷民以营成周之后，周公又进行了制礼作乐的工作。《尚书大传》记曰：“周公……营洛以观天下之心，于是四方诸侯率其群党，各攻位于其庭。周公曰：‘示之以力役且犹至，况导之以礼乐乎！’然后敢作礼乐。”《尚书大传》的记载虽然未尽可信，但营成周后制礼作乐却是合乎逻辑的。诸侯既建，王都已定，用一定的制度规范肯定和完善已经建立起来的统治秩序，便是很有必要了。

从内容方面讲，周公制定的礼乐应有礼义、礼仪（或礼节）、礼俗等不同层面。就礼乐制度的内涵而言，可有广义和狭义之分。广义地说，凡政教刑法，朝章国典，一概称之为礼；而狭义的礼则专指当时各级贵族经常举行的祀享、丧葬、朝觐、军旅、冠婚诸方面的典礼。周代的礼乐制度内容十分广泛，据说大体可分为吉、凶、军、宾、嘉五大方面，细分之有所谓“经礼三百，曲礼三千”之说。大而至于政治、军事，小而至于衣冠、陈设，无不有义。这些礼仪都是本着忠、孝、信、义等准则推衍而来，目的是“明贵贱，辨等列，顺少长”。礼仪制度不仅仪节烦琐，而且还有与之相配合的音乐，使得不同场合、不同身份的人不但礼仪有别，所用的音乐也不一样。一般认为，《仪礼》一书相传出自周公，实际上，不少其它的材料可以证明，《仪礼》中的确有很多宗周之礼制条文，绝不是出于后人的想象。或许它与周公的确存在密切的关系。

如果广义地理解，周公制礼还应包括制定刑法等方面。《左传·文公十八年》记鲁人云：“先君周公制《周礼》曰：‘则以观德，德以处事，事以度功，功以食民。’作《誓命》曰：‘毁则为贼，掩贼为藏，窃贿为盗，盗器为奸。主藏之名，赖奸之用，为大凶德，有常无赦。在《九刑》不忘。’”以上之言乃是季文子使太史克对鲁宣公的话，季文子为鲁之世家子，鲁国又是周公之子伯禽的封国，这个记载当是可信的。从这里看，《九刑》当是出于周公。然而，《九刑》是否周初所作，甚至周代有无律令之书，人们的看法并不一致。其实，《逸周书》的《尝麦》篇已经明言“正刑书”，李学勤研究后认为这很可能就是作《九刑》[②]，这应该没有问题。《九刑》何时而作，《左传·昭公六年》记晋人叔向曰：“夏有乱

①《逸周书》的这些篇后人怀疑尤甚。本人专有《〈逸周书〉有关周公诸篇刍议》一文，具体进行了研究。

②参见李学勤：《〈尝麦〉篇研究》，陕西历史博物馆编：《西周史论文集》上册，陕西人民教育出版社1993年版。

政而作《禹刑》，商有乱政而作《汤刑》，周有乱政而作《九刑》，三辟之兴，皆叔世也。”这里的“叔世”一般认为是指末世、季世，其实，它是相对于上世而言[①]，与《禹刑》《汤刑》分别作于夏初、商初一样，《九刑》亦作于周初。依《尝麦》，周初“正刑书”在成王四年，当时，周公摄政，此为国家大事，定由周公主持，故《九刑》之中还记有周公制礼时的誓命之语。

《周礼》据说也出于周公。《周礼》原称《周官》或《周官经》，该书全面系统论述了周朝的国家体制和官吏职掌。关于《周礼》的成书，《汉书·景十三王传》称其为“古文先秦旧书”；最早奏请列《周官》于经而称为《周礼》的是刘歆；贾公彦认为其为“周公致太平之迹”（贾公彦《序周礼废兴》）；东汉的著名经学大师郑玄则以其为周公为成王所制官政之法（《周礼·天官冢宰》注）。以后，历代大儒多宗此说，如朱熹就说“《周礼》是周公遗典也”，并说“《周礼》一书好看，广大精密，周家法度在里”（《朱子语类》卷八六）。

尽管前儒近乎众口一词，但今人相信《周礼》出于周公者却很少。研究者不论从制度方面还是从思想角度，多将《周礼》所记与春秋战国之时相比，从而推定其为当时甚至后来所作。而实际上，春秋战国时的这些内容恰恰源自《周礼》，《周礼》是周公吸收前代成果而作。清代学者孙诒让是《周礼》研究的集大成者，他也认为《周礼》一书出于周公，他说：“粤昔周公，缵文武之志，光辅成王，宅中作洛，爰述官政，以垂成宪，有周一代之典，炳然大备。然非徒周一代之典也，盖自黄帝、颛顼以来，纪于民事以命官，更历八代，斟酌损益，因袭积累，以集于文武。其经世大法，咸萃于是。”（《周礼正义序》）还说：“此经建立六典，洪纤毕贯，精意眇旨，弥纶天地，其为西周政典，焯然无疑。”（《周礼正义》卷一）我们认为孙诒让所言甚是！周朝以前，历史记载早已开始，《尚书·多士》就说“惟殷先人有册有典”。周公了解前代政令，熟悉典册，为了建立周朝的统治秩序，他综合会通前世各代，除制订周朝政令外，不仅告成王官人之法，而且细致叙述官制结构。也就是说，《周礼》所述制度绝非周公一人向壁虚构，而是充分借鉴和总结了当时已有的历史材料。如果能够正确认识《逸周书》相关各篇，这些情况可能更加容易理解。

礼乐传统在我国古老文化传统中占有重要地位，一般地说，中国在跨

①参见杨伯峻：《春秋左传注》，第1275—1276页。

进文明门槛的时候，礼乐文化已趋发轫和形成，但从人文理念的角度来考察，礼乐具有规范人的行为和调整人际关系的功能应始于周初，或者说，礼乐成为人们在社会生活中的行为规章，是自周公“制礼作乐”开始的。《礼记·表记》称“夏道尊命，事鬼敬神”“殷人尊神，率民以事神”，礼乐当具有明显的巫术性质；而周代则有所不同，《表记》说“周人尊礼尚施，事鬼敬神而远之”。于是有学者称夏、商的文化分别是“尊命文化”“尊神文化”，而称周代的文化为“尊礼文化”。夏、商时期“尊命”“尊神”的礼被以礼制和宗法相结合的周礼所取代，礼乐的巫术性质发生了重要的改变，礼乐文化也从而演进为一种人文文化。

第四，周公被后世儒家尊为“元圣”，周公思想是孔子儒学的重要思想来源。

周公先后辅佐武王、成王，安邦定国、制礼作乐，使得周的统治走上正轨之后又归政成王，并留下了丰厚的文化遗产，他的形象非常符合儒家道德的理想人格，因而他本人便成了中国儒学的先驱者。周公的实践活动是儒家的典范，周公的“敬天保民”“明德慎罚”“勤政尚贤”等政治思想，则是儒家政治思想的直接来源。

春秋时代礼坏乐崩，王室衰微，社会关系发生了激烈的变动，这对孔子思想产生了巨大影响。因而，孔子向往“郁郁乎文哉”的“周公之治”，他一生孜孜以求的便是周公的事业。在他的心目中，周公是最为令人敬服的古代圣人之一，所以他甚至常常“梦见周公”（《论语·述而》）；孟子也常提到周公，曾把他与大禹、孔子相提并论①；而在荀子看来，周公的所作所为更是“非圣人莫之能为”，周公的行为乃是“大儒之效”（《荀子·儒效》）。

先秦时期孔、孟、荀等儒学大师对周公的推尊，已清楚表明了周公对于儒学及孔子思想体系的影响，他们对以周公为代表的古代圣人存留下来的思想材料进行的思考和继承自不待言。汉人称儒家“祖述尧舜，宪章文武，宗师仲尼”（《汉书·艺文志》），显然是看到了尧、舜、禹、汤以及文、武、周公乃是儒学思想体系的主要渊源。正是因为如此，唐朝韩愈以后的历代儒者在排列儒家道统时，总是自尧、舜到周、孔相续相连。然而，尧、舜、禹、汤时代久远，文王、武王集成于周公，对孔子和早期

---

①《孟子·滕文公下》曰：“昔者禹抑洪水而天下平；周公兼夷狄、驱猛兽而百姓宁；孔子成《春秋》而乱臣贼子惧。……我亦欲正人心，息邪说，距诐行，放淫辞，承三圣者，岂好辩哉？予不得已也。”

儒学影响较大亦较直接者还是周公，所以荀子称“儒者法先王”（《荀子·儒效》），同时又以周公为“大儒之效”。

周公之德业是孔子思想和儒家学说的先导，并由此影响了久远的后世。而孔子的思想不仅有显著的春秋战国时代特色，而且有明显的鲁国地域特色。周代的鲁国是周公之子伯禽的封国。周公死后，鲁国建太庙奉祀。①由于鲁为周公之后，又是姬姓“宗邦”，鲁人自不会忘记祖述先王之训，追忆周公之礼。唯其如此，后人才有“周礼尽在鲁矣”（《左传·昭公二年》）的说法，鲁国也成为各国诸侯学习周礼的去处②。鲁地本来就有深厚的文化积淀，鲁国建立后，周人又以此作为经略的重点。鲁国因是周公长子伯禽的封国而成为周代的“文物之邦”，儒家孔子之学则由于鲁为“文物之邦”而兴而盛。《淮南子·要略》曾经说到这一点：“周公继文王之业，持天子之政，以股肱周室，辅翼成王。……成王既壮，能从政事，周公受封于鲁，以此移风易俗。孔子修成、康之道，述周公之训，以教七十子，使服其衣冠，修其篇籍，故儒者之学生焉。”后人赞颂周公也都看到了他对儒学产生的影响，如明人陈凤梧《元圣文宪王像赞》曰：“天生元圣，道隆德备。制礼作乐，经天纬地。上承文武，下启孔颜。功在万世，位参两间。”③清乾隆皇帝手书曲阜周公庙周公像对联则曰：“官礼功成，宗国馨香传永世；图书象演，尼山统绪本先型。”可见后人也认为孔子之学导源于周公，难怪汉代以后的人常常以“周、孔”并称④。

---

①周公死后，后人奉之为“元圣”，北宋大中祥符元年又追封周公为“文宪王”，故今山东曲阜周公庙又称为元圣庙或文宪王庙。庙内今存清乾隆五十九年所立“祀元圣庙碑”，碑上刻“我鲁元圣庙即太庙故墟”，可知周公庙址即当年鲁太庙旧址。

②《左传·襄公十年》记晋人荀偃、士匄曰：“诸侯宋、鲁，于是观礼。”宋国保存的自是殷礼，而鲁国保存的则是典型的周礼。

③〔明〕吕化舜原辑，〔清〕孔衍治增辑：《东野志》，曲阜师范大学图书馆藏本。

④参见张衡《归田赋》曰：“弹五弦之妙指，咏周、孔之图书”；蔡邕《释诲》曰：“盘旋乎周、孔之庭宇，揖儒、墨而与为友。”

关于"周公辅成王"问题的研究

周武王建立西周以后，没过几年就重病而逝，他的儿子周成王即位。成王年幼，难以应对当时复杂多变的局势，于是，身为文王之子、武王之弟、成王叔父的周公摄理国政。周公辅政七年，成王长大，周公还政于成王。

"周公辅成王"被后世传为美谈，但周公的具体政治身份如何，由于材料相对缺乏，人们的理解又见仁见智，认识分歧很大，而且还涉及商末周初许多重大学术问题，形成了聚讼不已的"老大难"问题。

一、问题的由来及研究现状

周公是周初政治舞台上的关键人物，是我国古代伟大的政治家，这是没有问题的。但是，直接记载周公事迹的文献毕竟有限，而幸存的《尚书》等史籍又佶屈聱牙，晦涩难懂，因而后人在认字释义上便产生了不少分歧。另一方面，古书的形成和流传又是一个非常复杂的过程，人们的认识和理解也就有所不同，周公的事迹便显得若明若暗。

儒家的创始人孔子十分尊崇周公，周公思想更影响了历代儒家，影响了中国古代的社会历史文化。人们尊崇周公，研究周公，也对周公事迹说解不一，特别是关于周公"摄政称王"问题，学术界一直争论不休。著名历史学家杨向奎先生曾说："周公元圣，先孔子而称圣，是道德完人，于是周公之摄政称王，不仅是政治问题，也是道德问题。在西汉曾经出现两次以周公辅幼主为借口而当权夺权的事件，后来的明成祖与方孝孺的争论也以此为借口。西汉霍光辅昭帝曾以周公事作喻，但霍光专政，没有称王；而汉末王莽之夺权，以周公为借口，更是经学家所乐道，于是而有刘歆篡经、王莽篡汉之千古悬案。而周公之辅政，取代与否，称王与否，更是人们争论的焦点。"①周公时代过去了数千年，周公与成王关系如清末经学家廖平在《经话》中所说"为经学一大疑"。

古代学术问题往往与政治问题密切关联，不可分割，"周公辅成王"事尤其如此。经史学家们评说历史的、现实的政治问题，往往借助于旧有史事，周公、成王之事便不止一次地被人们提起。例如，清初高士奇就曾

①杨向奎：《关于周公摄政称王问题》，《儒学国际学术讨论会论文集》，齐鲁书社1989年版。

以之议论春秋之初鲁国的隐公摄政。历史上，这样的例子不胜枚举。

然而，尽管后人以周公、成王事来评人论事，但其事究竟如何，学界的观点却存有截然的分歧。不仅如此，人们对有关的许多问题都有不尽一致的认识，如西周纪年中有无独立的周公纪年，成王最初即位时的年龄，周公与管叔、蔡叔等人的兄弟关系，周公辅政时的官职身份，在什么情况下归政成王，营建洛邑，制礼作乐，与鲁国的关系等。周公之事，尤其是“周公辅成王”等事，不仅十分重要，而且十分复杂。

研究周公事迹，最根本的问题是周公摄政时的政治身份，它是周公研究与评价中的关键性问题。例如，在西周纪年中有无周公纪年，乃是西周史研究中的一个重要问题，而周公纪年的有无便与周公的身份有直接关联，所以有的学者说：“解决西周有无周公纪年的问题，关键在于周公是否真正继承了西周的王位。如果周公真正继承了王位，在西周世系中占有一系，那么，在西周的纪年中就应当有周公的纪年；而如果周公没有继承王位，在西周的世系中不占有一系，那么，在西周的纪年中自然就不会有周公的纪年。”①

弄清楚周公的事迹意义重大，却困难重重，所幸学界前辈、同仁对有关周公的事迹已进行了许多有益的探索，一些研究已接触到了问题之肯綮，为我们的进一步研究扫清了不少障碍。20世纪80年代以来，专门研究这一问题的学术成果纷纷面世，极大地推进了该问题的研究。但是，由于对某些具体材料的认识不同，人们的结论仍存在较大的差异。

综观各家对该问题的论述，大要别之，约有以下几种观点：（1）周公执政称王说，持此说的有顾颉刚、刘起釪等先生；（2）周公摄政称王说，持此说的有金景芳、赵光贤、王玉哲等先生；（3）周公未摄政亦未称王说，持此说的有王慎行、马承源等先生；（4）周公摄政而未称王说，杨向奎先生主此说。

在四种说法中，前两说似乎差别不大，看起来十分接近。但周公“摄位”与否，关系到他实际上是否为王。如顾颉刚先生认为：“武王死后，武庚、管蔡叛变之际，周公无论在名义上或在实际上都是王；直到他归政之后，成王才做了实际的王。……周公称王本无所谓‘摄位’。”②而金

---

①陈恩林、郭守信：《关于西周有无周公纪年的问题》，陕西历史博物馆编：《西周史论文集》，陕西人民教育出版社1993年版。

②顾颉刚：《周公执政称王——周公东征史事考证之二》，郭伟川编：《周公摄政称王与周初史事论集》，北京图书馆出版社1998年版，第19页。

景芳、王玉哲等先生则认为成王仍是实际上的周王，周公称王乃是在成王年幼的时候暂摄国政，“周公摄政”的说法是基本可信的。可见，两种说法还是有一定区别的。

二、问题的症结及研究意义

综观以往的研究，各家各说之所以纷呈不一，说到底还是一个对有关历史资料的辨析问题。鄙意以为，要准确地认识殷末周初的历史事实，正确把握周公其人在这个社会剧烈变动时期所处的地位，在分析、解释有关周公的史料时，首先应当解决几个重要的认识问题。

第一，对殷商文明的发展程度应有一个符合实际的估价。这一问题，直接关系到我们对于殷末周初历史事实的认识，因为它决定着殷商文明对殷人以外其他各族的影响程度，在很大程度上也影响了周人灭商之后所面临形势的严峻程度。比如，如果殷商时期是中国上古文明发展的初期，那么，殷商国家的上层建筑就不至于十分完备，殷人的宗法礼制等精神方面的文明或许刚刚形成，对于周族的影响就会十分有限。这决定了殷商王朝对其他部族方国的政治统治相对松散，周人推翻商朝后，收服各族亦不至于要费太大的气力。然而，实际情况却有很大不同，从前我们对殷商文明的估价有些偏低。例如，从20世纪20年代开始，我国历史上存在夏王朝或夏代都成为有争议的问题，不少人认为那只是神话或传说时代，中国文明形成于商代成了学术界长期流行的观点。甲骨学与殷商史的研究已经证明，殷商文明已经有十分久远的发展历程，先商文明之高级而又长久的观点得到越来越多的认同。

第二，正确理解周代礼制对于殷商礼制的“损益”关系。欲正确理解周代对于殷商制度的“损益”，首先必须了解商、周之间文化上的异同。在殷周文化关系上，以前人们多接受了王国维先生《殷周制度论》的看法，认为“中国政治与文化之变革莫剧于殷周之际”，现在，通过研究，人们已经了解到殷代制度与周代基本相近，周代各种制度当滥觞于商代，那种认为商周两代存在非常剧烈变革的见解也与古人所说不能相合。周初，周公也不主张对旧有礼俗的变革，他认为政事应当简单易行，这样才有利于赢得民心。所以，周初的政治因循前朝很多，以周公为代表的统治者并没有下大的气力破坏旧有的统治制度，他们所做的只是对殷制的一些“损益”工作。

第三，把周公作为一个较为完全意义上的政治家来认识。在漫长的封建时代，周公一直是人们顶礼膜拜的偶像，是可望不可即的“圣人”，这限制了人们对周公事迹的客观认识。周公为人仁孝，但他却很难以道德家的面貌出现在政治舞台上。“小邦周”消灭“大邑商”，原来偏隅西北的周人要统治空前辽阔的疆土实非易事。周初，武庚反叛，管、蔡发难，东土不靖，都是当时严峻政治环境的反映，“赫赫宗周”本是后世的情景。在这种局势下，周公不得不关心政权问题，他思考和处理各种政治问题的核心，总不能离开如何稳定和巩固周的统治，周王的天下如何延祚永世。周公如果不是从当时的实际形势出发，如果不是一位完全意义上的政治家，那么他取得这样的成功是难以想象的。

第四，科学认识古籍的价值，消除传统“辨伪学”的不良影响。对于周公事迹研究来说，这是极其重要的问题。毫无疑问，古书真伪是文献研究的重要问题，清人姚际恒称其为“读书第一义”。但是，清代以前，学者们研究古籍真伪问题时，绝大多数都侧重于伪书的考订，将许许多多被传闻为“真”的古籍判定为伪书。由“真”而“伪”的研究线索，是整个古籍辨伪学史的主流。值得欣慰的是，对于传统“辨伪学”的弊端大家已经有所认识，不再继续沿着由“真”而“伪”的习惯进行“考证”了。在这样的基础上，我们研究周公，研究周初历史，在利用《尚书》（包括古文《尚书》）《逸周书》《今本竹书纪年》《周礼》《孔子家语》《礼记》《大戴礼记》等古籍时，就会更为客观冷静。

“周公辅成王”历史的研究涉及面广，问题复杂，也决定了这一问题的解决具有重要意义，举其大者，即有如下数端：

第一，了解周公事迹真相，关系到对中国上古文明尤其是商周发展程度的估价，“周公辅成王”问题成了解我国古代文化的一把钥匙。例如，继承制度问题是殷周史研究中的重要问题，更是周公事迹研究无法回避的问题。由于人们对殷周继承制度的认识不同，因而对周公与王位的关系异说纷呈。要正确说明周公称王与否及其原因，当然要从分析有关的直接史料入手；而恰当地理解这些史料，又必须清楚周初王位继承中所遵循的原则。

第二，周公事迹研究密切联结着中国传统学术史，弄清“周公辅成王”的真相，有助于认识和把握中国学术史的发展脉络。“周公辅成王”的故事不仅关系到中国的传统政治道德，更是中国历代学术论争的重要关节点。有关周公事迹的记载多出自儒家经书，自春秋末年的孔子“治《诗》《书》《礼》《乐》《易》《春秋》六经”（《庄子·天运》）开始，人们便不断地谈论周公，谈论这些文献。汉代的今古文之争，历代连绵不断的经书注疏，宋代开始兴起的疑古思潮，乃至20世纪以来出土文献引发的对于传统经籍的重新认识，中国学术史的每一个重要阶段，都要对有关周公的历史与文献加以关注。

第三，研究周公事迹以古籍材料的正确解读为前提，也会反过来有助于增进对古籍材料的认识。疑古思潮的盛行，妨碍了人们对古籍材料的正确利用，许多宝贵材料被弃之不用。对于哪些材料可靠，古籍是如何成书的，古籍流传变化的规律是什么，人们的认识并不十分清楚。张心澂的《伪书通考》所列“伪书”竟达一千多部，中国古代的文化典籍几乎“被一网打尽”，给人的印象简直就是古籍无一没有问题。学术的进步和大批出土文献的问世，已经证明从前对古籍的“辨伪”严重地走过了头。周公事迹的研究，实际上也成为对古籍材料分析、利用又回头检验、理解的过程，在这样的过程中，人们对古代文化典籍的认识会得到相应的深化和提高。

三、研究结论

周公能够在武王去世后辅政，与他的特殊身份和能力有关。在文王元妃太姒之子十人中，周公年龄次于武王姬发而排行第三。在灭商过程中，周公一直是武王的得力助手。诚如《史记·鲁周公世家》所说：“及武王即位，旦常辅翼武王，用事居多。”灭商以前，武王就常常与周公一齐讨论军国大事。武王主动向周公征求意见，询问计策，他们共同谋划灭商大计，那时的重要决策都是由武王和周公共同讨论。对此，《逸周书》有明确记载。

《逸周书·度邑》记载，武王曾经希望与周公“兄弟相后”，出于当时特殊时代环境的需要，武王打算让周公在自己去世后继承王位。在那时，王位继承中早已实行了嫡长子继承制度，前人认为这一制度自西周始，实际上是对材料的误解，例如，据《左传》，周人说嫡长子继承制是“古之道”“古之制”，显然这一制度不应自西周始。按照这样的传统，周武王的王位不应传给周公，所以周公听后非常惊恐，“涕泣拱手”，没有答应。于是，在周公的主持下，他们立了武王的儿子诵为太子，由周公负责培养和教育。

武王去世后，年仅13岁的成王即位，周公以冢宰的身份总理百官，担负起了安定天下、巩固周朝统治的重任。《左传·定公四年》所说“周公相王室以尹天下”正是当时历史事实的写照。

立成王之后，周公又告诸侯，会群臣，葬武王，做了一系列工作，使周王朝的国家机器运转起来。周公还教导成王，使成王尽快地成熟起来。

到了秋天，周公便为成王举行了冠礼，以示成王已经长大成人。这在当时纷乱的局势下，对于稳定人心具有重要意义。

周公代行天子之政，为稳固周王朝的统治做了大量工作。可是，周公的行为却引起了他人的怀疑，也给一些不甘心失败的殷遗势力造成了可乘之机。周公的弟弟管叔、蔡叔等人不满周公执掌政权，遂制造谣言，说周公将对成王不利。一时间，人们大都误解了周公。为此，周公不得不“内弭父兄，外抚诸侯”（《逸周书·作雒》），耐心细致地去做各方面的工作，解除人们的疑虑，取得他们的信任与支持。

周公得到了成王和群臣的信任，便开始大举兴师“克殷”，这次克殷的结果，武庚北窜，管叔自缢，蔡叔被流放。据《今本竹书纪年》，从成王元年“武庚以殷叛”到成王三年“王师灭殷”，前后已有三个年头。所以《史记·周本纪》曰：“管、蔡叛周，周公讨之，三年而毕定。”之后，周公在殷商王畿之地建立宋、卫等国，使殷旧地彻底安定下来。

武庚的此次叛乱，参加者除了管、蔡等势力以外，其余基本都是东方殷人的残余势力。东方是殷遗势力集中的地区，平定殷旧地以后，周公便继续向“大东”进攻，征伐奄国。周公还消灭附奄的东方异族，其中包括徐戎、淮夷、薄姑等，这也是周公东征的重要内容。

政治局势稳定后，周初的统治者自然要考虑如何巩固这来之不易的成果。在稳定局势的过程中，他们已经着手这方面的工作，而在真正控制了东方地区后，他们又更加积极地推行稳定政治的措施。

首先是建侯卫，即分封诸侯。周公主持的分封将自己可靠的力量分封到各个战略位置比较重要的地区，以藩屏周室，镇抚殷遗势力，对抗外部侵扰，从而达到控制全国的目的。周公主持的分封以及与周公有直接关系的分封，主要有宋、卫、鲁、齐、燕、晋诸国。于是，周室对于地方的统治秩序逐渐确立起来，基本上解决了周室对原来殷商统治的广大地区的控制问题，这对周代政治体制的建立具有重大意义。

周人兴起于西方，控制全国之后，为便于统治广大东方地区，客观上需要东移政治中心。周武王对于在洛邑兴建新都已有考虑，到成王五年五月，伐奄结束，东土安定下来，周公、成王开始“迁殷民于洛邑，遂营成周”（《今本竹书纪年》）。

周朝统治稳定后，周公还在总结前代的基础上承袭损益，从而颁行了不少相关政策、制度和法令，以使国家迅速走上发展轨道。除了颁行政令，在合诸侯、迁殷民以营成周之后，周公又进行了制礼作乐的工作。《尚书大传》记曰：“周公……营洛以观天下之心，于是四方诸侯率其群党各攻其位于其庭。周公曰：‘示之以力役且犹至，况导之以礼乐乎？’然后敢作礼乐。”从内容方面讲，周公制定的礼乐应有“礼义”、礼仪（或礼节）、礼俗等不同层面。周代的礼乐制度内容十分广泛，据说大体可分为吉、凶、军、宾、嘉五大方面，细分之有所谓“经礼三百，曲礼三千”之说。大而至于政治、军事，小而至于衣冠、陈设，无不有义。一般认为，《仪礼》一书出自周公，或者它与周公的确存在密切的关系。周公制礼还应包括制定刑法等方面，《逸周书》的《尝麦》篇已经明言“正刑书”，这很可能就是作《九刑》。

《周礼》据说也出于周公，该书全面系统地论述了周朝的国家体制和官吏职掌。关于《周礼》的成书，《汉书·景十三王传》称其为“古文先秦旧书”，尽管前儒近乎众口一词，认为其为“周公致太平之迹”[①]，但今人相信《周礼》出于周公者却很少。但是，周公了解前代政令，熟悉典册，为了建立周朝的统治秩序，他综合会通前世各代，除制定周朝政令外，不仅告成王官人之法，而且细致叙述官制结构。该书成于周公应该是对的，只是《周礼》所述制度绝非周公一人向壁虚构，而是充分借鉴和总结了当时已有的历史材料。

周公具有卓越的政治才能，再加上他的特殊身份，使他在武王去世后辅佐成王，安邦定国，制礼作乐，让周的统治走上正轨。七年后，成王长，周公还政于成王。对周公摄政七年归政成王的说法，近代以来不少学者表示怀疑。人们的怀疑出于对《尚书·洛诰》篇的不同理解，《洛诰》最后有“惟周公诞保文、武受命，惟七年”一句，这里的“惟七年”当然不是直接说周公摄政七年，而是指周公摄政的第七年。

《洛诰》记述成王七年周成王、周公在洛邑观察地理形势，确定王城规模以及主要建筑方位，并确定封命周公，为周公立后嗣。篇中陈述周公业绩，谈到“惟周公诞保文、武受命”，既言文、武，则应该指周公继文、武之后诞保成王，维护周代殷而得天命，“七年”即周公摄政的第七年。周公摄政为辅助成王，即“相王室以尹天下”，《洛诰》的“诞保”亦即此意。周公兢兢业业辅助王室，成王因而命周公之子为侯，这也是对周公之德之业的一种报偿。《洛诰》特意以周公摄政七年而言，正与周公辅成王有关，周公在这一年还政成王，《洛诰》自然就是周公摄政七年的

---

①〔唐〕贾公彦：《序周礼废兴》，《十三经注疏》，中华书局2009年版，第1371页。

重要根据。

人们对周公的政治身份存在争议，主要是对《尚书》中《周诰》各篇理解不同。《周诰》中所记录的周公诰词，有的是周公以成王的名义代为命诰，其中的“王”绝对不会是指周公。有学者专门对《周诰》各篇中的“王若曰”进行了研究，认为它是史官或者周公代宣成王之命的词语，西周金文中有不少例子可以作为旁证。

元圣周公与“前儒学时代”

孔子距今约2500年，但他却是中华文化5000多年的代表，用钱穆的话说，是他指示了中国历史进程，建立了中国文化理想。然而他那时绝不是中国文化的发轫期、形成期，而是中国思想的繁盛期、高涨期。孔子以前，中华文明已有数千年之积累，有较高的发展水准，这就不能不让人关注孔子儒家思想形成的广阔背景，思考以周公为代表的“前儒学时代”。如果追问对孔子学说影响最深、贡献最大的人，当然非周公莫属。孔子晚年说：“甚矣吾衰也！久矣吾不复梦见周公！”他好久没有梦见周公，就以为衰老得厉害了，周公在他心中可谓魂牵梦绕，以至后人尊孔子为“至圣”，以周公为“元圣”，周公对孔子的影响至深至切！

一、孔子“梦周公”的历史解读

周公，姓姬，名旦。他是周文王的儿子、周武王的弟弟、周成王的叔父，是西周初年地位最为尊贵的人。

姬旦被称为“周公”，是因为周朝以周原这块周人龙兴之地为其采邑。在周族发展史上，周原具有特殊重要的意义，直到后世，他们的子孙依然眷恋这块土地。姬姓部族的这一支人居住在周原地区，从此，他们就被人称为“周人”。后来以这里为周公采邑，也可以看出周公在周朝的特殊地位。

周公与周武王为同母兄弟，都是太姒之子。太姒之子10人，他们之中最有资格继承文王王位的是伯邑考，但他不幸被殷纣王烹杀，次子姬发便继承了王位。在同母兄弟中，周公排行第三。除了即位为王的武王姬发，周公的地位最为尊崇。据记载，在同母兄弟之中，武王发和周公旦最贤，他们是文王的左膀右臂，共同辅助文王。

周公以恭顺与谨慎闻名。他独处时都非常严谨，连夜里走路都注意自己的影子要正直。他年轻时渴求上进，谨慎交友，注意学习别人的优点。他想要兼学历代圣王，实践他们的勋业。他反复思考，甚至夜以继日，想通了便付诸实施。周公的努力，使他具有出众的治国才能。周公一生辅国安邦，是武王的得力助手。

克殷之后第四年，武王去世，年幼的成王即位。周公以冢宰的身份摄政辅王，全面处理各方面的事务。他殚精竭虑，日理万机，亲自率军平叛，消除了武庚以及管、蔡等“三监”的祸患，又率军大举东征，经过艰苦卓绝的战争，彻底稳定了东方。

为进一步巩固周王朝的统治，周公进行了大分封，将宗室懿亲分封到各战略要地，以王室重臣、近亲把守要塞，作为王室屏藩。周公又营建洛邑（今河南洛阳东），修建王城（今洛阳市内），将殷遗民迁到洛邑，驻军加以监守。周公还着手建立了典章制度，使周王朝的政治统治彻底走上正轨。

周公摄政，经略天下，对稳固统治起了至关重要的作用。《尚书大传》说："周公摄政，一年救乱，二年克殷，三年践奄，四年建侯卫，五年营成周，六年制礼作乐，七年致政成王。"基本概括了周公的主要历史功绩。周公归政之年的岁末，成王感念周公的辛勤，于是在洛邑举行了封命"周公后"的仪式，将周公之子伯禽分封到泰山之南，建立了鲁国，周公也就成了鲁国始祖。

孔子常常"梦见周公"，正在于周公崇高的历史地位，尤其是周公经天纬地、制礼作乐的历史功绩。梦是睡眠中某阶段意识状态下的自发性心理活动，属于正常心理现象。在典型的夜睡中，梦境在睡眠的各个阶段循环出现。也许是孔子"梦周公"的缘故，或许殷末周初那个时期已经有不少关于文王、武王、周公梦境的记录，后世出现了"周公解梦"之说，形成了影响深远的梦文化。

殷商末年，政治动荡，文王、武王都曾谈"梦"，《逸周书》就有不少这样的篇章。如《程寤》篇，记载文王在程地时，太姒梦商庭生棘，文王以为是吉兆，于是召太子发拜吉梦；《文儆》篇中，文王疾，告梦，惧后祀无保，告太子发民之多变，命其敬之；《寤儆》篇则记载武王梦见灭商的计划泄露；《武儆》篇则记载武王告梦，遂命召周公旦立后嗣，属太子诵文及《宝典》。

这些记载很有价值，因为从这些记载中不难看出，文王、武王、周公正处在由夏、商"尊命""尊神"向西周"尊礼"文化的过渡时期，已不同程度开启了人文思潮和理性主义的大门。

历史上，所谓的"著名梦境"还有很多，比如文王梦熊、庄生梦蝶、黄粱一梦、梦笔生花、江郎才尽、南柯一梦等等。而所谓《周公解梦》，不过是流传在民间的解梦之书，是后人借周公之名而著。孔子生于乱世，凝念注神，日思周公之德，夜即梦之，属于后人所谓"意精之梦"。周公成为后世占梦文化的形象代言人，不能不说是梦、周公与孔子结缘的结果。

二、怎样理解周公“制礼作乐”

人们说周公“制礼作乐”，这可不是一句空话。说到“周礼”，你可能会想到它是一部著作，是作为古代“三礼”之一的《周礼》；也可能会想到它是一种规范，是西周初年周公制定的礼乐制度。应当承认，至今人们对于“周礼”的理解还有许多模糊不清之处。其实，《周礼》与“周礼”实际内在相通，密切关联。《周礼》属于周代文明的核心内容，“周礼”影响中国既深且广。

《周礼》成书很早，人们争论很多。《周礼》是儒家所尊奉的经书，是中国最重要的典籍之一。《周礼》记述了国家治理的框架，是社会管理的体系。《周礼》所记为“周之官政”，即周代典章制度。

《周礼》本称《周官》，它把全国的官僚机构分成天官、地官、春官、夏官、秋官、冬官六个部分，各有职责。天官冢宰主管朝廷及宫中事务，地官司徒主管土地与民事，春官宗伯主管祭祀与礼仪，夏官司马主管兵战与军事，秋官司寇主管刑事与诉讼，冬官司空主管手工与建设。六官各分设官属，形成系统的官僚机构。

《周礼》是先秦典籍，传统以为该书成于周公。后来，人们不相信《周礼》成书这么早，遂出现了许多说法，从西周晚期说、战国儒士说、战国策士说，到成于西汉说、刘歆伪造说，前后时间竟长达千年。这也是中国典籍成书与作者研究的奇观了！

问题的实质还是“周公作《周礼》”是否可靠。疑古思潮盛行时期，不少人力图说明《周礼》不出于周公。但使用的方法存在问题，他们的“疑”往往带有较大的主观性，甚至捕风捉影。清代以前，人们认为“周之官政未次序”而周公作《周官》，许多典籍也说“周公制礼作乐”，这应该不是空穴来风。《论语》记孔子说：“周监于二代，郁郁乎文哉，吾从周。”十分耐人寻味！《周礼》不是凭空产生的，它集合了夏商以来的文明成果，这里涉及对三代历史文明发展水平的估价，不可小觑，不可不慎，不可习焉不察。周公确立了周代的典章制度和礼乐文明，其中也包括制作《周礼》。

殷周鼎革之际，天下的稳固之要在建章立制，周公在营建洛邑、分封诸侯之后，着眼于周朝的长治久安，于是会通前世各代，损益殷商礼制，制定了周朝的政治体制，确立了官职结构，这应该就是今天看到的《周礼》了。《周礼》有严密的体系、严谨的逻辑。《周礼》天地四时的职官设计，反映了设计者的宇宙观，这是朴素的自然哲学。六官的设定，天官象征天所立之官，地官象征地承载万物，四时之官反映自然界春生、夏长、秋收、冬藏在政治中的运用，是农业思想文明的结晶，是早期农业文明的反映。六官职责明确，体系完备，是一个不可分割的整体。《周礼》记载了政治和礼仪制度，论述国家体制和官吏职掌。所以后人称其为“古文先秦旧书”，认为是周公“为成王所制官政之法”，是“周公致太平之迹”。

三、周公与鲁国的历史文化

孔子出生、成长在鲁国，鲁国文化是孔子思想的母体。了解作为周公封国的鲁国，才能把握孔子思想的来源，才能更好地理解孔子思想的特质，更好地认识“前儒学时代”。

自西向东，在陕西岐山、河南洛阳、山东曲阜，都有历史上遗留下来的周公庙。这三处周公庙，都是为了奉祀周公。

相比之下，曲阜周公庙在中国文化上可以说具有更重要的意义：首先，周公被后世尊为“元圣”，追封为“文宪王”。周公庙为“文宪王庙”，其主殿为“元圣殿”，周公庙棂星门内两侧石坊分别是“经天纬地”“制礼作乐”以及其他门坊名称，都是赞颂周公的丰功伟绩；第二，周公是鲁国的始祖，鲁国是周公的封国。曲阜的周公庙因此又被称为“鲁太庙”，以鲁国历代国君从祀周公。

鲁国是周代众多邦国中的诸侯国，但其地位非同寻常，是诸侯“望国”、姬姓“宗邦”。之所以如此，是因为鲁国是周公的封国，分封之地在“少昊之虚”曲阜。真正意义上鲁国的第一代国君是伯禽，周公对伯禽要求十分严格。关于周公教子，《孔子家语·曲礼子夏问》《荀子·尧问》《论衡·谴告》都有记载。

周公教育伯禽要注意礼贤下士，具备谦德。据《史记·鲁周公世家》记载，周公戒伯禽曰：“我，文王之子，武王之弟，成王之叔父，我于天下亦不贱矣。然我一沐三捉发，一饭三吐哺，起以待士，犹恐失天下之贤人。子之鲁，慎无以国骄人。”周公所言，无非是为了让伯禽能够任贤使能，治理好鲁国。伯禽年富力强，精力充沛，勤奋努力。到鲁国后，他利用自己的优势，对当地“商奄之民”的固有习俗进行了改革。伯禽一支所带来的周文化与殷遗民及当地土著固有的文化相互交汇、影响，共同形成鲁国的文化。

鲁为周公封国，因此，鲁国初封时，所受封赐格外丰厚，相对于他国来说得到了不少特权，比如可为褒周公之德，特许鲁国享有天子礼乐，这就是史籍所说的“世世祀周公以天子之礼乐”。因此，像祭祀之中的禘、郊、大雩等“重祭”礼仪，本为周天子独用，而鲁国也得以拥有这些“殊典”。

春秋时期，王室衰微，礼坏乐崩，但许多小国依然纷纷朝鲁，还至鲁观礼。鲁国较完整地保存着周礼，周代的礼乐传统深深影响了鲁国社会的方方面面，有“周礼尽在鲁矣”这样的说法。时人视礼为国家的根本，周礼是周王朝统治的象征，这样，鲁国作为宗周东方代表的形象更加突出。

春秋时期，“政由方伯”，但在诸侯国会盟等的班次上，鲁国却位居前列，在诸侯位次序列中有“班长”之称，列为首席。例如，春秋初年齐遭北戎侵犯向各国求助。战后答谢诸侯，在馈送粮饩给各国大夫时，齐国人请鲁国按班次代为分派；晋文公主持“践土之盟”时，在各会盟国参加的歃血仪式次序上，除主盟的晋国外，鲁也被排在各国的最前面。

鲁国为东方的宗周模式，担负着传播宗周礼乐文明的使命，如在周王朝治国政策的贯彻上，鲁国即堪为典范，周公的保民思想、明德慎罚、勤政任贤等都似乎在鲁国当政者身上有明显体现。当然，说鲁国为“宗周模式”，绝不是说鲁国完全排除其他的文化因素，使鲁国全盘周化，而是在政治统治上为周王朝的东方代理人，在鲁国上层贵族中完整地保存着周代礼制。

四、孔子“梦周公”与《周礼》

曲阜周公庙元圣殿有门联曰：“官礼功成，宗国馨香传永世；图书象演，尼山统绪本先型。”揭示了孔子与周公的关系，显示了周公对孔子的影响。在孔子的国度，“先君周公制周礼”几乎是人们的口头禅，使尊奉周礼的人们心向周公；在孔子的时代，周代典籍尚在，孔子能看到更多的周代遗制，使他有条件“法则周公”。

在《论语》中，有两次记述孔子“入太庙，每事问”。“太庙”即鲁周公庙。对于不懂的礼制、礼仪、文物，孔子实事求是、虚心求教。孔子还到洛邑参观访问，游历了重要政治文化地域，流露出对周朝制度的无限向往，他对周公倾心仰慕，经常引用周公名言，对周公的赞美常常溢于言表。他熟悉周公事迹和“周公之制”，认为“周公之典”就是后世行事的法度。

我们推测，孔子“适周问礼”，至洛邑向老子请教“礼”的问题，很可能就是学习了《周礼》。作为职官制度的记载，《周礼》是一部极其特殊的典籍，它不像《仪礼》那样的仪节需要很多人关注，也不像《礼记》那样的思想典籍人们需要研读思考，《周礼》是国家制度设计，不需要一般人研习阅读，它只为天子以及王公大臣所明所知即可，因此流传一定不广。不过，它可能通过孔子的论述与传播流传下来，也有可能影响到汉代。

孔子博学，他所在的鲁国文化积淀本来就丰厚，尽管如此，他还专程至周都洛邑考察学习。《孔子家语》记载了孔子此行的收获："观乎明堂，睹四门墉有尧舜之容、桀纣之象，而各有善恶之状、兴废之诫焉。又有周公相成王，抱之负斧扆，南面以朝诸侯之图焉。"孔子思考最多的是"周之所以盛"的问题。

值得特别注意的是，孔子观周，是为了研究周公德业，研究"周之所以王"的根本原因，因此他之所观乃"先王之遗制"。《孔子家语》又说孔子："问礼于老聃，访乐于苌弘，历郊社之所，考明堂之则，察庙朝之度。于是喟然曰：'吾乃今知周公之圣，与周之所以王也。'"孔子向当时作为"周守藏室之史"的老聃请教。司马贞《史记索隐》曰："守藏史，周藏书室之史也。"据《孔子家语》，孔子观周，"观先王之遗制，考礼乐之所极"。

这些记述给我们三点启示：其一，"周公之圣，与周之所以王"可以在"先王之遗制"中得以体现；其二，"先王之遗制"的关键处在于"礼乐之所极"。"极"就是标准，标准在于制度，制度应该就是《周官》（即《周礼》）；其三，一般人注重礼仪（《仪礼》），不会关注作为设官分职、董正治官的礼制（《周礼》），《周官》这样的文献为王室所藏。而老子为周守藏史，他的特殊职位得以掌握《周礼》。由此我们就理解孔子何以"适周问礼"后感慨至深、变化之大了。

据《孔子家语·执辔》，孔子将治国与驾车作比，说："古之御天下者，以六官总治焉。"经细心比较，我们发现孔子此处的论述与《周礼》完全呼应。值得注意的是，孔子言其"古"，应该是《周礼》成书时代问题的极重要信息。孔子说的"六官"，正是《周礼》中的冢宰、司徒、宗伯、司马、司寇、司空。将《周礼》六官以及太宰一职的职掌与孔子的论述进行对照，孔子所说的六官的管理体系，正是《周礼》所记载的六官系统。

孔子主张"道之以德，齐之以礼"，在他看来，用缰绳驾车是驾车的最好方式。用刑法来规范，就好比驾车时用鞭子，驾车时不能不用缰绳引导而只用鞭子抽打。怎样"齐之以礼"？孔子的回答是"以德以法"。孔子认为，"善御马"与"善御民"道理一样，古代圣王"以内史为左右手，以德法为衔勒，以百官为辔，以刑罚为策，以万民为马"，故能"御天下数百年而不失”。

关于“以六官总治”，《孔子家语·执辔》记孔子说，冢宰之官以成道、司徒之官以成德、宗伯之官以成仁、司马之官以成圣、司寇之官以成义、司空之官以成礼。孔子所说治国思想与方略，正隐含在《周礼》一个个职官分设的背后。这些思想内涵丰富、包蕴精微、纤细缜密，具体生动，令人惊叹不已！

五、孔子“取法”周公创儒学

周礼中的那些礼，是中华文明的基础。孔子尊周公，重周礼。周礼具有别嫌疑、济变、弥争的功能。《左传》说：“礼，经国家、定社稷、序民人、利后嗣者也。”孔子说：“夫礼者，理也”“君子无礼不动”“坏国、丧家、亡人，必先去其礼。”

孔子推崇周公，典籍记载比比皆是。《论语》中就直接记载了周公的言论，这些应该是孔子经常引用的周公的名言。如《微子》篇记载周公谓鲁公曰：“君子不施其亲，不使大臣怨乎不以。故旧无大故，则不弃也。无求备于一人。”

孔子十分重视为政治国之人的德行与榜样作用，他推尊圣王“化成天下”的力量。如《孔子家语·致思》记孔子说，能称王的人就好像万物生长的季节一样正确。他认为，文王有王季历做父亲，有太任做母亲，有太姒做夫人，有武王、周公做儿子，有太颠、闳夭做大臣，所以他的根基很好。对周公的赞美溢于言表！

孔子非常熟悉周公事迹，动辄引述“周公之制”“周公之典”。例如《孔子家语·冠颂》记孔子谈论天子、诸侯的冠礼，就援引“周公之制”；据《孔子家语·正论解》，季康子想以井为单位征收赋税，派人征求孔子的意见。孔子对这种做法很不满意，对冉求说：“子孙若以行之而取法，则有周公之典在。”在孔子那里，“周公之典”是周公后世子孙行事的法度，这种法度不能违背。

还有一个比较典型的例子，这就是儒家对待“女子”的态度。《论语·阳货》记孔子说：“唯女子与小人为难养也。”这似乎是孔子“轻视妇女”的铁证。在这里，“女子”与“小人”并言，容易产生误解。西周、春秋时，“小人”一般指地位低下的人，周初有“小人难保”的观念，与孔子所说“小人难养”一致，都是周初以来敬德保民的传统观念。

从思想来源上讲，周文王、周武王、周公对孔子影响很大。西周初年，周武王、周公都有“小人难保”的说法。据《尚书·康诰》，周公分封卫国时说："呜呼！小子封，恫瘝乃身，敬哉！天畏棐忱，民情大可见，小人难保。往尽乃心，无康好逸豫，乃其乂民。"当时，周公刚刚平定管叔、蔡叔与殷人勾结的叛乱，在这种背景下，周公嘱告康叔，认为"小民不易安"，应当在治理时保持敬畏之心。欲安其民，就应当重视他们，就要尽心尽诚，而不能苟安逸乐。因为"小人难保"，就应当重视"小人"。

所谓"小人难保"其实就是"小人难养"。《说文解字》说"保，养也"。周代文献中，"小人"的基本意义是相对于为政者、大人、君子等的统称，指从事农业等体力劳作、地位较低的平民，也就是普通百姓。显然，孔子强调"小人难养"，实际上是他秉承周人思想，针对各级统治者而言。在《论语》等书中，"小人"当然有与"道德高尚的君子"相对的意义，但其中有很多是指"平民"或"普通百姓"。如孔子说："小人哉，樊须也。"就不是对弟子的道德谴责。周初文、武、周公主张"敬德保民"影响了整个周代，也影响了孔子。孔子的思想与文、武、周公一脉相承。

作为政治家、思想家，周公不仅奠定了周王朝八百年基业，把我国的古代文明推向新的巅峰，而且还是中国儒学的先驱，被尊为"元圣"。周公"敬德保民"的思想是儒家学说的基础。周公去世后，鲁人自不忘祖述"先王之训"，追忆"周公之礼"。鲁国因是周公长子伯禽的封国而成为周代的"文物之邦"，儒学则由于鲁为"文物之邦"而兴而盛。孔子之学导源于周公，汉代以后常常"周、孔"并称，"周孔之学"几乎成为儒学的代名词。

孔子学习古代文化，钟情于周公开创的"礼乐文明"，把"为东周"作为人生追求，为了"得君行道"，他颠沛流离，周游列国。所谓日有所思，夜有所梦，何况孔子对周公倾心诚服，夙夜思考恢复周代礼乐文明之伟业，因此才会经常梦见周公。孔子晚年，自己的理想几近破灭，遂退于洙泗之滨，教授生徒，整理六经。此时，他的心志不同于以往，但也表明自己确然衰老，是以浩叹："甚矣吾衰也！久矣吾不复梦见周公！"朱熹说："孔子盛时志欲行周公之道，故梦寐之间如或见之。至其老而不能行也，则无复是心而亦无复是梦矣，故因此而自叹其衰之甚也。"①孔子发此慨叹，一则确是实情的描述，但更多是孔子对"道"之不行的隐喻性表白。

---

①〔宋〕朱熹：《四书章句集注》，第94页。

《周礼》成书问题再思考

随着传统文化研究的逐步深入，人们在认识我国早期思想的深度与高度等问题时，很自然地注目于古代的礼乐文明，《周礼》的成书年代问题由此被一次次提起。如果认真梳理总结，会发现一个明显的趋势，即越来越多的学者认识到《周礼》成书年代较早，与周公的关系十分密切；与之相关的是，不断出土的早期地下材料也在为《周礼》早出提供越来越多的证据。由此，在前贤时哲研究基础之上，重新思考《周礼》的成书问题很有意义。

一、《周礼》成书时代问题的纷争

《周礼》又称《周官》，按照传统的叙述，它记载的是“周之官政”，即周代的典章制度，这当然是周代礼制的荦荦大端。《周礼》内容丰富，包罗宏阔，如果传统的“周公作《周礼》”说没有问题，那么研究周代礼乐教化，研究中国古代文明，《周礼》就是不可或缺的重要史料。由此，我们不能不思考与之相关的诸多问题，例如，该书记载的职官制度、礼乐教化是对过去的实践总结，还是一种制度构想？如果是实践总结，那么它是何时的实践，其总结出于何人？如果是制度构想，它由谁提出，针对何种情况，是否曾经实践？而这一切疑问，与之直接且密切相关的就是该书的成书年代问题。

《周礼》（或《周官》）之名出现于汉代。《史记·封禅书》说：“封禅用希旷绝，莫知其仪礼，而群儒采封禅《尚书》《周官》《王制》之望祀射牛事。”《汉书·艺文志》著录有《周官经》六篇、《周官传》四篇。陆德明《经典释文·叙录》云：“王莽时，刘歆为国师，建立《周官经》，以为《周礼》。”由此可见，该书在汉之前被称为《周官》，刘歆时更名为《周礼》。孙诒让《周礼正义》解释说，《尚书》亦有一篇《周官》，讲述西周的官职，因二者易混淆，故如此。而在东汉郑玄兼注“三礼”，并著《三礼目录》之后，《周礼》才渐成定名。

《周礼》虽是先秦典籍，但西汉景武之际才出现，时间较晚。至于该书的发现，则有多种说法，或说为河间献王所求古书，或说为河间献王得之于李氏，或说出于山岩屋壁等等。由于先秦时未见该书，其发现始末亦扑朔迷离，作为一部古文经，自问世以来，《周礼》就遭到今文学家的诘难。如马融《序周礼废兴》说当时“众儒并出，共排以为非是”。而后，两千多年来，关于《周礼》的作者或成书年代问题，学者们各抒己见，莫衷一是。大致梳理，就有周公时代、春秋时期、战国时期、秦汉之际、西汉初、刘歆伪造等多种说法，时间跨度达千年之久，成为中国学术史上的一大公案。

其实，这一问题的实质无非就是“周公作《周礼》”是否可靠。自周至清，学者们基本持传统的说法，即“周之官政未次序，于是周公作《周官》”。在汉代今古文之争时期，许多今文家持怀疑态度，但也只是怀疑其“真”，而不是怀疑其“晚”。后来，疑古思潮兴起，依然是“真伪之争”而不是“早晚之争”，如南宋胡安国、胡宏父子，不过是持刘歆伪造说。直到清代孙诒让作《周礼正义》，集《周礼》研究之大成，依然坚定地认为是周公作《周礼》。而《周礼》成书问题的其它说法，基本上都是近代疑古思潮兴起以后的事。

总之，这一问题虽然众说纷纭，但它可以转化成是否周公作《周礼》。或者说，争论的焦点就在《周礼》是否出于周公。

二、《周礼》应该成于一时一人

疑古思潮盛行时期，学者们实际上都在力图说明《周礼》不出于周公。大致通过以下方法来证明自己的结论：

第一，用其它古籍与《周礼》进行文字对比。例如，通过比对，可以看到《夏官·职方》与《逸周书·职方》相同，《礼记》的《内则》和《燕义》《毛诗·生民》亦有与《周礼》类同处。不过，不难理解的是，如果只是以文献来进行对照，它往往只可以说明彼此之间的不同，却很难说明关键的孰真孰伪、孰早孰晚的问题。尤其重要的是，中国古代典籍成书问题复杂，所涉及的方方面面的问题，更需要我们动态地进行观察。

第二，从《周礼》所载制度上研究。将《周礼》与先秦文献相比较，或谬于史实，或显得晚出。如官员冗杂问题，欧阳修统计《周礼》职官，“略见于经者五万余人”，他提出疑问“其不耕而赋，则何以给之”；又如饮食问题，《周礼》记载王之饮食，《天官·膳夫》说“羞用品有二十品，珍用八物，酱用百有二十瓮，王日一举，鼎有十二物，皆有俎”，侯家驹先生说“此当非一日胃纳所能承受”；又如五等之爵、南郊北郊之说、侯国贡物说等，都曾遭到学者质疑。但历史问题本就繁复迷离，如此这般简单地进行推论，实际上并不能真正解决问题。例如周代“天子驾六”，却不能因为不是“六马之驾”就一定非天子所乘；也不能因为作为清代国宴的“满汉全席”要上196道菜，就因哪位“非一日胃纳所能承受”而否定其存在的可能性。

第三，与金文等材料相结合。当现有的研究材料不足时，可借助诸如器皿、墓葬、遗址、甲骨文、金文等加以佐证，其中，金文材料为《周礼》研究提供了直接的材料，如金文赐命礼研究、职官制度研究。通过研究，人们肯定西周有册命制度。诸多学者结合金文对职官问题作了多方论证，如1928年杨筠如《周代官名略考》证明《周礼》保存了部分官制；1932年郭沫若《周官质疑》，1986年张亚初、刘雨《西周金文制研究》等，通过对铭文的研究得出结论：《周礼》总计356官中有96官与西周金文相同或相似，这就是说，《周礼》有四分之一以上的职官与西周时的职官制度相同。该结论虽不能完全证明《周礼》的可靠性，但可以证明西周政礼的存在。我们总不能非要等到《周礼》的所有职官都得到金文材料的对应才坐实其书为真吧？

第四，从《周礼》的思想上着手。在分析《周礼》一书的思想脉络上，彭林先生用力较多。他在所著《〈周礼〉主体思想与成书年代研究》中指出，《周礼》蕴含着阴阳五行思想。关于《周礼》的指导思想，其天地四时的职官设计，反映的是设计者的宇宙观，是对自然的模仿，反映的是朴素的自然哲学。六官的设定，天官象征天所立之官，地官象征着地承载万物，而四时之官的设立，反映的是自然界春生、夏长、秋收、冬藏在政治中的运用，是农业思想文明的结晶，是早期农业文明的反映。笔者以为，彭林先生判定《周礼》“成于一人一时之手”的结论十分重要。正如彭林先生所指出的，《周礼》体系完备，依“六典”而作，六官是一个不可分割的整体，职责明确，紧密相连，天衣无缝，不可能出于众手。看来，我们可以确定该书极可能成于一时一人。

三、《周礼》成书于西周初年

如果《周礼》成于一时一人，那么是何时何人？从上述分析看，学者们运用从文献到文献的研究方法，只能质疑发问，却不能有效解决问题。而在与金文材料的对比研究中，我们可以看到《周礼》所记载的职官制度与金文所反映的西周制度大体相近，这样的成果已经很多。

至于部分学者质疑的《周礼》官员冗杂且“不耕而赋”等问题，其中所载职官虽多，但不见得全部脱离生产劳动。如《地官》规定，每五户设立一个下士比长，每25户设立中士闾胥一人，他们平时参与劳作，这样算的话，仅仅六乡72500户中，两种官员就占了18000人；另外，这些人还担任《夏官》中提到的军事伍长和两司马，这就又占36000人。事实上，从金文册文看，那时的官员，每个人往往担任多种职务，这就是后人所谓的

“摄官事”。可见，《周礼》中的官员并非冗杂，且由朝廷发放俸禄的人也很少，多数都直接参与生产劳作。至于饮食问题，《天官·酒正》言“凡有秩酒者以书契授之”，是说取得“秩酒”资格的官员，由王朝提供饮食，郑玄引《王制》云：“七十不俟朝，八十月告存，九十日有秩。”只有这些九十岁的大臣才有这种待遇。另外，君主有时也会馈食给官员，我们不能以今例古。至于“十二鼎有俎”，其具体真实情形还不得而知。

在职官制度方面，《孔子家语·执辔》中孔子关于“以六官总治”的论述亦是有力佐证。该篇记载：“子曰：‘古之御天下者，以六官总治焉。’”将《周礼》六官及太宰一职的职掌与孔子的论述对应比较，不难发现《周礼》中的冢宰、司徒、宗伯、司马、司寇、司空与之相似。我们曾谈到，孔子以《周礼》六官为依据，尤其孔子言其“古”，值得给予充分注意。果真如此，那么《周礼》成书于西周的可能性便极大了。如果《孔子家语》不是所谓“伪书”，那么孔子所说“以六官总治”便极有可能是《周礼》所描述的情形。

孔子说“郁郁乎文哉，吾从周”，十分推崇西周的制度文化。实际上，先秦时期的诸多典籍也体现出那时对古制的推崇。《尚书·多士》就说“惟殷先人有册有典”，《春秋》《国语》亦有许多关于“古之制”“古之道”的记载，如《国语·周语下》曰：“景王二十一年，将铸大钱。单穆公曰：‘不可。古者，天灾降戾，于是乎量资币，权轻重，以振救民。……吾《周官》之于灾备也，其所怠弃者多矣。”韦昭注：“周官，周六官。灾备，备灾之法令也。”《周礼》记载说：“大司徒之职……以荒政十有二，聚万民。……大荒大札，则令邦国移民、通财、舍禁、弛力、薄征、缓刑”“廪人掌九谷之数，……以治年之凶丰。……若食不能人二釜，则令邦民就谷”“仓人掌粟入之藏。……用有余则藏之，以待凶而颁之。”单穆公所处的时代与孔子一致，时在春秋末年。将单穆公的言论与《周礼》对照，不难看出单穆公所谓《周官》即《周礼》。

《国语·周语中》还记载了陈违故典的事情。单穆公奉王命聘楚，途经陈国，归国后预言陈将亡。他说：“周制有之曰：‘列树以表道，立鄙食以守路。’……周之《秩官》有之曰：‘乱国宾至，关尹以告，行理以节逆之……卿出郊劳，门尹除门……司里授馆，司徒具徒，司空视涂。’”所谓“周制”，即《周礼》所定之制。《周礼·地官》记载说：“遂人掌邦之野……造县鄙形体之法……皆有地域，沟树之。”《周礼·地官》又记载，大司徒“大宾客令野修道、委积”，小司徒“小宾客令野修道，委积”；司关“凡四方宾客扣关，则为之告”；司门“凡四方之宾客造焉，则以告”。所有这些，都与单穆公所说制度符合。可见周之《秩官》就是《周礼》。由以上分析，我们可以得出结论：《周礼》成书于西周初年应该没有什么问题。至于该书的著作权，归于周公自然最为恰当。《史记·周本纪》说：“既绌殷命，袭淮夷，归在丰，作《周官》。”《史记·鲁周公世家》亦说：“成王在丰，天下已定，周之官政未次序，于是周公作《周官》，官别其宜。”

四、不可低估《周礼》的价值

那么，为什么关于《周礼》成书年代众说纷纭？在许多人心目中，可能存在着一个定型的、稳定的、不可变通的“周礼”，但这样的“周礼”显然是不存在的。历史像不断流动的河流，由众多支流汇集，向前不断发展。周人将先周礼制和殷商制度相结合，“损益”而形成“周礼”，这也是为什么学者们在考订西周制度时，不会发现与之完全一致的制度。可以说，《周礼》是对以往礼制的总结，更是对周代制度的设计。或者说，《周礼》所显示出来的天下治理方略与总体架构，才是《周礼》的实质与意义所在。

事实上，西周初年周公作《周礼》之后，《周礼》就成为周代政治治理的“根本大法”，周公的后世子孙们也就以之经国济世，于是“先君周公制周礼”当然也就成为周人的口头禅。诚然，作为周代礼乐制度的周礼，在实践中肯定也会因革损益，不断发展。换句话说，《周礼》或者“书于竹帛”，在实际执行中会有偏差，某些职官的具体职责也可能因时而动，但这不一定就意味着《周礼》制度与周代有所不同，《周礼》为后人伪造，或者其书根本不存在。特别需要认清的是，《周礼》对前代礼制有继承或“损益”，如果没有任何基础，如果没有此前中华文明形成的广阔背景，“经天纬地”的《周礼》编撰就难以想象，《周礼》的体系就难以如此庞大而周密。

从《周礼》本身来看，该书开篇就说：“惟王建国，辨方正位，体国经野，设官分职，以为民极。”这些话也见于地官、春官、夏官、秋官之开端。从《周礼》的这个“序言”中可以看出，制定“六典”缘起于“王”，作者是“代言”，内容是“王”制定的。“惟王建国”以“建国”为起点，《周礼》的立言主体是“王”，结合《职方氏》《大行人》的记载，“王”可以看成周成王。从地理布局上看，《周礼》是针对西周初年的实际情况而言，它的政治核心是千里王畿，王所建为“国”，环绕其附近的是“乡”。国有六乡，在六乡居民中，每一农户抽取一人进行军事训练，一乡约12000名战士，六乡约72000名战士，这或许就是每“国”的军事力量。到战国时期，战役人数动辄数十万，《周礼》中军事主体数量之小，绝不会是战国时代以及后世的情形。凡此种种，不一而足。

总之，虽然学术界对该书的成书年代还没有取得一致意见，但该书的价值却不容低估，其成书年代绝不会太晚。李学勤先生认为《周礼》是研究西周制度的必要依据，吴荣曾先生说《周礼》是探索古史的一条重要津梁，前辈学者慧眼独具，值得珍视。《周礼》的重要性不仅体现在其文献价值、制度价值上，更在于它背后所体现的思想意义。厘清《周礼》的成书年代，了解《周礼》的性质，也是理解中国古代文明发展水平的高度、深度所必须要做的一件事。

孔子“适周问礼”时间考辨

孔子“问礼于老子”是中国文化史上的大事，涉及对孔子思想尤其是儒、道学说之间因缘关系的认识。关于“孔、老相会”，典籍中有明确记载，由于新资料的问世以及学术研究的进展，人们已经不再怀疑这一重大事实的存在。然而，孔子在哪一年适周向老子问礼，历来有许多不同说法。如今，许多传世文献的可靠性得到确认，这一学术疑难问题也可以得到解决了。

一

孔子到周都洛邑问礼于老聃，并访乐于苌弘、观周明堂，在孔子的人生经历中占有极重要的地位。《孔子家语·观周》说：“自周反鲁，道弥尊矣。远方弟子之进，盖三千焉。”《史记·孔子世家》也说：“孔子自周返于鲁，弟子稍益进焉。”可见“适周问礼”对孔子影响之大。

现在人们研究孔子“适周问礼”多依据《史记·孔子世家》：

> 鲁南宫敬叔言鲁君曰：“请与孔子适周。”鲁君与之一乘车，两马，一竖子俱，适周问礼，盖见老子云。辞去，而老子送之曰：“吾闻富贵者送人以财，仁人者送人以言。吾不能富贵，窃仁人之号，送子以言，曰：‘聪明深察而近于死者，好议人者也。博辩广大危其身者，发人之恶者也。为人子者毋以有己，为人臣者毋以有己。’”孔子自周反于鲁，弟子稍益进焉。

那么，孔子“适周问礼”在何时？《孔子世家》这里的叙述是在孔子“年十七”以及少时“贫且贱”之后，其后才说到“鲁昭公之二十年，而孔子盖年三十矣”，将孔子“适周问礼”的事迹置于鲁昭公二十年、孔子三十岁之前。由此，有学者可能根据《史记》叙说的连贯，认为是在孔子十七岁时，而且，据《左传》记载，鲁昭公七年还有发生日食的记载。[①]其实，《礼记·曾子问》记孔子说自己“从老聃助葬于巷党，及堩，日有食之”，是另一次与老子相见，孔子“适周问礼”时未必发生日食。关于孔子“从老聃助葬”，下文还要谈及。

孔子年十七“适周问礼”之说是很难站得住的，它缺乏基本的旁证。

---

①高亨：《关于老子的几个问题》，《社会科学战线》1979年第1期。

《庄子·天运》中说“孔子年五十一南见老聃”，《史记索隐》认为这可能是《世家》依《庄子》之说而没有细究。因为《说苑·敬慎》记载，孔子见老聃时曾说：“甚矣！道之于今难行也！”这应当是“既仕之后”之言，而非十七之人所能言。我们认为，孔子很早就立志向学，用他自己的话说，就是“吾十有五而志于学”，所谓“志于学”即“至于道”。但从孔子自周返鲁以后“道弥尊矣”“弟子稍益进焉”等记载看，孔子“适周问礼”时虽然不必像《索隐》所认为的晚在“既仕之后”，但也不应太早至年十七时。

由于人们一般依据《史记·孔子世家》，不少学者在研究孔子“适周问礼”时，就以鲁昭公二十年，孔子三十岁作为时间坐标。如有学者分析认为，鲁昭公二十二年（孔子三十二岁），周室已发生内乱，孔子当然不能在周室两派贵族斗争之时去观光问礼。而鲁昭公二十五年（孔子三十五岁），鲁国也发生内乱，昭公奔齐，国内无君，孔子因乱适齐，流亡在外也有数年，自无“鲁君与之一车两马”之事。而鲁昭公二十六年，周室王子朝已“奉周之典籍以奔楚”，老子也因之免官归居于陈，孔老自无在周相见之理①。

人们对于孔子“适周问礼”时间的探求囿于《史记·孔子世家》，故而难以得出令人满意的结论。实际上，在对先秦时期历史事实的叙述中，司马迁虽具“良史”之才，但由于他所据材料有限，记载中的时间难免错乱。

二

我们认为，就孔子事迹的研究而言，应当特别重视《孔子家语》，如果结合《孔子家语》的记载综合考索《孔子世家》，许多的疑难就会迎刃而解。

孔子与南宫敬叔适周问礼见于《孔子家语·观周》：

> 孔子谓南宫敬叔曰：“吾闻老聃博古知今，通礼乐之原，明道德之归，则吾师也，今将往矣。”对曰：“谨受命。”遂言于鲁君……与孔子车一乘，马二匹，竖其侍御。敬叔与俱至周，问礼于老聃，访乐于苌弘，历郊社之所，考明堂之则，察庙朝之度。

①参见詹剑峰：《老子其人其书及其道论》，华中师范大学出版社2006年版。

孔子此次“适周”显然是到周都洛邑，有人将孔子“适周”的时间确定在鲁定公三年，当时孔子四十五岁。清人孔广森在《经学卮言》中说：“子在周时，《家语》有刘文公论圣人之语。定公四年，文公即卒。元二两年，未没昭公之丧，访乐苌弘，又非攸宜。前后推校，则适周在定公之三年欤？”不过，由于近代疑古思潮的影响，孔广森的看法没有引起人们的足够重视。如钱穆先生就说：“《家语》为王肃伪造，其言非可征信。则定公三年之说，亦复非也。林春溥《孔子世家补订》亦疑刘文公以定四年卒，则适周当在定二三年。然又以与《庄子》冲突，疑《孔丛》伪托非实。良以《孔丛》、《家语》，其可信之价值，尤在《庄子》下也。”①

近三十多年来，大量地下文献的问世与相关研究，使我们得以了解《孔子家语》《孔丛子》等所谓“伪书”成书的实际情况，认识到了其材料的重要价值。那么，我们有必要重新考虑孔广森和林春溥等人的观点。

孔子适周，是与南宫敬叔一同前往的，所以，孔子“适周问礼”应当在南宫敬叔师事孔子之后。《史记·孔子世家》说：“及釐子卒，懿子与鲁人南宫敬叔往学礼焉。”表面看来，好像孟僖子卒后，孟懿子与鲁人南宫敬叔立即师事孔子。其实不然。

司马迁《史记》在记“及釐子卒，懿子与鲁人南宫敬叔往学礼焉”之后，紧接着说“是岁，季武子卒”，这与前文“及釐子卒，懿子与鲁人南宫敬叔往学礼焉”自相矛盾。孟僖子（即孟釐子）卒于鲁昭公二十四年（孔子三十五岁），季武子卒于鲁昭公七年（孔子十七岁），两者时间相差十八年。

实际上，孟懿子与鲁人南宫敬叔师事孔子并不是在孟僖子去世之年。《左传·鲁昭公七年》记曰：“孟僖子病不能相礼，乃讲学之，苟能礼者从之。及其将死也，召其大夫曰：‘……我若获没，必属说与何忌于夫子，使事之，而学礼焉，以定其位。’故孟懿子与南宫敬叔师事仲尼。”这里的记载很清楚，二人师事孔子虽在孟僖子去世之后，却不一定就是在孟僖子去世之年。

孟懿子与南宫敬叔师事的大致经过，《孔子家语·正论解》说得很清楚：

> 南宫说、仲孙何忌既除丧，而昭公在外，未之命也。定公即

①钱穆：《先秦诸子系年·孔子与南宫敬叔适周问礼老子辨》，商务印书馆2005年版。

位，乃命之。辞曰："先臣有遗命焉，曰'夫礼，人之干也，非礼则无以立。'嘱家老，使命二臣，必事孔子而学礼，以定其位。"公许之。二子学于孔子。

作为鲁国"三桓"之一的孟僖子之子，在其父卒后，定不会在服丧期间拜孔子为师，因为这样做不合乎当时礼制的要求。孟僖子卒于鲁昭公二十四年，昭公二十五年，鲁昭公因鲁国内乱而出奔国外，直至死去时也没能再回鲁国，所以孟懿子与南宫敬叔的大夫职位一直都没得到诏命。直到鲁定公即位以后，二人才被诏命。但二人推辞定公说遵父命需师从孔子学礼后才能确定自己的地位，这得到了定公的允许，他们才得以师从孔子。

孔子与南宫敬叔一起适周问礼之事，无论是《孔子家语》还是《史记》等文献，均言之凿凿，具体细腻，其真实性应无问题。孔子首先与南宫敬叔谈到自己前往问礼于老聃的愿望，接着南宫敬叔言于鲁君，定公与之一乘车、两马，敬叔与孔子一同至周。孔子此次去周都洛邑，问礼于老聃，访乐于苌弘，历郊社之所，考明堂之则，察庙朝之度。孔子此次访问可谓"取得了丰硕成果"，故《孔子家语》有其"道弥尊"之说。

三

南宫敬叔与孔子一起适周问礼时，他应当已经师事孔子。《孔子家语·正论解》记载，南宫敬叔在定公元年师事孔子。那么，南宫敬叔与孔子一起适周问礼应在定公元年之后。《孔丛子·嘉言》记载了孔子见苌弘之后，苌弘与刘文公讨论孔子的言论。而刘文公在定公四年去世，则孔子适周问礼必在定公四年以前。

定公元年，孔子刚收孟懿子与南宫敬叔为徒，揆诸情理，当不会马上就提出适周问礼的想法。据《春秋》记载，定公元年，"夏六月癸亥，公之丧至自乾侯。戊辰，公即位。秋七月癸巳，葬我君昭公"。如此，定公诏命孟懿子与南宫敬叔的大夫职位应当在这年秋天之后，随后才有二人推辞而师从孔子之事。如果考虑到孔广森所说的"元二两年，未没昭公之丧，访乐苌弘，又非攸宜"，那么，孔子适周只能是在定公三年。

定公三年的下半年，孔子肯定也在鲁国。这一年，邾庄公卒，邾隐公即位。不久，邾隐公要举行冠礼，遂通过孟懿子来向孔子请教，孔子向他讲述了冠礼的内容。有人认为国君新丧，新君不宜行冠礼，如清人狄子奇《孔子编年》就有这样的看法。其实，周初成王冠事，就在武王既葬后不久，无论是孔子的叙述还是《今本竹书纪年》的记载都是如此。据《春秋》记载，郕庄公葬于鲁定公三年秋天，而且，在冬天的时候，孟懿子还与新即位的郕隐公“盟于拔”。郕隐公举行冠礼，可能就在秋冬时节。

孔子时代，列国之间交通不便。孔子适周虽然是乘坐马车，但他来往周都洛邑、问礼访乐、考察制度，也会需要很多时日。综合分析推断，孔子适周最有可能在鲁定公三年上半年。这一年为公元前508年，孔子45岁。

实际上，孔子与老子相见可能不止一次。从历史记载看，在此次孔子适周向老子问礼以前、之后，孔子还都曾见到过老子。

孔子“适周问礼”以前，二人很可能在鲁国有过交流。《礼记·曾子问》记载，孔子曾说：“昔者吾从老聃助葬于巷党，及垣，日有食之。”从新出土材料与传世文献的比较看，《礼记》所记孔子遗说都有一定的材料来源，这里的记载应当可信。其中的“巷党”就在当时的鲁国。清人阎若璩在《四书释地续》中分析认为，《春秋》记载鲁昭公二十四年夏五月乙未朔，日有食之，那么，孔子与老子的此次相见应在鲁昭公二十四年，这一年孔子34岁。

孔子“适周问礼”之后，二人还可能曾经在宋国相见。《庄子·天运》：“孔子行年五十有一而不闻道，乃南之沛见老聃。”清代学者梁玉绳在《史记志疑》中分析说：“盖适周问礼，不知何年……此本阙疑之事。必欲求其年，则《庄子》五十一之说，庶几近之。”《庄子》所说的“沛”，一般认为在当时的宋国（今江苏沛县）。孔子年51岁始“初仕”，在鲁国任中都宰，他在此时去拜访当时在沛地的老子极有可能。

“鲁酒薄”与周公《酒诰》

在后世鲁地的社会风俗中，处处可见儒家文化影响的痕迹。在饮酒习俗中，自然也少不了儒家文化的影响。且不说与酒密切相连的诸如孔府宴中的“诗礼银杏”之类的名馔，即使饮酒本身，不少饮酒者也往往把“唯酒无量，不及乱”（《论语·乡党》）奉为座右铭。

儒家文化产生于先秦时的鲁国，而鲁国是周公之子伯禽的封国，鲁国的文化习俗受周公的影响极深。周公在周初分封卫国时，曾作《酒诰》告诫康叔，使之不致因酒误政。周公的这一思想必定对鲁国也有影响，因此，鲁国在酒的酿造过程中，很可能已经注意到了使酒的浓度不致过高，味道清淡。这就是人们所谓的“薄酒”。

然而，后人对鲁国的“薄酒”却有误解，认为“薄酒”乃是质量低劣的酒。这种误解就源于《庄子·胠箧》中“鲁酒薄而邯郸围”的记载。后来，北周的庾信在其有名的《哀江南赋》中又把“鲁酒”与项羽兵败垓下时所听到的“楚歌”并提，说：“楚歌非取乐之方，鲁酒无忘忧之用。”这使得“鲁酒薄而邯郸围”的故事影响渐广。于是，在不少人心目中产生了错觉，“鲁酒”似乎成了劣酒的代名词。

关于“鲁酒薄而邯郸围”，《庄子·胠箧》只有这么简单的一句，对此，唐代的陆德明《经典释文》解释说：

> 楚宣王朝诸侯，鲁恭公后至而酒薄。宣王怒，欲辱之。恭公不受命，乃曰：“我，周公之胤，长于诸侯，行天子礼乐，勋在周室。我送酒已失礼，方责其薄，无乃太甚！”遂不辞而还。宣王怒，乃发兵与齐攻鲁。梁惠王常欲击赵，而畏楚救。楚以鲁为事，故梁得围邯郸。①

“鲁酒薄”一语又见于《淮南子·缪称训》，许慎注曰：

> 楚会诸侯，鲁、赵俱献酒于楚王，鲁酒薄而赵酒厚。楚之主酒吏求酒于赵，赵不与，吏怒，乃以赵厚酒易鲁薄酒奏之，楚王以赵酒薄，故围邯郸也。②

---

①〔唐〕陆德明：《经典释文》（第27卷），抱经堂丛书本，第5页。
②何宁：《淮南子集释》，中华书局1998年版，第743页。

许慎与陆德明二人所述在细节上有一些出入，但都是说邯郸遭到围困，其主要根源在于“鲁酒薄”，并且楚人不喜欢这种酒。

不过，在饮酒方面，人们毕竟各有自己的爱好，对于酒之“薄”“厚”自然也是如此。楚王和楚国的主酒吏不喜欢鲁国的“薄酒”，并不一定就意味着“鲁酒”就是质量低劣的酒，这里不可排除楚王和楚国主酒吏个人的喜好。

就楚人的生活习性看，楚国贵族有明显的“逞志究欲”“穷身永乐”的一面，关于这一点，从《楚辞》中的《招魂》《大招》等的描写中看得十分清楚。战国时期，楚国的贵族崇尚侈靡，“生则厚养，死则厚葬”。在饮食方面，《招魂》中写到的“大苦咸酸，辛甘行些”，证明其调味以辛辣酸甜为佳。楚人饮酒也多喜欢浓烈、刺激，所以楚国有“奠桂酒兮椒浆”[①]的句子。“桂酒”是以肉桂所泡之酒；“椒浆”是以椒实所制之浆。他们甚至喜欢在夏日饮用冰酒，所以《招魂》中写道：“挫糟冻饮，酎清凉些。”《大招》中也说“清馨冻饮”。由楚人的这些生活习性来看，楚王和楚国的主酒吏喜欢酒性浓烈的是很正常的。

古时，酒本来就有厚、薄之分。所谓“厚酒”，浓度较高；而“薄酒”则浓度较低。《说文解字》说：“醇，不浇酒也。”段注曰：“浇，沃也。凡酒沃之以水则薄，不杂以水则曰醇，故厚薄曰醇浇。”由此看来，酒之厚、薄只在于是否加水或者加量的大小，而不是酒之优劣的区分。古时厚酒、薄酒还分别有专门的名称，如“醹”和“醲”，《说文解字》均谓之“厚酒也”，“酎”为“三重醇酒”，“醪”为“汁滓酒”，也属于厚酒之列；而“醨”则是“薄酒也”。所以段玉裁在“醨”字下注曰：“薄对厚言”，“醪、醇、醹、酎皆谓厚酒，故谓厚薄为醇醨。”同处，段玉裁又引屈原赋曰：“何不餔其糟而歠其醨。”据《楚辞·渔父》，此乃是渔父在“众人皆醉”的情况下所说的话，可知“薄酒”对人的刺激较轻，不易使人陷于醉态。与“厚酒”相比，“薄酒”对人体要有益得多。

那么，鲁国所酿造的酒何以比他国的酒浓度较低呢？这很有可能是周公《酒诰》的影响所致。

《酒诰》现为《尚书》中的一篇，它本是周公为其弟康叔而作。西周初年，周公平定殷乱，封其弟康叔于卫。周公初封康叔时，担心康叔年龄较小，于是告诫他商纣之所以亡国，其原因在于“淫于酒”，商纣之乱始

① ［先秦］屈原等：《楚辞》，林家骊译注，中华书局2010年版，第38页。

于“酒之失”（《史记·卫康叔世家》）。商纣酗酒，天下化之，这正如《大盂鼎》铭文所言“殷边侯、甸粤殷正百辟，率肆于酒”。卫国的封地在殷都旧地，故而染恶尤甚。周公以其地封康叔，故作书诰以教之。在《酒诰》中，周公先命康叔宣布戒酒之令，又告康叔以戒酒之重要性以及戒酒之法。文诰自始至终言之谆谆，目的是希望康叔“典听朕毖，勿辩，乃司民湎于酒”。也就是说，周公希望康叔总结商朝灭亡的教训，不要沉湎于酒，以致荒怠政事。

周朝是自西向东发展起来的，“小邦周”能够战胜强大的殷商王朝，主要是利用了殷商后期统治者大乱丧德的大好时机。周公东征前后，西周王朝尚未彻底稳固，他施行分封，目的在于藩屏周室。各个封国安定了，周朝的江山才能得以巩固。为此，周初的统治者便认真总结殷商灭亡的教训，例如，周康王就对他的大臣说过，周文王接受天命，在武王时建立周朝，他们摒弃商朝的邪恶，以抚有天下，治理人民。在治事之时绝不敢沉湎于酒，即使行祭天之礼时也不敢喝醉。对此，《大盂鼎》铭文有明确的记录。这显然是接受了殷朝灭亡的教训，因为殷末贵族嗜酒成风，以致丧失了自己的国家。

在周初的历史舞台上，周公的地位十分显著。周初的一系列大政方针都是由他主持制定的。对于诸侯国的统治自然也是如此，《酒诰》是周公告诫康叔的，但其影响绝不仅限于卫国。除卫国外，受《酒诰》影响最大的，应该就是鲁国了。因为鲁、卫两国有许多的共同点。《左传·定公六年》记卫国人公叔文子之言曰：“大姒之子，唯周公、康叔为相睦也。”大姒是文王妃，周公、康叔同为文王子。周公是鲁国的始祖，康叔是卫国的始祖，所以孔子说：“鲁、卫之政，兄弟也。”（《论语·子路》）周公对鲁、卫两国是寄予厚望的。当初，周公之子伯禽封于鲁、康叔封于卫时，两国分别分得“殷民六族”“殷民七族”，所受封地都是殷商势力较为顽固的地区，因此两国的治国策略也大致相同，即“皆启以商政，疆以周索”（《左传·定公四年》）。康叔在卫，要教化臣民不要经常饮酒，若饮须以不醉为量，即《酒诰》中所说的“饮惟祀，德将无醉”。与之相似，伯禽在鲁，也“变其俗，革其礼”（《史记·鲁周公世家》），用了很大的气力改变当地人的风俗。鲁近夷地，与之紧邻的邾国便“杂有东夷之风”[1]，而夷人本“喜饮酒”（《后汉书·东夷传》）；另外，鲁地原称奄，曾为殷商旧都，这里肯定受殷商“率肆于酒”的风习熏染很深。伯禽在变更当地人的旧有习俗时，可能对这种风尚也有所限制。后来，孔子说的“唯酒无量，不及乱”，与《酒诰》中所要求的以“德相扶持，无使至醉”的精神是一致的。

从先秦典籍中，还找不出鲁人沉酒误政的记载。自从“日耽于酒”的周幽王被犬戎杀死于骊山下之后，周室彻底衰微下去，而作为姬姓“宗邦”、诸侯“望国”的鲁国却成了各国殷勤执礼的对象。在这种情况下，鲁国更牢记周公之训，在传播宗周文明方面以表率自居。这样，鲁国在酿酒时，为了防止饮者沉醉，而有意使其味道清淡便容易理解了。

① 〔先秦〕左丘明著，〔晋〕杜预注，〔唐〕孔颖达等正义：《春秋左传正义》，《十三经注疏》（标点本），李学勤主编，北京大学出版社1999年版，第1431页。

鲁国文化的涵养

鲁国礼乐传统研究

孔子生活在春秋末年的鲁国，既属于那个时代，更属于他所在的地域鲁国。因此，研究孔子和儒家，既要考虑其时代性特征，又要注意其地域性印痕，只有这样，对孔子、儒家的研究才会更客观，更接近真实。然而，人们更多地还是从当时的时代性着眼，从春秋末年的大环境入手分析和观察孔子，而对于孔子与鲁国的具体关系认识尚欠充分。意识在任何时候都只能是被意识到了的存在。既然人们在一定历史时期的观念反映着该时期的社会实际，那么，不难理解，剖析孕育了孔子与儒学的鲁国，自然就是研究孔子与儒家思想更为切实的途径。

在周代众多的邦国中，作为周公之子伯禽的封国，鲁国本是姬姓“宗邦”、诸侯“望国”，所以“周之最亲莫如鲁，而鲁所宜翼戴者莫如周”[①]，鲁文化与周文化乃一脉相承。因此，周初开始完善起来的宗法礼乐制度，其影响所及，铸就了鲁国根深蒂固的礼乐传统。这一传统不仅深深影响了鲁国社会的方方面面，而其中最为重要、影响后世既深且广的，当然要数以孔子为代表的儒家礼乐之学。

一、周朝礼乐文化与鲁国的礼乐传统

礼乐传统是中国古老文化传统中的荦荦大者。一般说来，中国在跨进文明门槛的时候，礼乐文化已趋发轫和形成；然而，从人文理念的角度来考察，礼乐具有规范人的行为和调整人际关系的功能应始于周初。质言之，礼乐成为人们在社会生活中的行为规章，是自周公“制礼作乐”开始的。

（一）周代礼乐文化的内容及其特点

西周建立以前，现代意义上的礼乐尚带有明显的巫术性质。分而言之，礼与乐有别；统而言之，则乐和狭义的礼都是礼的组成部分，或者说，我们所说的礼乐就是广义的礼。

关于礼的起源，学术界说法不一。《说文解字》释礼为“履也，所以事神致福也”，徐灏笺：“礼之言履，谓履而行之也。礼之名起于事神，引申为凡礼仪之称。”《礼记·祭统》也说：“凡治人之道，莫急于礼。礼有五经，莫重于祭。”可见礼是指求神赐福的宗教典仪。不过，这还不

①〔清〕高士奇：《左传纪事本末》，杨伯峻点校，第5页。

是礼的最初含义。据杨向奎先生的研究，礼起源于原始的交往，原始社会的“礼尚往来”实际上是货物交易。人们对天、自然、上帝进行祭祀，是因为他们已赠给人们许多礼物了，这尚未脱离礼的原始意义。[①]乐亦如此，乐起源于劳动，它被赋予“通伦理”（《礼记·乐记》）的含义，也是后来的事情。

《礼记·礼运》说：“夫礼之初，始诸饮食，其燔黍，捭豚，污尊而抔饮，蒉桴而土鼓，犹若可以致其敬于鬼神。”原始的礼乐形式或即如此。这种出于后人想象的记叙是可以理解的。原始社会后期，父系氏族制度形成的同时，原始信仰也在经历了自然崇拜、图腾崇拜之后，过渡到祖先崇拜阶段。这时，在人们的观念中，人统与“神统”统一在了一个整体之中，既然死去的祖先对本氏族的发展起了极大作用，那么，定期对祖先施行祭祀，或者通过一定的音乐舞蹈形式致虔敬于鬼神，也就是理所当然的事情了，人与“神”的区别也随之逐渐合理化。如果说在此以前对于自然或图腾的崇拜尚为一种“不含欺骗成分”的“自发的宗教”的话，那么这时对于祖先的崇拜应是一种“人为的宗教”[②]，因为神职人员正是在这时产生的，而且他们还想方设法提高自己的地位，并为此而假借神灵设计祭奠等程式。应该说，正式意义上的礼便与这种虔诚狂热的“人为的宗教”相伴而生。

由于“文献不足”，我们已很难对夏、殷之礼叙说其详。不过，“夏道尊命，事鬼敬神”“殷人尊神，率民以事神”（《礼记·表记》），似乎礼乐还具有浓重的巫术性质。当然，随着社会的发展，这时期人们的尊卑贵贱的等级观念较前已大大加强，统治者已经注意到了利用礼仪制度维护自己的利益。同时，考古材料证明，夏、殷礼制与周边民族（如夷人）之礼有显著的交互影响。这些都反过来对礼的发展有所推动，此时礼器、乐器的大量出土正是其体现。到西周建立前，在黄河中下游文化发达的地区，尤其殷商势力较为强大的地区，人们已有了明确的礼乐概念，虽然在大多数场合下，这时期的礼乐仍然仅仅以佐祭的形式存在。

如前所说，礼乐性质的改变，即礼乐文化演进为一种人文文化，乃是周人的功劳。这种转变与周族以农业为社会生活的主要内容密切相关。恩

---

①杨向奎：《礼的起源》，《孔子研究》1986年第一期创刊号。

②［德］恩格斯：《布鲁诺·鲍威尔和早期基督教》，《马克思恩格斯全集》（第19卷），中共中央马克思恩格斯列宁斯大林著作编译局编译，人民出版社1956年版，第327页。

格斯在分析易洛魁人氏族制度的基本特点时指出："一切问题，都由当事人自己解决，在大多数情况下，历来的习俗就把一切调整好了。"[1]周族就是如此，他们起于农业，在长期的生产生活中逐渐形成了适宜农耕方式的习俗。周公适应周族的发展和对外征服与统治的需要，把周族的"历来习俗"制度化，从而形成了周人的礼乐文化。当然，周人礼乐中仍有原始宗教的某些孑遗，但较之前代，其成分已明显减少。诚如西周以后人们总结的那样"先王之制礼乐也，非以极口腹耳目之欲也，将以教民平好恶而反人道之正也"（《礼记·乐记》），"先王之制礼乐，人为之节；衰麻哭泣，所以节丧纪也；钟鼓干戚，所以和安乐也；昏姻冠笄，所以别男女也；射乡食飨，所以正交接也"（《礼记·乐记》）。夏、商时期"尊命""尊神"的礼，到这时期又被以礼治和宗法相结合的周礼所替代。

就周礼的内容而言，概括讲来，应当包括以下三个层面：

首先是"礼俗"，也就是社会习俗和道德习惯。礼乐文化并不等于礼乐制度，礼乐文化的外延较礼乐制度更宽泛一些。游离于礼乐制度之外的礼乐文化多表现为人们自觉的循礼行为，积久而成为风俗，即"礼俗"。正如美国学者菲利普·巴格比在《文化：历史的投影》中所说："文化就是那种在一个集团或一个社会的不同成员中反复发生的行为模式。所以，在我们社会中，一个人先穿左右鞋中的哪一只，这是无关紧要的事。""但是，我们社会中的全体，或相当接近于全体的人都把纽扣钉在衣服上的右爿，这就是我们的一个文化特征了。"

以礼制的产生为限，"礼俗"可以分为先后两个阶段，即旧礼俗和新礼俗。旧礼俗即在"礼制"出现前的古代礼俗，即《论语》中所谓的"殷因于夏礼""周因于殷礼""周监于二代"之礼。"礼俗"产生于社会群体自发的生活实践。与程式化的礼仪相比，它更为普及，不似"礼不下庶人"一样只停留在社会上等阶层，作为贵族士大夫专以标榜身份的标志。礼俗不仅流溢于社会的上层，在民间也得以广泛推广，这种流于民间的礼俗具有超稳定性。

无疑，夏、商旧礼在周礼中占有很大比重。《礼记·曲礼下》说："君子行礼，不求变俗。"周礼自是对前代旧礼的继承与因循，而且这种因循也不只限于夏、商旧礼，因为人类产生之初就有了礼的存在。后来，

---

① ［德］恩格斯：《家庭、私有制和国家的起源》，《马克思恩格斯选集》（第4卷），中央编译局编译，人民出版社1972年版，第92—93页。

礼被视为“人之所以异于禽兽者几希”（《孟子·离娄下》）中的“几希”之所在。古代生活中的礼被周人因循自不待言，社会生产和交换中也有许多礼俗成为后来礼俗的先行。比如，“藉礼”在原始社会末期的氏族公社中就已产生，是族长和长老组织生产活动时主持的一种仪式。这种“藉礼”可能就是周天子举行“藉礼”时要带头耕作的耕田仪式的发端。确切地说，夏、商旧礼是附着于周人旧礼之上，并逐渐融为一体的。

然而，“礼制”产生之前的礼俗大多还处于自发状态，零散地分布于各地区人们的生产、生活中，它的形成和发展过程是缓慢的。“礼制”产生后，则是另一番景象，在“礼制”的强制性推行下，许多新的礼被催生出来，约定俗成。这是礼俗形成的第二个阶段，这个阶段中，礼俗走向了系统化。

至于礼俗的具体条目，因地区不同，礼俗条目亦有差别。《礼记·王制》把礼归纳为“冠、昏、丧、祭、乡、相见”6项。除了在这6种礼项中体现出来的礼俗外，礼俗还渗透到人们社会生活的各个层面。

其次是“礼仪”，即具体的仪式礼节。按照杨向奎先生的看法，“礼仪起源于原始社会的风俗习惯”①，但具体到作为制度的礼仪，其产生是由统治者依据政治需要促成的。周朝政权建立时，为了政权的稳定，统治者有必要对社会秩序的规范方式提出要求，为了使各阶层的人各司其职，各守其分，“王者功成作乐，治定制礼”（《礼记·乐记》）。周公以其深远的政治目光敏锐地洞察到了这种趋势，率先制定了周朝礼乐。

当然，礼仪并非都出自周公一人之手，但周公制定周代礼乐却有深刻的影响。周公之时，周礼属初创，正如陈澧在《东塾读书记》所云，仅为“举大纲”而已。

那么，周礼到底包括哪些内容？所谓“三礼”，《周礼》《仪礼》《礼记》在多大程度上反映了周礼？这是历来学者争议的焦点。关于《周礼》一书，李学勤先生认为它“是研究西周制度的必要依据”②；吴荣曾先生也说《周礼》是“探索古史的一条重要律梁”③。关于《仪礼》，沈文倬先生认为：“《仪礼》书本残存十七篇以及已佚若干篇的时代，其上限是鲁哀公末年、鲁悼公初年，即周元王、定王之际；其下限是鲁共公十

①杨向奎：《宗周社会与礼乐文明》，人民出版社1997年版，第235页。
②李学勤：《李学勤集·自序》，黑龙江教育出版社1989年版，第3页。
③葛志毅：《周代分封制度研究·序》，黑龙江人民出版社1992年版，第2页。

年（前373）前后，即周烈王、显王之际。”[①]陈成国先生在研究先秦礼制的基础上认为：“《仪礼》记载大射仪、冠昏、丧葬、朝聘、燕会、祭祀诸礼，都可以找到其他文献的证据。”[②]我们认为，《周礼》《仪礼》在很大程度上是西周时期历史实际的反映，其出现都不会太晚，只是在《周礼》《仪礼》的成书时代方面，学术界还存在极大争议。至于《礼记》（包括《大戴礼记》），其为孔门后学七十之徒传礼之作，这在学术界看法比较一致。《礼记》一书虽然编成于西汉初年，但其中大部分应该本来出于孔子后学。

礼制主要体现于《周礼》《仪礼》中。根据《礼记·王制》，大致有以下诸项，如职官、班爵、授禄构成的官僚等级体系；土地制度、关税制度、行政区划制度、刑律体系、朝觐制度、祭祀制度、自然保护制度、贵族丧祭制度、学校养老制度，即传统所谓的典章制度。此外，《王制》中又概括了冠、昏、丧、祭、乡、相见等“六礼”，《周礼》则有“五礼”之说，即吉、凶、军、宾、嘉，细分之，有所谓“经礼三百，曲礼三千”之说，真可谓“繁文缛礼”，大而至于政治、军事，小而至于衣冠、陈设，无不有义。这些礼仪都是本着孝、忠、信、义等准则推衍而来的，目的是“明贵贱，辨等列，顺少长”。如葬礼方面规定“天子七月而葬，同轨毕至；诸侯五月，同盟至；大夫三月，同位至；士逾月，外姻至”（《左传·隐公元年》）。丧服方面有所谓斩衰、齐衰、大功、小功、缌麻之分。日常衣冠上，“天子袾褛衣冕，诸侯玄褛衣冕，大夫裨冕，士皮弁服”（《荀子·富国》）。衣饰器物之外，揖让周旋的规定也很细微。不仅礼仪烦琐，还有与之相配合的音乐，使得不同场合、不同身份的人，不但礼仪有别，所用的音乐也不一样。

如此系统周密的礼典制度当然不是周公一人一时向壁独造，应该是继承或者“损益”了前代既有礼制，将已经流行的礼制加以系统和总结得来。周公制礼作乐具有十分重大的意义，它是周王朝统治步入正轨的标志，礼乐制度与其他政治制度如嫡长子继承制、分封制、宗法制等共同构成了捍卫西周政权的强大堡垒，这种制度对西周乃至后世都产生了深远的影响。

再次是“礼义”，指抽象的礼的道德准则。

---

①沈文倬：《略论礼典的实行和〈仪礼〉书本的撰作》，《宗周礼乐文明考论》，浙江大学出版社1999年版，第1—47页。

②陈成国：《先秦礼制研究》，湖南教育出版社1991年版，第28页。

从礼的本质上讲，周礼的制定在于维护西周统治秩序，带有明显的时代性和阶级性。正如宋人司马光所揭示的那样："夫以四海之广，兆民之众，受制于一人，虽有绝伦之力，高世之智，莫不奔走而服役者，岂非以礼为之纪纲哉！是故天子统三公，三公率诸侯，诸侯制卿大夫，卿大夫治士庶人。贵以临贱，贱以承贵。上之使下，犹心腹之运手足，根本之制枝叶，下之事上犹手足之卫心腹，枝叶之庇本根，然后能上下相保而国家治安。"①这就是说，礼要求人们自觉接受约束，人人都有一种秩序意识，这样才能建造出一个有序社会。在孔子看来，这个社会就是一个有礼的社会，"君君、臣臣、父父、子子"，人人循礼而动，各阶层社会成员都遵守各自的名分，并依此名分肩负起各自的道德责任。

然而，礼义若只停留在这一层面，就无异于"齐之以刑"（《论语·为政》）的法，这当然不足以标明它的独特功能。礼的深层内涵更在于它能引发遵守这种规范的道德自觉。礼乐文化不仅以制度的形态为规划统治秩序提供蓝图，更是在意识形态上保障着这种秩序的运行。礼之所以具有这种功能，在于"礼"以"德"为内容，以"敬"为精神机制。《礼记·郊特牲》说"礼之所尊，尊其义也"，《礼记·礼运》说"为礼不本于义，犹耕而弗种也"，都道出了礼之"义"的极端重要性。

在思想文化发展中，德行的观念早已出现，如《尚书·尧典》中说："帝尧曰放勋，钦明文思安安，允恭克让，光被四表，格于上下，克明俊德，以柔九族。"《尚书·皋陶谟》中也有"天命有德"的记载。西周时，"德"的观念更得到了充分发展，周人将以往的具体德目进行抽象引申，使德的观念进入政治领域中。"以德配天"，把德作为人与天的中介，并以"敬"来发省人的主动性。那时的人们认为："礼，国之干也。敬，礼之舆也，不敬则礼不行。"（《左传·僖公十一年》）在人们的理解中，应该以敬聚德。由是，以"德"为内核的礼就由外在的规范变成了内在于人心并符合人性的自然约束力。主体不再只是勉强自己去适应礼，主体的整个生活都成为礼的显现。"礼也者，合于人心。"（《礼记·礼运》）"礼者，因人之情而为之节文。"（《礼记·坊记》）人之性有不同侧面，故可据性之不同制定出不同的礼。"人性有男女之情，妒忌之别，为制婚姻之礼；有交接长幼之序，为制乡饮之礼；有哀死思远之

① 〔宋〕司马光编著，〔元〕胡三省音注：《资治通鉴》，标点资治通鉴小组点校，中华书局1956年版，第2页。

情，为制丧祭之礼；有尊尊敬上之心，为制朝觐之礼。”（《汉书·礼乐志》）

“礼义”的上述两个层次，其深度是不同的，其稳定性也不一样。第一层次的礼义是具有特定阶级观点和历史内涵的范畴，它可以随时代的不同而淡化甚至消亡；第二个层次的礼义则是超越阶级、超越时代而具有普遍意义的思想范畴，它具有较强的稳定性，并能形成一个民族的文化积淀。

礼俗、礼仪、礼义是周礼的有机组成部分。礼俗根源于原始社会的氏族风俗习惯。当这种自发、自然形成的礼俗逐渐彰显出政治、人文功用时，它就被阶级社会中的统治者加以提炼，剖离出符合政治需要的礼俗，从而固定为礼制和礼节，这就是礼仪。礼仪从礼俗中来，又反辅于礼俗。礼义可以分为两个层次：一是礼俗、礼仪之义，是具有他律性的礼义；二是从人之性情所出，由他律转化为自律，其主旨是依据人的自觉去造就一个有序的社会。

（二）鲁国礼乐传统的形成

姬周是自西向东发展起来的。在灭商和东征前后，周人以封邦建国的方式将宗周文化弹射而撒播到各地。在周族分封的众多诸侯国中，鲁国由于其封国的特殊性质以及所处的地理环境，成了宗周礼乐文明的嫡传，全盘继承了周人的文化传统。

第一，因为鲁国是周公之子伯禽的封国，而周公无论在帮助武王争夺天下，还是在成王年幼时平定天下，都有着卓著的功勋。因此，鲁国初封，不仅受赐丰厚，而且相对于他国来说还得到了不少特权。据载，伯禽受封到鲁时，周王室为“昭周公之明德”，“分鲁公以大路、大旂，夏后氏之璜，封父之繁弱，殷民六族”，又“分之土田陪敦，祝、宗、卜、史，备物、典策、官司、彝器”。（《左传·定公四年》）这既是一种荣耀，更是一种地位，因为其中有的就是天子之器物、服饰，这是其他封国所享受不到的。《礼记·明堂位》记载：“凡四代之器、服、官，鲁兼用之，是故，鲁，王礼也，天下传之久矣。”这种记载应该是可信的。以职官为例，在周王室官制中，“太宰”为卿士之首，即王室宰，亦为王之“相”，其地位颇高，直到春秋前期，此职尚颇重要，而鲁国亦设有此官①。

鲁国还有其他诸侯国所没有的官职，如掌管礼仪的“宗伯”是周王室中的重要职官，从现有资料看，春秋时期诸侯列国中只有鲁国设有“宗伯”，如《国语·鲁语上》“我为宗伯”，《左传·文公二年》“于是夏父弗忌为宗伯”。宗伯负责掌管祭祀时神主位置的排列等。其他国家只设“宗人”，替国君掌管祭祀，以向神灵祷告，地位并不太高。鲁国的宗伯有时省称“宗”，或称“宗人”，但有“宗伯”之名的毕竟只有鲁国。鲁国初封时，周室特别赐以祝、宗、卜、史，备物、典册、官司、彝器，对鲁国的祭祀之礼等格外重视，大概鲁在西周时已有“宗伯”一职。又如“大司徒”，《周礼·地官·大司徒》云：“大司徒之职，掌建邦之土地之图，与其人民之数，以佐王安抚邦国。”鲁大司徒之职名于金文中两见：一为鲁大司徒元器，一为鲁大司徒子仲白匜。周金铭文中又记有冢司徒一职，郭沫若《金文丛考》云：“冢司徒者，大司徒。周官太宰亦称冢宰。郑玄谓：‘进退异名，百官总焉，则谓之冢，列职于王则称大。冢，大之上也，山顶曰冢。’今大司徒亦言冢司徒，则冢之称不限于冢宰矣。”②是知大司徒应为天子之官职。而鲁置大司徒，当也是周王室因周公之故而崇鲁国。

周王室在赐给鲁国大量文化典籍的同时，特许鲁国享有天子之礼乐。《史记·鲁周公世家》说：“成王乃命鲁得郊祭文王。”《礼记·明堂位》载：“鲁君孟春乘大路，载弧韣，旂十有二旒，日月之章，祀帝于郊，配以后稷，天子之礼也。”郊祭而外，鲁又有禘礼。《左传·僖公八年》：“秋七月，禘于太庙……”《左传·襄公十年》：“鲁有禘乐，宾祭用之。”鲁还有大雩之礼。据《诗·大雅·云汉》，大雩乃祭天祈雨，祀及上帝先祖，为天子之礼。鲁也行大雩礼，古鲁城外，现今尚存当年的

---

①鲁国是否设有太宰一官，过去存有争论。《左传》隐公十一年记：“羽父请杀桓公，将以求太宰。”孔颖达《正义》曰：“周礼：天子六卿，天官为太宰，诸侯则并六为三而兼职焉。昭公四年传称季孙为司徒，叔孙为司马，孟孙为司空，则鲁之三卿无太宰也。羽父名见于经，已是卿矣，而复求太宰，盖欲令鲁特置此官，以荣己耳。以后更无太宰，知鲁竟不立。”杨伯峻《春秋左传注》曰：“鲁本无太宰之官，此云将以求太宰者，谓欲以杀桓公，将以求执政之卿。”二家皆谓鲁不曾置太宰一官。但鲁国青铜器中出现了“鲁太宰”之名，知鲁实曾设有太宰之官。二家仅就春秋时情况言之，则不能肯定此前亦未曾设有此官。

②郭沫若：《郭沫若全集考古编第05卷·金文丛考》，人民出版社1954年版，第63页。

舞雩坛旧址。郊、禘、大雩之“重祭”，本为周天子独用，而鲁也得有这些“殊典”。

鲁既有行天子之礼的特权，则鲁人自不能忘记祖述先王之训，追忆周公之礼。实际上，鲁国正是周公推行礼乐的中心。周公“制礼作乐”，伯禽则亲聆父教。《礼记·文王世子》曰：“成王幼，不能莅阼。周公相，践阼而治，抗世子法于伯禽，欲令成王之知父子、君臣、长幼之道也。成王有过，则挞伯禽，所以示成王世子之道也。”伯禽接受的是世子教育或为后人的推测，然而，他接受周礼是作为家礼来进行的，倒不一定是妄说。所以，鲁人对周礼别有一种亲切感，“先君周公制周礼”成了他们的口头禅，他们在行为上循礼而动成了十分自然的事情。

第二，鲁国建国之地乃殷商势力较为顽固的地区①，伯禽率周人的一支作为胜利者被分封到鲁地时，企图把鲁国建成宗周模式的东方据点。鲁建国前，这里被称作“奄”，曾是殷商旧都，周边部族也没有立即服周，因此，鲁国代表周王室担负着镇抚徐、奄、淮夷，传播宗周文化的历史使命。周初实行分封，一个重要的目的是“以藩屏周”，封伯禽于鲁，也是希望他“大启尔宇，为周室辅”（《诗经·鲁颂·閟宫》），所以伯禽在鲁，采取了“启以商政，疆以周索”（《左传·定公四年》），“变其俗，革其礼”（《史记·鲁周公世家》）的国策，“三年而后报政周公”（《史记·鲁周公世家》）。为了强化统治，他花费了很大气力改变当地人的风俗，力图把周人的文化传统推广到鲁地。后来，鲁国重礼文化风格的形成，与鲁先君的努力是分不开的。

杨向奎先生对宗周的礼乐文明有独到的研究，他说：“通论中国文化之发展，虞夏以来，至于春秋，其中心地域在今山东、河南、河北，后来发展遂及山西、陕西。虞夏代表夷、夏，共处于中国东方，黄河下流，以山东为中心，东及辽沈，西及河南，南及江淮，北达燕蓟。后来发展为齐鲁文明，实为宗周文化之嫡传，而鲁为姬，齐为姜，后来结果，齐一变至于鲁，鲁一变至于道；周礼在鲁，遂为中心之中心。”②又说：“周公及其同僚，建立了礼乐制度，鲁国继之成为正统。”③姬周自消灭殷商，占

---

①鲁国始封地本在河南鲁山一带，当时，天下未靖，直到东方平定之后，鲁才迁至今山东曲阜。这里的“建国之地”即指曲阜。参见杨朝明：《从〈诗经·閟宫〉看鲁国前期历史》，《齐鲁学刊》1989年第1期。

②杨向奎：《宗周社会与礼乐文明》，第277—278页。

③杨向奎：《宗周社会与礼乐文明》，第279页。

据黄河下游后，实际就把鲁国看成了自己在东方的代理人，因此，鲁在诸侯国中便有了极为特殊的地位。一般说来，“周之宗盟，异姓为后”，鲁既为姬姓，又为周公之裔，故在诸侯位次序列中有“班长”①之称，被列为首席。如春秋初年，齐国遭北戎侵犯，齐向各国求助。战后答谢诸侯，在馈送粮饩给各国大夫时，齐请鲁国按班次代为分派；晋文公主持“践土之盟”时，在各会盟国进行的歃血仪式上，除主盟的晋国外，鲁的次序也被列在各国的最前面。既然周室对鲁国寄予厚望，把鲁国分封在商奄旧地，那么，在推行周代礼乐制度时，有“望国”地位的鲁国也就不能不以表率自居了。

第三，鲁国适宜农桑的地理环境，客观上也要求鲁国推行周代的礼乐制度。鲁国位于齐、莒、宋、卫等国之间，其领地以汶河流域和泗河的中上游地区为中心，境内丘陵之间，有诸如汶阳、泗西等大片肥沃的良田，而且河流、湖泊交错，是一个宜于农桑的地区，所以，《史记·货殖列传》称这里“宜五谷、桑麻、六畜”“颇有桑麻之业”。鲁国表现出明显的重视农业的特点。②鲁人的这种经济特点与周人的重农传统是相应的。农业是周族兴盛的根本，《汉书·地理志》说：“昔后稷封郃，公刘处豳，太王徙岐，文王作酆，武王治镐，其民有先王遗风，好稼穑，务本业，故《豳诗》言农桑衣食之本甚备。”周人有崇尚农业的传统，而鲁人对这一传统又加以继承和发扬。

自周初程序化的诸侯分封开始，周人的宗法制度遂逐渐确立起来。在这个制度下，“尊祖”和“敬宗”是其基本信条，人们依照与周王的血缘亲疏以及嫡庶、长幼等关系，确立起贵族之间的贵贱、大小、上下等各种等级差异，从而形成确立伦理规范和行为准则的具体名分。“夫名以制义，义以出礼，礼以体政，政以正民。”（《左传·桓公二年》）这种情形，在游移不定的以畜牧或工商活动为主的人们中间是谈不上的，只有在稳定的农业社会区域才会出现。西周正是这样一种典型的宗法式农业社会，在这个社会中，划分成若干等级的人们必须和谐地相处于同一社会群体中。周代先王就是根据这种需要制礼作乐的。鲁国既然继承了周人的重农传统，那么客观上也就要求其文化上的重礼风格与之相适应。③

---

①〔先秦〕左丘明：《国语》，陈桐生译注，中华书局2013年版，第171页。
②杨朝明：《试论鲁国的重农传统和农业生产》，《中国农史》1990年第3期。
③杨朝明：《鲁国的经济特点与儒家的重农思想》，《孔子研究》1989年第4期。

（三）鲁国礼乐传统的特点

各种条件的结合，使鲁国成了典型的周礼乐的保存者和实施者。时人称“周礼尽在鲁矣”（《左传·昭公二年》），鲁国也因此而成为各国诸侯学习周礼的去处，《左传·襄公十年》记载：“诸侯宋、鲁，于是观礼。”宋国保存的自是殷礼，而鲁国保存的则是典型的周礼。孔子曾说：“夏礼，吾能言之，杞不足征也；殷礼，吾能言之，宋不足征也。文献不足故也。足，则吾能征之矣。”（《论语·八佾》）杞、宋两国分别为夏、商后代的封国，在周人“兴灭国，继绝世”的传统下，他们得以享国并祭祀其先祖，但他们对于夏、商之礼的保存仍然使得孔子有“文献不足”的感觉。孔子生长在鲁国，他对周礼十分了解，是当时有名的知礼之人，这与鲁国对周礼的完整保存应当不无关系。在春秋以降的社会动荡时期，鲁国诚然也出现了礼坏乐崩的局面，但由于礼乐传统深厚，直至春秋末年，鲁国的古典乐舞仍然令吴国公子季札叹为观止。晋国范宣子赞叹鲁国典册之富，说“周礼尽在鲁”时，也已经到了春秋末年的鲁昭公时期。没有浓厚的礼乐文化氛围，就很难产生孔子这样一位礼乐大师。

鲁国所保存的乃是周礼，有一件事情很能够说明问题。《左传·昭公五年》曰：

> 叔仲子谓季孙曰：“带受命于子叔孙曰：‘葬鲜者自西门。’”季孙命杜泄。杜泄曰：“卿丧自朝，鲁礼也。吾子为国政，未改礼，而又迁之。群臣惧死，不敢自也。”既葬而行。

这里出现了一个“鲁礼”的概念。《礼记·檀弓下》说：“丧之朝也，顺死者之孝心也。其哀，离其室也，故至于祖考之庙而后行，殷朝而殡于祖，周朝而遂葬。”是则周代之礼与这里的所谓“鲁礼”一样，卿丧，葬前必移柩于宗庙，从朝出正门。杨伯峻《春秋左传注》也以这样的“鲁礼”来说明“周代之礼”，说明鲁礼即为典型的周礼。

在鲁国，礼乃是人们的行为准则，上自鲁公，下至卿士，无不循礼而动。不论是“国之大事”，还是往来小节，如君位继承、祭天祀祖、对外战争、朝聘会盟，以及燕享、乡射等无不如此，否则就会受到指责，甚至被视为“不祥”的举动。如君位继承方面，自西周末年以来，嫡长子继承制已在形成之中，所以当宣王为鲁国择君时，周之樊仲山父谏宣王曰：

> 废长立少，不顺；不顺，必犯王命；犯王命，必诛之：故出令不可不顺也。令之不行，政之不立；行而不顺，民将弃上。夫下事上，少事长，所以为顺。今天子建诸侯，立其少，是教民逆也。若

鲁从之，诸侯效之，王命将有所壅；若弗从而诛之，是自诛王命也。诛之亦失，不诛亦失，王其图之。

近二百年以后的鲁文公二年，鲁宗伯夏父弗忌欲将僖公的享祀之位升到闵公之上。因为僖公是继闵公之后为鲁君的，所以宗有司认为，按照“次世之长幼，而等胄之亲疏”的昭穆制度，僖公应在闵公之下。因此，坚持传统礼制的展禽（柳下惠）便弹起了与樊仲山父相同的调子，从而责评道：

夏父弗忌必有殃。夫宗有司之言顺矣，僖又未有明焉。犯顺不祥，以逆训民亦不祥，易神之班亦不祥，不明而跻之亦不祥，犯鬼道二，犯人道二，能无殃乎？[①]

不论是君位继承上的嫡长子制，还是祭祀中以即位先后为序，都是宗法礼制所规定的，而“礼无不顺”（《左传·文公二年》），违背了这些礼制，便是“不顺”。春秋之初，隐公居摄却始终不言即位，亦有此义在焉。

《春秋》为鲁国之史，《春秋》一书“常事不书”，故鲁人依礼而动的许多行为便不一定见于记载。《春秋》以及他书中记载的鲁国君臣的一些“违礼”之举，引起了人们的规谏或者评论、指责，如隐公如棠观渔者，桓公取郜大鼎于宋而置之太庙，桓公与夫人姜氏一道至齐，庄公如齐观社，庄公丹桓宫之楹而刻其桷，文公欲弛孟文子和郈敬子之宅以广其宫，夏父弗忌跻僖公，宣公夏滥于泗渊，以及鲁三家的一些不礼之举等等。但在东周以来“礼坏乐崩”的情况下，鲁国仍有不少知礼之人，如臧僖伯、臧哀伯、臧文仲、柳下惠、曹刿、夏父展、里革、匠人庆、申繻、叔孙豹、子服景伯、孔子等等。另外，文公时的宗有司、《左传》的作者左丘明[②]也是如此，他们皆以知礼明礼而闻名。

当然，周礼虽然由周王室制定，但在具体实施时，各诸侯国的情况却大不一样，其中的原因自然是多方面的，如封国性质的不同，所处地理位置的差异等等。秦、楚为戎族，周礼的影响自然较弱，吴虽姬姓，但毕竟远在僻壤，周礼的保存不及中土，所以春秋时公子季札至鲁请观周乐。齐

①〔先秦〕左丘明：《国语集解》，中华书局2002年版，第165—166页。
②〔汉〕郑玄著，〔清〕皮锡瑞疏证：《六艺论疏证》，《续修四库全书》经部群经总义类第三，上海古籍出版社2002年版，第269页。

为鲁邻，又是姜太公之后，其遵从周礼强于域外方国。后世学者有所谓“周礼在齐”之说，认为《周礼》一书多同于《管子》，清代乾嘉以来，甚至有不少学者认为《周礼》一书出于齐国。虽然在事实上《周礼》一书成书很早，而非出于哪个方国，但齐国的礼俗毕竟与周礼有许多相同之处。

根据礼的规定，天子五年一巡狩，视察各国，“变礼易乐者为不从，不从者君流”“革制度衣服者为畔，畔者君讨”，但与之同时，一般又讲究“修其教不易其俗，齐其政不易其宜”（《礼记·王制》）。故各诸侯国在政治制度大体一致的基础上，具体的施政措施却不尽相同，如齐、鲁初封国时，太公在齐国因俗简礼，伯禽在鲁国却变俗革礼。由于周人“存灭继绝”的传统，故异姓的杞、宋分别沿袭了夏、商礼俗。而同姓国中也有差异，周初，封康叔于卫时，令他“启以商政，疆以周索”；封唐叔于夏墟时则“启以夏政，疆以戎索”。（《左传·定公四年》）各诸侯国一般对周礼各取其需，因地制宜，未有鲁国始终不忘“法则周公”，祖述先王之训。

当然，“周礼尽在鲁”并不完全排斥其他礼俗在鲁国仍有保留。这首先是因为周礼本身就是“损益”前代之礼而来，如《礼记·檀弓上》就说：“周人以殷人之棺椁葬长殇，以夏后氏之堲周葬中殇、下殇，以有虞氏之瓦棺葬无服之殇。”另一方面，鲁地原为殷商重镇，鲁国统治者要彻底改变旧奄民和“殷民六族”的所有风俗也不可能。再者，鲁国还曾有意在祭祀中使用周边民族的乐舞，诚如《礼记·明堂位》所记：“昧，东夷之乐也；任，南蛮之乐也。纳夷蛮之乐于太庙，言广鲁于天下也。”不过，鲁国虽有其他礼俗存在，但都是次要的，处在周人礼乐的从属地位。

二、礼乐传统与鲁国社会

鲁国既然有根深蒂固的礼乐传统，那么这一传统必然对鲁国的社会生活产生极大影响。不言而喻，这种影响是由周代礼乐制度本身的特点所决定的。

礼乐传统对鲁国社会生活所起的作用，可从以下几个方面加以认识：

（一）礼乐传统与鲁国政治

鲁国对周代礼乐的完整保存和实施，是与鲁人对于礼乐功能的认识相联系的。从《礼记》一书看，他们的这种认识确已达到了相当深刻的程度[1]。他们认为，“君臣、上下、父子、兄弟，非礼不定”，“非礼，无以辨君臣、上下、长幼之位”。而乐的功能也不仅仅体现在协调劳动和娱乐方面，它能够“合和父子、君臣，附亲万民”，在不同等级的人们心灵间起沟通与和谐作用，“乐在宗庙之中，君臣、上下同听之，则莫不和敬；在族长乡里之中，长幼同听之，则莫不和顺；在闺门之内，父子、兄弟同听之，则莫不和亲”。可见，乐乃“和之道也”[2]。礼与乐性质不同，但二者一分一合，刚柔相济，因礼而造成的差等的神圣性，可以由乐来进行协调，所以说“乐者为同，礼者为异。同则相亲，异则相敬”，“乐至则无怨，礼至则不争”，“合情饰貌者，礼乐之事也”。就周代礼乐的本质而言，它实际上是周族统治者的一种政治统治工具。

鲁秉周礼，对维护鲁国的安定同样起了积极作用，这在西周时期乃至春秋前期表现比较显著。最具代表性的事例发生在鲁闵公元年，当时，齐欲伐鲁，齐公问仲孙湫曰：“鲁可取乎？”仲孙湫说：“不可。犹秉周礼。周礼，所以本也。臣闻之：国将亡，本必先颠，而后枝叶从之。鲁不弃周礼，未可动也。”（《左传·闵公元年》）此时，鲁正遭庆父之难，但尚秉周礼就难以攻取，这是因为周礼可起到一种协调人心的作用。在统治者内部，它可以防止和调和矛盾；而对下层人民来说，周礼既有慑服之威，又有收罗人心之用。仲孙湫说鲁以周礼为本是切中要害的。鲁人都知道礼有“经国家，定社稷，序民人，利后嗣”（《左传·隐公十一年》）的功能，因而他们也认识到“服于有礼，社稷之卫也”（《左传·僖公三十三年》），“无礼必亡”（《左传·昭公二十五年》），故对周礼怀有极大热忱。《礼记·礼运》说：“坏国、丧家、亡人，必先去其礼。”礼尚在则国不可亡，礼之关乎国泰民安，于此可见。

在宗法制度下，“尊尊”和“亲亲”可谓两条根本原则，也是周礼的基本要求。鲁国初建时，周公也为鲁国确立了这样的治国方针（《汉书·地理志》记载：“太公曰：‘何以治鲁？’周公曰：‘尊尊而亲亲。’”），因此，鲁国保持的礼乐传统中便一直贯彻着尊尊、亲亲的

①陈寿祺在《左海经辨·大小戴记考》中，据魏张揖《上广雅表》“鲁人叔孙通撰置《礼记》”一语，认为“《礼记》乃先秦旧书，圣人七十子微言大义，赖通以不坠”。顾颉刚先生则说：“《礼记》各篇都是出于儒家之手，儒家师法孔子，保存宗法，以鲁国为中心，所以，《礼记》所说足以代表鲁国人的思想。”［见顾颉刚：《由“烝”“报”等婚姻方式看社会制度的变迁》，《文史》（第15辑）］。

②［先秦］左丘明：《国语》，陈桐生译注，中华书局2013年版，第141页。

精神。

《礼记·明堂位》说，鲁国“君臣未尝相弑也，礼乐、刑法、政俗未尝相变也。天下以为有道之国，是故，天下资礼乐焉”。对这句话，我们自不能进行绝对的理解，有人认为，《礼记》中的“《明堂位》一篇，多出鲁儒之附会，然其言固亦有本”[①]。诚然，为了争权夺位，鲁国也发生过类似兄弟骨肉相残等事件，但比之其他不少国家，鲁国的情况要好得多，尤其春秋中期以后更是如此。昭公后期，鲁君与季氏矛盾激化，而季氏对昭公却始终尊敬如一。当郈氏、臧氏等拥促昭公攻伐季孙意如时，季氏“请待于沂上以察罪”；不得允许，又请“囚于费”；再不许，又请“以五乘亡”。在不得已的情况下，双方开战，昭公因兵败而不忍屈辱出走国外，即使在这种情况下，季孙意如仍希望“得改事君”（《左传·昭公二十五年》）。在此后的七年中，季孙意如总在谋求迎昭公回国，并且“事君如在国”（《左传·昭公二十七年》）。这时期，不仅国内照常安定，而且季氏本人也丝毫没有占取君位的意图。这种看似反常的现象，与鲁国的礼乐传统肯定是不无关联的。

周室东迁后，王纲解纽，礼坏乐崩，但在鲁国，仍有不少知礼之人，他们虽然对周代礼乐采取的态度不尽相同，但在尊敬君主方面却无二致。如立言垂世的臧文仲和儒家学派的创始人孔子，他们分别处在春秋前期和末叶，都是鲁国的大学者，由于身份与时代的差异，臧文仲不少与传统不合的行为受到了孔子的指责，但两人的君臣观却没有什么差异。臧文仲历仕于庄、闵、僖、文四世，在当时的社会政治生活中起过重要作用。他曾经教导季孙行父“事君之礼”说：“见有礼于其君者，事之，如孝子之养父母也；见无礼于其君者，诛之，如鹰鹯之逐鸟雀也。”（《左传·文公十八年》）此可谓典型的尊君之论。臧文仲还把勤于职守、尽责尽力与忠于国君联系起来，他说：“贤者急病而让夷，居官者当事不避难，在位者恤民之患，是以国家无违。……在上不恤下，居官而惰，非事君也。”[②]这是颇有见地的。在宗法统治制度下，国君即国家的象征，国家的稳定需要贤者急国家之所急，需要居官在位者以身赴国难，否则，如果“在上不恤下，居官而惰”，不仅国将不国，而且君亦不君。孔子也强调周礼在社会政治生活中的作用，其目的则是忠君尊王和维护纲常名分。在主张“君

①〔清〕郭嵩焘：《礼记质疑》，邬锡非、陈戍国点校，第387页。

②〔先秦〕左丘明：《国语》，陈桐生译注，第164页。

使臣以礼”的同时，孔子更强调臣“事君尽礼”（《论语·八佾》），“事君以忠”（《论语·八佾》），“事君，能致其身”（《论语·学而》）。被后世儒者奉为楷模的柳下惠就颇为孔子所称道，他虽然与当政者不合，而且官小职微，卑为士师，但他毕竟知礼明礼，并把礼作为道德的堤防，故在遭到“三黜”之压抑的情况下，仍能事人以直道，不易其操守。别人劝他离开鲁国，他却留恋父母之邦，依然“油油然”处于下位。这在客观上对鲁国的安定也是有利的。所以，尽管不少国家出现了诸如役人暴动、工匠反抗、民众起义等现象，鲁国却连一次“民溃”事件都没发生，比之他国，鲁国的社会秩序是较稳定的。

如果说周礼的“尊尊”原则给鲁国带来了政治安定的话，同为周礼要义的“亲亲”原则却似乎造成了相反的结果。诚然，它的积极作用是显而易见的。如公孙敖丧，襄仲与之为从父兄弟，依礼，公孙敖葬时，襄仲当服服而哭。但二人前此有隙，故襄仲欲勿哭。惠伯开导他说：“丧，亲之终也。虽不能始，善终可也。史佚有言曰：兄弟致美，救乏、贺善、吊灾、祭敬、丧哀，情虽不同，勿绝其爱，亲之道也。子无失道，何怨于人？”所以，“襄仲悦，帅兄弟以哭之”（《左传·文公十五年》）。不过，从大处着眼，情况便有不同。不消说，在宗法社会里，“尊尊”和“亲亲”是一致的，但在鲁国，却出现了似乎矛盾的结果：“尊尊”使得鲁君受到普遍的敬重，而“亲亲”却在客观上导致了公室的衰微。

自建国之日起，鲁人的“亲亲”观念便逐渐深入人心，他们好像十分相信“非吾族类，其心必异”（《左传·成公四年》）的古训，使掌握鲁国大权的卿族一直限定在“伯禽之后”的范围内，异姓家族均被排斥在政权大门之外。其他国家则不然，在姜姓齐国，“举贤而上功”乃是其建国方针之一，异姓的管仲甚至辅佐桓公“九合诸侯，一匡天下”；在与鲁国同为姬姓的晋国，范氏、中行氏都曾取得了一定的权力。这与非公族不得执国政的鲁国形成了明显对比。这样，鲁国的贤能之士很难进入政权中来，使得其统治集团缺乏生机与活力。

与“亲亲”原则有关，鲁国卿族还总是不绝后嗣。鲁卿在位时，不论其行为怎样越轨，受到的处罚如何深重，但对其宗族影响并不大。即使像庆父和东门襄仲这样给公室带来极大危害的人，除了他们本人得到了应有的下场外，其宗族却没受到牵连，他们依然在鲁国享受高官厚禄。这或许与周人“兴灭国，继绝世”的传统有关。

《尚书大传》叙述“兴灭继绝”的办法是：“古者诸侯受封，必有采地……其后子孙虽有罪黜，其采地不黜。使其子孙之贤者守之世世，以祠其始受封之人。”天子建国，诸侯立家，鲁卿大夫之于鲁国，犹各诸侯国之于宗周，大概鲁国把周代“兴灭继绝”的传统扩大而及于本国的卿大夫。另外，更直接更重要的原因可能是鲁卿族与鲁君同宗共亲，鲁人尤为注重血亲关系，这一定在很大程度上强化了他们保存卿族宗祀的观念。故鲁卿大夫中虽有人遭遇罪黜，然其封邑却仍保留下来。这样，在鲁国，卿族一旦有了一定势力，也就站稳了脚跟，他们的权力无限制地发展下去，便逐渐对公室形成尾大不掉的局势。到春秋中后期，终于出现了公室衰微而大夫专政的结局。

（二）礼乐传统与鲁国外交

作为宗周在东方的代表，鲁国本来在诸侯国中就享有崇高威望，他们对周代礼乐传统的继承与发扬，更使得鲁国在与列国的交往中处于十分有利的位置，尤其在周室衰微以后表现更为明显。

春秋时期，鲁实积弱之国，其主盟不若齐、晋之强，地势不及秦、楚之大，然而，诸如滕、薛、曹、郳、杞、鄫等国皆勤享贽，修朝礼，即使远在方域之外的谷、邓等国也不惮仆仆至鲁来朝。究其原因，小国交鲁皆是因其乃周礼所在，绝非畏其侵削而屈服之。诚如近人韩席筹所云：“鲁为齐弱久矣，然而河济海岱间诸小国，率亲鲁而远齐，岂无因而至哉！观曹太子来，则宾之以上卿；滕、薛争长，则婉言以和之；介葛庐来，则礼之加燕好。盖鲁能秉周礼，以怀柔小国，故小国亲睦而来服也。”[①]

鲁国春秋时期外交的主线还是在与齐、晋等大国的关系上。鲁国周环齐、宋、卫等国，“春秋时，鲁于列国邦交，自齐、晋两大国外，惟宋、卫最亲”[②]。鲁人结霸强之好，是为了更好生存，而“为四邻之援”，则是备“国之艰急”[③]。然而，在对待各国的态度上，鲁人似乎又不尽相同。鲁与晋、卫乃兄弟之国，与齐、宋则是婚姻之国，与对待齐、宋相比，鲁本在与晋、卫的交往中态度要温和得多。当然，鲁国北凭泰山，东依大海，南抚淮夷，只有西南部地势较平，与宋连界；西北部汶水流域的沃田又与齐接壤，春秋时鲁常以宋、齐为敌手，自有地理形势上的因素。但这还不是根本的原因。周人有亲同姓的传统，尽管周王室已失去了统御与羁縻的力量，但鲁人身上仍体现着周人的这一宗法精神，“周之同盟，异姓为后”一语便出自鲁人之口。

---

①韩席筹：《左传分国集注》卷三《小国交鲁》，江苏人民出版社1963年版。

②〔清〕高士奇：《左传纪事本末》，杨伯峻点校，第55页。

③〔先秦〕左丘明：《国语》，陈桐生译注，第164页。

齐桓公时，由于他“遵旧典，守信义”“正而不谲”“尊王攘夷”，鲁国甚至成了齐国可靠的同盟军。然而，齐桓霸业结束不久，鲁僖公便背叛了齐国，晋文称霸后，鲁国就依晋抗齐了。此后，鲁对齐国叛服无常，在有求于齐国时，鲁常常抬出两国的始祖周公和太公来，用以说明使鲁免于饥馑是为了“周公、太公之命祀”[①]，两国应“世世子孙无相害”[②]等等。而有时候，鲁又常常利用礼乐制度作为对齐斗争的工具，公元前500年有名的夹谷之会便是如此。

鲁对晋国，情况则大不相同，《左传·襄公二十九年》说：“鲁之于晋也，职贡不乏，玩好时至，公卿大夫，相继于朝，史不绝书，府无虚日。”鲁国始终服膺晋国。根据周代的定制：“诸侯有四夷之功，则献于王，王以警于四夷，中国则否，诸侯不相遗俘。”（《左传·庄公三十一年》）春秋之世，在周王室式微之后，由于鲁国的特殊地位，齐、楚、吴等国都曾向鲁献捷、遗俘。定公三年，鲁却使季桓子献郑俘于晋，证明晋在鲁人心目中具有特殊的地位。又，《左传》记载，襄公三年，鲁公朝晋，“夏，盟于长樗。孟献子相。公稽首。知武子曰：‘天子在，而君辱稽首，寡君惧矣。’孟献子曰：‘以敝邑介在东表，密迩仇雠。寡君将君是望，敢不稽首？”为了求睦于晋，鲁国行事几达于超越礼仪的地步。

而对齐国，鲁人的态度正相反。哀公十七年，鲁公与齐侯盟于蒙，“孟武伯相。齐侯稽首，公拜。齐人怒。武伯曰：‘非天子，寡君无所稽首。”同一礼仪，对晋对齐，截然相反。再如，鲁僖公二十八年，卫恃楚而不事晋，晋便于温之会时执卫成公，晋君暗中使人鸩杀卫成公，但未得成。晋君处于骑虎难下的窘境。鲁国此时便出面为卫成公求情，送玉二十毂予晋人，晋人乘势释卫公。这样，鲁既讨得晋人欢心，又释卫侯之难。以上数例中鲁对齐与晋、卫关系的差异，归根结底如晋人所说：“晋与鲁、卫，兄弟也。”（《左传·成公二年》）在周初封建中，鲁与卫、晋是宗亲诸侯之最，后来卫国沦为大国附庸，晋与鲁遂成为宗周文明的中心。鲁国尊晋，也是周人的宗亲观念在起作用。

需要指出的是，历来有不少正统儒者从周代传统礼乐的角度指责鲁国：一是不能“总帅诸姬”，对周王室“勤修朝聘之礼”；二是“奄然坐大”，悍然接受小国之朝，而“莫知有字小之义”。表面看来，这些

①〔先秦〕左丘明：《国语》，陈桐生译注，第164页。
②〔先秦〕左丘明：《国语》，陈桐生译注，第166页。

批评有一定道理。《左传》所记的269年间，周之聘鲁七，赐命三，归脤一，赗葬四，来求三；而鲁君臣仅朝聘于周八，会葬四，而奔丧无闻。对王室如此，则存恤小国似乎就更在其次了。但是，自西周末年宣王废长立幼为鲁择君以来，诸侯便已“多畔王命”（《史记·鲁周公世家》），“从是而不相亲睦于王”[①]。以后，王室更是内乱频仍、德威不济。到这时，迭然而兴的“尊王”强霸以及号为“宗邦”的鲁国本身却成了诸侯殷勤执礼的对象，在人们心中，原来的“共主悉臣”之义早已彻底动摇。如周简王即位，邾于不朝天子而朝鲁；灵王之丧，楚子昭卒，各国诸侯大夫在楚送丧而周无人。鲁亦如此，在不遑奔走列强之时，周室既已陵夷，也就无暇朝王了。另一方面，鲁国公室与周王室同宗共亲，君统、宗统合而为一，此时，“尊尊”之义既失，而“亲亲”之义尚在，正如成王称周公为“叔父”（《诗·鲁颂·閟宫》）一样，襄王派使者于僖公二十四年赴鲁告难时，亦称僖公为“叔父”。小国交鲁，鲁虽遭“无一介之使往报其礼”之讥，但其中亦似有亲近同姓的意思存在。时人的宗法观念是：“凡今之人，莫如兄弟”“兄弟阋于墙，外御其侮”（《左传·僖公二十四年》）。在诸小国中，曹、滕与鲁为同姓兄弟，邾、莒、薛、杞皆为异姓。故曹太子朝鲁，鲁以上卿相宾；滕、薛争长，鲁长滕侯。邾、莒皆鲁之近邦，杞、邾则频频朝鲁，然杞侯之朝以不敬见讨，邾、莒更为鲁国世怨。鲁自春秋以来国势日弱，其不能修好异姓近邦实是一个重要原因。

（三）礼乐传统与鲁国风俗

礼乐传统除了对鲁国的政治和外交有着重要作用外，鲁人社会风俗的各个层面也无一不受到礼乐传统的深刻影响，鲁人行为中的重义轻利观念，经济上的重农轻商意识，以及日常生活中重视男女之别等均是。

《淮南子·要略》说：“周公继文王之业，持天子之政，以股肱周室，辅翼成王。……成王既壮，能从政事，周公受封于鲁，以此移风易俗。孔子修成康之道，述周公之训，以教七十子，使服其衣冠，修其篇籍，故儒者之学生焉。”仅从义利观的角度，便可发现儒家重义轻利的观念是渊源有自的。

有一则传说很能说明问题：“齐遣兵攻鲁，见一妇人，将小儿走，抱小而挈大。顾见大军且至，抱大而挈小。使者甚怪，问之。妇人曰：‘大者，妾夫兄之子，小者，妾之子。夫兄子，公义也，妾之子，私爱也，宁

---

①〔先秦〕左丘明：《国语》，陈桐生译注，第24页。

济公而废私耶。’使者怅然，贤其辞。既罢军，还对齐王，说之曰：‘鲁未可攻也。匹夫之义尚如此，何况朝廷之臣乎！”[①]这个故事在某种程度上反映了鲁国的社会风貌。据说：“鲁国之法，赎人臣妾于诸侯者，取金于府。”[②]孔子以为“圣人之举事也，可以移风易俗，而教道可施于百姓”[③]。周公之德义对鲁国风俗的影响以及伯禽对鲁地原有“礼”“俗”的变革，应该说都是卓有成效的。[④]

《汉书·地理志》云：“凡民禀五常之性，而有刚柔缓急音声不同，系水土之风气，故谓之风；好恶取舍动静无常，随君上之情欲，故谓之俗。”如此，则因自然条件不同而形成的习尚叫“风”，而由社会环境不同而造就的习尚谓“俗”。孔颖达疏以为：“是解风俗之事也，风与俗对则小别，散则义通。”商族人有会做生意的传统，从以物易物的交换方式发展到以贝、玉作货币的商业活动，都是以商族为主。早在王亥时期，他们就是赶着牛羊到处去交换粮食和其它生活用品的有名的“商人”。据周公说，殷民中有一部分人，他们“肇牵车牛，远服贾，用孝养厥父母”（《尚书·酒诰》），这些人是长途贩运，从事贸易活动的商贾。而善于种植，以农业立国的周族看不起商族人的经商习俗，谓之“荡而不静，胜而无耻”（《礼记·表记》）。伯禽在鲁所变之俗，一定包括商人的这种经商习俗。杨向奎先生认为礼起源于原始的货物交往，甚至宗周时期货物的交易行为还带有浓厚的礼仪性质。到西周时的周公，春秋时的孔子，他们对往日的礼俗进行加工，才减少乃至取消了“礼仪”中的商业性质。[⑤]伯禽在变更商奄之人的旧礼时，也在引导他们从事农桑生产，改变原来事商习俗，取消其礼俗中的商业性质，使之更适合于农耕生产方式。所以，

---

①〔汉〕刘向：《说苑疏证·佚文考》，赵善诒疏证，华东师范大学出版社1985年版，第24页。

②〔汉〕孔安国编订，〔三国〕王肃注：《孔子家语》，杨朝明注解，河南大学出版社2008年版，第116页。

③〔汉〕孔安国编订，〔三国〕王肃注：《孔子家语》，杨朝明注解，第118页。

④1977年对曹国故城考察发掘时发现，鲁国周人墓保持着灭商前的作风，原来居住的当地人的墓葬制度始终没有改变，其作风与周人墓“迥然有别”，随葬器物、腰坑、殉狗等“都与商人墓的作风相似”。（《曲阜鲁国故城》齐鲁书社1982年版，第214页。）这并不能说明伯禽变俗革礼没有成效，因为存亡继绝乃是周礼的要求。故鲁国同立有亡国之社（亳社）一样，当也允许商人后代保存原有的墓葬制度。

⑤杨向奎：《礼的起源》，《孔子研究》1986年第一期创刊号。

"动不违时，财不过用"[①]也成了鲁国的传统。

鲁国与他国习俗的差异，在"男女有别"和"夫妇有别"这一点上表现尤为显著。鲁宣公的女儿伯姬嫁给宋共公不久，宋共公便死去，而后，她幽居守节几十年，到鲁襄公三十年时，因火灾而死。当时别人劝她躲避，但伯姬说："妇人之义，傅、母不至，夜不可下堂。越义求生，不如守义而死。"[②]《礼记·王制》说："道路，男子由右，妇人由左，车从中央。"《内则》也有同样的说法。相传孔子初仕为中都宰时，还真的实行过"男女别途"[③]。由此亦可推测鲁文化的礼乐传统在"化成民俗"方面的某种作用。

三、"礼崩乐坏"在鲁国的表现

西周末年以来，随着宗法制度的逐渐解体，周代礼乐出现了崩坏现象。这时，以周代"宗邦"自居、以"周礼尽在"闻名的鲁国也不能幸免。

第一，这与天子微弱，王纲解纽有关。尤其自春秋以来，随着周室统驭力量的丧失和同姓与姻娅之国因传久而疏远，以及若干宗亲上国的日渐凌替，人们的宗法观念日益淡薄，他们不再囿于传统之中，而在行为上冲破了往日的束缚。在各强国挟德威以临诸侯、诸侯顺时命以事强霸的时期，各国掌权的诸侯也顾不得遵守礼乐常规了。如依照周礼，各诸侯国间应当"比小事大"。据《周礼》，大司马职掌之一便是"比小事大，以和邦国"，《夏官·职方氏》亦云"凡邦国大小相维，王设其牧"。据统计，春秋时代见于《左传》一书的国名就有170个[④]，西周盛时当更不止此。在当时交通不便的情况下，周王室虽为天下共主，但绝无法一一直接管理。于是"方伯"之国便担当了抚有小国以达于王室的职责，附于大国的小国便成为大国的附庸。如颛臾、须句、鄫便是鲁国的附庸，滕国也以鲁为其"宗国"（《孟子·滕文公上》）。在鲁国强大时，鲁国当可尽其字小之义，如扶倾、救患、恤灾、讨罪等等。然而，当强霸兴起，国力暗弱时，鲁国已自身难保，便无暇他顾了，出现了有人批评的"不知有字小之义"的情况。

---

①〔先秦〕左丘明：《国语》，陈桐生译注，第173页。

②〔汉〕刘向撰，〔清〕王照圆补注，〔清〕郝懿行订正：《列女传补注》，虞思徵点校，上海古籍出版社2012年版，第142页。

③〔汉〕孔安国编订，〔三国〕王肃注：《孔子家语》，杨朝明注解，第88页。

④〔唐〕房玄龄领撰：《晋书》卷十四，中华书局1996年版，第405页。

第二，春秋以来“重人轻天”以及轻视鬼神等思想的进步，对于祭祀天地等礼仪也是无形的冲击。在周初，“重人轻天”思想已经萌芽，周代统治者鉴于殷商之迷信昏乱、丢国丧家的事实，遂对天的信仰开始动摇。尤其春秋以来，人们的认识更加进了一步，如郑国的子产曾说：“天道远，人道迩，非所及也，何以知之。”（《左传·昭公十八年》）他对于天鬼处于信与不信之间。又如，“夫民，神之主也，是以圣王先成民而后致力于神”（《左传·桓公六年》），“国将兴，听于民；将亡，听于神。神，聪明正直而壹者也，依人而行”（《左传·庄公三十二年》）。这都说明当时虽未打破对于鬼神的迷信，但他们已经看到只靠神灵很难得到福佑，从而看到了“民”的重要性。

在鲁国，这种思想也较普遍。长勺之战前夕，曹刿问庄公“何以战”时，公曰：“牺牲玉帛，弗敢加也，必以信。”对曰：“小信未孚，神弗福也。”（《左传·庄公十年》）这是说小小的诚念并不会使神灵降福，至少曹刿没有把“神”放在十分重要的位置。又如僖公二十一年（前639）鲁国大旱时，“公欲焚巫尪”，臧文仲劝谏说：“非旱备也。修城郭、贬食、节用、务穑、劝分，此其务也。巫尪何为？天欲杀之，则如勿生；若能为旱，焚之滋甚。”僖公从之。这一年，“饥而不害”。（《左传·僖公二十一年》）这里所反映的废除古礼的材料，反映出鲁人对神鬼迷信的破除。

当然，虽然当时有了不少宣扬无神论的言行，但由于礼乐传统的深厚，人们仍然十分重视对天神、地祇、人鬼的祭祀，只不过这种祭祀之礼已不如西周时期那样盛行与隆重，或者由于认识的提高，他们对主持或参加祭祀失去了往日的热情。

第三，周礼乃是通过对人的情欲进行限制而达到维护宗法统治的目的，然而，当情与礼冲突激烈时，人们往往对礼制无所顾忌，从而出现了违礼的举动。如在鲁国，为了争夺权位，也发生过骨肉相残的事件，幽公弟沸杀幽公、伯御杀懿公、桓公杀隐公、庆父杀公子般及闵公都是如此。又由于“人本好色”，所以穆伯为襄仲迎妇于莒而自娶之；吴女貌美，昭公也就顾不上“同姓不婚”了。《礼记·檀弓下》记：“悼公之母死，哀公为之齐衰。有若曰：‘为妾齐衰，礼欤？’哀公曰：‘吾不得已哉，鲁人以妻我。’”悼公之母乃哀公之妾，哀公为之齐衰则与礼不符，但为妻齐衰则可。不过，哀公所说自然是个借口而已。另外，不少的违礼之举乃是由于诸侯或卿大夫恣意行事，放纵个人，如桓公纳宋郜大鼎而置于太庙，或就有炫耀个人之功的意思在里面。

第四，鲁国到春秋中期以后，国势渐衰，而其他大国却兴盛起来，所以，在强国的逼迫之下，鲁人有时也不得不做出有违于礼的事情来。据《礼记·檀弓下》，鲁襄公朝于荆，荆康王卒。荆人曰："必请袭！"鲁人曰："非礼也！""荆人强之"，鲁人也只好照办。《左传·哀公七年》记载："公会吴于鄫。吴来征百牢。子服景伯对曰：'先王未之有也。'吴人曰：'宋百牢我。鲁不可以后宋。且鲁牢晋大夫过十，吴王百牢，不亦可乎？'景伯曰：'晋范鞅贪而弃礼……若以礼命于诸侯则有数矣。若亦弃礼，则有淫者矣。周之王也制礼，上不过十二，以为天之大数也。今弃周礼，而曰必百牢，亦唯执事。'吴人弗听。景伯曰：'吴将亡矣，弃天而背本。不与，必弃疾于我。'乃与之。"既然"礼乐崩坏"的大势已经出现，鲁国洁身自好已不可能。

随着社会的发展变化，鲁在春秋后期也推行了"初税亩""用田赋"等一系列社会改革，对周的政治经济制度都有所变革。在这种情势下，周礼乐的改变亦成自然之势。

春秋后期，尤其孔子时代，鲁国违背礼乐制度的情况层出不穷，在孔子看来更是如此。在《论语·八佾》篇中，孔子就曾对鲁国违背礼乐传统处多所评论指责，如：

> 孔子谓季氏："八佾舞于庭，是可忍也，孰不可忍也！"
>
> 三家者以《雍》彻。子曰："'相维辟公，天子穆穆'，奚取于三家之堂？"
>
> 季氏旅于泰山。子谓冉有曰："女弗能救与？"对曰："不能。"子曰："呜呼！曾谓泰山不如林放乎？"
>
> 子曰："禘，自既灌而往者，吾不欲观之矣。"

如此等等，不一而足。由于鲁国礼乐传统深厚，孔子从小为儿嬉戏时，便"陈俎豆，设礼容"，受礼的熏染极深，他对周代传统的礼乐制度表现得十分执着而较少变通。诚然，孔子批评的季氏之举，有的难免是为了保存周代礼乐[①]，但毕竟"礼之所尊，尊其义也。失其义，陈其数，祝史之事也。故其数可陈也，其义难知也。知其义而敬守之，天子之所以治天下也"（《礼记·郊特牲》）。鲁自隐公以后，往往撇开周室，专行征伐。宣公以后，以季氏为首的三桓控制了政权，所谓"政在季氏"已好几

---

①张富祥：《鲁文化与孔子》，《孔子研究》1988年第2期。

代。季氏等又忙于与国君争权，将采邑政事委与家臣，家臣势力膨胀，鲁又出现了“陪臣执国命”的现象。故鲁昭公聘晋时，虽然他“自郊劳至于赠贿，无失礼”，但晋大夫女叔齐却说：“是仪也，不可谓礼。”（《左传·昭公五年》）这是因为其礼之数虽在，而礼之义已失。孔子就看不惯这种状况，谓之“天下无道”，他说：“天下有道，则礼乐征伐自天子出；天下无道，则礼乐征伐自诸侯出。……天下有道，则政不在大夫；天下有道，则庶人不议。”（《论语·季氏》）这是就鲁国的情况而言的。

四、孔子礼乐之学的创立与影响

如果从长远着眼，鲁国的礼乐传统所产生的巨大作用，主要表现应该是造就了儒家孔子之学，并由此对后世产生了重要影响。

（一）孔子礼乐之学的创立

孔子生活在鲁国，毫无疑问，孔子思想的产生与鲁国先辈们的礼乐传统有密切关联。春秋中期以前，学术本为官有。当时“官守学业，皆出于一，而天下以同文为治，故私门无著述文字”[①]，“学术既专为官有，故教育亦非官莫属”[②]。所以，《礼记·曲礼》说“宦学师事”，官守与师传是合而为一的。当时，礼乐教育是贵族教育的重要内容。《礼记·明堂位》说：“米廪，有虞氏之庠也；序，夏后氏之序也；瞽宗，殷学也；泮宫，周学也。”孔颖达以为，此“明鲁得立四代之学”。《王制》曰：“天子命之教，然后为学。小学在公宫南之左，大学在郊：天子曰辟雍，诸侯曰泮宫。”清末黄绍箕据而认为：“天子畿内，学校林立，而诸侯之国，则必待命而后敢为。故西周诸侯，未闻有以兴学显者。惟鲁得立四代之学。”[③]泮宫是鲁之国学，或称大学。春秋时代，“国之大事，在祀与戎”，从《诗经·鲁颂·泮水》所载鲁人在泮“献馘”“献囚”“献功”来看，鲁国十分重视在泮宫进行军礼等教育。除国学外，鲁太庙也是鲁国讲习礼乐的重要场所，《论语·八佾》中“子入太庙，每事问”的记载即其明证。

礼乐教育是通过教导者的示范来进行的。《论语·述而》说：“子所雅言，《诗》、《书》、执礼，皆雅言也。”《礼记·文王世子》说：“秋学礼，执礼者诏之。”何谓“执礼”，郑玄说：“礼不诵，故言

---

①〔清〕章学诚：《校雠通义通解》，王重民通解，傅杰导读，田映曦补注，上海古籍出版社2009年版，第1页。

②〔清〕黄绍箕、柳诒徵：《中国教育史》，朝华出版社2017年版，第147页。

③〔清〕黄绍箕、柳诒徵：《中国教育史》，第147页。

执。”这是说，学礼与学习《诗》《书》有别，学习《诗》《书》乃诵读文字，而学礼则是演习仪式。《左传·文公六年》记：“季文子将聘于晋，使求遭丧之礼以行。”季文子求遭丧礼，乃是求于鲁国知礼之人。

礼与诗、乐又是不可分的，“音乐演奏以诗为乐章，诗、乐结合便成为各种礼典的组成部分”①。据记载，在治世诸侯相朝的享宴之礼中，宴会时就常常赋诗，这些诗有不少见于今本《诗经》。吴公子季札至鲁请观周乐时，鲁为他歌唱各地风诗以及雅乐，也大致与今本《诗经》相合。有的学者认为，《诗经》是鲁国师工歌诗之底本②，这是极有道理的。《礼记·王制》云：“乐正崇四术，立四教，顺先王《诗》《书》《礼》《乐》以造士，春秋教以《礼》《乐》，冬夏教以《诗》《书》。”《史记·孔子世家》也称“孔子以《诗》《书》《礼》《乐》教”。看来，礼与诗、乐是不可分离的。清人邵懿辰《礼经通论》认为：“乐本无经也，乐之原在《诗》三百篇之中，乐之用在《礼》十七篇之中。”③说明诗、乐的学习乃从属于礼的学习。

然而，春秋以来，随着原始宗法制度的解体，社会上出现了礼坏乐崩的局面。周代礼乐既有崩坏之势，则“王官之学”的典章制度也逐渐失传。如在鲁国，其乐人便四处流散，境况不佳：“大师挚适齐，亚饭干适楚，三饭缭适蔡，四饭缺适秦，鼓方叔入于河，播鼗武入于汉，少师阳、击磬襄入于海。”（《论语·微子》）这时期，不仅许多贵族不习礼文，如前所说，即使有些人主观上企图保存周礼，但也泯灭了礼之本义。可是，礼毕竟是鲁国的立国根本，于是，在鲁国，“无论正在上升或没落的大小贵族，都感到礼坏乐崩于自己不利，也就是都感觉到没有文化难以保护自身的利益”④，因此，当时贵族阶级中的个别人便思收拾遗散，弘扬礼乐传统。孔子所学以礼、乐为主，他的一家之学便是在此基础上，集合西周以来之文籍及典章制度、伦理道德而形成的。

孔子精于礼乐实是他受到当时士大夫敬重的主要原因。儒者公孟子曾说：“今孔子博于诗、书，察于礼、乐，详于万物，若使孔子当圣王，则

①沈文倬：《略论礼典的实行和〈仪礼〉书本的撰作》，《文史》（第15辑）。
②徐中舒：《豳风说》，《国立中央研究院历史语言研究所集刊》（第6本，第4分），商务印书馆1936年版。
③徐世昌等编纂：《清儒学案·邵先生懿辰·礼经通论》，沈芝盈、梁运华点校，中华书局2008年版，第7912页。
④蔡尚思：《孔子思想体系》，上海人民出版社1982年版，第15页。

岂不以孔子为天子哉！”（《墨子·公孟》）孔子知礼，遂成了时人学礼的去处：“恤由之丧，哀公使孺悲之孔子，学士丧礼。”（《礼记·杂记下》）鲁大夫孟僖子陪同昭公到楚访问路过郑国时，郑伯慰劳他们，孟僖子“不能相仪”，到楚国，又“不能答郊劳”，他深为自己“不能相礼”感到痛心疾首，于是，回国后听说有“能礼者”便从而问学。临终前，他对其大夫说：“礼，人之干也，无礼，无以立。吾闻将有达者曰孔丘，圣人之后也……我若获没，必属说与何忌于夫子，使事之，而学礼焉，以定其位。”因此，“孟献子与南宫敬叔师事仲尼”（《左传·昭公七年》）。孔子有感于周室微而《礼》《乐》废，《诗》《书》缺，遂论次《诗》《书》，修起《礼》《乐》。当代不少学者认为“仁”是孔子思想的核心，但“礼”作为以血缘为基础、以等级为特征的宗法性氏族统治体系，要求维护和恢复这种体系是“仁”的根本目标。孔子讲“仁”是为了释“礼”，与维护“礼”直接相关。因此，他说：“人而不仁，如礼何？人而不仁，如乐何？”（《论语·八佾》）孔子以其礼乐之学传授生徒，开私家讲学之风，儒学于是创立。所以有人说，早期儒家之学为贵族改良派之学，“礼”学为早期儒学之骨干。①

（二）孔子重礼与“修起”《礼》《乐》

孔子政治思想的最大特点在于其道德性。孔子的德政思想，用他的话说就是“为政以德”。所谓德，便是以“礼”为标准，处理好社会中的各种人际关系。无论孔子还是后世儒家，都非常重视“礼”，“礼”在儒家的政治思想中占居了十分重要的位置。在“天下无道”的春秋末年，孔子感到痛心疾首，一生“自东至西，自南至北，匍匐救之”，来挽救“礼仪废坏，人伦不理”的危局。②

孔子极力主张以“礼”为标准处理社会关系，孔子幼而好礼，青少年时学礼、相礼，仕而“齐之以礼”，晚而主张“复礼”，以“礼”作为评论诸侯国政治、人事的标准。孔子认为人应当“立于礼”“不学礼，无以立”。儒家对礼的功能有深入的研究和认识，孔子归纳礼的意义，认为：“民之所由生，礼为大。无礼，无以节事天地之神也；非礼，无以辨君臣上下长幼之位也；非礼，无以别男女父子兄弟之亲，婚姻疏数之交也。”（《礼记·哀公问》）孔子所谓的“礼”指周礼，他推行周礼的目的，就

---

①童书业：《春秋左传研究》，上海人民出版社1980年版，第218页。

②〔汉〕韩婴：《韩诗外传集释》，许维遹校释，中华书局1980年版，第165页。

是维护宗法等级制的统治秩序，使人“敬上”“弗畔”，最终使社会稳定。广义的“礼”包括乐在内，此即所谓的礼乐。礼的作用在于别异，区分上下、贵贱的等级；乐的功能则是合同，使具有不同身份地位的人和谐共处，友爱融洽。礼与乐相互为用，最终达到安定社会的目的。

孔子提倡“礼”，其着眼点在于处理好君民关系和君臣关系，儒家的政治思想正是围绕如何妥善处理这些关系展开的。从本质上讲，“尊尊”与“亲亲”是礼的两个重要原则。“尊尊”把人分为若干等级，要求低贱者尊崇尊贵者，人民服从贵族、君主。尊尊实际上是维护等级制，尊尊首先要尊君，孔子的此类主张很多，他要求“事君尽礼”“事君，能致其身”“事君，敬其事而后其食”。尊尊是等级制原则，亲亲则是宗法制原则。亲亲即以亲为亲，包括父慈、子孝、兄友、弟恭，孝悌是亲亲原则最为重要的部分。

为了达到礼治目的，孔子又提出了仁爱原则，在这样的原则下进而推衍出了“爱”“敬”等具体原则。《礼记·哀公问》说：“古之为政，爱人为大。所以治爱人，礼为大。所以治礼，敬为大。”又说：“弗爱不亲，弗敬不正。爱与敬，其政之本与！”在孔子那里，仁是向内求，礼是向外求；仁靠内在的自觉性，礼靠外在的约束性。礼与仁密不可分，以礼的标准求仁，修己爱人；用仁的自觉复礼，实现等级有序。正如孔子所说：“人而不仁，如礼何？人而不仁，如乐何？”（《论语·八佾》）仁是礼的主要内容，礼是仁的外在表现。

孔子重视礼乐，而礼乐也有其外在的物质表现形式，此即所谓体现礼之“义”的礼“仪”或者礼典。孔子之时礼乐的崩坏不仅表现在人们不能遵守礼“义”，也表现在礼“仪”或礼典的废缺，此即所谓“周室微而《礼》《乐》废”（《史记·孔子世家》）。孔子以前，学术官有，典籍文献由官府保存。春秋以来，情况发生了巨大变化，虽然前代的典籍也有传述，但到春秋末年，甚至像孔子这样的学者也已经有了“文献不足”（《论语·八佾》）的感叹。

孔子一生从事教育，他曾经做了大量的整理与研究古代文献的工作，尤其他的晚年更是不遗余力。在经过十几年“周游列国”的漂泊之后，孔子在迟暮之年回到鲁国，此时，孔子年近七旬，他与当权者政见不合，也只是以“国老”的身份，用议政的方式表达主张，顾问政治。孔子“七十而从心所欲，不逾矩”，已经达到人生的最高境界，可谓心中澄然。于是，孔子彻底放弃了从政念头，在收徒讲学的同时，专心于研究整理古代文献。

周代被广泛应用的知识以“六艺”为主。“六艺”含义有二：一是礼、乐、射、御、书、数等技艺，二是《诗》《书》《礼》《乐》《易》《春秋》等典籍。按《大戴礼记·保傅》的说法，前者是幼年时在“外舍”（即小学）中所学的“小艺”“小节”，后者则是束发成年之后在“大学”中学习的“大艺”“大节”。周代的贵族教育可大致分成这两个阶段。进入“大学”中所学的六种典籍，也像幼年所学的技艺那样，包含各方面的内容。

先代典籍虽有散乱，但孔子接触了不少，并对其社会教化功能有深刻认识。孔子补救保存、整理传播了“六经”，在周末“官守”散失的时代，孔子是第一个保存文献的人，按照《史记·儒林列传》的说法，孔子曾经“论次”《诗》《书》，“修起”《礼》《乐》。《礼》指的《仪礼》，《礼》和《乐》都是儒家六经之一，孔子应当对《礼》和《乐》进行过整编和修订。

《仪礼》现存17篇，记载了周代所倡导和施行的有关仪节制度和行为规范。殷商时代，礼主要表现在祭祀仪式方面，周灭殷后，承袭部分殷礼，加以改造成为周礼，并扩展到社会政治范围。

儒家强调“陈其数”而“知其义”，讲求礼的本质意义，不仅要明了各种礼仪的具体规定，更要明了其中的思想内涵。孔子“追迹三代之礼”，对《礼》有所阐述，所以司马迁说“故《书传》《礼记》自孔氏”。

《仪礼》17篇的某些内容可能是周公“制礼作乐”时所规定的一些礼仪。《经典释文·序录》说“《周》《仪》二礼并周公所制”很有道理，礼典的实行往往先于礼书的撰作，礼书很可能是对已经施行的礼制的系统化和总结。但是，《礼记·杂记》说：“恤由之丧，哀公使孺悲之孔子，学士丧礼。《士丧礼》于是乎书。”孺悲从孔子学习士丧礼，以后才有了着于竹帛的《士丧礼》。《仪礼》中的其它篇章也很有可能与孔子有关。《礼经》（即《仪礼》）应当经过了孔子的整理与传授，对礼确有“修起”之功，所以《汉书·艺文志》说：“《礼古经》五十六卷，《经》十七篇。……《礼古经》者，出于鲁淹中及孔氏，与十七篇文相似，多三十九篇。”

现存经书中没有“乐经”，六经中的“乐经”何指，人们看法不一。先秦秦汉时期，人们《诗》《书》《礼》《乐》《易》《春秋》并提，历史上有名为《乐》的书籍存在应该没有问题。有人认为，《乐》本来有经，只是因为秦始皇焚书而归于亡佚。由于《诗经》具有可以“弦歌”的特征，一般认为《乐》原来只是附于《诗经》的乐谱或者举行礼仪活动时所奏的乐曲，未必有经文存在。对于作为“六艺”之一的《乐》，今天可以从《周礼・大司乐》和《礼记・乐记》等篇之中略知其中的一些精神。

孔子重视音乐，也精通音乐。孔子强调音乐对人的塑造作用，认为人应当“兴于诗，立于礼，成于乐”（《论语・泰伯》），通过乐方能达到仁的最高境界。在音乐上，孔子造诣很深，在齐闻《韶》乐，三月不知肉味；孔子曾与鲁国的太师谈论音乐，他从声调方面说明乐的发展。孔子早年就“恶郑声之乱雅乐也”（《论语・阳货》），对音乐有独到的见解，他晚年自述道：“吾自卫返鲁，然后乐正，《雅》《颂》各得其所。”（《论语・子罕》）对乐进行了加工和整理，确有“正乐”之功。

（三）孔子礼乐之学的深刻影响

顾颉刚在他的《由“烝”“报”等婚姻方式看社会制度的变迁》一文所作的修改提纲中说，“汉代统一了鲁国的礼教和秦国的法律”[①]，明白道出了鲁国产生的儒家礼乐之学在西汉时的重要影响。公元前249年，鲁灭于楚。然而，鲁国的礼乐传统经孔门师徒的弘扬，已更加深入到人们的意识深层，它并没有由于国家的灭亡而丧失，依然在社会生活中发挥着重要作用。

孔子生前殷殷以“复礼”为事，但他一生却凄凄惶惶，终未见用。孔子去世后，“七十子之徒散游诸侯，大者为卿相师傅，小者友教士大夫”（《汉书・儒林传》），儒家之学影响渐广。但儒学“难与进取，可与守成”（《史记・刘敬叔孙通列传》）的特点，使儒术在“天下并争”的战国时代始终处于受黜的境地。即使在有重士美名的齐国威、宣之世，“孟子、荀卿之列咸遵夫子之业而润色之，以学显于当世”（《汉书・儒林传》），但不过是“不治而议论”（《史记・田敬仲完世家》）而已。黜则黜矣，儒黜于上却自行于下。在鲁国，由于孔门弟子的宣传，“鲁人皆以儒教”（《史记・游侠列传》），他们“服儒者之礼，行孔子之术”[②]，使得“举鲁国而儒服”（《庄子・田子方》），儒学可谓盛极一时。当时，鲁国为政者也不得不尊敬孔子后学。鲁穆公时，博士公仪休以孔门高徒为鲁相，子柳、子思为其臣。尤其孔子孙子思更受尊敬，柳若就曾说子思为“圣人之后也，四方于子乎观礼”（《礼记・檀弓上》）。就像哀公问政于孔子那样，穆公“尊礼子思，常使人候伺道、达诚意于其

①顾颉刚：《由“烝”“报”等婚姻方式看社会制度的变迁・附记（王煦华）》，《文史》1982年第15辑。

②何宁：《淮南子集释》，第781页。

侧”[1]，并“亟问，亟馈鼎肉”（《孟子·万章下》）。据《孟子·告子下》，鲁国还欲使儒者乐正子为政，《韩非子·外储说左下》则说鲁大夫季孙氏养孔子之徒，“所朝服与坐者以十数”。不过，这时的鲁国已颓唐不振，儒家的礼乐之学终不能挽救鲁国灭亡的命运。

入秦以后，鲁国的礼乐之学对社会的影响仍不绝如缕。《史记·礼书》说：“至秦有天下，悉内六国礼仪，采择其善，虽不合圣制，其尊君抑臣，朝廷济济，依古以来。”秦始皇以前，秦以法家思想变革社会，迅速强大，但秦统一后，到底用什么思想对国家进行统治，却带有一定的盲目性。在这一历史大转折时期，秦的统治者也试图建构起与统一大帝国相适应的统治思想体系。他们在利用法家学说建立专制统治时，也吸收了儒、墨、阴阳诸家的思想因素。秦的前期，在施政定制上仍然基本以法家思想为依据而兼采其他各家，秦设博士官，包括儒家在内的诸子百家均可立为博士。终秦之世，儒生的活动史不绝书。即使秦始皇焚书坑儒，也并不意味着儒学被消灭。正因儒学之盛影响到了政治，它才遭到了这一厄运，所以，“以坑儒为绝儒术者，亦妄言也”[2]，“秦时未尝不用儒生与经学也”[3]。当然，“焚”“坑”事件之后，儒家等许多学派的发展在一定程度上受到了限制，他们失却了在社会政治舞台上的地位。这种文化高压政策激起了更大的怨愤。当陈胜起而反秦时，“鲁诸儒持孔氏之礼器往归陈王”，孔子的九世孙孔甲甚至做了他的“博士”（《汉书·儒林传》），儒生们不能不加入反秦的行列之中去。

刘邦取得天下，开始的时候并没有把儒生放在眼里，当叔孙通“与臣弟子共起朝仪”，参秦仪，采古礼，制汉仪，行之于朝后，才感知到“为皇帝之贵也”（《汉书·叔孙通传》）。从此，刘邦对孔子与儒生的态度有了转变。汉高祖十二年，刘邦过鲁时，“以太牢祀孔子”，开了历代帝王祀孔的先例。以后，诸侯卿相至鲁，“常先谒然后从政”（《史记·孔子世家》）。为更好地奉祀孔子，并表示对孔子后裔的优待，刘邦又封孔子九世孙孔腾为“奉祀君”，专司祀事。

由于高祖的尊崇，儒家在汉初取得了与黄老思想并行发展的地位。从汉朝立国到汉景帝时，儒学和儒生的地位并不算高。自汉兴以来，“诸儒

---

①〔宋〕朱熹：《四书章句集注》，第243页。

②康有为：《新学伪经考》，朱维铮校注，廖梅编校，生活·读书·新知三联书店1998年版，第12页。

③〔明〕焦竑：《焦氏笔乘续集》卷三，李剑雄点校，上海古籍出版社1986年版。

始得修其经艺、讲习大射乡饮之礼”。尽管当政者的好恶使儒学未能占据汉初思想的统治地位，但当时的统治者并没有人为地抑制儒学。尤其在孔子的故乡，鲁国的礼乐之学更是在诸儒的诵习之中传续不绝。《史记·孔子世家》说：“鲁世世相传，以岁时奉祠孔子冢，而诸儒亦讲礼、乡饮、大射于孔子冢。……故所居堂，弟子内，后世因庙藏孔子衣、冠、琴、车、书，至于汉二百余年不绝。”当初，刘邦举兵围鲁时，“鲁中诸儒尚讲诵习礼乐，弦歌之音不绝”，故有人认为此“岂非圣人之遗化，好礼乐之国哉”（《史记·儒林列传》）。

七十多年以后的汉武帝时期，太史公司马迁到鲁国“观仲尼之庙堂车服礼器”，诸生仍然“以时习礼其家”（《史记·孔子世家》）。礼学以鲁人传习为主，同时渐而受到社会上下的普遍重视。在汉代，“诸学者多言《礼》，而鲁高堂生最本。《礼》因自孔子时而其经不具，及至秦焚书，书散亡益多，于今独有《士礼》，高堂生能言之。而鲁徐生善为容。孝文帝时，徐生以容为礼官大夫。传子至孙徐延、徐襄。襄，其天姿善为容，不能通《礼经》；延颇能，未善也。襄以容为汉礼官大夫，至广陵内史。延及徐氏弟子公户满意、桓生、单次，皆尝为汉礼官大夫。而瑕丘萧奋以《礼》为淮阳太守。是后能言《礼》为容者，由徐氏焉。”（《史记·儒林列传》）不仅学者言《礼》者多，而且言《礼》和能设礼容者还都取得了一定的官位。

如前所说，汉初对黄老的“尊”并没有建立在“抑”儒的基础上，儒、道思想在汉初是并存发展的。到汉武帝时期，儒家思想终于战胜了黄老思想，跃居思想界的统治地位。黄老思想因成的成分较多，它虽可成功于一时，却不能保全于久远。同时，它对礼的蔑视，也容易构成对社会的威胁。而儒家却不然，“夫列君臣父子之礼，序夫妇长幼之别，虽百家弗能易也”（《史记·太史公自序》）。儒学的这一特点，在巩固封建统治秩序，维护社会伦常方面可起巨大作用。而加强中央集权，实行专制统治，又离不开其他各家的某些主张，如法家的“尊君抑臣”等思想就倍受汉武帝欢迎。另一方面，儒术独尊以后，诸子百家也必须归于一统，于是，在这种情况下，包括法家思想在内的各种有利于封建统治的思想因素，都改贴上了“六艺之科、孔子之术”的标签，而被纳入儒学体系中。至此，顾颉刚所说鲁国礼教与秦代法律的统一，终于完成了。

鲁文化在中国上古区域文化中的地位

在中国上古时期，由于山川阻隔，交通极为不便。西周以来，以各个重要的诸侯封国为中心，逐渐形成了各具特色的区域文化。在众多的区域文化中，鲁国的文化居于领先的、中心的地位。

第一，鲁国受封之地早已经是中国文化最为发达的地区之一。

山东被称为“齐鲁之邦”，先秦时期，鲁国和齐国分处于泰山南、北，在泰山以南（今鲁南）地区，已发现了众多的原始文化遗迹。“沂源人”与“北京人”时代相当，他们可能是这里古人类的祖先。以之为中心，仅其附近便发现了猿人化石和近百处旧石器和新石器遗址，说明这里是几十万年以来古人类活动的重要中心之一。更为重要的是，进入新石器时代以来，这里更有北辛文化、大汶口文化、龙山文化一脉相连，在鲁南地区形成了中国史前文化的完整序列。《帝王世纪》云：“炎帝自陈营都于鲁曲阜。黄帝自穷桑登帝位，后徙曲阜。少昊邑于穷桑，以登帝位，都曲阜。颛顼始都穷桑，徙商丘。”张守节《史记正义》曰：“穷桑在鲁北，或云穷桑即曲阜也。又为大庭氏之故国，又是商奄之地。”远古时代许多氏族首领都与曲阜有关，这种现象不是偶然的。

周初，以伯禽为首的周人来到曲阜一带后，这里又成为东西文化的交汇之地。殷商兴起于东方，曲阜一带曾为商人旧都，即使在迁殷之后，他们仍然与这里联系密切。直到周初，这里依然是殷商势力极重的地区。周族自西方发展起来，他们在取代殷商之后，要想很好地统治天下，就不能不把东方作为统治的重点，因此，可以说鲁国受封之地是他们首先要考虑的战略要地。这里距王都较远，东南沿海地区的淮夷以及徐戎等也没有立即臣服于周。武庚叛乱时，“殷东国五侯”群起叛乱，奄国及其附近各部都是周公东征的主要对象，史籍中所谓“攻商盖”“攻九夷”（《韩非子·说林上》）、“灭国者五十”（《孟子·滕文公下》）都是在这些地区。甚至伯禽被封于曲阜后，“淮夷、徐戎及商奄又叛”[①]。欲很好地镇抚东方，把这里作为周室堡垒是非常合适的。

伯禽受封时，周室为鲁国制定了“启以商政，疆以周索”的治国方针，并分给鲁国“殷民六族”，使之“职事于鲁”（《左传·定公四年》）。这样，伯禽一支所带来的周文化与殷遗民及当地土著固有的文化

①〔唐〕欧阳询：《艺文类聚》卷十二引《帝王世纪》，上海古籍出版社1998年版。

相互交汇、影响，共同形成鲁国的文化。

第二，鲁文化的特殊地位与鲁国在当时诸侯国中的特殊地位是统一的。

鲁国虽是周王朝分封的一个邦国，但它却是一个非同寻常的邦国。鲁自周初始封，历西周、春秋、战国，到公元前249年为楚国所灭，历时七八百年，在当时的政治、文化舞台上扮演了十分重要的角色。

鲁国的始封之君是周公的长子，而周公无论在帮助武王争夺天下，还是在成王年幼时平定天下以及辅助成王，都有卓著的功勋，他在周初政治中的地位十分显赫。因此，鲁国初封时不仅受赐丰厚，而且相对于他国来说还得到了不少特权。鲁国可以“世世祀周公以天子之礼乐”“凡四代之服、器、官，鲁兼用之。是故，鲁，王礼也，天下传之久矣。”《礼记·明堂位》从文献记载以及考古材料综合考察，这种记载应该是可信的。如周王室的职官“宗伯”“太宰”“大司徒”等，鲁即有之。如替国君掌管祭祀的“宗伯”，其他国家只称“宗”或“宗人”，有“宗伯”之称的只有周王室和鲁国。又，“鲁得立四代之学”（《礼记·明堂位》），鲁还有四代之乐。恐怕这都是鲁国特有的现象。

鲁国受封的同时或者稍后，周王室在东方又分封了一些小国，这些小国有的即为鲁的附庸，有的则以鲁国为“宗国”。时至春秋王室衰微，礼崩乐坏之际，许多小国依然纷纷朝鲁，并且到鲁国学礼、观礼。在东方夷人势力较重的地区，鲁国始终不忘“尊尊而亲亲”的原则，使鲁国的政权一直掌握在“伯禽”之后的周人手中，鲁国较完整地保存着周礼，周代的礼乐传统深深地影响了鲁国社会的方方面面。如在政治方面，《礼记·明堂位》说：“鲁国君臣未尝相弑也，礼乐、刑法、政俗未尝相变也。天下以为有道之国，是故，天下资礼乐焉。”在诸侯国中，鲁国的政治是相对稳定的，因此鲁国也就成为各国学习的榜样。《左传·襄公十年》说：“诸侯宋、鲁，于是观礼。”宋国保留的自是殷礼，鲁国保存的则是典型的周礼，即所谓“周礼尽在鲁矣”（《左传·昭公二年》）。这样，鲁国为宗周在东方代表的形象更加突出，因为时人视礼为国家的根本，周礼似乎就是周王朝的象征。

春秋时期，“政由方伯”，但在各诸侯国会盟等的班次上，鲁国却位居前列。一般说来，“周之宗盟，异姓为后”（《左传·隐公十一年》），鲁既为姬姓，又为周公之裔，故在诸侯位次序列中有“班长”[①]之称，被列为首席。如春秋初年，齐遭北戎侵犯，齐向各国求助。在战后答谢诸侯，齐国馈送粮饩给各国大夫时，齐请鲁国按班次代为分派；晋文公主持“践土之盟”时，在各会盟国进行的歃血仪式次序上，除主盟的晋国外，鲁也被排在各国的最前面。既然周室对鲁国寄予厚望，把鲁国分封在商奄旧地，那么，在推行周代礼乐制度时，有“望国”地位的鲁国也就不能不以表率自居了。

鲁国为东方的宗周模式，担负着传播宗周礼乐文明的使命，如在周王朝治国政策的贯彻上，鲁国即堪为典范。周公治国，他的保民思想、明德慎罚、勤政任贤等都似乎在鲁国当政者身上有明显体现。当然，说鲁国为“宗周模式”，绝不是说鲁国完全排除它的文化因素，使鲁国全盘周化，而是在政治统治上鲁国为周王朝的东方代理人，而且在鲁国上层贵族中完整地保存着周代礼制。事实上，鲁国要彻底推行周文化而以之取代当地的固有文化，既无必要，也没可能，因为周灭商后对殷商旧地采取的就是“怀柔”的政策，更何况鲁地殷遗势力极重，而且文化的推广也不是凭借外来强力就能成功的。

第三，从与其他区域文化的比较中也能看出鲁文化在当时的重要地位。

在区域文化的研究中，人们往往将鲁文化与齐文化相互比较，这是很有道理的。齐、鲁两国地域相邻，在文化方面具有很多的可比之处。就先秦时期两国的文化而言，它们有同有异。从实质上说，崇周礼、重教化、尚德义、重节操等都是两地人民共有的风尚。两国文化上的不同之处更多，齐人的务实开放，鲁人的重视礼乐，使齐、鲁两国在文化上各具特色，并且位居当时华夏文化的领先或者中心地位。但齐、鲁两国的文化孰优孰劣，不少论者站在今天的立场上，大谈鲁文化的所谓“保守”“落后”和“缺乏进取”。而实际上，分析文化的优劣应该具有历史的眼光，不应该离开当时的具体时代。

从文化的传承关系上看，周文化与鲁文化乃一脉相承，或者说鲁文化就是周文化的代表。周人灭商以来，周文化在总结和吸纳前代文化成果的基础上，又有了显著进步。《礼记·表记》上说，“夏道尊命，事鬼敬神”，“殷人尊神，率民以事神”。有学者称夏、商时期的文化分别为

①〔先秦〕左丘明：《国语》卷四，陈桐生译，第87页。

“尊命文化”和“尊神文化”。从根本上说，周文化就是礼乐文化，而礼乐的实质则是秩序，礼乐文化是一种人文文化。周文化与夏、商文化的不同，最为重要的即在于其人文理念的上升。自周公制礼作乐开始，周文化的重礼风格便已初步形成，而周人又有重视农业的传统与之相适应，这样，便奠定了中国几千年传统宗法农业社会的文化基础。

鲁国的文化风格与周文化是一致的。建国伊始，鲁国的始封之君伯禽就在鲁地变俗革礼，进行大的动作，推行一种新文化。应当指出，鲁国的这种变革历时三年，显然是循序渐进的，而非疾风暴雨一般。因此，它与强行毁灭一种文化而推行另一种文化是有区别的。其实，周代礼乐广采博纳，其中也有殷文化的不少因素，因为周礼即是从殷礼“损益”而来。应当承认，与周边当时各族的文化相比，周文化是一种更为先进的文化。鲁国下了大的气力推行周文化，是为了适应周王朝的政治统治。从一开始，鲁人便显示了文化上的进取精神。

文化的先进与落后在文化的交流中最容易看得清楚。一般说来，落后的文化要不断地学习先进的文化，来丰富和完善自身。就齐、鲁两国而言，齐国就常常向鲁国学习。

众所周知，管仲的改革对齐国成为泱泱大国具有关键性的意义。但是，正如有的学者已经指出的那样，管仲改革乃有吸收鲁文化之长、补齐文化之短的深意。管仲改革的一项重要内容便是定四民之居，推行士、农、工、商四业并举的政策，把发展农业作为经济基础，置于工业、商业之前，这明显吸收了鲁国以农业立国的思想，以补齐国偏重工商、渔盐、女工之业，忽视农业而造成社会不稳之弊端；管仲还针对齐国传统礼义道德观念淡薄，习俗落后，以致君臣上下无礼、男女关系混乱，从而严重影响社会秩序和政治稳定的情况，十分注重从鲁国吸收周礼文化，强调礼义道德的建设。

管仲如此，齐国的其他人何尝不是如此？齐国虽然有人对孔子所讲的繁文缛礼不感兴趣，但他们毕竟不能不对鲁国“尊卑有等，贵贱有序”的礼治秩序表示重视。例如，齐国的另一位名相晏婴就曾经与齐景公一起到鲁国“俱问鲁礼”（《史记·齐太公世家》）；孔子到齐国时，齐景公也不失时机地问政于孔子。又如，鲁国发生庆父之乱时，齐欲伐鲁，但有人看到鲁国“犹秉周礼”，认为“鲁不弃周礼，未可动也”（《左传·闵公元年》）。有一次，齐人伐鲁，见一妇人带着两个孩子，开始时抱小而挈大，大军将要到跟前时，反而抱大而挈小。当问及时，妇人说：“大者，妾夫兄之子；小者，妾之子。夫兄子，公义也；妾之子，私爱也。宁济公而废私耶？”齐国从而罢军，他们认为：“鲁未可攻也，匹夫之义尚如此，何况朝廷之臣乎？”[①]齐人看重周礼，向鲁国借鉴、学习，显示了其积极进取、灵活开放的一面，这当然是值得肯定的。然而，这也证明齐文化中存在不少有待改进之处。如在君臣关系方面，齐国出现了不少相弑相残的现象，而鲁国的情况要好得多。鲁国的大夫臧文仲曾教别人“事君之礼”说：“见有礼于其君者，事之，如孝子之养父母也；见无礼于其君者，诛之，如鹰鹯之逐鸟雀也。”（《左传·文公十八年》）这种典型的尊君之论，便基于鲁国的礼乐传统，这对鲁国君臣关系的和睦、鲁国社会的安定都有积极的作用。而且动态地就君主制度的发展来看，鲁国的这种礼治秩序也有其进步的一面。再如婚嫁习俗方面，“同姓不婚”是鲁国最为基本的婚姻习俗，不论男婚还是女嫁，均不找同姓。鲁国还特别注重男、女之别和夫、妻之别，这与齐国形成了鲜明的对比。婚姻制度史的研究早已表明，“同姓不婚”之制相对于氏族族内婚姻是极大的进步。正因如此，鲁国的婚姻制度才为当时各国所普遍认可，例如，《史记·商君列传》记商鞅说：“始秦戎翟之教，父子无别，同室而居。今我更制其教，而为其男、女之别，大筑冀阙，营如鲁、卫矣。”在当时的情况下，严格的婚姻制度以及男女界限是清除旧习俗的最好办法，在这方面，鲁人的做法是具有表率作用的。

齐、鲁两国的文化交流从各自的文化特色形成之日起便开始了，但两国文化上的优劣之争似乎也未间断，直到战国时的孟子也还如此。《孟子·公孙丑上》记公孙丑问孟子说：“夫子当路于齐，管仲、晏子之功，可复许乎？”孟子回答说：“子诚齐人也，知管仲晏子而已矣。”孟子的话似乎表现了鲁人对齐人的轻蔑。其实，由于齐文化的起点较低，齐人在以后的国家建设与发展中努力进取，使齐文化表现出了开阔、灵活、积极的特质。所以清代学者俞樾在谈到齐人对后来儒学发展所起的作用时说：“齐实未可轻也。”通过近十年来的深入研究，人们加深了对齐文化的认识，从而改变了长期以来对齐文化的不恰当评价。

最后，还有必要谈一谈“鲁文化”与所谓“邹鲁文化”的概念问题。

我们前面引到孟子的话，认为他的观点代表了鲁人的看法，但并不是说孟子也是鲁人。关于孟子的里籍，《史记》称其为邹人。邹地战国时是

---

①〔汉〕刘向撰，赵善诒疏证：《说苑疏证·佚文考》，华东师范大学出版社1985年版，第597页。

否属鲁，历来存有争议。但不论如何，孟子和鲁国的联系却不同寻常：首先，孟子居地近鲁。他本人曾说自己“近圣人（孔子）之居若此之甚也”（《孟子·尽心下》）；孟子又为鲁国孟孙氏之裔；孟子在齐，丧母而归葬于鲁，说明孟子上代迁鲁不久；孟子还极为崇拜孔子，并“受业子思之门人”，其思想与鲁文化传统不可分割。因此，认为孟子的观点代表了鲁人的看法应该是没有什么问题的。

孟子为邹人，以孟子和儒家在当时的巨大影响，人们自然不能忽略作为一个具体国家的邹国。邹国就是邾国，在春秋时，“邾”有两种读音，《公羊传》读为邾娄，《左传》读为邾，对此，王献唐先生解释说：“古人音读有急声，有漫声，急声为一，漫声为二，而其漫声之二音，亦可分读。……漫声连举为邾娄，急声单举为邹，漫声分举，则为邾为娄。”[①]王献唐先生的意见是正确的。这就是说，战国时代邾国被称为邹，只是称呼了邾娄的合音。

邾国立国较早，周朝灭商后，又封曹侠于邾，邾国遂成为周王朝的一个诸侯国。邾国的北部边境与鲁国国都曲阜相距很近，邾君曾言“鲁击柝闻于邾”（《左传·哀公七年》），春秋后期，“邾庶其以漆、闾丘奔鲁”（《左传·襄公二十五年》），邾国的北部边境逐渐南移。这样，孟子居地与鲁国的联系更加密切。

邾为曹姓国家，从意识形态方面的文化看，邾国受周礼的影响很少。如邾人用人殉葬、祭社，这都不符合周礼的要求。鲁人就称邾人为“夷”，邾、鲁两国文化差异较大。只是到了战国时代，由于鲁国儒家文化的影响，如孔子的孙子子思曾到邹地讲学，特别是孟子迁居到邹，使邹地名声日隆，这里也有了浓重的儒家文化氛围。在这一点上，人们才将邹地与鲁国相提并论，而且，由于孟子的影响较大，自战国时起，人们将两地合称时，还把“邹”放在“鲁”的前面，而称为“邹鲁”。因此，将鲁文化作为周代的区域文化进行研究，而不是专门探讨作为一个学术派别的儒家文化时，还是以“鲁文化”（而不是“邹鲁文化”）作为一个研究单元为宜。

---

①王献唐：《春秋邾分三国考三邾疆邑图考》，齐鲁书社1982年版，第40—41页。

鲁国的经济特点与儒家的重农思想

毫无疑问，重农思想是儒家思想的重要组成部分，就历代统治者对工商业的态度而言，它至少支配了长达2000年的中国封建社会，在人们的意识形态中产生了巨大影响，是构成中国传统文化思想的主要内容之一。而儒家的这种重农思想渊源何在呢？我们应当从儒家学派产生的那个时代去找寻。马克思主义认为："意识在任何时候都只能是被意识到了的存在。"①既然人们在一定历史时期的观念反映着该时期的社会实际，那么，剖析孕育儒学的鲁国，或许是研究儒家思想更为切实的途径。因此，为了探求儒家重农思想的来源，我们必须首先从解析鲁国的经济特点着手。

一

直接用来研究鲁国经济的材料并不多，我们只能将零散的文献记载与考古成果相结合，来陈述鲁国经济发展的表现。

鲁国位于齐、莒、卫、宋等国之间，其领地以汶河和泗河的中上游地区为中心。境内丘陵之间，有诸如汶阳、泗西等大片肥沃的良田，而且河流湖泊交错，是一个宜于农桑的地区。因此，鲁国的农业也较为发达。《论语·雍也》曰："犁牛之子骍且角。"皇疏谓："犁或音犁，谓耕牛也。"刘宝楠《论语正义》亦谓："犁牛，即是耕牛。"孔子的学生"冉耕字伯牛"，春秋末年鲁国人。古人的名字多与实际意义相应。由此可见，当时的鲁国牛耕已经相当普遍。

鲁国当时的农作物以麦禾为主。禾为"黍稷之属"②。"《春秋》它谷不书，至于麦禾，不成则书之，以此见圣人于五谷最重麦与禾也。"（《汉书·食货志》）《春秋·庄公二十八年》载："大无麦禾，臧孙辰告籴于齐。"由此可见，以麦禾为主要作物的农业丰歉，在鲁国经济生活中占有举足轻重的地位。

《春秋》是鲁国的一部可信的编年史。其中记城筑之土功较多，计有城23次、筑台囿8次、新作3次，而每每以其是否有碍农功等为记，足以看出鲁人对于农业的重视。据杨伯峻先生研究，《春秋》对于鲁事的记载虽

---

①［德］马克思、［德］恩格斯：《马克思恩格斯全集》（第3卷），中共中央马克思恩格斯列宁斯大林著作编译局译，人民出版社1998年版，第29页。

②杨伯峻：《春秋左传注》，第41页。

然可信，但并不完备。[①]即使如此，其中也颇多地记载了如水、旱、盗、蝗、麋、蜮、蜚、螟等灾异现象。在科技落后、生产力低下的古代，自然变化对人类的生产和生活影响很大，特别是农业生产。《春秋》记事的这一特点已足以说明鲁人对于农业的重视了。也正是农业方面的生产关系发展迅速，使鲁国在春秋列国中率先于宣公十五年（前594）宣布了“初税亩”，按田亩的多少征税，实际上是承认了土地私有的合法性，从而改变了以前“公田不治”的被动的农业管理方式。

鲁国的手工业是比较发达的。据《考工记》记载，周代的手工业中，有攻木之工七、攻金之工六、攻皮之工五、设色之工五、刮磨之工五、抟埴之工二。其分工可谓精细。这时，各地也都有专精的手工业，而鲁之削，即用以削除写在木简或竹简上错字的书刀，它也同郑之刀、宋之斤、吴粤之剑一样，“迁乎其地而弗能为良”。《左传·成公二年》载，楚人伐鲁，“孟孙请往赂之，以执斫、执针、织纴皆百人”。杜预注：执斫指木工，执针指女缝工，织纴指织布帛工。一次贿赂这么多有专长的人，其手工业状况可见一斑。

鲁国的建筑和冶制也有不同程度的发展。今山东曲阜的鲁国故城乃是当年建筑方面的重要遗迹。1942年和1943年，日本人关野雄、驹井和爱曾对曲阜鲁故城调查发掘，发现了大型的建筑遗迹，据推测，鲁城内有一处宫室建筑群。[②]1977年，山东博物馆等单位对鲁故城的较大规模的勘察，进一步证实了前说，并发现了许多古代建筑遗迹。宫殿、城门、“两观”、祭坛成直线，构成鲁城的一条中轴线，而且，这条中轴线在春秋以前已经存在。[③]这充分证明了当时建筑已达到一定水平。不仅如此，这次发掘中，还在鲁宫城内发现了许多手工业作坊。虽然“由于工作时间较短，无论是钻探还是试掘，都还存在空白”，但还是发现了冶铁、铸铜、制骨和制陶等手工业作坊遗址共11处。从试掘的一处冶炼遗迹看，其火膛体积不大，似已采用了鼓风冶炼法。当时还发掘了两组鲁人墓葬，其随葬品中有大量的陶器、铜器，也有玉、石、骨、角、蚌器等等[④]。

与其他诸侯国相比，鲁国的丝织业似乎较为典型。《史记·货殖列传》分析各地风俗，指出鲁地“颇有桑麻之业”。原产于这里的“鲁桑”

①杨伯峻：《春秋左传注》，第7页。
②《曲阜鲁城遗迹》，载《考古学研究》（第2册），北京大学出版社1951年版。
③山东省文物考古研究所等编：《曲阜鲁国故城》，齐鲁书社1982年版，第214页。
④山东省文物考古研究所等编：《曲阜鲁国故城》，第214页。

一直到元代都还比较有名。[①]“强弩之末，力不能入鲁缟”（《汉书·韩安国传》），更是对鲁国出产的一种白色生绢的赞誉。鲁又生产锦，据《左传·昭公二十六年》载，鲁国的锦也可以卖到齐国，其数量当不在少。成公二年赂楚的执针、织纴各百人亦为从事丝织业的人。

纵观鲁国的手工业，无论是纺织品，还是工艺品或宫殿建筑，其为贵族服务的性质较为明显，而且这些门类也多与农业或者人们的社会生活关系密切。正因如此，它很难成为社会经济的重要组成部分。所以，内部分工发展缓慢，很难突破“工商食官”的传统，以至于百工身份比较低下，甚至被作为贿赂品送给他国。

手工业的上述特点，决定了鲁国商业发展的步履十分缓慢。货币经济的发展，必须有雄厚的工商业作支撑，而鲁国工商业的发展，即使能为商业提供货源，也必然极为有限。又由于地理环境的特点，鲁国不像齐国那样带河近海，有渔业之利，也不像秦、晋等那样与外族接邻，因此，其交换关系很难获得充分的发展。

到了中期以后，鲁国的商业活动才有所表现。《左传·文公十八年》载鲁哀姜大归于齐时，“将行，哭而过市，曰：‘天乎，仲为不道，杀嫡立庶。’市人皆哭”。这里的“市”当是设在鲁城里的市场。后来，对外交往增多，交通也愈加发达。如《国语·吴语》载：“夫差……起师北征，阙为涂沟，通过商鲁之间，北属之沂，西属之济，以会晋公午于黄池。”这是吴越到中原各国的航路，类似这种局面，也有利于商业的发展。所以越到后来，商品交易活动越增多起来，在鲁国国力下降的同时，鲁国以商取利之风却兴盛起来，因此，司马迁这样说鲁国：“及其衰，好贾趋利，甚于周人。”（《史记·货殖列传》）

关于鲁国的货币，长期以来争论不休。有人否定鲁国存在自铸的货币。朱活先生则认为，鲁国的货币很早就有，而且一直以贝朋作货币，就是铜铸币出现后也不例外，既采贝形，又沿贝名。[②]1977年的曲阜鲁故城勘探，确实也出土有海贝、石贝，1981年又出土了588枚铜贝，以及碎片200枚。另外还发现了几枚包金贝残片。当然，这是否是鲁国自铸的货币还有待研究，但当时的商业中已经有作为货币的贝流通，则是可以肯定的。

---

①〔元〕王桢：《农书·种植》，王毓瑚校，农业出版社1981年版，第124页。
②《鲁币新获》，《孔子故里史迹考略》（第二辑），黄河出版社1997年版，第64—70页。

这样，鲁国的经济特点已经明显了：鲁人对农业特别重视，经济上以农业为主，手工业虽然有较大发展，但很少用于交换，所以，其商业也远远落后于当时的齐、楚等大国。自给自足的自然经济占据主导地位，其前期表现尤为显著。

二

孔子成长在鲁国，一生的社会活动也主要在鲁国。李启谦先生说得好："孔子的思想，主要是在鲁国这个特定的社会环境中产生和形成的。孔子既属于他那个时代，又属于他那个国家。或者说，他的思想既有时代特色，又有'鲁'字的印记。"①那么，鲁人在经济方面的重农传统也必然对孔子思想产生了一定影响，或者说，孔子思想必然对这种重农特点有所反映。

鲁国是周人分封的诸侯国，其文化特色也在许多方面反映出周人的传统，其重农意识则是其主要的方面之一。《汉书·地理志》记："昔后稷封斄，公刘处豳，大王徙岐，文王作酆，武王治镐，其民有先王遗风，好稼穑，务本业，故《豳》诗言农桑衣食之本甚备。"徐中舒先生等认为《诗经》中的《豳风》为鲁诗。②我们且不论《豳风》所反映的是否为鲁事，但大家都认为周人有崇尚农业的传统，而且鲁人对这一传统又加以承继和光大。

周人伯禽的一支作为胜利者被分封到鲁国后，对当地民族实行统治。他采取了"启以商政，疆以周索"（《左传·定公四年》），"变其俗，革其礼"的国策。所以，伯禽之鲁，"三年而后报政周公"（《史记·鲁周公世家》），为了强化统治，他花费了很大气力改变当地人的风俗。当时，鲁城内有许多商奄遗民。鲁定公六年（前504），"阳虎又盟公及三桓于周社，盟国人于亳社，诅于五父之衢"。（《左传·定公六年》）则除了鲁公及三桓等宗室成员外，国人们显然都属商奄旧民。据童书业先生的研究，春秋时期的"国人"盖指国都中之人，它以士为主，也包括工、商以及近郊之农民。③1977年对曲阜鲁国故城的考察发掘表明，鲁城内的确居住着两个不同民族。但这次对两组墓葬的发掘也同时证明，当地人原

---

①李启谦：《结合鲁国社会的特点认识和评价孔子的思想》，《齐鲁学刊》1987年第6期。

②徐中舒：《论〈豳风〉应为鲁诗》，《历史教学》1981年第4期。

③童书业：《春秋左传研究》，中华书局2006年版，第54页。

来的墓葬制度并没改变。周人墓保持着灭商以前的作风，而另外一组墓（当地人之墓葬）与周人墓“作风迥然有别”，随葬器物、腰坑、殉狗等“皆与商人墓作风相似”。①

那么，伯禽所变之俗、所改之礼，其内容到底是什么呢？孔颖达《毛诗正义》引：“《汉书·地理志》云：‘凡民禀五常之性，而有刚柔缓急音声不同，系水土之风气，故谓之风；好恶取舍动静无常，随君上之情欲，故谓之俗。’是解风俗之事也。风与俗对则小别，散则义通。”如此，由自然条件不同而形成的习尚叫“风”，而由社会环境不同而形成的习尚叫“俗”。商人有会做生意的传统，从以物易物的交换方式发展到以贝、玉作货币的商业活动，都是以商族为主。早在王亥时期，他们就是赶着牛羊到处去交换粮食和其他生活用品的有名的“商人”。据周公说，在殷民中有一部分人，他们“肇牵牛车远服贾，用孝养厥父母”（《尚书·酒诰》）。这些人是长途贩运，从事贸易活动的商贾。周族善于种植，以农业立国，他们看不起商族人的经商活动，谓之“胜而无耻”（《礼记·表记》）。伯禽封鲁后，其所变之俗或即商族人的这种经商习俗。杨向奎先生认为礼起源于原始的货物交往，甚至宗周时期，货物交易行为还带有浓厚的礼仪性质。到西周时的周公、春秋时的孔子，他们对往日的礼俗进行加工，才减少乃至取消了“礼仪”中的商业性质。②伯禽在变更商奄之人的旧礼时，当也在引导他们从事农桑生产，改变原来事商习俗的同时，取消其礼俗中的商业性质，使之更适合于农耕生产方式。

然而，就像任何一种文化都无法被另一种不同质的文化完全取代一样，伯禽虽然在鲁地施行“疆以周索”，但仍无法阻挡商人文化传统的强大惯性的冲击。加之社会的进一步发展，鲁国中期以降，特别是孔子时代，鲁人的经商活动也日渐增多。《论语》在记孔子等言谈时，往往将“富”与“贵”连称，这说明当时贵族以外已出现了新兴的富裕阶层。孔子的学生子贡就是个经商能手，他“既学于仲尼，退而仕于卫，废著鬻财于曹鲁之间”（《史记·货殖列传》）。当时的洛阳是有名的都会，在那里常有齐鲁商贾云集。鲁国与其他国家的商业往来也频繁起来。到后来，鲁人中甚至有富至巨万者，而且“贳贷行贾遍郡国”，在其影响下，许多人都“去文学而趋利”（《史记·货殖列传》）。当时，充作固定等价

①山东省文物考古研究所等编：《曲阜鲁国故城》，齐鲁书社1982年版，第114页。
②杨向奎：《礼的起源》，《孔子研究》1986年第1期。

物的货币虽然较少，但已出现于流通领域。鲁国货币与后来各大国不同，它“既采贝形，又沿贝名”，这恐怕也与殷商之人主要以朋贝为货币不无关系。

张富祥先生认为，周人的文化风格，一是重农，二是重礼。前者是他们祖先流传下来的固有传统，后者则是对夏商以来“中国”礼乐习俗及其制度的再加工和系统化。他还进一步指出，这后一项工作始自周公旦。鲁文化传统的形成即深深地带有他“制礼作乐”的历史印痕。[①]而周人的重农风格与重礼风格，二者之间又有着内在的联系。在父系家长制基础上不断扩大和发展起来的宗法制度，是我国早期社会的基本的社会政治制度，这一制度到西周时期才得到充分发展，也与周人的重农传统紧密相连。在宗法制度下，“尊祖”和“敬宗”是其基本信条，依照宗法制度的嫡庶、亲疏、长幼等关系，确立贵族之间的贵贱、大小、上下等各种等级差异，从而形成确立伦理规范和行为准则的具体名分。“夫名以制义，义以出礼，礼以体政，政以正民。”（《左传·桓公二年》）这种情形，在游移不定的从事畜牧或工商活动的人们中间是谈不上的，只有在稳定的农业社会区域才会出现。西周正是这样一种典型的宗法式农业社会，所以，其重礼风格也相伴而生。

春秋时期的鲁国既保持了周人的重农风格，又承继了周人的重礼风格，这是其统治稳定的要求使然。当时鲁国在诸侯国中的地位较高，在同姓国家中又得以独享周天子之礼乐，因而它成为保存周礼最多的国家，时人称“周礼尽在鲁矣”（《左传·昭公二年》）。这也是与其对周人重农风格的继承相适应的。按照杨向奎先生的观点，周公在对夏商以来的礼乐习俗进行加工时，已经减少了礼中的商业性质，因而也就更适应农业生产方式。所以，祖述先王之训，追忆周公之礼，就成为鲁人在发展生产、提高地位和维系统治时的重要话题。而孔子正是这类人中的典型代表。

孔子时代，社会在急剧地变化。“初税亩”实行后的第四年，即公元前590年，鲁国“作丘甲”，公元前483年，鲁国又“用田赋”。“税以足食，赋以足兵”（《汉书·刑法志》），盖上述措施都是增加聚敛的办法。一方面是因为诸侯国之间的征战较多，另一方面也透露出鲁国在经商之风逐渐兴盛的同时，农业生产却出现了危机。土地私有化趋势冲击着原来的井田制度，生产关系中的这一变化表现在政治上则是“天下无

---

①张富祥：《鲁文化与孔子》，《孔子研究》1988年第2期。

道”“礼崩乐坏”。因而，孔子以维护周天子的一统天下和重建文、武、周公之业为己任，通过对传统和现实的反思，形成了他的一整套所谓“修身、齐家、治国、平天下”的理论。而他的理论表现为对于现实的反动，带有明显的“尚古”“从周”特征。这也折射出当时父权家长制权威特征的丧失，以及由于农业经济的衰落，小农对于王权的依赖关系有所减弱。他的重义轻利的义利观也是在这种情形下派生的。孔子向往那种同小农经济相联系的宗法统治秩序，维护“动不违时，财不过用”（《国语·鲁语上》）的鲁国传统。面对现实，他又不得不承认，“富与贵，是人之所欲”，“贫与贱，是人之所恶”（《论语·里仁》）。但与“道”相比这又是次要的，所以，“君子谋道不谋食”“忧道不忧贫”（《论语·卫灵公》）。显然，他认为“道”是靠人来掌握的，治乱兴废由人来决定。但“治国之道”或“君人之道”仍不能破坏和违反等级制度或次序，应当“为国以礼”（《论语·先进》）。

孔子所谈的礼，在很大程度上是指建立在小农生产方式和生活方式基础上的宗法制度。礼作为宗法等级社会的制度和规范，最注重的是尊卑长幼之序，以及不同名分的人们之间的区别。孔子把礼看得很重，他说：“丘闻之，民之所由生，礼为大。非礼，无以节事天地之神也；非礼，无以辨君臣、上下、长幼之位也；非礼，无以别男女、父子、兄弟之亲，婚姻疏数之交也。”（《礼记·哀公问》）他强调礼在社会政治生活中的作用，其目的则是忠君尊王和维护纲常名分。孔子在强调“君使臣以礼”的同时，更强调臣“事君尽礼”（《论语·八佾》），“事君以忠”（论语·八佾》），“事君，敬其事而后食”，“事君，能致其身”（《论语·学而》）。与之相应，孔子又倡导孝悌、亲亲，不但“君君、臣臣”，还要“父父、子子”（《论语·颜渊》）。“弟子入则孝，出则弟。”“事父母，能竭其力。”（《论语·学而》）殊不知，孔子的这尊尊、亲亲主张，正是周公在初封鲁国时，所确立的与其宗法农业社会相适应的治国方针。

时下，不少学者认为“仁”是孔子思想的核心。礼以血缘为基础、以等级为特征的宗法性氏族统治体系，要求维护或恢复这种体系是“仁”的根本目标。孔子讲“仁”是为了释“礼”，与维护“礼”直接相关。①

①李泽厚：《孔子再评价》，《中国古代思想史论》，生活·读书·新知三联书店2008年版，第11页。

三

从以上分析中我们看出，孔子思想深深打上了鲁国经济发展特点的烙印。我们虽然还不能说孔子已经具备了农本思想，但他对于农业的重视是十分显著的。他认为：“道千乘之国，敬事而信，节用而爱人，使民以时。”（《论语·学而》）一个国君治理国家，在役使百姓时应在农闲时间，把“以时使民”提高到了国君的为政原则高度。《春秋》一书虽不一定为孔子所作，但他至少用它作为教授学生的教材，或整理过此书。《春秋》中体现出的重农倾向，也与孔子思想是一致的。

《淮南子·要略》说：“周公受封于鲁，以此移风易俗。孔子修成康之道，述周公之训，以教七十子，使服其衣冠，修其篇籍，故儒者之学生焉。”孔子是早期儒家的代表人物，因而早期儒家必然受孔子影响至深。孔子之后，“儒分为八”（《韩非子·显学》），而“孟氏之儒”则与孔子学说较为接近，在孟子学说中，仍可看出孔子思想的影子。

孟子对农业也很重视。同孔子一样，他也反对役使人民违反农时。他认为：“不违农时，谷不可胜食也。”（《孟子·梁惠王上》）秦国、楚国“夺其民时，使不得耕耨以养其父母。……王往而征之，夫谁与王敌？故曰：‘仁者无敌。’”（《孟子·梁惠王上》）如不妨碍农耕生产，粮食就会食之不尽；而妨碍农耕则是不仁，也会招致败亡。孟子的重农思想显然也吸收了孔子重农思想。当然，随着社会经济事实的显著发展变化，孟子重农思想的内容也有进一步充实。孟子主张民有“恒产”，认为“五亩之宅，树之以桑，五十者可以衣帛矣。鸡豚狗彘之畜，无失其时，七十者可以食肉矣。百亩之田，勿夺其时，数口之家可以无饥矣。谨庠序之教，申之以孝悌之义，颁白者不负戴于道路矣。七十者衣帛食肉，黎民不饥不寒，然而不王者，未之有也。”（《孟子·梁惠王上》）在小农有了一定的私有财产后，他们男耕女织，并教之以孝悌礼义，则农民居业安乐，天下也就太平无事。孟子维护耕织结合的小农经济，符合中国封建统治者所维护的经济基础。

孟子的重农思想又体现在他的税收理论中。他说，“王如施仁政于民，省刑罚，薄税敛，深耕易耨”（《孟子·梁惠王上》），“易其田畴，薄其税敛，民可使富也”（《孟子·尽心上》）。他注意的是发展农业生产。这种藏富于民，国家税收以富民为前提的认识，与孔门弟子冉求“百姓足，君孰与不足”（《论语·颜渊》）的思路如出一辙。孟子又说：“市，廛而不征，法而不廛，则天下之商皆悦，而愿藏于其市矣，关，讥而不征，则天下之旅皆悦，而愿出于其路矣；耕者，助而不税，天下之农皆悦，而愿耕于其野矣。廛，无夫里之布，则天下之民皆悦，而愿为之氓矣。”（《孟子·公孙丑上》）“古之为市也，以其所有易其所无者，有司者治之耳。有贱丈夫焉，必求龙（垄）断而登之，以左右望，而罔市利。人皆以为贱，故从而征之。征商自此贱丈夫始也。”（《孟子·公孙丑下》）由此看出，孟子虽然重农，但不主张抑制商业活动。只不过他所说的商业活动只是一种初级形式的“以其所有易其所无”的交易活动，是一种沟通农业和手工业生产的中间环节，最终还是为了发展农业生产。他反对的是那种垄断市场，包揽买卖之利的商人。归根到底，这种重农不抑商的思想，有利于农业进步和社会安定。

孔孟之后，重农思想得到了进一步发展，到西汉中期，形成了儒家的农本思想。在公元前81年的盐铁会议上，儒家贤良文学们认为：“古者十一而税，泽梁以时入而无禁，黎民咸被南亩而不美其务。……是以古者尚力务本而种树繁，躬耕趣时而衣食足，虽累凶年而人不病也。故衣食者民之本，稼穑者民之务也。二者修，则国富而民安也。”[①]他们把农业看成本业，视工商为末业，强调了农业在社会经济中的根本意义，表现了对农业更高层次的重视。盐铁会议上贤良文学们关于农本思想的论述，也体现了儒家对祖先传统顶礼膜拜的尚古意识，同孔子一样，其根源仍然在于中国上古农业社会和宗法制度的文化土壤。

需要指出的是，从孔孟的重农思想发展到后来儒家传统的农本思想，是与战国秦汉以来商业的进一步发展相联系的。在此之前，商品经济比较微弱，构不成对农业的威胁。而这时情况已大不相同，农民中有的人“事商贾，为技艺，皆以避农战”[②]，弃农经商。更有的人“连车骑，游诸侯”（《史记·货殖列传》），在诸侯国之间进行大规模的贩运贸易。为保证封建国家的财源和兵源，战国时期的许多学派，特别是主张君主专制和中央集权的法家，也具有重农抑商思想，使之与儒家的农本思想呈现出了一致性。但是，儒家却是更多地从道义伦常和教化民俗的角度着眼。西汉的贤良文学们在向桑弘羊主持的盐铁等企业官营政策进行攻击时，所打出的也是儒家学派“贵德而贱利，重义而轻财”的旗帜。虽然重视工商和轻视工商的思想同时存在，甚至在盐铁会议上又正面交锋，但重农抑商观点由于顺应了当时汉武帝加强君主集权统治，在思想意识上统于一尊的形势，农本思想遂成了后来儒家的正统思想。

---

①〔汉〕桓宽：《盐铁论·力耕》，上海人民出版社1974年版，第5页。

②〔先秦〕商鞅：《商君书·农战》，石磊译，中华书局2009年版，第27页。

上海博物馆竹书《鲁邦大旱》管见

上海博物馆竹书有《鲁邦大旱》一篇，引起了我们的浓厚兴趣。笔者久处鲁地，比较留意与鲁国历史文化有关的资料。上海古籍出版社出版的《上海博物馆藏战国楚竹书（一）》透露了《鲁邦大旱》的有关情况，后又见到廖名春先生的《上海简〈鲁邦大旱〉札记》[①]一文，该文对《鲁邦大旱》篇谈了很好的看法。对于孔子与鲁国文化的研究，诚如廖名春先生所说是“非常珍贵的史料”，在廖名春先生研究的基础上，笔者愿就相关问题谈谈个人的看法，以有助于对该篇的研究。

一、关于“鲁邦大旱”

《鲁邦大旱》曰：“鲁邦大旱，哀公谓孔子：‘子不为我图之……’”又曰：“孔子答曰：‘邦大旱，毋乃……’”《上海博物馆藏战国楚竹书（一）》也说：“《鲁邦大旱》是孔子评论鲁国大旱乃是当政者刑与德的问题，其后二简还有孔子对子贡关于御旱灾的答问。”看来，该篇写作的背景是鲁国发生的旱灾。

其实，春秋时期，鲁地比现在要温暖、湿润，旱而成灾的现象并不多见。正因如此，鲁国的大旱才引起了鲁人的极大关注。

笔者曾经就春秋时期鲁国的水旱问题进行过议论：

鲁国地土虽然由于气候温暖、地势低下而湿润，但雨量却不太丰裕。……据鲁史《春秋》，鲁国在春秋时期200多年中……鲁国先后累计发生过8次水灾，平均每30年一次。同时，鲁国在这时期也发生过6次长期不雨的现象，其中最长的一次，是由鲁文公二年（前625）十二月起至次年七月。其中还有两次较长的，一次在鲁文公十年（前617），一次在鲁文公十三年（前614）都是由当年正月起到次年七月。不过，《春秋》书中只记这段时间内“不雨”，而不言旱，故杜注《春秋》文公二年曰：“周七月，今五月也，不雨足为灾，不书旱，五谷犹有收。”并在《春秋》文公十年和文公十二年注中分别说“义与二年同”。《左传·僖公三年》说：“春不雨，夏六月雨。自十月不雨至于五月，不日旱，不为灾也。”文公年间几次长时间不雨，“亦不言旱，依义例推之，似亦不为

①廖名春编：《清华简帛研究》（第二辑），清华大学思想文化研究所2002年版。

灾”[①]，故杜注所言有理。《春秋》采用周历，周历七月当夏历五月，在此以前不雨，对农作物的生长影响不太大。另外，又是一个月不雨，而且又在农事过后的月份，《春秋》书中亦加以记载。可见，长期不雨的情形也不多见。[②]

鲁国立国时，农业最受重视，《春秋》一书虽然极其简略，但仍然记载了较多与农业有关的自然现象，这是因为农作物的丰歉直接关系到社会的稳定。《春秋》经传中所记“大旱”很少，鲁国只有僖公二十一年（前639）、宣公七年（前602）的两次，这应该都是不雨而成旱灾。

我们现在还不能看到《鲁邦大旱》全文，但可以得知鲁哀公与孔子的谈话地点是在鲁国。该篇既然是记孔子与鲁哀公谈话，那么“鲁邦大旱”当发生在哀公时期。而自哀公即位至哀公十年，孔子一直在卫国或者陈国。由此，我们可以推知，该篇所说的“鲁邦大旱”应当发生在孔子周游列国归鲁后至去世的数年之间，即鲁哀公十一年（前484）到鲁哀公十六年（前479）的六年之内。

在以上的时间范围内，《春秋》经传没有出现鲁国大旱的记录，只在《春秋》哀公十五年（前480）有鲁国进行雩祭的记载。经文曰：“秋，八月，大雩。”于是，学者们便依此认定“鲁邦大旱”发生在这一年。其实未必。

《春秋》经传中有不少鲁行“大雩”之祭的记载。那时的雩祭，有的书作“大雩”，有的直书为“雩”，据后儒分析，二者或有不同。清代学者顾栋高的《春秋大事表》卷十五《春秋吉礼表》引有不少后儒的说法[③]，如：

> 雩者，求雨之祭。建巳之月，其常也。建午、建申之月，非常则书。
>
> 大雩，雩于上帝，用盛乐也。诸侯特雩于境内之山川耳。大雩，僭也。
>
> 雩有二，《月令》：“仲夏大雩，帝用盛乐。”时祭也。《周礼·司巫》：“国有大旱，则帅巫舞雩。”旱祭也。
>
> 诸侯旱而雩，礼也。大雩祀及上帝，非礼也。

---

①杨伯峻：《春秋左传注》，第518页。

②杨朝明：《鲁文化史》，齐鲁书社2001年版，第29页。

③顾栋高：《春秋大事表》卷十五《春秋吉礼表》，中华书局1993年版，第1445页。

《春秋》记春秋时的雩祭有“大雩”和“雩”的分别，“大雩”兼祭上帝，祭礼比较隆重；一般的雩祭则“帅巫舞雩”。鲁行“大雩”之祭，后儒一般认为是鲁国僭越、“非礼”，其实，鲁国在诸侯国中地位最高，因为周公的缘故，鲁国可行天子礼乐，其中即包括郊、禘、大雩之祭。《左传·桓公五年》曰“龙见而雩”，雩祭一般在农耕之后的四月进行。举行雩祭是为了祈雨，时人认为雨与山川有关，山是连接上天与人间的中介，天雨自山而出成为川，故雩祭多在山川举行。鲁国常常进行雩祭，鲁城南门有“雩门”，今鲁国故城南沂水南岸尚存有当年鲁国的舞雩台旧址，鲁之雩祭多在沂水之滨。

但是，不论“大雩”还是“雩”，都是一种祈雨求谷的祭祀。郑玄有曰：“雩者，夏祈谷实之礼也，旱亦用焉。得雨书雩，明雩有益；不得雨书旱，明旱灾成。”所以《春秋》经传中关于雩祭的记载虽然不少，但仍然远非全部的雩祭。

杨伯峻先生根据明汪克宽《春秋胡传附录纂疏》而注《左传·桓公五年》说：

> 雩有二，一为龙见而雩，当夏正四月，预为百谷祈雨，此常雩。常雩不书。一为旱暵之雩，此不时之雩。《春秋》书雩者二十一，《左传》于此年云“书，不时也”；于襄五年、八年、二十八年、昭三年、六年、十六年、二十四年，皆曰“旱也”；昭二十五年再雩，则曰“旱甚”；余年无《传》。首言不时而后皆言旱，互文见义，皆以旱而皆不时也。[①]

这里值得注意的是“常雩不书”和“皆以旱而皆不时”两点。所谓“常雩”，就是按照祭祀时节，举行的正常的“祈谷实”的祭祀，这些并不见于经传的记载。所谓“皆以旱而皆不时”，是说《春秋》中记载“大雩”之祭都不在正常的祭祀月份，却又都出现了旱象。

但是，《春秋》经文记载鲁国“大雩”，本意却是记其“不时”，并非因灾而记。《春秋·哀公十五年》记载：“秋，八月，大雩。”《左传》“无传”，《公羊传》《穀梁传》又止于哀公“获麟”之年。但“三传”的理解，可从《春秋》桓公五年秋“大雩”及僖公十一年“秋，八月，大雩”的传文中得知：

---

①杨伯峻：《春秋左传注》，第106页。

《左传》曰："秋，大雩，书，不时也。凡祀，启蛰而郊，龙见而雩，始杀而尝，闭蛰而烝，过则书。"

《公羊传》曰："大雩者何？旱祭也。然则何以不言旱？言雩则旱见，言旱，则雩不见，何以书？记灾也。"

《穀梁传》曰："雩月，正也。雩，得雨曰雩，不得雨曰旱。"

在理解上，"三传"各有不同，《左传》认为是记"不时"，《公羊》认为是"记灾"，《穀梁》却以为是"得雨"。三者何义较长，傅隶朴《春秋三传比义》认为："《左氏》解释之祭……龙见的节气（即夏历巳月至四月）行雩祭……古者祭日必先卜吉……不得逾越节气而祭。四月是首夏，八月是中秋，以首夏之祭行于中秋，这就是过时之祭了。过时之祭，即是慢祭，所以《左传》说：'秋，大雩，书，不时也。'这是说大雩如在四月举行，便是常事，常事照例是不书的，今秋季大雩，便是非常之事了，所以经书大雩。言外之意，是经有讥公慢祭之义。""《公羊》说大雩是旱祭，即是为农村祈雨的祭祀。……因为有了旱灾，故经书大雩，以记灾害，无褒贬之义。雩是祈雨之祭，但并不是旱灾发生了才举行的祭，《公羊》不知'龙见而雩'的时令，认为行大雩之祭便是有了灾害。《左氏》认为过时者，是说四月大雩，是预为秋收祈雨而祭，秋收已毕再去祭，岂不是过时了吗？故《公羊》之义比《左氏》为短。"①

又云："大雩……为常祀，有定期，但遇水旱不时，得举行大雩以为祈禳，此八月为周历，于夏历则为六月……经书'大雩'，当是……祭上帝以祈雨，雩而得雨，故喜而书之于策。"②

看来，《春秋》记载鲁国"大雩"，其着眼点的确如《左传》所说的"不时"。《春秋》"常事不书"，鲁国不少正常的雩祭便不见于记载。《春秋》所记"大雩"，都是出现旱象而行祭祀。正如郑玄所谓"得雨书雩，明雩有益；不得雨书旱，明旱灾成"，对《春秋》的记载，《左传》有的解释为"旱也"，可能如《穀梁传》所说是虽祭不雨；《左传》有的无传，则可能是祭而得雨，并未造成旱灾。

由上述可知，鲁国的"大雩"虽然都是祈雨之祭，都与旱象相互联

①傅隶朴：《春秋三传比义》，中国友谊出版公司1984年版，第132—133页。
②傅隶朴：《春秋三传比义》，第445页。

系，但未必一定是发生了“大旱”。相反，《春秋》经传没有记载鲁国大旱，并不一定没有旱灾。《公羊传》认为经言“大雩”在于“记灾”，后世公羊学者更进而言大雩就意味着大旱，实有不当。《春秋》《左传》等书毕竟与后世意义上的史书有很大不同，《春秋》之作，是孔子惧“世道衰微，邪说暴行有作”，在“史记旧闻”的基础上“约其辞文，去其烦重”（《孟子·滕文公上》），从而“寓褒贬，别善恶”，表达了政治观点；《左传》则是左丘明因“惧弟子人人异端，各安其意，失其真”（《史记·十二诸侯年表》）而作，它们的重点并不在于记载历史。

总之，《春秋》经中哀公十五年有“大雩”的记载，这一年发生旱灾的可能性较大，但还不好据此肯定孔子与哀公对话所指的“鲁邦大旱”一定发生在这一年。鄙意以为，如果要落实“鲁邦大旱”的时间，倒不如说它发生在鲁哀公十一年到鲁哀公十六年（前484—前479）这六年之内更好一些。

二、关于“失诸刑与德”

据廖名春先生的文章，《鲁邦大旱》有孔子“邦大旱，毋乃失诸刑与德乎”一语。该篇中孔子谈论的可能主要是刑罚与德政的问题。

在传统的政治思想中，刑罚与德政一直是一个核心的话题。《说苑·政理》称刑与德为治国的“二机”，《韩非子·二柄》则以刑与德为“明主道制其臣”的“二柄”。廖名春先生认为《韩非子》与简文最为接近。其曰：“人主非使赏罚之威利出于己也，听其臣而行其赏罚，则一国之人皆畏其臣而易其君，归其臣而去其君矣，此人主失刑与德之患也。”韩非还举齐国田常代简公、宋国子罕劫宋君的例子加以说明，这里所言是法家所主张的加强君权问题，君权稳固，才能控制臣下，进而控制全国。

孔子有“正名”主张，他反对君不君、臣不臣，看不惯鲁国“大夫专政”和“陪臣执国命”的局面，认为这是“天下无道”的表现。他为政期间，曾进行过毁灭季孙氏等三家城邑的“隳三都”行动，以维护鲁国国君的权威。据《上海博物馆藏战国楚竹书（一）》中《诗论》的《释文考释》引述，简文中有“孔子曰：名乎……”一语，如果是这样，该篇简文可能有孔子关于“正名”主张的阐发。

孔子的政治思想中，刑罚与德政问题当然占有十分重要的位置，但他的思想与韩非还是有明显区别的。从现有文献资料看，在刑与德的问题上，孔子谈论较多的还是如何处理二者的关系，具体而言，即怎样施行德治，而以刑罚作为德治的补充。

在孔子所编订的《尚书》中，时代较早的《皋陶谟》中就涉及这样的话题。《皋陶谟》中的皋陶提出以“五刑”惩罪，但认真研究，皋陶乃是把道德修养作为治国的根本，提出“九德”作为对人的要求，强调德治教化，“五刑”仍然是德治的辅助。这便是《大禹谟》所说“明于五刑，以弼五教”。在周初的各篇“诰文”中，周公明确提出了“明德”“慎罚”的思想主张，也都是以西周王朝的长治久安为出发点。周公的这些主张对后世影响很大。春秋时期，崇德、重德甚至形成一种社会风气。

孔子也常常论述“刑”与“德”的关系，他特别强调“德治”，强调“德主刑辅”。除了其他的零星记载，《孔丛子》《孔子家语》等都有集中论述，这些文献向来不被重视，却都可与新出竹书相互印证，都是极其珍贵的资料。或者说，它们与新出文献的相通或一致，也会反过来引起人们对这些资料的认真反思。

在《孔丛子·刑论》中，孔子以驾车喻治国，他把“礼”或者“德”看成驾车时的马辔、衔勒，而把“刑”看成策、鞭。他说：

> 以礼齐民，譬之于御，则辔也；以刑齐民，譬之于御，则鞭也。执辔于此而动于彼，御之良也。无辔而用策，则马失道矣。

在礼与刑（辔与策）两者之中，孔子认为重点应当放在礼（辔）上，他又说：

> 吾闻古之善御者，执辔如组，两骖如舞，非策之助也。是以先王盛于礼而薄于刑，故民从命。

《孔子家语》中有《执辔》篇，记孔子答闵子骞问也以驾车比喻治国，孔子说：

> 夫德法者，御民之具，犹御马之有衔勒也。君者，人也；吏者，辔也；刑者，策也。夫人君之政，执其辔策而已。
>
> 古者天子以内史为左右手，以德法为衔勒，以百官为辔，以刑罚为策，以万民为马，故御天下数百年而不失。善御马，正衔勒，齐辔策，均马力，和马心，故口无声而马应辔，策不举而极千里。善御民，壹其德法，正其百官，以均齐民力，和安民心，故令不再而民顺从，刑不用而天下治。……不能御民者，弃其德法，专用刑辟，譬犹御马，弃其衔勒而专用棰策，其不制也可必矣。夫无衔勒而用棰策，马必伤，车必败；无德法而用刑，民必流，国必亡。治

国而无德法，则民无修，民无修，则迷惑失道也。

《大戴礼记·盛德》有与《孔子家语》相同的记载，并且进一步指出了正确措置德、刑的重要意义。说：

御者同是车马，或以取千里，或数百里者，所进退缓急异也；治者同是法，或以治，或以乱者，亦所进退缓急异也。

刑罚何时而用？它与德治是怎样的关系？《孔子家语·始诛》记孔子曰：

言必教而后刑也。既陈道德，以先服之；而犹不可，尚贤以劝之；又不可，即废之；又不可，而后以威惮之。……其有邪民不从化者，然后待之以刑，则民咸知罪矣。

《孔子家语》的另一篇《刑政》所记与之相近：

太上以德教民，而以礼齐之。其次以政焉导民，以刑禁之，刑不刑也。化之弗变，导之弗从，伤义以败俗，于是乎用刑矣。

在孔子那里，刑的功能在于“止刑”，在于“佐教”，刑只用于德教难行之时，刑只适用于冥顽不化、不守法度的人。

《左传·昭公二十年》所记孔子的话可以看作对德、法关系的概括，其中有曰：

政宽则民慢，慢则纠之以猛。猛则民残，残则施之以宽。宽以济猛，猛以济宽，政是以和。

孔子强调德治，反对强制百姓，但他不是一位完全的德治主义者，应当说，他在刑、德关系的处理上，看法是非常精到的。新出竹书中也有与之相类的论说，如郭店楚墓竹书的《成之闻之》曰：“民可敬道（导）也，而不可弇（掩）也；可馯（馭）也，而不可敺（驱）也。”与《大戴礼记·礼察》所说“或导之以德教，或驱之以法令”完全一致。

在哀公以前和其后，鲁国都有发生旱灾的记录，人们自然也寻找应对的办法。如僖公二十一年（前639），鲁大旱，僖公认为是巫、尪之人造成的不良影响，所以打算烧死巫人和尪者。《礼记·檀弓下》也有战国时鲁穆公因旱而暴巫、尪之记载。不过，春秋战国时的鲁人毕竟在思想上有了巨大进步，一些人认为巫、尪之人并不能为旱，上天不雨，不必“望之愚妇人”。所以僖公、穆公的打算都被劝止。

《左传·僖公二十一年》有关那次旱灾的记载很有价值。当时，僖公欲焚巫人和尪者，鲁大夫臧文仲说：“非旱备也。修城郭、贬食、省用、务穑、劝分，此其务也。”臧文仲认为焚巫、尪并不是防备旱灾的办法，在他看来，应该在民艰于食的情况下修理城郭，稍给民食，这才不失为救荒之策。同时，还要注意贬损饮食，节省开支，劝人施舍，并致力于农事，使旱不舍农，以补救灾荒。而巫、尪之人能做什么呢？他们如臧文仲所说：“天欲杀之，则如勿生；若能为旱，焚之滋甚。”僖公听从了臧文仲的话。因此，这一年虽有饥荒，却没有伤害人民。

可以看出，臧文仲有明显的重民思想，他明白迷信鬼神无用，他的表现与春秋时期盛行的重“人事”而轻天、轻鬼神的观念是一致的。孔子“数称臧文仲”（《史记·仲尼弟子列传》），孔子的思想吸收了他以前的思想成果，其中自然包括臧文仲的思想。①

孔子也谈“天”和“天命”，有学者分析认为，孔子由“知天命”而引申出两种不同的人生态度：一种是乐天安命、顺受天命；一种是深沉的忧患、奋发进取、争而不让。②当时，有人说孔子的“文德”是“天将欲与”，说他是先圣之嗣，为“天所祚”，孔子则说：“自吾志也，天何与焉？”（《孔子家语·本姓解》）他认为所做的事情都是自己的志向，上天哪里能给予什么？从这里可以看出孔子对“天”的态度。上博竹简《鲁邦大旱》中，哀公因鲁国大旱而向孔子请教，孔子为哀公“图之”，帮助他思考应对之策。孔子以政治上的“刑与德”的问题进行回答，与臧文仲有相同之处。

《孔子家语·曲礼子贡问》中记载了这样一件事：

> 孔子在齐，齐大旱，春饥。景公问于孔子曰：“如之何？”孔子曰：“凶年则乘驽马，力役不兴，驰道不修，祈以币玉，祭礼不悬，祀以下牲。此贤君自贬以救民之礼也。”

《礼记》的两段记载可能与《孔子家语》有关。《曲礼下》曰：

> 岁凶，年谷不登，君膳不祭肺，马不食谷，驰道不除，祭事不

①杨朝明：《论臧文仲》，《孔子研究》1993年第1期。

②马振铎：《仁·人道——孔子的哲学思想》，中国社会科学出版社1993年版，第206页。

> 悬；大夫不食粱，士饮酒不乐。

《杂记下》曰：

> 孔子曰："凶年则乘驽马，祀以下牲。"

这是孔子对齐君的答问，同是旱灾，又同是国君向孔子询问对策，与《鲁邦大旱》相近。当然，同一问题，对不同的对象，孔子的回答会有不同。但对待旱灾，孔子着眼于人间的政治，倡导以积极的态度对待自然灾害，而不是借助天象思考人世间的事情。这与臧文仲有相似之处，《鲁邦大旱》应当不会与之差距太大。

上博楚竹书中的《鲁邦大旱》，所记孔子评论鲁国大旱是其当政者"刑"与"德"的措置问题可能与上述思想一致。我们对孔子关于德与刑的论述进行上述分析，或者有助于对《鲁邦大旱》中孔子论说的认识。

三、关于鲁哀公问政

《鲁邦大旱》中所记哀公向孔子问政的可信性，笔者以为应该是没有什么疑问的。翻开马骕的《绎史》，在该书的卷八十六《孔子类记一》中专有《哀公问》一节，收录了大量的哀公问政于孔子的材料，其中有《礼记》《孔子家语》《史记》《说苑》《吕氏春秋》《大戴礼记》《三朝记》《韩非子》《新序》《丧服要记》《庄子》等书，有的书中还不止一条，《礼记》中更有《哀公问》一篇。哀公礼尊孔子，与孔子接触密切，多次向孔子请教，应该是确凿的事实。

哀公在位时期，季孙氏家族的季桓子（季孙斯）、季康子（季孙肥）先后任卿专政。哀公十一年孔子归鲁之年，哀公和执政的季康子都希望孔子回鲁国。对此，史书有不少记载。《孔子家语·儒行解》曰：

> 孔子在卫。冉求言于季孙曰："国有圣人而不能用，欲以求治，是犹却步而欲求及前人，不可得已。今孔子在卫，卫将用之。已有才而以资邻国，难以言智也。请以重币迎之。"季孙以告哀公，公从之。
>
> 孔子既至舍，哀公馆焉。公自阼阶，孔子宾阶，升堂立侍。……公曰："敢问儒行。"孔子曰："略言之则不能终其物，悉数之则留，仆未可以对。"哀公命席。孔子侍坐，曰……。哀公既得闻此言也，言加信，行加敬，曰："终殁吾世，弗敢复以儒为戏矣。"

孔子由卫国回鲁国，孔子弟子冉求（冉有）发挥了重要作用。鲁国重币请回孔子，但未必真正十分尊重孔子。不过，由于孔子在外多年，哀公并不十分了解他。孔子归鲁后，哀公礼节性地去拜访，但在心底深层，还是对孔子恭敬不足。但是，与孔子一番谈话后，哀公真正钦服了孔子。《礼记》也有《儒行》篇，与《家语》大同小异。

《左传·哀公十一年》也有孔子回鲁国的记载，其曰：

> 孔文子之将攻大叔也，访于仲尼，仲尼曰："胡簋之事，则尝学之矣；甲兵之事，未之闻也。"退命驾而行，曰："鸟则择木，木岂能择鸟？"文子遽止之，曰："圉岂敢度其私，访卫国之难也。"将止，鲁人以币召之，乃归。

从这里看，孔子在卫国也受到礼尊，卫人同样遇事向他请教，但孔子看不惯他们的一些做法。另一方面，孔子以在丛林中自由的飞鸟自喻，他可以在林立的列国之树间进行选择。孔子对鲁国有特殊的感情，当鲁国来请时，他终于回到了父母之邦。

《史记》的记载更为详细。《孔子世家》曰：

> 冉有为季氏将师，与齐战于郎，克之。季康子曰："子之于军旅，学之乎？性之乎？"冉有曰："学之于孔子。"季康子曰："孔子何如人哉？"对曰："用之有名；播之百姓，质诸鬼神而无憾。求之至于此道，虽累千社，夫子不利也。"康子曰："我欲召之，可乎。"对曰："欲召之，则毋以小人固之，则可矣。"而卫文子将攻太叔，问策于仲尼。仲尼辞不知，退而命载而行，曰："鸟能择木，木岂能择鸟乎！"文子固止。会康子逐公华、公宾、公林，以币迎孔子，孔子归鲁。

卫国文子向孔子请教甲兵之事，孔子说自己没有听说过，冉有却说自己有关军旅方面的知识学于孔子，这个鲜明的对比颇耐人寻味。诚如马骕所说，孔子周游列国，"皆非夫子所得已也"，"夫子所眷眷不忍去者，惟是父母之邦耳"。[①]孔子以鲁国为自己的栖身之处，归根到底还是对鲁国有深沉依恋。

---

①〔清〕马骕：《孔子类记四》，《绎史》卷八十六，王利器整理，中华书局2002年版，第2102页。

回到鲁国后的孔子本来还是愿意参与政治的，但鲁国仅以“国老”视之，“鲁终不能用孔子，孔子亦不求仕”（《史记·孔子世家》）。不过，孔子与鲁哀公之间的关系却比较融洽，从史料的记载来看，哀公常常与孔子在一起，向孔子请教方方面面的问题。可以看出，哀公对孔子的信任和佩服是发自内心的。如据《孔子家语·五仪解》记载，哀公向孔子请教录用人才等问题，在孔子回答之后，哀公感慨地对孔子说：

非子之贤，则寡人不得闻此言也。

非吾子，寡人无以启其心。

微吾子言焉，吾弗之闻也。

其中最后一句，《说苑》的记载作“微孔子，吾焉闻斯言也哉”。

孔子与哀公之间的关系，《庄子·德充符》的记载很能说明问题。一次，哀公与孔子讨论了一些问题，后来，他对孔子的弟子闵子骞说：

始也吾以南面而君天下，执民之纪而忧其死，吾自以为至通矣；今吾闻至人之言，恐吾无其实，轻用吾身而亡其国。吾与孔子，非君臣也，德友而已矣。

在这里，哀公以孔子为“至人”，以孔子为得道的人。哀公更不把自己与孔子的关系看作君臣，而是看作以道德维系起来的朋友。

简文《鲁邦大旱》同样是哀公向孔子请教，应该仍然是二人在一起议论问题。廖名春先生据公羊学者的说法，认为该篇是孔子指责哀公，认为哀公时期行大雩之祭是在“谢过”，是哀公自我检查施政之失，情况可能并不如此。

实际上，《公羊传》对《春秋》的解释已经染上了后世的看法，公羊学者特别是何休更将后世的做法移至春秋时代。桓公五年（前707），鲁国行大雩之祭，何休就进行了这样的说解。诚如有学者所指出的：“《公羊传》所体现的阴阳灾异思想是先秦至西汉景帝时特定的阴阳灾异思想，而何休《春秋公羊传解诂》中的阴阳灾异思想所反映的则是东汉末年人们有关‘灾异’问题的思想认识……是对《公羊传》有关思想的极大歪曲，其性质与后果最为严重。”何休《解诂》与《公羊传》之间有相当大的差异，这突出表现在三个方面：

一是，何休《解诂》对《春秋》所载灾异内容，作无中生有式的回答；二是，何休《解诂》对《春秋》以及《公羊传》有关灾异现象的记载和评述，作“无限膨胀”式的发挥，以致较于《公羊传》原有的解释更多了一层阴阳灾异的色彩；三是，何休《解诂》对《公羊传》的不少内容作了“郢书燕说”式的解释，从中塞入了自己的意志，使之与《公羊传》本意南辕北辙。[①]

《鲁邦大旱》记哀公向孔子请教时，子贡也在鲁国。子贡小孔子31岁，因为跟从孔子学习，后来成为“天下显士”。《史记·货殖列传》记曰：“子贡既学于孔子，退而仕于卫，废著鬻财于曹、鲁之间。”在孔子的弟子中，子贡善于“言语”，常常做些外交、商业方面的活动。

但是，在孔子周游列国归鲁后的数年中，子贡主要在鲁国。据《左传·哀公十一年》，孔子回鲁国的那年，子贡已经在鲁国做事。孔子去世时，子贡也在跟前。从有关的记载看，孔子能够与子贡讨论各种各样的问题，也对任何事情、任何人进行评论。[②]在众弟子中，子贡与孔子有一种特殊的感情，子贡格外佩服和崇敬孔子，他对孔子的称赞简直无以复加。孔子生病时，他希望子贡在跟前；孔子的看家狗死了，他甚至也让子贡帮助埋掉。种种材料显示，孔子晚年在鲁国的数年中，他与子贡是经常接触的。

①黄朴民：《何休评传》，南京大学出版社1998年版，第270—271页。

②李启谦、王式伦编：《孔子弟子资料汇编》，山东友谊书社1991年版。

鲁国郊天之礼探析

中国根深蒂固的礼乐传统与周代的鲁国有密切关系，史籍称“周礼尽在鲁矣”（《左传·昭公二年》），作为宗周礼乐文明奠基人周公的封国，鲁国的文化具有鲜明的重礼风格。在时人的观念中，“礼有五经，莫重于祭”（《礼记·祭统》），祭祀乃鲁国礼制中的重要内容。也是由于周公，“鲁有天子礼乐”（《史记·鲁周公世家》），鲁国得以“世世祀周公以天子之礼乐”（《礼记·明堂位》）。然而，鲁国毕竟是周代诸侯国，因此，鲁国祭祀中的一些礼制便引发了后人的争论。

在祭礼中，首当其冲的是郊之礼。郊礼泛指在郊举行的各种祭礼，而郊天之礼则仅仅指在南郊举行的祭祀昊天上帝的祭礼。郊本为天子之礼，而鲁国也有这样的礼制存在。于是，从孔子那时开始，鲁国是否应有郊天之礼，或者说鲁国的郊天之礼是否属于“僭越”，便开始了无休无止的争议。清代学者试图对前人的争议给以总结，但仍然没有超越汉儒以来的传统理解。现代学者研究这一问题，或者合周、鲁而笼统概观[①]，或者浅尝辄止，略加推阐[②]，问题迄未解决。祭祀文化是周代礼乐文化的核心内容，而祭礼中争议极大的鲁国郊天之礼又恰恰是研究鲁国祭祀礼仪的关键。

一、周代郊天之礼

鲁国是周代的重要封国，也是周代十分特殊的封国。鲁国的重要与特殊其实正突出地表现在鲁国与周王室在礼乐文化上一脉相承的联系上面。因此，要谈鲁国的郊天之礼，首先应当了解周天子的郊天之礼。

根据我们的研究，周天子的郊天之礼应该有两种：一为冬至日郊天，一为夏历正月郊天。

关于周天子冬至日郊天，《礼记·郊特牲》的记载十分清楚：“郊之祭也，迎长日之至也，大报天而主日也。兆于南郊，就阳位也。扫地而祭，于其质也。器用陶、匏，以象天地之性也。于郊，故谓之郊。……周之始郊，日以至”。《孔子家语·郊问》也有类似记载。周天子在南郊祭

---

①参见陈戍国：《中国礼制史》先秦卷，湖南教育出版社2002年版，第213—227页；邹昌林：《中国礼文化》，社会科学文献出版社2000年版，第114—128页。
②詹鄞鑫：《神灵与祭祀——中国传统宗教综论》，江苏古籍出版社2000年版，第312—315页。

天，归就阳位，因为祭祀的地点在南郊，所以这样的祭祀称为“郊”。

据说，在祭祀时，因为周代崇尚红色，所以祭祀所用的牲是红毛的；祭牲用牛犊，以表示纯真笃诚。祭祀上天的日子选定在天干的辛日，这是由于周代初次祭天在冬至前后的辛日，意取阳气新生，为新的开始。根据记载，祭祀之前，天子先要到祖庙、父庙禀告，正式祭祀上天时，其礼仪更加隆重规范。

从这类的记载中，我们可以领悟到周天子在“日以至”（冬至日）时于南郊祭天的由来，透露了上古时代人们对“日”的崇拜，形式简单而又朴实，“万物本乎天，人本乎祖，此所以配上帝也。郊之祭也，大报本反始也”（《礼记·郊特牲》），也就是说天是万物之本，祖先为人类之本。郊祭就是用盛大的祭祀来报答给人们带来福祉本源的恩赐，也就是所谓的“大报天而主日”。

《周礼》记载，周人以冬至祭天，以夏至祭地，又以立春、立夏、立秋、立冬分别祭祀四方。由于那时天圆地方概念的支配，故冬至日祭天、夏至日祭地时，分别祭祀地上之圆丘、方丘。所以，《周礼·春官·大司乐》记曰：“雷鼓雷鼗，孤竹之管，云和之琴瑟，《云门》之舞，冬日至，于地上之圆丘奏之，若乐六变，则天神皆降。”周人冬至日郊天的“扫地而祭”，即在阳位的原地上祭祀，而祭祀时，地上有象天的“圆丘”，故汉儒遂称冬至日郊天为“圆丘”之郊。

夏历正月郊天与冬至日郊天的性质截然不同。《礼记·月令》云：“孟春之月……天子乃以元日祈谷于上帝。”《礼记正义》曰：“此言孟春者，夏正建寅之月也。”而且可以看出周天子夏历正月郊天的目的是“祈谷”。因此这种郊天也被称为“祈谷之郊”。

周天子既有冬至日郊天，又有夏历正月郊天，《孔子家语·郊问》的记载说得十分明白：“郊之祭也，迎长日之至也。大报天而主日，配以月，故周之始郊，其月以日至，其日用上辛；至于启蛰之月，则又祈谷于上帝。此二者，天子之礼也。”

人们对周天子有冬至日郊天和夏历正月郊天没有多少疑问，但对郊天的对象与配享者却存有争议。清人金榜在所著《礼笺》中推崇郑玄注，在郑玄注的基础上进一步辨析二郊之区别，得出的结论是昊天与上帝殊，曰：“昊天，垂象之天也；上帝，祈谷之地也。冬至禘者为昊天，启蛰郊者为上帝。”进而断定冬至禘昊天以喾配；启蛰郊上帝以后稷配。其实，在整个周代，人们对昊天与上帝的区分不是很明显，有时候昊天与上帝有别，而有的时候人们视昊天和上帝为一，并且不能混“郊”为“禘”。此外，无论是冬至日还是夏历正月郊天都是郊昊天以后稷配享。

我们可以从《礼记·郊特牲》中细细体会出以上几点来。《郊特牲》曰："郊之祭也，迎长日之至也，大报天而主日也。……祭之日，王被衮以象天。戴冕璪十有二旒，则天数也。……旂十有二旒，龙章而设日月，以象天也。天垂象，圣人则之，郊所以明天道也。帝牛不吉，以为稷牛。……万物本乎天，人本乎祖，此所以配上帝也。郊之祭也，大报本反始也。"在这里，祭祀"天"的牲牛称为"帝牛"，"帝牛"的规格是"必在涤三月，稷牛唯具"（《礼记·郊特牲》）。假若"天"与"上帝"殊，则祭祀上帝之牛应低一等，可是"视全具，案刍豢；瞻肥瘠，察物色，必比类；量小大，视长短，皆中度。五者备当，上帝其飨。"（《礼记·月令》）祭祀昊天与上帝的牛规格完全一样，也说明在这里昊天与上帝本来一致。

其实，仔细推敲上文中"天"与"上帝"重叠出现的含义，其必为昊天与上帝为合一的。而且，古文献中出现昊天、上帝并用的情况很多，《诗·大雅》中《云汉》篇云："昊天上帝，则不我虞。"《皇矣》篇云："帝迁明德，串夷载路。天立厥配，受命既固。"《逸周书·世俘》云："武王乃翼矢珪，矢宪告天宗上帝。"《尚书·大诰》亦云："已！予惟小子，不敢替上帝命。天休于宁王，兴我小邦周。"显而易见，"天"与"上帝"的功能有时是一样的，"天"与"上帝"应该是周人至上神的不同名称。当"天"被赋予了人格后，就可称为"上帝"。当代学者朱凤瀚等先生也认为西周时期"天"与"上帝"是并用的，从某种意义上讲，"天"与"上帝"是二位一体的。所以周人以祭日为主的古朴久远的冬至郊天，一定没有像后来有人所理解的那样细分昊天与上帝。

《郊特牲》中所说的"帝牛"应理解为祭祀昊天上帝的牲牛，而"稷牛"应理解为祭祀始祖后稷的牲牛，可见冬至日圆丘之郊为"祭昊天以后稷配"，而不是像清人金榜所说的"祭昊天以喾配"。

夏历正月祈谷之郊也是祭昊天以后稷配。这类的例子，在《春秋》《左传》中俯拾即是，其中最典型的见于《左传·襄公七年》："夫郊祀后稷，以祈农事也，是故启蛰而郊，郊而后耕。"而且，"郊祀后稷以配天"也多次出现在古文献中，如《诗经》《史记》《汉书》等。所以夏历正月郊天也应为祭昊天以后稷配。不过，春秋时期，人们对昊天与上帝已分得较细。《春秋》之中多称有事于上帝，少言昊天，不过，后世学者有曰："天子以冬至祭上帝，又以夏之孟春祈谷于上帝于郊。"[①]可见，人们对昊天上帝仍是统而概之的。看来，在周代，人们在郊天时往往昊天上帝并提，无论是冬至日还是夏历正月郊天都是郊昊天上帝而以后稷配享。

二、鲁国郊天之礼

在理清周天子有冬至日郊天和夏历正月郊天"二郊"的内涵以后，认识鲁国郊天之礼就容易多了。

周公在周初有勋劳于天下，周公虽无天子之位，而有天子之德。鲁国是周公长子伯禽的封国，鲁国后来奉周公之祀，因而成王特许鲁国有祭天之郊礼，此即前人所说："周公傅成王，成王遂及圣，功莫大此。周公圣人也，有祭于天道，故成王命鲁郊也。"[②]《礼记·祭统》亦云："昔者周公旦有勋劳于天下，周公既没，成王、康王追念周公之所以勋劳者，而欲尊鲁，故赐之以重祭，外祭则郊、社是也，内祭则大尝、禘是也。"

鲁国拥有祭天之郊礼，可是，对鲁国的郊礼，先儒们却有不同的理解。综合这些说法，其中存在的分歧可以归纳为以下三点：

1. 郑玄主张鲁惟一郊，鲁郊始于日至之月，自子月至寅月皆可，日用上辛。但是，郑玄注解"郊"时，前后有矛盾之处。例如，他在注解《郊特牲》时云："郊天之月而日至，鲁礼也！三王之郊一用夏正，鲁以无冬至祭天于圆丘之事，是以建子之月郊天，示先有事也。"既然日至之月郊天是"鲁礼"，那么鲁就可能有冬至圆丘之郊。

2. 《孔子家语》借孔子之语主张鲁惟一郊，即启蛰之月祈谷之郊，无冬至上辛之日报天之郊。持这种看法的有啖助、赵匡等人。

3. 王肃主张鲁有两郊，在注解《孔子家语》时指出：鲁以冬至郊天，至建寅之月又郊以祈谷。崔述、皇侃用王肃之说。

笔者揣摩三说，以为王肃之说独得鲁郊之实。鲁君始封时，周天子特赐郊之重祭确应包括两郊。鲁有祈谷之郊，应无疑义。但是，鲁是否有冬至日郊天之礼，却分歧较多，笔者认为，驱除时光流逝所造成的暗影，应不难看出鲁国在西周早期即有冬至日郊天。

《礼记·明堂位》云："成王以周公为有勋劳于天下，是以封周公于曲阜，地方七百里，革车千乘，命鲁公世世祀周公以天子之礼乐。"又

---

①〔清〕姚彦渠：《春秋会要》，中华书局1955年版，第53页。

②〔清〕苏舆：《春秋繁露义证·郊事对》，钟哲点校，中华书局1992年版，第417页。

云："是以鲁君孟春乘大路，载弧韣，旂十有二旒，日月之章，祀帝于郊，配以后稷，天子之礼也。季夏六月，以禘礼祀周公于太庙。"

关于此"郊"的性质，先儒们议论纷纷。笔者认为解开此疑团的关键在于对"孟春"这一时间的定位。《礼记》为汉儒汇编，其中的篇章非成于一人之手，每篇建正不一。郑玄注曰："孟春，建子之月，鲁之始郊日以至。"《礼记正义》曰："知孟春是建子之月者，以下云季夏六月以禘礼祀周公。若是夏之季夏非禘祭之月，即是周之季夏，明此孟春亦周之孟春。"既然此孟春为周之孟春无疑，周之孟春恰为夏正建寅之月的十一月，所以，郑玄注此"郊"为鲁君"日以至"之郊没有问题。不过，我们还应注意到，虽然周天子、鲁君圆丘之郊在"日以至"，但亦需卜日。有学者认为："报天之郊用子月冬至日，故不须卜日。"①笔者窃以为未必正确，《礼记》一书中有好几处说到"郊之用辛也"，大概冬至日郊天卜日，采用冬至日前后的辛日。

此外，鲁君郊祭之日的车服与周天子亦惊人相似。《礼记·明堂位》云："鲁君乘大路，载弧韣，旂十有二旒，日月之章，祀帝于郊。"《礼记·郊特牲》云："祭之日，王被衮以象天，戴冕璪十有二旒，则天数也，乘素车，贵其质也。旂十有二旒，龙章而设日月，以象天也。"不仅服饰相似，郊前的准备也一样，周天子是"卜之日，王立于泽，亲听誓命，受教谏之义也"（《礼记·郊特牲》）；鲁君是"将有事于上帝，必先有事于泮宫"（《礼记·礼器》）。鲁君此郊的准备、时间、地点、服饰皆与周天子相同，则鲁君应有冬至日之郊。

无独有偶，《礼记·杂记下》也有类似的记载，云："孟献子曰：'正月日至，可以有事于上帝；七月日至，可以有事于祖。'"关于孟献子，《左传·襄公七年》有记载，人多记住他说过"启蛰而郊，郊而后耕"，却多不察《礼记》上的这一记载。据统计，《左传》一书记鲁国九次郊祭，只有宣三年、成十三年为二月初冬至，其余皆为正月冬至，就连有孟献子记载的襄公七年也是正月冬至，为正月二十六日辛丑冬至，可见"正月日至可以有事于上帝"有可能实现，这应该是鲁有冬至日圆丘之郊的极好注脚。

《孔子家语·郊问》载孔子云："鲁无冬至大郊之事，降杀于天子，是以不同也。"以前学者多从《家语》之说，以啖助、赵匡为代表，力主

①季旭昇：《诗经吉礼研究》，台湾师大国文研究所集刊，1997年，第19页。

鲁唯有祈谷之郊，他们认为“不于日之至，避王室也”[①]，而坚信鲁祈谷之郊并非僭越。其实他们都深受孔子之影响，否认鲁有冬至日之郊。实际上，孔子一向主张“正名”，对鲁国作为一个诸侯邦国而有天子之礼甚为不满，他曾经说过：“鲁之郊禘非礼也，周公其衰矣！”（《礼记·礼运》）孔子认为郊、禘之类的“重祭”虽然为成王所赐，鲁也不得行此天子之礼。又如，孔子由于对鲁国行禘祭之礼不满，当有人向他请教禘祭礼仪的情况时，孔子便回答说：“不知也。”（《论语·八佾》）再如，陈司败问“昭公知礼乎”，孔子虽明知昭公违礼，但为尊者讳，还是回答“知礼”。（《论语·述而》）所以，笔者认为，孔子云“鲁无冬至大郊事”，应理解为鲁不应该有，而不是事实上没有过。

《左传·宣公三年》：“春，王正月，郊牛之口伤，改卜牛。牛死，乃不郊，犹三望。”后来的学者如柳兴恩、万斯大、顾栋高等，皆在著作中证明此前牛死，后牛伤皆为正月，假使年牛不死，则正月（周正）郊可知，而宣三年为二月初四辛未冬至，所以，此郊被认为是《春秋》上唯一的冬至郊天的例子。

历代儒家对鲁国郊天之礼的误解，原因不一，有的未能综合全面分析史料，有的则是受传统礼乐观念的局限。例如，元朝著名学者马端临认为：“当时止许其用郊、禘之礼乐以祀周公，未尝许其遂行郊、禘之祀。”从而坚定地认为鲁国“不特僭天子之礼、乐以祀郊、禘，虽燕享宾客亦用之矣”。[②]可是，马端临没有注意到，成王不仅许鲁以郊、禘之礼乐以祀周公，而且“成王乃命鲁得郊祭文王”（《史记·鲁周公世家》）。只此一点，马氏之论就有漏洞。

从理论上讲，无论是冬至日还是夏历正月之郊都是祭天之礼，为天子所行，怎能说鲁得郊、禘之重祭，而独有夏历正月祈谷之郊，而无冬至日圆丘之郊呢？因此，鲁有冬至日圆丘之郊，殆无疑问。

总之，笔者考察认为，鲁国不同于别的诸侯国，鲁国分封伊始就拥有郊天之礼，特别是鲁有冬至日郊天之礼印证了鲁有王礼的特殊地位，是“周礼尽在鲁”的具体诠释。

---

①〔清〕姚彦渠：《春秋会要》，中华书局1955年版，第53页。

②〔清〕姚彦渠：《春秋会要》，第54、55页。

鲁国与《诗经》

《诗经》作为我国最早的一部诗歌总集，最初只被称为《诗》，它分为风、雅、颂三大类，共305篇，故当时有人举其成数又以“诗三百”相称。到了汉代经学产生以后，它才有了《诗经》的称谓。不过，春秋时期，今本《诗经》的规模便已具备，《左传》记吴公子季札至鲁“请观周乐”时，鲁曾为他一一歌唱各地风乐以及雅、颂等，其中各部分今本《诗经》全有，只是其叙次与今本稍异。《诗经》在当时似乎与鲁国有着特殊的关系，这不仅是因为季札作为吴国的公子，他却至鲁请观周乐，而且鲁国师工所歌令他赞叹不已。同时，《诗经》十五国风所录方俗之诗，包含了鲁之近邻齐国在内的许多地域，然而，从篇名看，却偏偏没有作为周代重要方国的鲁国。可是，在颂诗中，《周颂》《商颂》之外，却又专有《鲁颂》4篇。另外，从文献记载看，鲁人对于《诗》的熟悉和了解，也是他国所无法企及的。

关于鲁国与《诗经》的关系，我们拟从四个方面缕析如次。

一、鲁国的乐舞与《诗经》

在周代众多的邦国中，鲁国乃姬姓“宗邦”，诸侯“望国”，故“周之最亲莫如鲁，而鲁所宜翼戴者莫如周”①，鲁文化与周文化乃一脉相承。由于鲁国是周公之子伯禽的封国，而周公先是帮助武王争夺天下，后又在成王年幼时平定天下，有着卓著的功勋，因此，鲁国初封时不仅受赐丰厚，而且相对他国来说还得到了不少特权。

因为周公的缘故，鲁国在乐舞方面也有别于他国。《史记·鲁周公世家》说“鲁有天子礼乐”，《礼记·明堂位》也说“鲁公世世祀周公以天子之礼乐”。此外，周公制礼作乐，周初开始完善起来的宗法礼乐制度，其影响所及，更铸就了鲁国根深蒂固的礼乐传统。礼乐中礼的部分之外，便是乐，礼典的施行往往配合着一定的乐舞，而礼乐中乐的部分又不能离开《诗经》。关于诗与乐的关系，沈文倬先生说：“音乐的演奏以诗为乐章，诗、乐结合便成为各种礼典的组成部分。”②这里的“诗”即指《诗经》。在周代，“乐正崇四术，立四教，顺先王诗、书、礼、乐以造士，

①〔清〕高士奇：《左传纪事本末》卷一，《四库全书》史部纪事本末类。
②沈文倬：《略论礼典的实行和〈仪礼〉书本的撰作》，《宗周礼乐文明考论》，浙江大学出版社2006年版，第3页。

春秋教以礼、乐，冬夏教以诗、书”（《礼记·王制》）。孔子当年从事教育活动，也“以诗、书、礼、乐教”（《史记·孔子世家》），礼与诗、乐是不可分离的。这里所说的“诗”显然也是指《诗经》。对此，清人邵懿辰的话表现得更明白：“乐本无经也……乐之原在《诗》三百篇之中，乐之用在《礼》十七篇之中。”①

鲁是“秉礼”的国度，鲁文化的特色便首推其礼乐文化，由此亦可推想《诗经》之与鲁国的密切关系。

《诗经》主要是根据音乐分类的，其中“颂”乐乃是王廷宗庙祭祀祖先、祈祷神明的乐歌。《诗序》说：“颂者，美盛德之形容，以其成功告于神明者也。”郑玄《毛诗传笺》：“颂之言容，天子之德，光被四表。”朱熹《诗集传》：“若夫《雅》《颂》之篇，则皆成周之世，朝廷郊庙乐歌之辞，其语和而庄，其义宽而密。”都说颂乐乃为朝廷所有。

鲁为周公之后，亦有周代宫廷之乐。周宫廷之乐包括虞、夏、商、周之乐，据《礼记·明堂位》记载，鲁人亦兼用之。相传舜时有《大韶》，禹时有《大夏》，商汤时有《大濩》，周初有《大武》，这都是各个时代的代表性乐舞。它们主要用于祭祀天地、山川、祖宗，其声调平淡，节奏舒缓，有歌有舞，规模宏大。这些乐舞的内容带有史诗性，故而又带着戏剧表演的味道。有的还有较为完整的故事情节，《大武》就是如此。《吕氏春秋·古乐》说：“武王即位，以六师伐殷。六师未至，以锐兵克之于牧野。归，乃荐俘馘于京太室，乃命周公为作《大武》。”四代之乐既为周代宫廷之乐，故亦为周乐的一部分，所以季札在鲁，鲁乐工可为他一一演奏。据载，季札观乐后，当时就赞不绝口，叹为观止。究其原因，或许还应有鲁人对乐曲的整理和加工。如孔子就曾经与宾牟贾讨论《大武》，孔子曰：“声淫及商何也？”对曰：“非《武》音也。”子曰：“若非《武》音，则何音也？”对曰：“有司失其传也。”（《礼记·乐记》）这是说《大武》原来的曲调没有商音，大概春秋时期人们整理时加用了商音。季札对鲁人演奏的乐舞连声称美，则鲁人可能对这些乐舞有一个加工完善的过程。

鲁国的四代之乐除了用于祭周公外，还用于敬享邻国之宾。《左传·襄公二十九年》说：“鲁有禘乐，宾祭用之。”杜预注曰：“禘，三

---

①徐世昌等编纂：《清儒学案·邵先生懿辰·礼经通论》，沈芝盈、梁运华点校，第7912页。

年大祭，则作四代之乐。别祭群公，则用诸侯乐。”孔颖达疏曰：“禘是三年大祭，礼无过者，知禘祭于太庙，则作四代之乐也。礼，唯周公之庙得用天子之礼，知其别祭群公，则用诸侯之乐。诸侯之乐谓时王所制之乐，《大武》是也。然则禘是礼之大者，群公不得与同。而于宾得同禘者，禘者，敬邻国之宾，故得用大祭之乐也。”是鲁以四代之乐（禘乐）于享大宾及大祭时用之。四代之乐中的《大武》，其乐章乃是《诗经·周颂》中的6篇。除了《礼记·乐记》所载孔子与宾牟贾讨论《大武》，《左传·宣公十二年》也涉及《大武》的乐章次第。自近代大学者王国维作《周大武乐章考》[①]奠定了研究此乐章的基础以来，又有不少人对《大武》的乐章次第进行考订，如高亨[②]、阴法鲁[③]等先生都在这方面下过功夫。在诸家的基础上，杨向奎先生根据《左传·宣公十二年》的叙述，断定《大武》的章次依次是《周颂》的6篇：《武》《时迈》《赉》《酌》《般》《桓》。[④]他以《武》为《大武》首章的看法与朱熹的主张是一致的。

《诗经》中又有《鲁颂》。既然《颂》是宗庙祭祀的乐歌，朱熹《诗集传》中也说“颂则鬼神宗庙祭祀歌舞之乐”，那么《鲁颂》亦带有祭歌或颂歌性质。如果说鲁国的四代之乐主要用于太庙之祭，那么《鲁颂》则主要是为颂美鲁公所作。《鲁颂》前三篇《駉》《有駜》《泮水》，颇与叙事诗相类，而《閟宫》则是典型的祭颂之诗。《鲁颂》在演奏时当也速度缓慢，音调清越，不但配合乐器，而且带有扮演、舞蹈的艺术。《閟宫》篇叙述鲁国祭天祀祖的奢华场面中，便有“万舞洋洋”。万舞本是天子专用礼乐，舞者在舞蹈时手里拿着干或羽。《诗·邶风·简兮》“方将万舞”毛《传》说：“以干羽为万舞，用之宗庙山川。”陈奂《传疏》云：“干舞，武舞；羽舞，文舞。曰万者，又兼二舞以为名也。”

鲁国又有雅乐。雅乐有大雅、小雅之分，清人惠周惕《诗说》认为大、小雅就像后代音乐的大吕、小吕，都是乐调的区别。这就如孔颖达所说的“诗体既异，音乐亦殊”。郑樵在《六经奥论》中说“朝廷之音曰雅”，不过，大、小雅的使用场合也有一定的区别。大雅一般用于天子祭

①王国维：《观堂集林》卷二，中华书局2004年版。
②高亨：《诗经今注》，上海古籍出版社1980年版。
③阴法鲁：《诗经中的舞蹈形象》，《舞蹈论丛》1982年第4期。
④杨向奎：《宗周社会与礼乐文明》，人民出版社1992年版；《关于周公“制礼作乐”》，《文史知识》1986年第6期。

祖、大射、视学以及两君相见等重要礼典，其他场合基本不用，这有比较严格的区别。如两君相见，一般是升歌《清庙》，但也有歌大雅《文王》的。小雅比较接近民歌，有的就是根据民歌整理加工而成的。它主要用于诸侯大射、燕礼以及士大夫乡饮酒礼等仪式中。有的唱，有的只奏不唱，有的则歌唱与器乐间作。鲁国师工对《大雅》《小雅》都可演唱，季札评论说：人们听了《小雅》，不禁"思文、武之德，无贰叛之心"，《大雅》则"广哉，熙熙乎！曲而有直体"。就是说《大雅》不仅本体直，而且乐曲有抑扬顿挫高下之妙。[①]

《诗经》中，除《雅》《颂》，便是《国风》，从篇数上讲，它占了《诗经》总数的一半以上。《国风》为地方乐歌，即各地的土乐，经过整理润色，集中到一起。从《左传·襄公二十九年》的记载看，鲁国对这些风诗皆可弦歌诵舞。《国风》在演奏时也大都配合乐舞，如《邶风·简兮》说："左手执籥，右手秉翟。"翟为野鸡毛，籥则是形似笛子的乐器，翟与籥皆为舞时所用的东西。

鲁歌十五国风是与鲁在周代的地位密切关联的。周族本是自西北向东南发展势力的，因为殷商的根据地在东方。当周族的翦商事业完成后，为了加强对东方的控制，便在东方封建诸侯，"以藩屏周"。鲁国被封于曲阜商奄旧地，也是为了"大启"疆宇，"为周室辅"（《诗·鲁颂·閟宫》）。鲁为周公之后，周王室视之为自己的嫡系，鲁便成为周室的代理人以控制这个地区。用杨向奎先生的话说，"鲁国实为宗周文化之正统"，"是宗周礼乐文明的嫡传"。[②]所以，周王廷得于各地的风乐，鲁亦得歌之。不仅如此，周人取得天下后，为炫耀其政教远被，甚至注意采用四夷之乐，即将周边地区民族比较原始的民间音乐用于祭祀和宴乐。鲁也用夷乐，《礼记·明堂位》载鲁祀周公于太庙时，除了歌舞《大武》《大夏》以及演奏雅乐等，还用了名为《昧》的东夷之乐和名为《任》的南蛮之乐。鲁人"纳夷蛮之乐于太庙"，目的是"言广鲁于天下"。对夷乐尚如此，更何况对中土各地。

顾颉刚先生著有《论〈诗经〉所录全为乐歌》[③]一文，在前人定论的基础上，进一步论证了《诗》300篇全部入乐。不仅如此，歌乐之外，尚配有舞。正由于《诗经》所录全为乐舞曲，所以吴公子季札在鲁观乐。乐

①《左传·襄公二十九年》杜预注。
②杨向奎：《宗周社会与礼乐文明》，人民出版社1992年版，第278—279页。
③顾颉刚：《古史辨》（第3册），上海古籍出版社1982年版，第608—658页。

而可观，有舞可知。正如孔颖达在疏解《左传》季札“请观周乐”节时所言：“乐之为乐，有歌有舞，歌则咏其辞而以声播之，舞则动其容而以曲随之。歌则乐器同而辞不一，声随辞变，曲尽更歌，故云为之歌《风》、为之歌《雅》。及其舞则每乐别舞，其舞不同。季札请观周乐，鲁人以次而舞，每见一舞，各有所叹。”西周、春秋时期，“国之大事，在祀与戎”，祭祀与战争在国家的政治生活中占有十分重要的地位。鲁人重礼，则在祭天祀祖等礼仪活动中以诗乐致其敬意于鬼神便成了生活中的常事。同时，鲁人宴饮时也往往有乐舞演奏，如《鲁颂·有駜》作为颂祷僖公与群臣宴会饮酒的诗，其中就描绘了鲁人手拿鹭羽婆娑起舞的生动场景；《閟宫》中说“鲁侯燕喜”，僖公与群臣宴饮，也是有深致祈祷和祝福之意。

二、鲁人的社会生活与《诗经》

在西周和春秋时期，《诗经》与人们的社会生活是密切相关的，在宫廷、贵族的祭祀、典礼、宴会中，它常常以一种乐舞的形式出现，从而被当作一种仪式或娱乐宾客的节目，鲁国在这方面便表现得十分明显。

实际上，《诗经》与人们的联系还有另一个重要的方面，这便是在政治、外交和其他社会生活中，它被用作一种表情达意的交际工具，此即古代所谓“献诗陈志”和“赋诗言志”。公卿、大夫们将诗句等运用于政治活动诸方面，或借献诗以表达其颂扬与讽谏之情，或借赋诗在社交场合表达思想感情。《国语》《左传》等先秦古籍中，有不少这方面的记录。这种情况又似乎较多地表现在周王室的宗亲国家之中。周初封建时，内宗亲而外异姓，宗亲之中，又以鲁与卫、晋为最，这从《左传·定公四年》所叙述的分封情况中可以看出来。只不过康叔之后卫国不能克终，以致沦为晋、楚等大国的附庸，鲁、晋遂继宗周而成为礼乐文明的中心。另外，因太公，齐国亦为大国。齐为鲁邻，姬、姜两姓，世为姻亲，但齐、鲁两国在文化上却有明显差异。作为宗周文化的正统，鲁与晋、齐等“小宗”相比，它便成了文化“中心的中心”①。晋韩宣子所言“周礼尽在鲁矣”一语便是我们这一论题的最好注脚。正因为如此，文献记载中，鲁、晋两国“赋诗言志”，以《诗》用于社会交往尤其是对外交往的情况，便比他国较多，而从对《诗》的重视程度以及用《诗》的数量等方面看，鲁又为各

①杨向奎：《宗周社会与礼乐文明》，第278—279页。

国之最。例如，仅从清人姚彦渠所编《春秋会要》看，其中“嘉礼”中所汇“享燕”之礼，“赋诗言志”的事例计有21次，其中17次有鲁人参与，晋人参与者也有10次之多。清人赵翼《陔余丛考》统计，《国语》《左传》中所引诗绝大部分都是300篇中的诗，仅有极少数是不见于《诗经》的逸诗。

鲁国的卿大夫对《诗》都比较熟悉。如前所述，《诗》与礼是有密切联系的，许多情况下，《诗》就是礼的重要组成部分，因而鲁国的公卿大夫们就像了解何种场合使用何种礼仪那样，对诗乐使用场合的分殊也十分清楚。如：

> 穆叔如晋，报知武子之聘也。晋侯享之，金奏《肆夏》之三，不拜；工歌《文王》之三，又不拜。歌《鹿鸣》之三，三拜。韩献子使行人子员问之，曰：“子以君命辱于敝邑，先君之礼，借之以乐，以辱吾子。吾子舍其大而重拜其细，敢问何礼也？”对曰：“《三夏》，天子所以享元侯也，使臣弗敢与闻。《文王》，两君相见之乐也，使臣不敢及。《鹿鸣》，君所以嘉寡君也，敢不拜嘉；《四牡》，君所以劳使臣也，敢不重拜。《皇皇者华》，君教使臣曰：‘必咨于周。’臣闻之：‘访问于善为咨，咨亲为询，咨礼为度，咨事为诹，咨难为谋。’臣获五善，敢不重拜？”（《左传·襄公四年》）

《三夏》《文王》都非用于卿大夫者，故穆叔不拜，《鹿鸣》之三即《小雅》之首《鹿鸣》《四牡》《皇皇者华》，都与穆叔的身份相当，故每歌一曲，他都进行拜谢。

春秋时列国间进行外交活动，往往通过赋诗言志，用比喻或者暗示的方法，表达彼此的立场和意见，赋诗便成为外交人员所必须具备的一种才能。据《左传》记载，鲁文公十三年（前614），郑伯背叛晋国后又想归服晋国，欲请从晋国返回的鲁文公代为求情。宴会时，郑大夫子家赋《鸿雁》，取“之子于征，劬劳于野。爰及矜人，哀此鳏寡”。郑以鳏寡比喻自己孤弱，请求文公哀恤，为之道路奔波，再次到晋国去，以为郑求和。季文子言己亦鳏寡，推诿说：“寡君未免于此。”遂赋《四月》，取“先祖匪人，胡宁忍予”，表示想回国祭祀先祖，不愿再返回晋国。子家又赋《载驰》之四章，取“控于大邦，谁因谁极”，表示小国有急，想求大国救助。鲁国不好再推辞，于是，季文子赋《采薇》之四章，用“岂敢定居，一月三捷”来答应为郑国奔走。双方的应答，全以赋诗为媒介。

宋国的向戌在鲁襄公十五年（前558）聘鲁后，鲁于襄公二十年（前553）又派季武子到宋国聘问。在宋公享季武子的宴会上，季武子赋《常棣》第七章和最后一章。第七章云："妻子好合，如鼓瑟琴。兄弟既翕，和乐且湛。"最后一章云："宜尔家室，乐尔妻帑。是究是图，亶其然乎？"其意是说鲁、宋本为婚姻之国，应该和睦相处，使各乐家室。宋国人很高兴，重重地送给他一些财礼。当季武子回国复命时，鲁襄公设享礼招待他，他又赋《小雅》中的《鱼丽》之最后一章，取"物其有矣，维其时矣"，以喻他聘宋成功乃是公命之得时。襄公则赋《小雅》中的《南山有台》，取其"乐只君子，邦家之基""邦家之光"等语，夸奖季武子能为国增辉。

鲁君为出使外国归来的卿大夫设宴慰劳，君臣往往赋诗言志，表达思想；鲁享邻国国君或大夫时亦常在宴会上赋诗。而赋诗当然不是自己创作诗篇加以诵唱，而是用现成的诗篇断章取义地表达自己的意思，"赋诗断章，余取所求"，说的正是这种情况。如晋范宣子于鲁襄公八年（前565）聘鲁时，为寄寓让鲁国及时出兵参加伐郑之意，遂赋《摽有梅》一诗。该诗为《召南》中的一篇，其本义是男女婚姻及时；鲁大夫季武子赋《角弓》一诗，取意"兄弟婚姻，无胥远矣"，以表示答应；宣子将退出时，季武子又赋《彤弓》，该诗《序》云："天子锡有功诸侯。"武子意在说明晋悼公伐郑乃是继续晋文公的霸业。双方赋诗，无一不是断章取义。

赋诗虽是断章取义，但不懂得《诗》就不能做外交工作，就可能办不好事情。鲁人就很看不起不懂《诗》的人。鲁襄公二十七年（前546），齐庆封往鲁国行聘，叔孙穆子看到他的车子很美，但他本人与这种容饰不称，吃饭时又表现得不恭敬。叔孙穆子便为他赋《相鼠》这首诗，取义"人而无仪，不死何为""人而无礼，胡不遄死"。但庆封却浑然不知。又如鲁昭公十二年（前530）夏，宋国的华定为新立的新君通好而到鲁国聘问，鲁设享礼招待他时，为他赋《小雅》中的《蓼萧》一诗，诗中有"燕笑语兮，是以有誉处兮""为龙为光""宜兄宜弟，令德寿岂""万福攸同"等句。但华定却不知道，也不赋诗回答。所以鲁人说他："必亡。宴语之不怀，宠光之不宣，令德之不知，同福之不受，将何以在？"（《左传·昭公十二年》）

《诗》与人们社会生活的重要联系，更表现在《诗》的教学乃是古代教育的开端。如《周礼·春官·大司乐》说以乐德、乐语、乐舞教国子，则《诗》的学习自幼童时便开始了。鲁人十分重视《诗》的学习。如孔子说："不学《诗》，无以言。"（《论语·季氏》）他又说："小子何莫学夫《诗》，《诗》可以兴，可以观，可以群，可以怨。迩之事父，远之事君，多识于鸟兽草木之名。"（《论语·阳货》）他对学《诗》的重要性以及《诗》的诸种功能都说得十分透彻。孔子还说："人而不为《周南》《召南》，其犹正墙面而立也与！"（《论语·阳货》）二《南》位于《诗经》之首，所以，如果连二《南》都不学，实在是说不过去。孔子还要求对《诗》300篇都能够口诵，而且应当领会并能运用，他说："诵诗三百，授之以政，不达；使于四方，不能专对。虽多，亦奚以为？"（《论语·子路》）孔子重视《诗》的学习，《诗》的学习也是孔门教学的一项重要内容。

《论语》中有16处与《诗经》有关的记载，其中既有孔子对"诗三百"的评论，也有孔门师徒利用《诗》议论问题。如《学而》篇记子贡说："贫而无谄，富而无骄，何如？"孔子回答说："可也；未若贫而乐，富而好礼者也。"子贡又说："《诗》云'如切如磋，如琢如磨'，其斯之谓与？"孔子高兴地说："赐也，始可与言《诗》已矣，告诸往而知来者。"子贡能运用《诗》作比喻，孔子便对他大加赞赏，为此而把他的学问和道德提高一步看。又如，《八佾》篇记子夏问孔子说："'巧笑倩兮，美目盼兮，素以为绚兮。'何谓也？"孔子说："绘事后素。"子夏又问道："礼后乎？"孔子说："起予者商（子夏）也！始可与言《诗》已矣。"其中，"巧笑倩兮，美目盼兮"见于《诗·卫风·硕人》，"素以为绚兮"可能是逸句。子夏对该诗理解较好，便意味着他已经有了进步，所以孔子为能与他讨论《诗》感到欣慰。

孔子把弟子们对《诗》的学习、理解看得很重，他本人对《诗》自然也十分了解。据《论语·八佾》记载，鲁三家祭祀祖先时，用天子之礼，唱着《雍》这篇诗来撤除祭品，孔子说："'相维辟公，天子穆穆'，奚取于三家之堂？"他对三家进行批评，顺口说出了诗中的句子。这类例子很多，此不枚举。孔子如此，鲁国的其他士人也是如此。赵翼《陔余丛考》统计，鲁人左丘明在《左传》中引诗217条，除了对列国公卿（包括鲁国公卿）引诗进行记述外，在评论中自引诗及转述孔子之言所引诗就达48条，除了几条逸诗，其余全部见于今本《诗经》。

鲁人对于《诗》的熟悉和运用，还表现在孔子把《诗》看成教化的工具。《礼记·经解》引孔子曰："入其国，其教可知也。其为人也，温柔敦厚，《诗》教也。"孔子关于《诗》的有关理论论述，开创了儒家的诗教。孔子之后，儒分为八，其中尤以孟、荀两派影响最大。孟子是鲁三家中孟孙氏的后代，他的思想尤为孔子思想的正统。《孟子》7篇中，引《诗》达30多处，他在《万章》篇中所提出的“以意逆志”“知人论世”的方法论，成了后世说《诗》的指导理论。荀子为了明道、征圣、宗经，也往往“引《诗》为证”，《荀子》书中论《诗》者有7处，而引《诗》更达80多处。儒家的诗教理论在孟、荀这里得到了发扬光大。儒学产生在鲁国，儒家的思想理论基础也都在鲁国，儒家关于诗教的理论便明显体现了《诗》与鲁人社会生活的密切关系。

三、关于《豳风》

《诗经》十五国风中没有“鲁风”，鲁却是周代的一个重要封国，又有十分显著的文化特色。因此，后人便有了各种猜测，如明末清初的顾炎武就认为《鲁颂》本为“鲁风”，他说：“列国之《风》，何以无鲁？大师陈之，固曰‘鲁诗’，不谓之‘颂’矣。孔子，鲁人也，从鲁而谓之‘颂’。比如鲁史之书‘公’也，然而《泮水》之文则固曰‘鲁侯’也。”[①]顾炎武此说似乎还缺乏足够的证据。

与顾炎武同时期的理学家张履祥则认为，《国风》中的《豳风》就好像是“鲁风”。在《〈豳风〉说》中，他说：“鲁无《风》，《豳风》犹‘鲁风’也。周公治鲁，尊尊而亲亲，故鲁虽弱，有先王遗风。他日，夫子曰：‘鲁一变至于道。’又曰：‘吾舍鲁何适也？’盖此志也。以《周南》始，以《豳风》终，始终以周公也。”[②]他首先提出了《豳风》为“鲁风”的看法。

张履祥的观点是正确的。张履祥之后，又有徐中舒、金景芳二先生先后作了与张氏《〈豳风〉说》题目相同的文章[③]，分别阐述了各自的观点。徐中舒先生在文中广列证据，以证明《豳风》应为鲁诗。后来，徐中舒先生又与人合撰《论〈豳风〉应为鲁诗》[④]一文，进一步申述了自己的看法。文中指出，根据《豳风》的地理环境与历史背景，便可以看出它为春秋时期鲁国的诗歌，诗中所说蚕桑的繁荣以及稻谷种植的情况，都与古

---

①〔明〕顾炎武：《日知录》卷三，黄珅、严佐之、刘永翔主编：《顾炎武全集》（第18册），上海古籍出版社2011年版，第158页。
②〔清〕张履祥：《杨园先生全集》，同治十年江苏书局本。
③徐中舒：《〈豳风〉说》，《国立中央研究院历史语言研究所集刊》（第6本，第4分）；金景芳：《〈豳风〉说》，《学术月刊》1983年第11期。
④徐中舒、常正光：《论〈豳风〉应为鲁诗兼论〈七月〉诗中所见的生产关系》，《历史教学》1980年第4期。

代鲁国所在地区桑蚕纺织业发达、有水稻种植等相应，而西周时期的豳地却不具备这些条件。诗中描述的严格的男女界限以及夏、商、周历法并用的情况，也都是鲁国特有的现象。徐中舒先生认为，风乃是音乐的调子，豳风就是豳地方的调子，到春秋时期，这个调子被鲁国所沿用，仍然称之为豳风。《礼记·明堂位》记载鲁国太庙用豳乐，有土鼓、苇桴等。《左传·襄公二十九年》记载，吴公子季札聘鲁时请观周乐，鲁为之歌《豳风》，季札谓“其周公之东乎”，是说是周公、伯禽把周乐带到东方的。这些记载，都是豳风东传，成为鲁诗的有力明证。

当然，徐中舒先生所论亦不无可商之处。如徐先生为了论证《豳风》为春秋时期的诗歌，遂解《九罭》之诗为“伤鲁君流离失所不得复归”，因为该诗中有“公归无所”“公归不复”“无以我公归兮”等句。徐中舒先生认为这里的“公”乃指鲁昭公，因为鲁昭公自二十五年逊于齐，至三十二年薨于乾侯，中间屡图复国，如叔孙昭子齐将安众而纳公，左师展将以公乘马而归，齐、晋、宋、卫之诸侯亦谋纳公。《左传·昭公三十二年》云：“公薨于乾侯，言失其所也。”这特别与该诗“公归无所”之言相应。所以，此诗如为鲁诗则必作于昭公之世。然而《诗》300篇在昭公之世早已具备，孔子处在昭、哀之世，孔子之前，“诗三百”已经成型，鲁襄公二十九年季札观乐时，《豳风》亦在鲁国师工所歌之列，当时孔子年仅8岁，而昭公二十七年失国时孔子已经37岁。又，昭公失国前，《诗》早已普遍为时人所熟悉、运用，可以断言，《诗》300篇的创作年代，最晚的亦应在春秋中叶。故《豳风》中的《九罭》之诗不得迟在鲁昭公末年的春秋后期。

虽然《豳风》的成诗年代及其具体内容还是有待进一步探讨，但徐中舒先生之《豳风》应为鲁诗的结论却是不可移易的。《吕氏春秋·音初》在论述东西南北各音调之始创时，以《破斧》为东音，《侯人》为南音，《燕燕》为北音，秦音为西音。今之《诗经》中，《破斧》即在《豳风》，《侯人》在《曹风》，《燕燕》属《邶风》。曹在成周东南，与二《南》之地相近，所以《吕氏春秋·音初》在说《侯人》“实始作为南音”后接着说：“周公、召公取风焉，以为《周南》《召南》。”邶即当北，《邶风》多出于成周东北的河北易县之地。而秦与豳皆在成周之西的雍州，却一以为东音，一以为西音，对此，我们认为徐中舒先生所言极是：“此必《吕》所据其时西方之豳乐已为秦音所掩，故以《秦风》为西音；而在鲁者则以年代之推移，又不免与东土旧乐相混，积久遂成为鲁地固有之乐，因而称为东音。”今人陈奇猷《吕氏春秋校释》亦注“东音”

为“东方国风之音”。此乃《豳风》为鲁诗的一个佳证。

在徐中舒先生之前，傅斯年先生也提出过《豳风》出于鲁国的看法。他本来“一向相信《豳风》应在岐周”，但经过研究之后，他“不得不改信《豳风》是由鲁传出”。他认为，《尚书》中的《金縢》出于鲁，《金縢》中有一解释《鸱鸮》之文，而《鸱鸮》之诗恰在《诗·豳风》中。《鸱鸮》之歌流行之地与《金縢》产生之地应该一致；又，周公之名在《诗》300篇中只出现于《豳风》中，吴公子季札又称《豳风》“其周公之东乎”，《豳风》中“东山征戍之叹音，‘无使我公之归兮’之欲愿，皆和‘周公之东’情景相符合。至于《七月》中词句事节颇同雅、颂，亦可缘鲁本是周在东方殖民之国，其保有周之故风，应为情理之常”；再就是《吕氏春秋》以《破斧》之歌为东音，都说明了《豳风》“乃出于宗周在东方殖民之新豳”①。此之所谓“新豳”即指鲁国。他的这些分析显然都是很有道理的。

金景芳先生的意见与张履祥、傅斯年、徐中舒等不同。为了说明《豳风》与鲁国的关系，张履祥在叙述自己的观点时，言鲁“有先王遗风”本于“周公治鲁”。对此，金先生反驳说：“周公实未封鲁，封鲁的乃是周公子伯禽，不是周公。”并引史料以证。如依我们的看法，鲁国乃是两次受封，始封于鲁的本为周公，而在曲阜就封的为伯禽。但即使不是这样，也不能说张履祥的“周公治鲁”说不能成立。如《汉书·地理志》：“太公问：‘何以治鲁？’周公曰：‘尊尊而亲亲。’”当然，汉人去古已远，《汉书》中的记载或不可信据，然其言也不是毫无根据。细察鲁史，便可发现周公思想在鲁国的影响是很大的，鲁人言及“先君周公”时倍感亲切，他们追忆祖德时也总是上溯到周公。鲁国专门建有祭祀周公的鲁太庙，所以，周公虽然不曾为鲁公，但他与鲁的关系十分密切。《豳风》中涉及周公，恰恰表明《豳风》与鲁国的特殊关联。金景芳先生不同意《豳风》为鲁诗之说，可遗憾的是，金先生只是表明了自己的观点，没有进一步展开论述。

四、《鲁颂》与鲁国史研究

就《诗经》中鲁人的作品而言，如果说《豳风》的成诗年代等还是有

---

①傅斯年：《〈周颂〉说》，《国立中央研究院历史语言研究所集刊》（第1本，第1分），商务印书馆1928年版。

待进一步解决的问题，而《鲁颂》为鲁人颂美僖公所作则是没有什么疑问的。

不过，关于《鲁颂》的创作时间以及创作者，也不是没有任何争议。《鲁颂》有诗4篇，即《駉》《有駜》《泮水》《閟宫》。《駉》篇《诗序》说："僖公能遵伯禽之法，俭以足用，宽以爱民，务农重谷，牧于坰野，鲁人尊之。于是季孙行父请命于周，而史克作是颂。"《閟宫》篇中又有"奚斯所作"一语。于是，有人认为《鲁颂》作于史克，又有人认为《鲁颂》作于奚斯。

然而，若加考察，上述两种说法均有问题。首先，《閟宫》就不会是史克所作。该诗自"周公之孙，庄公之子"以下，皆为颂祷僖公之词，其中如颂其皇祖福女，俾其昌炽耆艾，有冈陵作朋之寿，无亏崩震腾之虞，甚至令妻寿母，黄发儿齿，万有千岁，骀背无疆等等，皆非身后追祷之词，《閟宫》应为僖公在世时之作可知。季孙行父之名于鲁文公六年始见于《春秋》，史克之名文公十八年始见于《左传》。另据《国语》，史克在鲁宣公时尚存，而行父之卒也在襄公六年，此时距僖公初年已有80余载。既然《閟宫》之文为颂生之辞，则其不为史克所作可知。因此，事实应如陈奂所云："史克作颂，谓作《駉》篇，非谓作《鲁颂》四篇也。"①

至于《閟宫》一诗的作者，因为该诗末章有"奚斯所作"一语，故多以此诗出于奚斯之手。但由于此语上承"路寝孔硕，新庙奕奕"，故又有不少人以奚斯为主持修建新庙者，而不是说他作了此诗。我们以为奚斯作诗说是对的，首先，奚斯作诗在时代上是合理的。奚斯之名见于《左传·闵公二年》，其中便称引《閟宫》中的句子。今有人考证《閟宫》一诗作于僖公十八年以前②，而奚斯作诗，其年辈在前，"作颂于僖公之时，时代正合"，因为"《閟宫》诗多祝寿之语，且云令妻寿母，意必僖公在位，其母成风、其妻声姜皆在，乃宜为此颂祷之辞"③。第二，"奚斯所作"理解为奚斯作诗与《诗经》中有的篇章后具有作者之名是相类的，如《节南山》《巷伯》《崧高》《烝民》在诗的末章都点出了诗的

①〔清〕陈奂：《诗毛氏传疏》卷二十九。

②白新良：《〈诗经·閟宫〉的写作年代及其史料价值》，《南开史学》1984年第2期。

③〔清〕皮锡瑞：《经学通论·诗经·论鲁颂为奚斯作商颂为正考父作当从三家不从毛》，华夏出版社2011年版，第214页。

作者。

《鲁颂》4篇在风格上有一定差别，《閟宫》近《雅》，其他3篇则迭章重言，反复咏叹，韵味与《风》相类。孔颖达《毛诗正义》说《鲁颂》“虽借名为《颂》，而实体《国风》，非告神之歌”，就《駉》《有駜》《泮水》三篇而言，其表现是很明显的。宋朱熹《诗集传》认为《鲁颂》为鲁人“自作诗以美其君”，魏源更谈到鲁人美其君的原因，说：“僖四年，经书‘公会齐侯、宋公等侵蔡，蔡溃，遂伐楚，次于召陵’。此中夏攘楚第一举；故鲁僖、宋襄，旧侈阙绩，各作颂诗，荐之宗庙。”[①]今《诗经》中，《商颂》共5篇。王国维利用殷商的甲骨文字，证明《商颂》不是商代作品，而是春秋时代的宋诗。至于其制作的具体时间，学术界虽有争议，但其产生的时间很长是可以肯定的。我们认为，《鲁颂》同《商颂》一样，也不是一人一时之作。《閟宫》为公子奚斯作于僖公前期，而其他3篇可能都是史克作于僖公死后的文公时期，因为3篇体制相类，而且文公为僖公子，这时期掌握鲁国政权的臧文仲以及负责国家祭祀之礼的宗伯夏父弗忌等人也都力尊僖公，文公二年鲁人“跻僖公”一事即其明证。

《鲁颂》颂美僖公，又作于僖公时或其死后不久，故《鲁颂》应是我们研究鲁国历史的重要资料。当然，《诗经》中的《颂》为宗庙祭祀的乐歌，多为贵族们颂扬其祖先神灵所作，如《鲁颂》中作于僖公生前的诗歌，在涉及僖公德业时也有不少夸张谀美之词，因而，有人便否定《鲁颂》的史料价值。如清人方玉润就曾评论《閟宫》说：“此诗褒美失实，制作又无关紧要，原不足存；其所以存者，以备体耳。”[②]我们不同意这种看法。现在学者中就有人注意到了它的价值，如有人认为，《閟宫》一诗“为时人所作，虽对僖公功业有夸张谀美之处，但不能无中生有。也就是说，作者的所见所闻、所思所想，并没有跳出当时时事政治的圈子，而是以此作为自己的写作素材。故而诗中所述之内容又可以从有关当时的历史记载中找出根据来”[③]。

从公元前11世纪封国之始到僖公时期，鲁国大致经历了由发展、强

①〔清〕魏源：《诗古微》卷六，《魏源全集》（第1册），岳麓书社2004年版，第322页。

②〔清〕方玉润：《诗经原始》，李先耕点校，中华书局1987年版，第639页。

③白新良：《〈诗经·閟宫〉的写作年代及其史料价值》，《南开史学》1984年第2期。

盛，春秋前期曾一度衰落，到僖公时期，其政治、军事力量又有所恢复的过程。僖公即位前，鲁遭庆父之乱，祸难相寻，齐国甚至有人欲乘机取鲁，可谓国势岌岌。僖公即位后一二十年内，由于结援强齐，内修政治，鲁国遂易乱为治，转危为安。鲁国境内晏然的气象从《鲁颂》诸篇中便可看出来。当时，"国之大事，在祀与戎"，鲁国祭祀之盛见于《閟宫》，戎战之胜则见于《泮水》。在以车战为主的时代，养马的数量在一定程度上是国力的反映。卫文公深谋远虑，养了许多好马，卫人便在《鄘风·定之方中》里称赞他"秉心塞渊，騋牝三千"，《鲁颂》中的《駉》篇就是鲁人歌颂僖公养马众多，注意国家长远利益的诗。至于《有駜》篇中写僖公与群臣欢宴，更体现了鲁人对"自今以始，岁其有"的美好祝愿。

有人认为僖公时期是鲁国历史上的小康时期，"若僖公者，洵无愧鲁之中兴之主矣"①，这是有一定道理的。《尚书·尧典》称"诗言志"，按照郑玄的理解，即"诗所以言人之志意也"。《诗大序》亦称"诗者，志之所之也。在心为志，发言为诗"，唐代的孔颖达认为"此又解作诗所由"，他还说："言作诗者，所以舒心志愤懑，而卒成于歌咏。……志之所适，万物感焉。言悦豫之志，则和乐兴而颂声作；忧愁之志，则哀伤起而怨刺生。"鲁僖公时，国家安宁，上下和睦，礼乐中兴。《鲁颂》之作，正应了孔颖达"和乐兴而颂声作"的说法。

---

①韩席筹：《左传分国集注》卷二《僖公中兴》。

《左传》“季札观乐”与孔子删诗问题

孔子曾经是否删诗，这是一个古老的问题。上海博物馆藏战国楚竹书《诗论》的问世，似乎给这一问题的研究带来了契机，但事实上，人们通过《诗论》研究孔子删诗问题，不仅没有在认识上取得一致，似乎还有分歧进一步扩大的趋势。细细分析学者们的看法，出现分歧的症结在于对《左传·襄公二十九年》所记“季札观乐”材料的不同认识。

依照我的看法，“季札观乐”是十分珍贵的历史文献，不论其具体写作的过程如何，但应该不是空穴来风，它透露出来的学术信息应该是十分重要的。认真比对有关孔子删诗问题所涉及的种种环节，它应该是孔子曾经删诗的最好证明。依照我个人的浅见，如果理解了《左传》“季札观乐”这一节的记述，不少分歧都可以迎刃而解。

一、“季札观乐”的材料来源

从历史编纂学角度，古来对《左传》的审查可谓多矣！人们围绕其可靠性等问题一直争论不休。从汉代刘歆最初请立于学官开始，该书便遭到不少攻击，到疑古学派大行其道之时，该书竟然被有的学者宣判为刘歆伪造。现在，虽然“刘歆伪作《左传》”的说法还有明显的负面影响，但已经绝少有人再相信此说。对于该书的成书、史料来源材料的可靠性等问题，人们的认识还很不一致，对“季札观乐”材料的认识也是如此。

《左传》记载“季札来聘”之事长达800余字，内容丰富，涉及对上古诗乐文化尤其是对《诗经》成书问题的认识，历来备受关注。无论是否同意孔子曾经删诗，“季札观乐”都是一个不能回避的问题。在有关研究中，人们否定“季札观乐”的可靠性，同样都与孔子删诗问题的研究密切相关。或者说，人们认为“季札观乐”不可信，一般都是在解释孔子删诗问题上遇到了困难，从而回头检验《左传》材料的可靠性。

如何看待《左传》“季札观乐”的材料，自然涉及《左传》的成书和史料来源。在历来的探讨中，一些观点至今仍然有很大的影响，如唐代的韩愈说“《春秋》谨严，左氏浮夸”。于是有人依据《春秋》，认为虽然季札出使鲁国确有其事，但出使不一定观乐；即使观乐，鲁国乐工也不可能按风、雅、颂的顺序一一进行演奏，因而认定《左传》对季札观乐的具体描述不可相信。[①]当然，对后世影响最大的还是疑古学者们的一些看法，例如，受刘歆伪作《左传》说的影响，有人认为："左氏这书，很令人想到它本是稗官野史之流，道听途闻之说，经后人编次年月，加以篡改，然后成为今本《左传》的。"[②]

读《左传》"季札观乐"，会给人以强烈印象，那就是季札不仅善于观乐，而且政治智慧也高于当时的晏婴、子产等人。所以，有人质疑，季札远居南方，却对北方各国所潜伏的政治危机了如指掌。晏婴、子产的政治经验十分丰富，才智卓越，竟不如一位全无政治经验的年轻公子，还要由他来分析指点，才能明白自身处境与解厄纾祸之道。

其实，细细想来，这些毕竟只是今人依据情理的个人推断，难以拿出确凿的证据。我们常常看到这样的情形，有时候，一些分析看起来头头是道，却往往经不住推敲。例如，有人说："《左传》之文，特好卜筮占验之说，虚浮夸大，流于迷信，与《论语》所记'子不语怪、力、乱、神'的态度大异其趣。"由此来推断《左传》与孔子思想有很大距离。可是，马王堆汉墓帛书《易传》明言孔子说自己"百占而七十当"，《孔子家语》的《好生》篇也明说"孔子常自筮其卦"。显然，我们认识问题时，应切忌流于简单化。

我认为，在诸多对《左传》史料来源和成书情况的探讨中，张岩先生的探索很有价值。张岩先生从西周、春秋时期的官学教育入手，分析那时官学教育中的教材以及那时居于主导地位的宗教观念，进而分析《左传》的文体，透视《左传》等书的材料来源。[③]

《左传》与《国语》分别是编年体、国别体，但很显然，《左传》也像《国语》一样"由一些相对独立的记事单元构成"。张岩先生通过对《国语》的分析，认为其中一些特征比较分明的短文可分为训语、劝谏、赞语、问答四种文体。与《左传》相比，《国语》带有"半成品"性质，

---

①参见赵制阳：《左传季札观乐有关问题的讨论》，《中华文化复兴月刊》（第18卷）第3期，又收入《诗经国际学术研讨会论文集》（1993年），河北大学出版社1994年版；翟相君：《孔子删诗说·季札观乐不可信》，《河北学刊》1985年第6期，收入其《诗经新解》，中州古籍出版社1993年版。

②赵制阳：《左传季札观乐有关问题的讨论》，《中华文化复兴月刊》（第18卷）第3期；又收入《诗经国际学术研讨会论文集》（1993年）。

③参见张岩：《春秋战国文体源流考略——兼谈〈国语〉〈左传〉的史料来源和成书情况》，《新原道》（第2辑）；收入张岩：《从部落文明到礼乐制度》（上海三联书店2004年版）附录一。

它的成书应是对若干此类文体的文献史料的选择性辑录，从而以国别为体例进行了“粗加工”。在经过这种“粗加工”后，这些文体的原有形态仍有相当一部分被较完整地保留在这部“半成品”中。从这个角度考察《左传》，可知在《左传》成书前的史料来源中，有很大一部分史料也存在这些问题。

这些文体最初的出现，与西周、春秋时期的官学教育密切相关。《周礼·地官·师氏》曰：

> 师氏……以三德教国子：一曰至德，以为道本；二曰敏德，以为行本；三曰孝德，以知逆恶。教三行：一曰孝行，以亲父母；二曰友行，以尊贤良；三曰顺行，以事师长。……掌国中、失之事，以教国子弟。凡国之贵游子弟学焉。

《周礼·地官·大司徒》曰：

> 以乡三物教万民而宾兴之：一曰六德：知、仁、圣、义、忠、和；二曰六行：孝、友、睦、姻、任、恤；三曰六艺：礼、乐、射、御、书、数。

这里的“教国子”和“教万民”，分别是那时的贵族教育和平民教育。

这里，作为贵族教育的国子教育十分值得注意。师氏“掌国中、失之事”，所谓“中”，即合乎道理，有正确、中正之意，在当时，合于礼法的言行举止都属于此类；所谓“失”，即不中，即违背情理，不合乎规范，即那些与礼法不合的言语行为。这就是说，师氏所掌乃是邦国之中正确与否的各种事情。据张岩先生分析，在各种文体中，讥语体短文所讥的对象全部都是国之“失”事，赞语体短文所赞对象全部都是国之“中”事，劝谏体短文兼有“中、失”两种情况，听从劝谏为“中”，反之为“失”。《左传》《国语》常常讲到“训语”“训典”之类，《国语·楚语》就说到观射父“能作训辞”，左史倚相“能道《训典》”。所谓“训辞”，应该就是指以问答和赞语等体式所撰写的官学教材性质的短文，而由此类短文汇编而成的官学教本就可以称为“训典”。显然，讥语、赞语、劝谏这三种文体的由来，应与西周师氏用以“教国子弟”的“国中、失之事”的官学教本有直接关系。

孔子所作的《春秋》极其简略，却微言大义，具有“惩恶而劝善”的功能。《左传》解释《春秋》，乃是用更多的事实强化《春秋》的褒贬与教化功能，于是便采用了较多的各体短文。据张岩先生说，在《左传》中，因特征分明而易于辨识的典型文体的短文不少于390篇，如果算上“杂”类短文和变体短文，《左传》中教材类短文的使用量不少于800篇。

由此，我们可以推测《左传》结撰的大致情形，也可以理解“季札观乐”这节材料的最初写成。“季札观乐”文字反映了西周、春秋时期的诗乐教化理论主张，通过季札的评论，对当时各地风俗、各国政情进行点评，也应该属于那时的教材类短文。我们猜测，这些短文在写作时，凡有时人对话等情形时，肯定会有撰写者的润色加工，但涉及的一些文化背景不会有大的偏离。“季札观乐”应该也是如此，其中所谈到的各类乐、诗以及季札的种种评说，乃至各国政情的起伏变化，应当都实有其事。

二、“季札观乐”与今本《诗经》

在孔子以前，对于《诗经》是否已有定本，否定孔子删诗的学者多以季札至鲁观乐之事加以论证。季札观乐，时在鲁襄公二十九年，即公元前544年，当时的孔子只有8岁。如果真像有些学者所说的那样，“季札所听到的诗歌分类及先后顺序，与今本《诗经》基本相同”，那么，孔子删诗之说自然不攻自破。

然而，事实并不如此。季札至鲁请观周乐时，鲁国乐工所演奏的《国风》和《雅》《颂》等虽然其编次与今本大体相同，但毕竟两者还是有差异。对于这种差异，晋朝的杜预已经有所注意，故而在《春秋经传集解》中将演奏次序与今本不同者一一注明，并说道：“后仲尼删定，故不同。”恰是很好的证明。对此，不少学者已经有所留意，并指出了这一值得注意的情况。[①]

反观怀疑孔子删诗的诸种说法，其所以致疑，一般都以“季札观乐”为依据，例如朱彝尊《经义考》卷二十八引宋人郑樵曰：

> 季札聘鲁，鲁人以《雅》《颂》之外所得《国风》尽歌之，及观今三百篇，于季札所观与鲁人所存，无加损也。

---

①陈新雄：《删诗问题之探讨》，中国诗经学会编：《第二届诗经国际学术研讨会论文集》，语文出版社1996年版；赵生群：《论孔子删诗》，《〈春秋〉经传研究》，上海古籍出版社2000年版，附录二。

朱彝尊本人则说：

> 季札观乐于鲁，所歌风诗，无出于十五国之外者。又“子所雅言”，则一曰“《诗三百》”，再则曰“诵《诗三百》”，未必定为删后之言。

无论郑樵还是朱彝尊，都认为季札所见与今本《诗经》大致相同，沿着这样的思路，遂认为那时的《诗》与今本相近，接着便顺理成章地认为孔子没有删诗。

其实，季札所见的《诗》与今本《诗经》，二者之间的差异还是十分明显的。我们不妨试加比较：

> 季札所见《诗》：周南、召南、邶、墉、卫、王、郑、齐、豳、秦、魏、唐、陈、郐……；小雅、大雅；颂。
>
> 今本《诗经》：周南、召南、邶、墉、卫、王、郑、齐、魏、唐、秦、陈、郐、曹、豳；小雅、大雅；周颂、鲁颂、商颂。

两相比较，至少两点差别比较引人注意：第一，今本《诗经》将《豳风》置于《国风》的最后；第二，季札观乐时的《颂》，在今本《诗经》中被分成了《周颂》《鲁颂》《商颂》三部分。

关于《豳风》后置，杜预所言是因为“仲尼删定”，这应该是对的。无论是季札所见还是今本，十五“国风”中都没有鲁国。关于这一点，我们曾经一再谈到。清初学者张履祥认为《豳风》就好像“鲁风”。张履祥以后，先后又有傅斯年、徐中舒论证《豳风》应为鲁诗，我个人亦赞同这一看法。①

《豳风》何以列在“国风”最后，张履祥说：

> 鲁无《风》，《豳风》犹“鲁风”也。周公治鲁，尊尊而亲亲，故鲁虽弱，有先王遗风。他日，夫子曰：“鲁一变至于道。”又曰：“吾舍鲁何适也？”盖此志也。以《周南》始，以《豳风》终，始终以周公也。②

---

①杨朝明：《鲁国与〈诗经〉》，《中国史研究》1994年第2期；又摘要收入《诗经国际学术研讨会论文集》（1993年），河北大学出版社1994年版。

②〔清〕张履祥：《〈豳风〉说》，《杨园先生全集》卷十八，陈祖武点校，中华书局2002年版，第535页。

齐、鲁两国近邻，鲁国师工为季札演奏时，《豳风》在《齐风》后，很容易让人联想到《豳风》与鲁国的关系。《左传》记季札评论《豳风》说："美哉，荡乎！乐而不淫，其周公之东乎？"鲁国为周公的封国，"周公之东"似乎隐含了这样的意思。季札"乐而不淫"的评价与孔子对《关雎》的看法也完全相同，孔子崇拜周公，周公是他心目中的圣人，以周公为终始可能正是孔子编订"国风"的追求。这里的差别正好昭示了孔子删诗的事实。

季札观乐时的《颂》变成了《周颂》《鲁颂》《商颂》三部分，季札评论时说"盛德之所同"，杜预说："《颂》有殷、鲁，故曰盛德之所同。"原来的《颂》可能包含殷、鲁，只是后来孔子整理时把它们分开。之所以分为周、鲁、商三部分，恐怕与孔子"据鲁、亲周、故殷"的文化情结不无关系。

三、"诗""逸诗"与"诗三百"

上海博物馆藏战国楚竹书《诗论》发现后，学者们又对孔子删诗问题进行探讨。该篇释文公布前，一些消息说其中有不少不见于今本《诗经》的"逸诗"，并且《风》《雅》《颂》的顺序也与今本有别。[①]《诗论》正式公布后，发现这是释读的不同造成的误解。

孔子与《诗经》的关系，司马迁在《史记》中言之凿凿，其他不少文献也可以作为旁证。但疑古思潮的盛行，导致对孔子与六经关系问题认识的混乱，孔子删诗说似乎遭到越来越多的反对。20世纪以来，大批文献的出土说明了以前人们疑古过勇，从而纠正了不少错误的认识。我们坚信，孔子删诗问题同样会得到越来越多新材料的证明。

不言而喻，越是早期的材料其学术价值就会越大，对于孔子与《诗经》的关系，《诗论》的意义也是如此。开始，虽然有人依据《诗论》否定孔子删诗说，但我们认为《诗论》的发现并不会构成对孔子删诗说的否定，相反，我们认为它可能会更有力地证成这一传统观点。[②]现在，《诗论》早已经公布，它自然引发了许多学者对《诗经》有关问题的深入思

---

①参见《上海战国竹简解密》，《文汇报》2000年8月16日；《上海新发现〈孔子诗论〉战国竹简》，《光明日报》2000年8月21日。

②参见杨朝明：《上海博物馆竹书〈诗论〉与孔子删诗问题》，《孔子研究》2001年第2期；杨朝明：《出土文献与〈诗经〉研究》，中国诗经学会编：《诗经研究丛刊》（第2辑）。

考[①]。例如，针对有人所说《诗论》证明孔子没有删诗的说法，有学者研究后认为，上博论诗竹简的发现并不能否定“孔子删诗说”。[②]

《诗论》中有孔子对《诗》的论述，涉及《诗》的分类以及孔子关于《诗》的构成与性质的看法。《诗论》中的两支竹简编连后，可以释读为：

> ［孔子］曰：“《诗》，其犹平门与？戋民而裕之，其用心也将何如？曰：《邦风》是也。民之又戚□也，上下之不和者，其用心也将何如？［曰：《小雅》是也］。……［者将何如？曰：《大雅》］是也。有成功者何如？曰：《颂》是也。”[③]

其实，孔子以前《诗》的分类与《诗论》中孔子所说是一致的，《左传·襄公二十九年》“季札观乐”的材料正是如此。由于有观点认为《诗论》的发现可以证明孔子没有删诗，我个人才由《诗论》而议论孔子删诗问题。其实，就孔子删诗问题而言，《诗论》并没有为我们提供多少更有价值的直接材料。要解决孔子曾经是否删诗的问题，还必须综合认识相关材料。

孔子删诗说出自太史公司马迁，他在《史记·孔子世家》中说：

> 季氏亦僭于公室，陪臣执国政，是以鲁自大夫以下皆僭离于正道。故孔子不仕，退而修《诗》《书》《礼》《乐》，弟子弥众，至自远方，莫不受业焉。
>
> 古者《诗》三千余篇，及至孔子，去其重，取可施于礼义，上采契、后稷，中述殷、周之盛，至幽、厉之缺，始于衽席，故曰：“《关雎》之乱以为风始，《鹿鸣》为《小雅》始，《文王》为《大雅》始，《清庙》为《颂》始。”三百五篇，孔子皆弦歌之，以求合《韶》《武》《雅》《颂》之音，礼乐自此可得而述，以备王道，成六艺。

---

①参见杨朝明：《出土文献与〈诗经〉研究》，中国诗经学会编：《诗经研究丛刊》（第2辑）。

②参见刘生良：《上博论诗竹简的发现并不能否定“孔子删诗说”》，中国诗经学会编：《诗经研究丛刊》（第2辑）。

③参见李学勤：《〈诗论〉简的编联与复原》，《中国哲学史》2002年第1期；廖名春：《上博〈诗论〉简的形制和编连》，《孔子研究》2002年第2期。

司马迁所言，涉及孔子以前《诗》的面貌，也谈到了孔子整理《诗》的动机与方法。这里所说孔子与《诗》的关系是“修”“取”。对这些话，后人表示怀疑，如宋代的欧阳修《诗图总序》云：

> 司马迁谓古诗三千余篇，孔子删之，存者三百，郑学之徒，皆以迁说为谬，言古诗虽多，不容十去其九。以予推之，迁说然也。何以知之？今书传所载逸诗，何可数焉！

实际上，大家可能没有真正读懂《史记》中的叙述，诚如今之学者已经指出的，联系《孔子世家》的上下文，司马迁明言孔子之时已经“《诗》《书》缺”，古诗3000余篇，是指孔子以前，到孔子之时《诗》《书》已经缺失，则自无3000余篇。前人读《史记》之文，多未曾前后贯联，故有十去其九之论。另外，还有一点十分重要，那就是周朝以前古诗可能很多，但孔子只是采取周诗，所以司马迁说“上采契、后稷，中述殷、周之盛，至幽、厉之缺”，都是说周朝一代。《汉书·艺文志》也说：“孔子纯取周诗，上采殷，下取鲁，凡三百五篇。”“纯取”二字，意义显明。[①]出于教化的目的，孔子极力表彰“王者之迹”，由此，就不难理解清初学者张履祥所谓《诗经》十五国风“始终以周公”的说法了。

孔子删订之前，《诗》自然与今本不同，其数量也会多于“三百”，许多逸诗的存在便是很好的说明，这也是孔子“去其重”的前提。不过，孔子删诗，其所取者，自然是有教化意义的部分，因为他的选取标准就是“可施于礼义”，这又与孔子删订以前的《诗》相近，因为西周、春秋时期，都是以《诗》为“义之府”的。这就是后来的人们，甚至儒家以外的著述，在赋诗引诗时多不出孔子删订的《诗三百》的原因了。

还有一点十分重要，那就是《论语》中“诗三百”的称谓，似乎也隐含着孔子删诗的信息。例如清人崔述在《读风偶识》中说：“孔子曰‘诵诗三百’，是诗止有三百，孔子未尝删也。学者不信孔子所自言，而信他人之言，甚矣，其可怪也。”孔子说“诗三百”，好像孔子以前已经有了今本《诗经》，如果孔子以前已经有了这一称谓，自然孔子没有删诗，而事实并非如此！

据《论语·子路》记载，孔子曾说：“诵《诗三百》，授之以政，

①陈新雄：《删诗问题之探讨》，中国诗经学会编：《第二届诗经国际学术研讨会论文集》，语文出版社1996年版。

不达；使于四方，不能专对；虽多，亦奚以为？”意思是说学习了《诗三百》，交给的任务不能很好地完成，出使时不能独立对答应酬，即使学得再多，又有什么用处呢？那时，赋诗引诗是外交的必备能力，孔子强调，对外交往时的赋诗引诗，《诗三百》完全可以满足需要。如果不会灵活应用，照样多学无益。孔子言语中的“虽多”，恰恰透露出《诗三百》有可能出于孔子的选编。

《论语·为政》又记孔子说：“《诗三百》，一言以蔽之，曰：‘思无邪。’”孔子斯言，应该是在删诗之后，他认为可以用“思无邪”概括所选定的《诗三百》，因为孔子选编时有自己的标准，那便是“可施于礼义”，而《诗三百》之外的诗则未必一定如此。

孔子的话说明，那时与《诗三百》同时存在的，还有不少的诗篇。孔子之时同样有《诗》的称谓，如果综合考察，不难看出《诗》与《诗三百》还是有明显区别的。《论语》中单称为《诗》的言语有不少，细细推敲，它们都不是一定指《诗三百》，或者与《诗三百》未必是同样的概念，在其他典籍中同样如此。所以，我们有充足的理由认为，《诗三百》乃是孔子以前社会上流行的《诗》的编订本。[①]

一般认为，孔子删诗说肇端于司马迁。否定孔子删诗，自然意味着孔子没有对原有的《诗》进行变更。其实，不仅孔子自己明确说曾经“正乐”，这就是《论语·子罕》所记孔子之言：“吾自卫反鲁，然后乐正，《雅》《颂》各得其所。”而删诗、编次与正乐应该是密不可分的。而且除了《史记》《汉书》说孔子与《诗》的关系是“修”“取”以外，《庄子·天运》也明确记载说：“孔子谓老聃曰：‘丘治《诗》《书》《礼》《乐》《易》《春秋》六经，自以为久矣，孰知其故矣。’”《天运》属于《庄子》的外篇，其属于先秦文献已经得到了新出土材料的证明。这里的“治”，应该与“修”“取”意思相近，都可以理解为孔子曾经删订或者整理了《诗》。

---

①翟相君先生也有同样的看法，见其所著：《孔子删诗说》，《河北学刊》1985年第6期，收入其《诗经新解》，中州古籍出版社1993年版。

公羊学派“《春秋》王鲁”说平议

《春秋》本为鲁国旧史，笔者学于鲁国旧都，研习鲁史，曾对后世公羊学者“《春秋》王鲁”之说有所留意。司马迁称《春秋》一书“辞微指博”，说“《春秋》文成数万，其指数千”，《春秋》乃“礼义之大宗”。不过，后世公羊学者总结《春秋》义例时却立有不少非例之例，而其论述某些义例抑或有不周。本文拟就何休《春秋公羊解诂》中每每提及的“《春秋》王鲁”之说试加议论，庶几可以有益于对公羊学派理论的认识。

众所周知，《春秋》一书记事过于简略，而解经之传又各有侧重。《左传》重于勾稽史事，《公羊》《穀梁》则专意钻研经文字义，绝少叙述史事，只是其所讲“微言大义”逞其胸臆而不合本旨者不少，故清人有“《公》《穀》二家穿凿月日”[①]“《公羊》《穀梁》每多曲说”[②]之讥。然而，汉代公羊学大兴，“阐道醇儒”董仲舒十分推崇《公羊传》的见解，在所著《春秋繁露》中极力发挥公羊奥义；其四传弟子何休撰《春秋公羊解诂》，更着力阐明《春秋》条例。《公羊》、董、何之解《春秋》，虽有不少穿凿难通之处，然对于隐约的经义实又颇多彰阐之功。后世公羊学者推尊董、何，良有以也。

所谓“《春秋》王鲁”，按照董仲舒、何休等公羊学者的说法，即“《春秋》缘鲁以言王义”[③]，或者“《春秋》托王于鲁，因假以见王法”[④]。就是说，公羊学家以为《春秋》一书中深寓了孔子治理天下万世的新的王法。

然而，《春秋》书中是否蕴含了孔子的“微言大义”，孔子作《春秋》是否意在“寓褒贬，别善恶”，历来学者中尚存不同看法，互相壁垒。反对者多以《春秋》本为鲁国旧有史文，并不成于一时一手，孔子录而藏之，只为传信后世。南宋的郑樵就认为：“以《春秋》为褒贬者，乱《春秋》者也。”[⑤]清人石韫玉《独学庐初稿·春秋论》也说：“《春秋》者，鲁史之旧文也。《春秋》总十二公之事，历二百四十年之久，秉

①〔清〕纪昀等：《四库全书总目》卷二六《春秋释例提要》。
②〔清〕纪昀等：《四库全书总目》卷二六《春秋集传辨疑提要》。
③〔汉〕董仲舒：《春秋繁露·奉本》。
④〔汉〕何休：《春秋公羊传注疏》成公二年解诂。
⑤〔清〕朱彝尊：《经义考》卷一百六十八。

笔而书者必更数十人。此数十人者，家自为师，人自为学，则其书法，岂能尽同。”看得出，人们不同意《春秋》有“书法”“义例”，多是限于在经文中寻求“内证”，这些论证似有明显缺陷，颇多揣度与推测成分。鄙意以为，先儒说解《春秋》凭借较多，亦较直接，虽其所论或有偏差，然彼之结论，仍可为吾辈所资。孟子、《公羊传》、《穀梁传》、司马迁等对《春秋》一书深寓褒贬，皆言之凿凿，不容人轻易不信。

孔子何以要作《春秋》一书，孟子的说法较早也较有代表性。《孟子·滕文公下》记孟子之言曰：“世衰道微，邪说暴行有作，臣弑其君者有之，子弑其父者有之。孔子惧，作《春秋》。”孔子生当春秋之末，当时，周天子名为“共主”，实已沦为附庸，周初以来制定实施的礼乐制度逐渐崩溃，宗法秩序紊乱起来，旧的等级名分遭到破坏。在孔子看来，这是一个“天下无道”的时代，他曾说：“天下有道，则政不在大夫；天下有道，则庶人不议。”（《论语·季氏》）既然处于“无道”之世，孔子作为庶人却也被唤起了历史的使命感，所以，司马迁在《儒林列传》中说：“夫周室衰而《关雎》作，幽、厉微而礼乐坏，诸侯恣行，政由强国。故孔子闵王路废而邪道兴，于是论次《诗》《书》，修起礼乐。”孔子“因史记作《春秋》”也是他“修起礼乐”之事业的一部分。

本来，《春秋》只是鲁国国史，它与其他诸侯国的史书原无区别。经孔子手订之后，其中却寄寓了斥责“乱臣贼子”的“大义”。所以孟子说：“晋之《乘》，楚之《梼杌》，鲁之《春秋》，一也：其事则齐桓、晋文，其文则史。孔子曰：‘其义则丘窃取之矣。’”（《孟子·离娄下》）就是说，在《春秋》一书中，孔子是以他个人所理想的标准“属辞比事”的，所以孔子说自己“志在《春秋》”，“知我者，其惟《春秋》乎！罪我者，其惟《春秋》乎！”（《孟子·滕文公下》）

孔子作《春秋》，不仅记事，而且明义。但记事的目的在于明义，孔子作《春秋》一书的最初动机也应该主要在于明义。他之所以通过对历史事实的叙述以阐明自己的思想，其原因正如他自己所说：“我欲载之空言，不如见之于行事之深切著明也。”（《史记·太史公自序》）战国秦汉时期的人也说，“《春秋》以道名分”（《庄子·天下》），“《春秋》以道义”（《史记·太史公自序》）。他们对《春秋》“明义”的特点也看得很清楚。可能正是因为如此，汉代的博士们认为《公羊》《穀梁》二传是传《春秋》的，而《左氏》却不传《春秋》。《史记·十二诸侯年表序》说孔子“兴于鲁而次《春秋》……以制义法，王道备，人事浃。七十子之徒口受其传指，为有所刺讥褒讳挹损之文辞不可以书见也。

鲁君子左丘明惧弟子人人异端，各安其意，失其真，故因孔子史记具论其语，成《左氏春秋》”。从这里看，《左氏》亦并非不传《春秋》，只不过其所传者乃可以“书见”的事情，并非“不可以书见”的义。《左传》作者也承认《春秋》一书有其“大义”，故引“君子”之言曰：“《春秋》之称，微而显，志而晦，婉而成章，尽而不污，惩恶而劝善，非圣人谁能修之？”（《左传·成公十四年》）又说：“《春秋》之称微而显，婉而辨。上之人能使昭明，善人劝焉，淫人惧焉，是以君子贵之。”（《左传·昭公三十一年》）这正如孟子所谓“孔子成《春秋》而乱臣贼子惧”（《孟子·滕文公下》）。

在《春秋》中，孔子评断史事时，是通过谨慎的用字来表现个人立场的，“属辞比事”皆有精到的考虑。同记战争，有伐、侵、征等区别；同记杀人，亦有杀、弑、歼等不同的表述方式，后人常把这种“寓褒贬，别善恶”的写法看成《春秋》特有的“笔法”。其实，这是当时史官们约定俗成的惯例，鲁人曹刿曾说的“书而不法，后嗣何观”（《国语·鲁语上》）就是这个意思，这种书法原则为当时许多史者所共同遵循。只是孔子作《春秋》表现得十分特殊并具有代表性，而且他还将自己的王道思想寄寓其中。

《孟子·滕文公下》记孟子说：“《春秋》，天子之事也。”又说：“王者之迹熄而《诗》亡，《诗》亡然后《春秋》作。”（《孟子·离娄下》）“《春秋》，天子之事”，当是说《春秋》书中蕴含了孔子的王道思想。“王者之迹熄而《诗》亡”是孔子作《春秋》的前提，也透露了《春秋》一书的性质。清代学者顾镇《虞东学诗·迹熄诗亡说》曰：“孟子历叙群圣之事，而以孔子作《春秋》继之。迹熄诗亡，著明所以作《春秋》之义。……王者之迹，何预于诗？《春秋》之作，何与于迹？……盖王者之政，莫大于巡守述职，巡守则天子采风，述职则诸侯贡俗，太师陈之，以考其得失，而庆让行焉，所谓迹也。……洎乎东迁，而天子不省方，诸侯不入觐，庆让不行，而陈诗之典废，所谓‘迹熄而诗亡’也。孔子伤之，不得已而托《春秋》以彰衮钺，所以存王迹于笔削之文，而非进《春秋》于《风》《雅》之后。”[①]实际上，孟子所说“诗亡”只是指“陈诗之典废”，陈诗之典关乎王政，故而迹熄然后诗亡，“诗”之亡意味着王政之缺，并非《诗》从此亡失，以后再无诗歌入《诗》，而只是说

①〔清〕顾镇：《虞东学诗·迹熄诗亡说》，四库全书本，第46页。

明诗歌由原来系于王迹，有显著的政治功能，转变为具有了独立的艺术功能。[①]不过，顾镇对“迹熄诗亡”的解释还是正确的，《汉书·艺文志》说：“古者设采诗之官，王者所以观风俗，知得失，自考正也。”《礼记·王制》也说：“天子五年一巡守……命太师陈诗，以观民风。”由此可知，诗是天子行权之依据，王者通过观诗以行其庆让黜陟之权；及自东迁之后，王政渐熄，政教流失，遂无采诗之官，亦无陈诗之典。在这种情况下，孔子遂有《春秋》之作，借此以斥诸侯放恣，以表明王道之义。

以前，公羊学者所言孔子王法有“《春秋》新王”说，又有“《春秋》王鲁”说，而对于二者的解说往往含混不清。蒋庆先生《公羊学引论》[②]一书，始将“《春秋》王鲁”说与“《春秋》新王”说区别开来。蒋庆称自己的书是今文经学的公羊学著作，他认为“《春秋》王鲁”说与“《春秋》新王”说虽都深寓了“孔子所制之王法”，但二说所当“王法”的主体并不相同。“《春秋》新王”说是以《春秋》这部经当王，要说明孔子作经的目的是以《春秋》当新王；而“《春秋》王鲁”说则是以鲁国这个诸侯国当王，要说明孔子作经的方法是以鲁国当王。这样进行区分，有利于对公羊学者所言孔子“王法”的进一步研究。

不过，公羊家的“《春秋》新王”说与“《春秋》王鲁”说虽然既有联系又有区别，但它们之间的联系还是主要的。“《春秋》新王”说以《春秋》经为王，而它表达所谓“王义”却主要是以“王鲁”的形式来进行的，此即董仲舒所谓“《春秋》缘鲁以言王义”。对董仲舒此言，康有为解释说：“孔子之意专明王者之意，不过缘托于鲁，以立文字。即如隐桓，不过托为王者之远祖，定哀为王者之考妣，齐宋为大国之譬，邾娄、滕、薛不过为小国先朝之影。自伪《左》出后，人乃以事说经，于是周、鲁、隐、桓、定、哀、邾娄、滕、薛皆用考据求之，痴人说梦，转增疑惑，知有事不知有义，于是孔子之言没而《春秋》不可通矣。尚赖有董子之说得以明之。不然，诸侯来曰朝，内出言如，鲁无鄙疆，董子何愚若此！所谓辞之重、意之复，必有美者存焉。”[③]皮锡瑞也曾作《春秋黜周王鲁》一文对“王鲁”进行了解释，他说：“隐公非受命王，而《春秋》始于隐，则以为受命王；哀公未尝致太平，而《春秋》终于哀，则以

①刘怀荣：《孟子“迹熄〈诗〉亡”说学术价值重诂》，《齐鲁学刊》1996年第1期。
②蒋庆：《公羊学引论》，辽宁教育出版社1995年版。
③康有为：《〈春秋〉董氏学》注文，《康有为全集》（第2卷），上海古籍出版社1990年版，第778页。

为实致太平。故《春秋》未尝称鲁为王，而据鲁史成文以推其义，则曰王鲁，犹之夫子未尝自称王，而据《春秋》立一王之法以推其义，则曰‘素王’也。”[①]康有为、皮锡瑞之言完全是今文经学家的腔调，但他们认为《春秋》据鲁史成文以推其义，倒也不失为“《春秋》王鲁”名义的正确解释。

那么，孔子作《春秋》托王于鲁的原因是什么呢？这是一个关键的问题，对于理解公羊家的“《春秋》王鲁”说并且给它以公正评价十分重要。对于这个问题，人们有不同的分析，如有的以为鲁为姬姓，又为周公之后，孔子常常“梦见周公”，故因亲周而托王于鲁；有的以为托鲁以见王义，乃因孔子畏时远害，他不直宣王法，是为了使主人于史文中习其句读而不知己之有罪；还有的以为《春秋》托王于鲁是“因鲁史之文，避制作之僭”。这些解释均不得要领，就连公羊学者自己也有不少人持不同看法。至于这些，蒋庆所著《公羊学引论》中已经提及，他本人也表示不同意这些看法。蒋庆的观点是，孔子所说“我欲载之空言，不如见之行事之深切著明也”对于解释《春秋》何以要托王于鲁最称直接明快。他认为孔子不同于西方的古典哲学家，“假托历史以表现真理”，这与柏拉图等“理论思辨以表现真理的方式”有显著区别。“孔子之所以要假托鲁国从隐至哀242年间的历史来表现王义（真理），主要是因为鲁国的历史与晋之《乘》、楚之《梼杌》以及夏、殷、周的历史相比，保存得比较完整，并且孔子是鲁人，对鲁国的史料比较熟悉，也容易获得，再加上鲁人运用鲁国的史料也名正言顺，所以孔子自然要假托鲁国的历史来表现王义。”[②]如此，蒋庆所说《春秋》托王于鲁的原因主要有二：一是鲁国数据比较完整；二是孔子熟悉鲁国史料，运用起来名正言顺。这两点似乎也难以成立，鲁国数据比较完整自不待言，然而晋、楚的数据当时亦未必不完整，孟子说“晋之《乘》，楚之《梼杌》，鲁之《春秋》，一也。其事则齐桓、晋文，其文则史”，其中并无晋、楚史料缺失而不如鲁的意思；孔子说杞、宋两国文献“不足征”，但那是相对于言夏礼、“观夏道”和言殷礼、“观殷道”来说的；至于孔子为鲁人，熟悉鲁国史料，则与他曾批评的“孔子王鲁出于己为鲁人周后之私”的说法并无二致。

---

①〔清〕皮锡瑞：《经训书院自课文》，吴仰湘点校，中华书局2015年版，第666页。

②蒋庆：《公羊学引论：儒家的政治智慧与历史信仰》，福建教育出版社2014年版，第92页。

倒是蒋庆先生自己无意中说对了“《春秋》王鲁”的真正原因。在进一步的论述中，他引述了《礼记·礼运》中所记孔子的话：“我欲观夏道，是故之杞，而不足征也，吾得《夏时》焉；我欲观殷道，是故之宋，而不足征也，吾得《坤乾》焉。……呜呼哀哉！我观周道，幽、厉伤之，吾舍鲁何适矣？”[①]杞为禹后，乃奉夏祀之国；宋为汤后，乃奉殷祀之国；周为周王所在。故而欲观王道王义，当之杞、宋、周。然而，夏、殷两朝亡国已久，杞、宋文献皆不足征；周虽未亡，天子亦在，然幽、厉以后降同列国，王迹已熄，王政不行，欲之周观王道王义已不可得。“在此王迹已熄无所表现的情况下，鲁乃孔子父母之邦、周文荟萃之地，虽已衰乱凌替，然尚可一变而至于道。孔子干七十余君而不用，游列国而不纳，浮海居夷而不忍，茫茫天地，舍鲁何适？”我们认为，蒋庆此处所言鲁乃周文荟萃之地，尚可一变而至于道，正是“《春秋》王鲁”的根本原因所在。就是说，“《春秋》王鲁”是因为王义在鲁，而既非鲁国数据完整，亦非孔子运用鲁国数据名正言顺。遗憾的是，蒋庆先生隐约提到这一点，但他实际却不承认这一点，所以他说“孔子在天下无王的时代偏要执着地假鲁以见王义，因鲁实无王义，天下亦无王义，王义只存在于孔子的王心中”[②]，一再强调《春秋》纯粹是“假借鲁国的历史来说明孔子外王之义”，这恰是历来公羊家的偏颇所在，蒋庆先生亦未摆脱前代公羊家在这一点上的失误。

“《春秋》王鲁”当然不是真正以鲁为王，这是不言而喻的。孔子已明说他是假鲁之史文而窃取其义，就是说他是假借有道之鲁来说明王义的。然而，历来公羊家却大都拘泥于对此加以强调，如清代的刘逢禄在《春秋公羊经传何氏释例》《公羊春秋何氏解诂笺》等著作中就有类似的议论。他曾谈到《春秋》中鲁国十二公的篡弑荒淫、昏庸残暴，认为桓、宣之弑宜诛，昭之出奔宜绝，定之盗国宜绝，隐之获归宜绝，庄之通仇、外淫、灭同姓宜绝，闵之见弑宜绝，僖之僭王礼、纵季姬、祸鄫子，文之逆祀、丧娶、不奉朔，成、襄之盗天牲，哀之获诸侯、虚中国以事强吴，均宜绝。如此，十二公皆在诛绝之列，如何能当王？刘氏的这些议论颇愤愤然，可是他只看到了问题的一面，而对鲁国的情况并不全面了解。

孔子感触“鲁道”的衰微，不过，他也看到了令他感到欣慰的一面。

①蒋庆：《公羊学引论：儒家的政治智慧与历史信仰》，第93页。
②蒋庆：《公羊学引论：儒家的政治智慧与历史信仰》，第97页。

孔子曾说："甚矣鲁道之衰也！洙泗之间龂龂如也。"（《史记·鲁周公世家》）《索隐》以为此"言鲁道虽微，而洙泗之间尚訚訚如也"。《集解》引徐广曰："《汉书·地理志》云'鲁滨洙泗之间，其民涉渡，幼者扶老而代其任。俗既薄，长老不自安，与幼者相让，故曰龂龂如也。'"龂龂，颜师古以为"分辨之意也"。鲁国之民本"有圣人之教化"，此时鲁道虽有衰微，而揖让之风犹存，故孔子以为鲁国一变即至于"道"。由此可知"鲁道"在孔子心目中的分量。

实际上，当时不仅孔子独钟"鲁道"，而且其他诸侯国对"鲁道"也另眼相看。齐人就是如此，在《诗经·齐风》中，"鲁道有荡"一语出现了6次，分别在《南山》《载驱》两诗中。《诗经》中，形容词、副词以"有"字作词头者有几十处，前人解诗，多数不专为"有"字作训。据当今学者的研究，诗中凡形容词、副词以"有"字作词头者，莫不相当于该词之重叠词，用以状事状物。《南山》《载驱》中"鲁道有荡"之"有荡"即"荡荡"。[①]曾运乾《毛诗说》亦以"有荡犹荡荡"。是则"鲁道有荡"犹"鲁道荡荡"，其结构与《尚书·洪范》之"王道荡荡"完全相同。"荡荡"有广大、广远之义，是含有赞美意味的褒义词，则"鲁道有荡"实是对鲁国的赞美。[②]

鲁为周公之子伯禽的封国，在周族向东方发展的过程中，周公父子功莫大焉；东方稳定以后，鲁又充当了周室东方代理人的角色，成为"姬姓宗邦"、诸侯"望国"，故"周之最亲莫如鲁，而鲁所宜翼戴者莫如周"[③]。初受封时，鲁得赐丰厚，而且周室为"褒周公之德"，特命"鲁有天子礼乐"（《史记·鲁周公世家》），春秋时期有"周礼尽在鲁矣"（《左传·昭公二年》）的说法，直到春秋后期，鲁国仍是诸侯学习周礼的去处[④]。《左传·昭公五年》记曰："卿丧自朝，鲁礼也。"《礼记·檀弓上》曰："小敛之奠在西方，鲁礼之未失也。"这里所说的"鲁礼"实际就是周礼。如关于"卿丧自朝"，《礼记·檀弓下》亦曰："丧有死之道焉，先王之所难言也。丧之朝也，顺死者之孝心也。其哀离其室

---

①郭晋稀：《诗经蠡测》，甘肃人民出版社1992年版，第31—32页。

②杨朝明：《〈齐风〉三诗〈南山〉〈敝笱〉〈载驱〉诗旨新说》，中国诗经学会编：《第二届诗经国际学术研讨会论文集》，语文出版社1996年版。

③〔清〕高士奇：《左传纪事本末》卷一《王朝交鲁》，《四库全书》史部纪事本末类。

④《左传·襄公十年》记："诸侯宋、鲁，于是观礼。"宋国保存的自是殷礼，而鲁国保存的则是典型的周礼。

也，故至于祖考之庙而后行。殷朝而殡于祖，周朝而遂葬。”是知鲁礼本同周礼。杨伯峻先生在注解《左传·昭公五年》时，即把“鲁礼”扩大为“周代之礼”，这样的解说显然是有道理的。鲁之所尊同于周之所尊，鲁之所循亦是周代先王之道，在其他邦国看来，鲁在当时简直就是周室的影子。因此，与“鲁礼”近于“周礼”那样，“鲁道”这一概念也有与“周道”或“王道”（即所谓“先王之道”）相近的内涵。

《礼记·明堂位》载：“凡四代之器、服、官，鲁兼用之。是故，鲁，王礼也，天下传之久矣，君臣未尝相弑也，礼乐、刑法、政俗未尝相变也。天下以为有道之国。是故天下资礼乐焉。”这对当时鲁国的特殊地位说得非常清楚，鲁有王礼，是有道之国，天下资礼乐者，舍鲁其谁？当然，对这些话，我们自不可进行绝对的理解，《礼记》中“《明堂位》一篇，多出鲁儒之附会，然其言固亦有本”[①]。如鲁有王礼便是可信的；为了争权夺位，鲁国也发生过类似兄弟骨肉相残等事件，但比之其他不少国家，鲁国的情况要好得多，尤其春秋以后更是如此。例如，昭公后期，鲁君与季氏矛盾激化，而季氏对昭公却始终尊敬如一，即使昭公出走国外期间，仍“事君如在国”（《左传·昭公二十七年》）。此时期内，不仅国内照常安定，而且季氏本人也丝毫没有占取君位的意图。[②]鲁国根深蒂固的礼乐传统对鲁国社会的方方面面都产生了重大影响，以至于在鲁国的政治和社会生活中出现了一些似乎反常的现象。

历来有不少的正统儒者从周代礼乐的角度指责鲁国：一是不能“总帅诸姬”，对周王室“勤修朝聘之礼”；二是“奄然坐大”，悍然接受小国之朝，而“莫知有字小之义”。表面看来，这些批评有一些道理。《左传》所记的269年间，周之聘鲁七，赐命三，归脤一，赗葬四，来求三；而鲁君臣仅朝聘于周八，会葬四，而奔丧无闻。对王室如此，则存恤小国似乎就更在其次了。但自西周末年宣王废长立幼为鲁择君以来，诸侯便已“多畔王命”（《史记·鲁周公世家》），“从是而不相亲睦于王”[③]。以后，王室更是内乱频仍，德威不济。到这时，迭然而兴的“尊王”强霸以及号为“宗邦”的鲁国却成了诸侯殷勤执礼的对象，在人们心中，原来的“共主悉臣”之义早已彻底动摇。如周简王即位，郳于不朝天子而朝鲁；灵王之丧，楚子昭卒，各国诸侯大夫在楚送丧而周无人。鲁亦如此，

---

①〔清〕郭嵩焘：《礼记质疑》卷十四。
②杨朝明：《鲁国礼乐传统研究》，《历史研究》1995年第3期。
③《国语·周语上》韦昭注。

在不遑奔走列强之时，周室既已陵夷，也就无暇朝王了。另一方面，鲁国公室与周王室同宗共亲，君统、宗统合而为一。“尊尊”与“亲亲”是周礼的基本要求，而他们间此时“尊尊”之义既失，“亲亲”之义仍在，正如成王称周公为“叔父”（《诗经·鲁颂·閟宫》）一样，襄王派使者于僖公二十四年赴鲁告难时，亦称僖公为“叔父”。

鲁国初封直至春秋前期，鲁国都是东方的强藩，周公本意似乎要把鲁国建成宗周模式的东方据点，所以鲁国也担负着传播宗周礼乐文明的使命。周公的保民、明德慎罚、勤政任贤等思想似乎在鲁国当政者身上都有明显体现。杨向奎先生说：“通论中国文化之发展，虞夏以来，至于春秋，其中心地域在今山东、河南、河北，后来发展遂及山西、陕西。虞夏代表夷、夏，共处于中国东方，黄河下游，以山东为中心，东及辽沈，西及河南，南及江淮，北达燕蓟。后来发展为齐鲁文明，实为宗周文化之嫡传。而鲁为姬，齐为姜，后来结果，齐一变至于鲁，鲁一变至于道；周礼在鲁，遂为中心之中心。”[①]又说：“周公及其同僚，建立了礼乐制度，鲁国继之成为正统。”[②]姬周自消灭殷商，占据黄河下游后，实际就把鲁国看成了东方的代理人，因此，鲁在诸侯国中便有了极为特殊的地位。春秋时期，“政由方伯”，但在诸侯国会盟等的班次上，鲁国却位居前列。一般说来，“周之宗盟，异姓为后”（《左传·隐公十一年》），鲁既为姬姓，又为周公之裔，故在诸侯位次序列中有“班长”（《国语·鲁语上》）之称，被列为首席。如春秋初年，齐遭北戎侵犯，齐向各国求助。战后答谢诸侯，在馈送粮饩给各国大夫时，齐请鲁国按班次代为分派；晋文公主持“践土之盟”时，在各会盟国进行的歃血仪式上，除主盟的晋国外，鲁的次序也在各国的最前面。

这样，鲁国在当时的特殊地位已十分清楚。孔子为鲁人，鲁是其“父母之国”；他向往“周公之治”，而鲁国是典型的周礼乐的保存者和实施者。这便更加增添了孔子对鲁国的情愫。当然，孔子也看不惯鲁国许多的违背礼乐制度的现象，对鲁国违背礼乐传统多有评论指责，如“谓季氏八佾舞于庭，是可忍也，孰不可忍也”（《论语·八佾》）等等。孔子对周代传统的礼乐制度表现得十分执着而较少变通。诚然，孔子批评季氏之举，有的难免是为了保存周代礼乐[③]，但毕竟“礼之所尊，尊其义也”

①杨向奎：《宗周社会与礼乐文明》，人民出版社1992年版，第277—278页。
②杨向奎：《宗周社会与礼乐文明》，第279页。
③参见张富祥：《鲁文化与孔子》，《孔子研究》1988第2期。

（《礼记·郊特牲》），孔子很看重这一点，他认为这也是“天下无道”的表现。

但从总体上看，鲁在孔子心目中仍是“有道”之国，这一点是不可动摇的，因此，他选择鲁国以表明他的“王义”便是情理之常。

不过，我们所理解的孔子的“王义”并不如公羊家们所说的那般繁复与细密。如《春秋》为什么从鲁隐公开始，公羊家就把它与孔子的三世说联系起来，认为从隐到哀十二世的历史可以分为三世，此三世可以分别托为王者之高祖时事、曾祖时事和王父时事，《公羊传·哀公十四年》便说：“《春秋》何以始乎隐？祖之所逮闻也。”何休也认为“《春秋》王鲁，托隐公以为始受命王”。我们则认为，《春秋》之作既为孔子慨于王道不行的结果，那么，平王东迁，王室“微甚”便是孔子作《春秋》所选择的起始时间。平王东迁，恰值鲁国惠公之时，但惠公为子娶妻于宋，“宋女至而好，惠公夺而自妻之”（《史记·鲁周公世家》），他实为一位无道之君。惠之后，就是隐公。隐公与惠公大大不同，他在位期间，“求仁得仁”，笃守居摄之义，并在桓长之后欲让之以国，这恰是孔子击节赞赏的事情。有人分析，《春秋》三传斤斤于隐、桓二公所出，“非贬隐也，乃贤之也”。又说：“泰伯、伯夷之让，孔子美之曰至德，曰求仁。况隐非不当立，而欲成父志，亦泰伯、伯夷之心乎！且隐之摄位，亦可谓诚矣。居摄而不行即位之礼，与邻而讲求修睦之谊，父改葬不临，母没不赴，卫侯会葬不见，众父小敛不与，凡此皆为摄也，公之摄可谓诚矣。夫求仁而得仁，公既笃行之，以让而得祸，则非公所及料也。”[①]隐公居摄、让国既为“至德”，而其时又处于王室衰微的特殊环境之下，孔子以隐公作为《春秋》之始更有助于王义的宣扬。《史记·鲁周公世家》的《索隐述赞》说“隐能让国，《春秋》之初”，是则也认为《春秋》以隐公为始，乃是因其有让国之德。

孔子崇鲁，鲁人也确实自视甚高，直到战国时期，鲁恭公还傲然地对楚宣王说：“我，周公之胤，长于诸侯，行天子礼乐，勋在周室。”[②]鲁人都以维护周礼自任。然而，孔子虽知鲁国王义所存，但他又以鲁为诸侯，不可僭越于此，所以即使“季氏为了保存周礼”而“八佾舞于

①韩席筹：《左传分国集注》卷二《隐公居摄》。

②《庄子·胠箧》陆德明《释文》引。

庭”[①]，孔子也表示了坚决的反对态度。鲁国不同于一般的诸侯国，但又不能与周室等同，这就出现了《春秋》特有的笔法变例，如凡鲁公死均书“薨”，凡诸侯死均书“卒”，诸侯之降则意味着鲁公之升。

总之，我们的看法是，“《春秋》王鲁”既不像公羊家批评的“真的以鲁为王”，也不像公羊家所认定的凭依鲁事以“立一新王之法”，而仅是借鲁国以明义，即借鲁国的史事来表现周的王道之义，因而《春秋》中的“属辞比事”便以孔子所理想的三代“王道政治”为标准，司马迁说孔子“据鲁，亲周，故殷，运之三代”（《史记·孔子世家》）正是这个意思。我们以为，“《春秋》王鲁”从某种意义上可以理解为《春秋》崇鲁，其间应没有多少公羊家所谓的“非常异义可怪之论”，亦并非“不可以常理论之”。公羊学家的可贵之处在于他们看到了《春秋》“缘鲁以言王事”，因为孔子确实欲借鲁国“以树立一个王道政治的样板”；但他们否认鲁国实具王义，从而只能揣度孔子之心，细腻地在《春秋》经中发掘“王鲁”之义，不为不失。

---

①李启谦：《从西周的君臣关系再释“八佾”》，《学术月刊》1982年第 8 期；《再议“季氏八佾舞于庭”》，《学术月刊》1983年第9期。

论臧文仲

臧文仲即臧孙辰，姓臧孙，名辰。“文仲”是其谥号。[①]他是鲁国著名的大夫，历仕于鲁庄公、闵公、僖公、文公四世。他不仅在当时的鲁国社会生活中起了重要作用，而且对后世也产生了重要影响。臧文仲以后，在鲁国执政的仲遂和季孙行父都曾把他的话引为名言（见《左传·文公十七年》《左传·文公十八年》），襄公时的鲁执政叔孙豹更因臧文仲立言于世，而称他为“死而不朽”（《左传·襄公二十四年》）的人。然而，孔子又曾对臧文仲进行批评，指出他有“不仁”“不智”之处。看来，分析臧文仲的政治生涯，认识他的政治思想及其对后人的影响，或许是有一定意义的。

一、臧文仲政治生涯概略

臧文仲家族出于鲁国公族，为鲁孝公之后。在鲁公族中，臧氏家族是仅次于三桓的一个世家大族。

臧氏之祖为臧僖伯，即公子驱。他是孝公之子，字子臧。《左传·隐公五年》孔颖达疏曰：“诸侯之子称公子，公子之子称公孙。公孙之子不得祖诸侯，乃以王父之字为氏。计僖伯之孙始得以臧为氏。今于僖伯之上已加臧者，盖以僖伯是臧氏之祖，传家追言之也。”[②]《礼记·礼器》疏、《左传·庄公二十八年》疏并引《世本》曰：“孝公生僖伯彄，驱生哀伯达，达生伯氏瓶，瓶生文仲辰。”[③]知公子彄子为公孙达，是为臧哀伯。臧孙辰为臧哀伯之孙。文仲父伯氏瓶无谥，可能是早年便已去世。大概从文仲开始，公子彄的后人才开始以臧为氏。从此，臧氏家族逐渐兴盛于鲁，长期活跃于鲁国的军政界，成为鲁世家中享世禄最久的一个家族。

《左传》《国语》记载，鲁庄公二十八年（前666），鲁国“大无麦、禾”，出现饥荒，臧文仲告籴于齐国，当时他已为鲁卿。到鲁文公十年（前617）臧文仲去世，他为政至少有50多年。开始，齐桓公霸业方

①《中国历史大辞典·思想史卷》以为“文仲”是其字，非。参见童书业：《春秋左传研究》，上海人民出版社1980年版，第382—386页。

②〔周〕左丘明传，〔晋〕杜预注，〔唐〕孔颖达正义：《春秋左传正义》，《十三经注疏》整理委员会整理，北京大学出版社2000年版，第106页。

③〔周〕左丘明传，〔晋〕杜预注，〔唐〕孔颖达正义：《春秋左传正义》，《十三经注疏》整理委员会整理，第329页。

盛，而后又有宋襄公图霸和晋文公称雄。为保持鲁国的稳定和发展，鲁国君臣不得不考虑采取灵活的外交策略，在各强国之间周旋。臧文仲便是其中重要的一位外交活动家。

臧文仲注意结交邻国。他登上政治舞台的时候，鲁国北凭泰山，东近大海，南抚淮夷，国力在宋、卫等国之上，甚至有与齐国争衡之势。不过，庄公以后，齐国渐渐强大起来。据说，齐与姜姓国纪有世仇，而纪与鲁为婚姻之国，以纪之故，齐、鲁有隙，两国一度不和。

齐襄公即位后，齐国灭纪，鲁欲合郑相救，郑人推辞不出。后来，齐、鲁围成，成降于齐师，这时的齐国国势已在鲁国之上。齐桓公即位之初，鲁曾败于齐，鲁庄公十年（前684）的长勺之战，鲁虽大败齐国，但齐已是“大国”（《左传·庄公十年》），且主动出师伐鲁，臧文仲曾说：“夫为四邻之援，结诸侯之信，重之以婚姻，申之以盟誓，固国之艰急是为。”（《国语·鲁语上》）鲁国周环齐、莒、宋、卫等国，臧文仲所要结的邻国之援，首先应是强齐之援，因为这样才能更好地应付“国之艰急”。所以，当鲁庄公二十八年（前666）鲁国大饥时，臧文仲主动请求“如齐告籴”。僖公三十三年（前627），也就是晋文公死后的第二年，晋国霸主地位动摇。而此时的齐国虽已失去了桓公称霸时的威风，但仍是当时诸侯国中的强者。这时，臧文仲已是立于鲁之朝廷40多年的老臣，从鲁国的安全着想，他劝僖公朝齐。当年十月，鲁僖公朝齐，以结友好。

臧文仲又颇具政治谋略。他头脑冷静，清楚鲁国的国力和鲁国在诸侯争霸中所处的位置，明白鲁国在与诸侯国的交往中应该采取怎样的态度。比较典型的事例有以下三则：

其一，鲁僖公二十二年（前638），鲁国伐邾，取须句，邾人因此出师攻击鲁国。鲁僖公看不起邻国，不设防备而进行抵御。臧文仲则加以劝告，认为：

> 国无小，不可易也。无备，虽众，不可恃也。……先王之明德，犹无不难也，无不惧也，况我小国乎！君其无谓邾小，蜂虿有毒，而况国乎。（《左传·僖公二十二年》）

当时，不少鲁人尚以己之强，“奄然坐大”[①]，鲁僖公就是如此。而

---

①〔清〕高士奇：《左传纪事本末》，中华书局1979年版，第151页。

臧文仲的话无疑是正确的，但这时他为政资历尚浅，他的话僖公没听进去，以致鲁军大败于升陉，连僖公的头盔也被邾军缴获。

另一件事也表明臧文仲与一般鲁人“奄然坐大”的盲目态度不同，这就是他晚年注意与小国交好。鲁文公六年（前621），臧文仲认为鲁、卫为兄弟之国，而卫与陈又很友好，所以鲁也应与陈搞好关系。因此，同年夏天，鲁执政季孙行父聘于陈，并娶陈女为妻。

其二，鲁僖公二十八年（前632），卫事楚而不事晋，晋于温之会时“执卫成公”，晋君暗中使人鸩杀卫成公，但未得成，晋君处于骑虎难下的窘境。臧文仲看到这一点，劝鲁公趁机为卫成公求情，送玉二十瑴予晋人。晋侯乘势释卫公。这样，鲁国一举两得，既讨晋人欢心，又释卫公之难。当时，晋文公霸业始炽，结好晋国，对鲁国十分有利。“自是，晋聘于鲁加于诸侯一等，爵同，厚其好货”（《国语·鲁语上》）。同时，鲁也结好了卫国，“卫侯闻其臧文仲之为也，使纳赂焉”（《国语·鲁语上》）。

其三，鲁僖公三十一年（前629），“晋文公解曹地以分诸侯”，僖公派臧文仲前往受地。他“宿于重馆”时，重馆人对他说：

> 晋始伯而欲固诸侯，故解有罪之地以分诸侯。诸侯莫不望分而欲亲晋，皆将争先；晋不以固班，亦必亲先者，吾子不可以不速行。鲁之班长而又先，诸侯其谁望之？若少安，恐无及也！（《国语·鲁语上》）

重馆人的分析是有道理的。鲁为周公之后，在诸侯中位次居长，鲁人也徒以周礼所在，号称望国，开始，“其声名文物所留余”，便足以“系小国之心，动远人之慕”[①]。但这时情况已大不相同，不仅鲁国本身积弱之势已成，而且诸侯争霸，以国力相尚，鲁国的所谓“班长”“宗邦”“望国”地位已不足以使其立于不败之地。鲁国要更好地生存下去，还不能不放下包袱，依靠霸强。臧文仲头脑还算清醒，他听取了重馆人的劝告，兼程前往，首先到达，取得了晋人的欢心，从而分得了济水以西、洮地以南的大片土地，“获地于诸侯为多”（《国语·鲁语上》）。

臧文仲还能言善辩，有一定的外交才能。早在鲁庄公二十八年告籴于齐时，他先用“为四邻之援”和“铸名器，藏宝财”的道理说服庄公，

---

①〔清〕高士奇：《左传纪事本末》，第151页。

从而“以鬯圭与玉磬如齐告籴”，然后又对齐人说明，这不仅是寡君与二三臣实受君赐，而且“周公、太公及百辟神祇实永飨而赖之”。结果，“齐人归其玉而予之籴”（《国语·鲁语上》）。又如僖公二十六年（前634），齐国伐鲁，鲁派东门襄仲与臧文仲“如楚乞师”（《左传·僖公二十六年》）。臧文仲见楚令尹成得臣，并说服了他。同年冬天，楚、鲁联兵伐齐，取齐谷地。显然，这个胜利的取得是与臧文仲雄辩的口才分不开的，故160多年以后晋侯将伐齐而乞师于鲁时，还提到“臧文仲以楚师伐齐”（《左传·哀公二十四年》）之事。

臧文仲一生为政时间很长，特别是僖公末年以及文公时期，他虽不是执政正卿，但实际已成了鲁国政权中的决策人物。当时，积弱的鲁国处在齐、晋、楚等大国之间，因此，臧文仲的政治生涯也以应付和交往这些诸侯大国为重要内容。

二、臧文仲的政治思想

由于史料的缺乏，我们现在已不能就臧文仲的政治思想进行系统论述。但从《左传》《国语》的零星记载中，可以明显地看到他的政治思想表现出明礼、崇德、尊君、重民、尚贤等特点。

（一）明礼

臧氏为鲁国贵族，臧文仲之前，其祖臧僖伯、臧哀伯均明于贵族礼仪，并以忠谏见称。鲁隐公五年（前718），隐公要到棠地（今山东鱼台西南）“观鱼”。臧僖伯认为：“凡物不足以讲大事，其材不足于备用，则君不举焉。……若夫山林、川泽之实，器用之资，皂隶之事，官司之守，非君所及也。”他用“古之制”极力劝阻，但鲁隐公仍要以巡视为名前去，僖伯只好“称疾不从”。（《左传·隐公五年》）鲁桓公二年（前710），宋华督弑君，自立为相，重赂各邻国以求支持，以宋传世宝鼎“郜大鼎”送鲁公。鲁桓公不仅接受，而且放之于太庙。臧哀伯谏阻说：“君人者，将昭德塞违，以临照百官，犹惧或失之，故昭令德以示子孙……今灭德立违，而置其赂器于大庙，以明示百官。百官象之，其又何诛焉？国家之败，由官邪也。官之失德，宠赂章也。郜鼎在庙，章孰甚焉。武王克商，迁九鼎于雒邑，义士犹或非之，而况将昭违乱之赂器于太庙，其若之何？”（《左传·桓公二年》）鲁君违背当时礼制，哀伯以德谏之，还受到周内史的称赞。

臧文仲出身于贵族之家，从小受其父祖影响，也成为春秋时的知礼之人。他不仅知礼、明礼，而且按照贵族礼仪行事，这在他刚登上政治舞台时就有表现。鲁庄公二十八年鲁大饥时，他主动要求告籴于齐，这是由于他知道："国有饥馑，卿出告籴，古之制也。"（《国语·鲁语上》）这与《周书·籴匡》所云"大荒，卿参告籴"是一致的。

由于臧文仲明于礼仪，他在鲁之朝廷中也受到敬重。鲁僖公二十四年（前636）周王子带之乱时，周王被迫出奔于郑。使者到鲁国告难，鲁人就让臧文仲出来应对。（见《左传·僖公二十四年》）鲁文公时，臧文仲为四朝老臣，但他并非执政正卿，当时的执政正卿季孙行父却曾师事文仲，从他学习"事君之礼"，而且"行父奉以周旋，弗敢失坠"（《左传·文公十八年》）。

礼的作用在于"明分"，即维护君臣、上下、贵贱、尊卑的差别。正是由于这种社会等级划分的合理化，礼又起到了一种协调人心的作用。在统治者内部，礼能防止和调解矛盾，而对下层人民来说，礼则既有慑服之威，又对人心有收罗之用。在当时的人看来，礼为政治之本，"国将亡，本必先颠，而后枝叶从之"（《左传·闵公元年》）。所以，鲁闵公年间齐欲伐鲁时，鉴于鲁"不弃周礼"而未轻易进攻。臧文仲也深深知道"服于有礼"乃"社稷之卫也"，因此，僖公三十三年（前627）齐国庄子聘于鲁时，文仲看到他"自郊劳至于赠贿，礼成而加之以敏"，便劝僖公结好齐国，因为"国子为政，齐犹有礼"（《左传·僖公三十三年》），对鲁国来说，齐仍是一个强大的邻邦。

（二）崇德

臧文仲主张以德治民，认为"德之不建，民之无援"（《左传·文公五年》）。鲁文公五年冬楚公子燮灭蓼时，臧文仲听说六国和蓼国都灭亡了，他们的祖先皋陶、庭坚一下子就没有人祭祀了，感到很伤心。他们的国君不建立德行，百姓也没人尽忠效力。在臧文仲看来，要做到使民心无违，就必须实行德治，"在位者恤民之患"（《国语·鲁语上》）是使国家没有怨恨和敌对者的重要途径。

当时，崇德是社会上人们的共识。一般人要名留青史，"大上有立德"（《左传·襄公二十四年》）。而统治者为政以德更为重要，"大上以德抚民，其次亲亲，以相及也"（《左传·僖公二十四年》）。臧文仲也是这样看的，他曾对僖公说："臣闻之：班相恤也，故能有亲。夫诸侯之患，诸侯恤之，所以训民也。"（《国语·鲁语上》）班次相同的诸侯互相救恤忧患，就能做到亲近诸侯，同时能为民作出表率，这自然是另一种形式的"以德抚民"。僖公二十一年（前639），宋襄公欲合诸侯，臧文仲评论说："以欲从人，则可；以人从欲，鲜济。"（《左传·僖公二十年》）就是说推己之所欲以从人，使人同得所欲是可以的，但强迫他人以逞一己之欲是很难成功的。所以，推己及人，以德为标准支配自己的政治行为十分重要。

（三）尊君

与明礼相联系，臧文仲又主张维护国君的地位。他教季孙行父“事君之礼”时说：“见有礼于其君者，事之，如孝子之养父母也；见无礼于其君者，诛之，如鹰鹯之逐鸟雀也。”（《左传·文公十八年》）此可谓典型的尊君之论。

臧文仲不仅教人事君、忠君，而且自己还身体力行。比较有代表性的事例是他主动请求告籴于齐。当时，他的从者问他：“国君没有派您去，您自己请求前往，这不是自己选择职事吗？”臧文仲回答说：

> 贤者急病而让夷，居官者当事不避难，在位者恤民之患，是以国家无违。今我不如齐，非急病也。在上不恤下，居官而惰，非事君也。（《国语·鲁语上》）

在这里，臧文仲把勤于职守、尽责尽力与忠于国君联系起来。在宗法统治制度下，国君是国家的象征，国家的稳定需要贤者急国家之所急，需要居官在位者以身赴国难。否则，“在上不恤下，居官而惰”，就会使得国将不国，君亦不君。从这个意义上讲，臧文仲无论是鲁国大饥时主动请缨如齐告籴，还是晋解曹地以分诸侯时不惮仆仆兼程前往，都可看作是他尊君的具体表现。

当然，臧文仲尊君并不是无条件的。这就是要求君主以德待民、建立德行。他说：“民主偷，必死。”（《左传·文公十七年》）意思是国君说话不可苟且，不能没有远虑，否则，就不会有好的结果。另外，国君的行为不能违背礼的规范。如鲁文公曾打算毁掉孟文子之宅以扩大宫室，派人对文子说：“吾欲利子于外之宽者。”孟文子回答说：“夫位，政之建也；署，位之表也；车服，表之章也；宅，章之次也；禄，次之食也。君议五者以建政，为不易之故也。今有司来命易臣之署与其车服，而曰：‘将易而次，为宽利也。’夫署，所以朝夕虔君命也。臣立先臣之署，服其车服，为利故而易其次，是辱君命也，不敢闻命。若罪也，则请纳禄与车服而违署，唯里人所命次。”（《国语·鲁语上》）尽管孟文子不从鲁君，但文仲听说后，仍赞赏他善守其职。文子之父公孙敖淫于莒，后出奔而死于齐。臧文仲认为孟文子为官而不失礼，可以掩其父恶而守其后嗣。

（四）重民

重民思想在周初已经萌芽，当然，这里的所谓“民”是指“国人”。春秋时，由于古代军事民主制残迹的遗留和“国人”地位的提高，以及西周末年“国人”大起义后春秋时常常发生的“国人”与执政贵族之间的抗争，贵族统治者不得不重视并畏惧“国人”。臧文仲是贵族阶级中的开明分子，他为了缓和阶级矛盾，也大倡“重民”之论。除以刑“威民”[①]外，他更看重以德“训民”和在位“恤民”。国无患，民无难，人民安居乐业，是以国家太平。即使国家遇有凶险，只要在上者建立德行，以德待民，就能得到人民的救援，凶险也能安全度过。否则，“德之不建”，则“民之无援”。为此，国家应重视人民，急人民之所急，即使“铸名器，藏宝财”，也应以“民之殄病是待”（《国语·鲁语上》），只有这样，才能保证社稷江山的稳固。

同春秋以来所谓“重民轻神”“重民轻天”思想一致，臧文仲也知道迷信鬼神无用，唯有得到“民”（“国人”）这个贵族统治实力支柱的支持，才能很好地生存和发展。鲁僖公二十一年（前639）夏天，鲁国大旱，僖公要烧死巫人和尪者。臧文仲认为烧死他们并不是防备旱灾的办法，应该在民艰于食的情况下修理城郭，稍给民食，这才不失为救荒之策，同时，贬损饮食，节省开支，劝人施舍，并致力农事，使旱不舍农，以补救灾荒。而巫人、尪者能做什么呢？“天欲杀之，则如勿生；若能为旱，焚之滋甚”（《左传·僖公二十一年》）。僖公听从了臧文仲的话，这一年虽有饥荒，却没有伤害人民。

（五）尚贤

臧文仲崇尚贤能的事例有二：其一，僖公三十一年（前629）晋文公解曹地以分诸侯时，臧文仲由于听取了重馆人的劝告，提前到晋，得到了大片土地。他认为：“地之多也，重馆人之力也。”所以，他在僖公面前为重馆人请赏，说：“臣闻之曰：善有章，虽贱，赏也；恶有衅，虽贵，罚也。今一言而辟境，其章大矣，请赏之。”僖公听从了臧文仲的话，“乃出而爵之”（《国语·鲁语上》），韦昭注曰：“出，出之于隶也；爵，爵为大夫也。”[②]重馆人“一言辟境”，便由贱隶而大夫，地位发生了根本变化。

---

①《国语·鲁语上》记臧文仲说：“大刑用甲兵，其次用斧钺，中刑用刀锯，其次用钻笮，薄刑用鞭扑，以威民也。”

②徐元诰：《国语集解》，王树民、沈长云点校，中华书局2002年版，第154页。

其二，鲁文公二年（前625）八月丁卯，鲁“大事于太庙”，将僖公的享祀之位升于闵公之上。在君位上，僖公入继闵公，依传统的享祀位次排列方式和昭穆制度等礼制，闵公当在僖公之上。但当时为宗伯的夏父弗忌力尊僖公，并对礼进行了新的解释，他说：“吾见新鬼大，故鬼小，先大后小，顺也。跻圣贤，明也。明、顺，礼也。”（《左传·文公二年》）当有人指出他违背昭穆制度时，他说：“我为宗伯，明者为昭，其次为穆，何常之有？”（《国语·鲁语上》）据韦昭注，这里的“明”谓僖公有明德。夏父弗忌认为僖公有明德，为圣贤，所以尽管有人反对，但他还是坚持那么做。当时，臧文仲自庄公时立于鲁之朝廷，历闵公、僖公以至文公，已为四朝老臣，其言行足以左右当时，虽此时执政者为公子遂、季孙行父，但文仲不据当时礼制加以制止，表明了他对夏父弗忌这种做法的认同。

臧文仲生活于春秋前期，他的思想中保留着很多周人思想内容的因素。不过，同历史的发展相适应，他的思想也在周人传统思想观念的基础上有了显著的进步。据童书业先生的研究，周人传统的政治和道德观念是“敬事上天，遵法先祖，尊重君上，慈爱臣民，修明道德，慎用刑罚，勤修政事，屏除奢侈，以礼教治国，兵威镇众，而励用中道”①。这些在臧文仲的思想中大多还可看到，不过，与因循和继承相比，他思想的变化似乎十分显著。如在对待“天”的态度上，周人重天、敬天，认为天为人类的父母，“惟天阴骘下民，相协厥居”（《尚书·洪范》），“悠悠昊天，曰父母且”（《诗经·小雅·巧言》）。文仲已大不然，天大旱时，他没有虔诚祈祷，也看不出他对天有什么敬畏之情，而是如东汉王充所说：“文仲知非政，故徒修备。”（《论衡·明雩》）也就是说，臧文仲不认为旱灾是由于政治惹怒了上天而引起的，他考虑的是积极采取措施，以防灾救灾。又如对于礼，臧文仲知礼、明礼，主张“服于有礼”，当周王被迫出奔、王使至鲁告难时，他也能以礼应对：“天子蒙尘于外，敢不奔问官守？”（《左传·僖公二十四年》）殊不知，这仅是“恭敬之辞而已”②。文仲不仅不像周人那样拘泥于礼，也与其祖先臧僖伯、臧哀伯那般执着于礼有别，他对夏父弗忌“跻僖公”行为的认同足可证明这一点。另外，臧文仲崇尚贤能，如擢重馆人出于隶而为大夫，也有悖于鲁国传统

①童书业：《春秋史》，山东大学出版社1987年版，第96页。
②杨伯峻：《春秋左传注》，第428页。

的“尊尊而亲亲”[①]原则，参之他在外交生涯中表现出的冷静态度，臧文仲表现出的是一位贵族开明分子的形象。

三、孔子与臧文仲

已故著名史学家童书业说：

> 春秋时代已有很多有学问的人，如鲁国的叔孙豹、齐国的晏婴、晋国的叔向、楚国的左史倚相、吴国的公子季札等，都可以算是当时的大学者。这些人之中，尤推鲁国的臧文仲和郑国的子产是不世出的圣贤。臧文仲能够立言垂世，子产能够有很开明的新思想，施之于实际的政治。等到孔子出世，集古代思想学术的大成，开始建立哲学的系统，真正的士大夫阶层就由他一手造成。[②]

童先生在其著作中的其它地方还称臧文仲是春秋时的“学人”[③]、贵族阶级中的“学者”[④]。这的确是十分精到的见解。孔子之前，社会上的学者不乏其人，然而，诸如叔孙豹、晏婴、叔向、左史倚相、公子季札等却都晚出于臧文仲，至与文仲并称为“圣贤”的子产，其时已近于孔子时代。在鲁国，僖公、文公之时，臧文仲有很高的地位，他虽非执政正卿，但受到普遍的敬重。他为鲁国出谋划策，也为了鲁国而奔走，但更多地，臧文仲似乎更具“学人”形象。《左传·襄公二十四年》记范宣子与叔孙豹讨论“不朽”问题时，范宣子说：“古人有言，曰‘死而不朽’，何谓也？”叔孙豹说：“鲁有先大夫曰臧文仲，既没，其言立，其是之谓乎！豹闻之：‘大上有立德，其次有立功，其次有立言。虽久不废，此之谓三不朽。’”一般讲来，君者立德，武者立功，文者立言。作为“学人”，臧文仲便成了“立言”者中的典范。正如为了学礼，“孟懿子与南宫敬叔师事仲尼”（《左传·昭公七年》）一样，季孙行父曾随文仲学习“事君之礼”，在这里，臧文仲也是以学者的身份出现的。事实上，不仅在鲁国，就是在整个春秋时代的各国，臧文仲都是最早的“有学问的人”。

孔子出生于臧文仲死后66年，两人虽同为鲁国的著名学者，但一位生

---

①《汉书·地理志》：“周公始封，太公问：‘何以治鲁’，周公曰：‘尊尊而亲亲。’”这一记载本身未必可靠，但终鲁之世，鲁国的这一特点表现得十分明显。

②童书业：《春秋史》，第238页。

③童书业：《春秋左传研究》，上海人民出版社1980年版，第379页。

④童书业：《春秋史》，第211页。

活于春秋前期，且居官在位，家族兴盛；一位处在春秋末叶，仕途坎坷，家族衰落，他们的思想有很大差别。同以前鲁人对其“先大夫臧文仲”的敬重不同，孔子曾批评臧文仲。据《左传·文公二年》记载：

> 仲尼曰：“臧文仲，其不仁者三，不知（案：知通智）者三。下展禽，废六关，妾织蒲，三不仁也。作虚器，纵逆祀，祀爰居，三不知也。”

不过，孔子对臧文仲的评价，乃是用他自己的“仁”“智”标准来衡量的，用我们现在的眼光看，其中难免存在一定的偏颇之处。

孔子时代，社会在急剧地变化。这时期，虽然各诸侯的兼并战争减少了，但在各国内部，特别是各大国内部，权臣间或者强大氏族之间的斗争却激烈起来，你争我夺，互相吞并。在鲁国，三桓等大氏族间的兼并现象虽不严重，但他们与鲁公室的冲突却日渐增多，在孔子看来，这是一个“天下无道”“礼崩乐坏”的时代。孔子以维护周天子的一统天下和重建文、武、周公之业为己任，通过对传统和现实的反思，形成了他的一整套所谓“修身、齐家、治国、平天下”的理论，他的理论表现为对现实的反动，带有明显的“尚古”和“从周”特征。他曾说：“周监于二代，郁郁乎文哉，吾从周。”（《论语·八佾》）有人认为，周人的文化风格，一是重农，二是重礼。前者是他们祖先流传下来的固有传统，后者则是对夏、商以来的“中国”礼乐习俗及其制度的再加工和系统化。[①]西周是一种典型的宗法式农业社会，周人的这种文化风格在这时期得到了具体的体现。由于封国的性质和特殊的地理位置，春秋时期的鲁国既保持了周人的重农风格，又承继了周人的重礼传统。这样，二者相互联系，互相为用，形成了孔子所向往的那种与小农经济相联系的宗法统治秩序。[②]基于此，孔子的思想表现出了重农与重礼的特点，而与此相违背的行为便成了孔子抨击的对象。

臧文仲“废六关”[③]“妾织蒲”就与孔子的重农思想相悖。废六关，

---

①参见张富祥：《鲁文化与孔子》，《孔子研究》1988年第2期。

②杨朝明：《鲁国的经济特点与儒家的重农思想》，《孔子研究》1989年第4期。

③“废六关”《孔子家语》作“置六关”，王肃注云：“六关，关名。鲁本无此关，文仲置之以税行者。”此与《左传》所记正相反，综合臧文仲的行迹、思想及孔子对待工商业的态度，我们以《左传》所记为是。

杜注云："塞关、阳关之属凡六关，所以禁绝末游，而废之。"[1]孔颖达疏曰："民以田农为本，商贾为末，农民力以自食，商民游以求食。《汉书》：贾谊说上曰：'今驱民而归之农，皆著其本，各食其力，末伎游食之民转而缘南亩，则畜积足矣。'杜称'末游'者，谓此末伎游食之民也。《周礼·司关》'司货贿之出入，掌其治禁'，是所以禁绝末游者，令其出入有度。今而废之，使末游之人无所禁约。"[2]妾织蒲，《孔子家语》作"妾织席"，织蒲即织席。杜注曰："家人贩席，言其与民争利。"[3]孔颖达疏曰："《大学》云：食禄之家，不与民争利。"[4]这里，臧文仲的行为显然是与孔子的思想不合拍的。孔子重农，维护"动不违时，财不过用"（《国语·鲁语上》）的鲁国传统。他曾说："道千乘之国，敬事而信，节用而爱人，使民以时。"（《论语·学而》）国君治理国家，役使百姓时应在农闲时间，把"以时使民"提高到了国君的为政原则高度，足见孔子对农业的重视。孔子又主张"爱人"，曾说"泛爱众，而亲仁"（《论语·学而》），后来孟子总结为"仁者爱人"（《孟子·离娄下》）。臧文仲废除关禁，鼓励人们离农从商，使末游之人侵害农民利益；家人从事贩卖，与民争利，所以孔子便视此为"不仁"的行为。

众所周知，孔子十分重视礼，连他讲得最多的"仁"也是以维护和恢复礼为根本目标的。孔子批评臧文仲"下展禽""作虚器""纵逆祀""祀爰居"，就能表明这一点。

展禽即柳下惠，又称柳下季，他是与臧文仲同时期的鲁国大夫，以善于讲求贵族礼节著称。臧文仲很尊重展禽，如鲁僖公二十六年（前634）齐孝公伐鲁时，臧文仲曾向他请教御敌之策。一种叫作"爰居"的海鸟止于鲁东门外三日，文仲以为神，使国人祀之。对此，展禽历数古代圣王制祀的准则、内容，批评臧文仲"无故加典，非政之宜"。臧文仲听到后，知道这是自己的过错，说："信吾过也，季子之言不可不法也。"（《国

---

①〔周〕左丘明传，〔晋〕杜预注，〔唐〕孔颖达正义：《春秋左传正义》，《十三经注疏》整理委员会整理，第571页。
②〔周〕左丘明传，〔晋〕杜预注，〔唐〕孔颖达正义：《春秋左传正义》，《十三经注疏》整理委员会整理，第572页。
③〔周〕左丘明传，〔晋〕杜预注，〔唐〕孔颖达正义：《春秋左传正义》，《十三经注疏》整理委员会整理，第571页。
④〔周〕左丘明传，〔晋〕杜预注，〔唐〕孔颖达正义：《春秋左传正义》，《十三经注疏》整理委员会整理，第572页。

语·鲁语上》）

但是，臧文仲与展禽在思想上毕竟是不一致的，这在鲁国文公二年“大事于太庙”时“跻僖公”这件事上表现得尤为显著。当时，宗伯夏父弗忌尊僖公，而宗有司则认为这不符合“以次世之长幼，而等胄之亲疏”（《左传·文公二年》）的昭穆制度，反对将享祀之位升僖公于闵公之上。这实际上是一场是否严格执行周代礼制的争论。在这场争论中，臧文仲赞成夏父弗忌的做法。闵公、僖公为兄弟，《鲁世家》谓闵公为兄，僖公为弟。《汉书·五行志》则谓僖是闵之庶兄，后世说家亦皆因之。《左传·文公二年》杜注曰：“新鬼僖公，既为兄，死时年又长。故鬼闵公，死时年少。”[①]其主后说，当是。夏父弗忌以先大后小为“顺”，更重要者，他还以为僖公有明德，为“圣贤”。齐召南《春秋左氏传注疏考证》云：“鲁人甚重僖公，《鲁颂》之文铺张扬厉，赞不容口，宜乎夏父弗忌之以为圣贤也。”[②]文仲亲历僖公之世始终，僖公之功德为其亲见，难怪臧文仲要“纵容”夏父弗忌的做法。而展禽正相反，他赞同宗有司的话，对夏父弗忌大加鞭挞，认为他既犯“鬼道”，又犯“人道”。展禽对夏父弗忌的批评，也意味着他与臧文仲之间的主张不合。孔子昧于此，便对臧文仲加以指责，说：“臧文仲其窃位者与，知柳下惠之贤而不与立也。”（《论语·卫灵公》）又说：“臧文仲安知礼？夏父弗綦逆祀而弗止也。”（《礼记·礼器》）孔子赞成的是严格的周代礼制，所以，在他们两人中，孔子欣赏柳下惠，甚至他对臧文仲的批评也与柳下惠一致。如文仲让国人“祀爰居”时，柳下惠曾指责臧文仲不仁、不智：“今海鸟至，己不知而祀之，以为国典，难以为仁且智矣。夫仁者讲功，而智者处物。无功而祀之，非仁也；不知而不能问，非智也。”（《国语·鲁语上》）同柳下惠一样，孔子也指责臧文仲不仁、不智，而且指责得更多，连“下展禽”“纵逆祀”也包括在了里面。

“作虚器”是指臧文仲私蓄大蔡之龟，并作室以居之之事。《论语·公冶长》记孔子说：“臧文仲居蔡，山节藻棁，何如其知也？”所说即此事。孔疏曰：“郑玄云：节，栭也，刻之为山。棁，梁上楹也，画以藻文。蔡谓国君之守龟。山藻节棁，天子之庙饰，皆非文仲所当有之。

---

①〔周〕左丘明传，〔晋〕杜预注，〔唐〕孔颖达正义：《春秋左传正义》，《十三经注疏》整理委员会整理，第569页。

②转引自杨伯峻：《春秋左传注》，第524页。

有其器而无其位，故曰虚。君子下不僭上，其居奢如此，是不知也。”[①]孔子强调礼，而其根本在于“名”，“夫名以制义，义以出礼”（《左传·桓公二年》），他重视“正名”（《论语·子路》），从而以“名”定“位”，主张“不在其位，不谋其政”（《论语·泰伯》），以“位”为政，使上、下不相僭越。所以《周易·艮·象传》中说：“君子以思不出其位。”[②]正因如此，鲁三家唱着雍诗撤除祭品、“季氏八佾舞于庭”、季氏要去祭祀泰山，都是孔子看不惯的事情。所以，臧文仲“作虚器”也自然地受到了孔子的指责。

综观孔子对臧文仲的批评，倒明显地透露着臧文仲不墨守成规的特点。当然，像“祀爰居”之类确可列为他“不智”的方面，连他本人当时也知道了这一点。然而，其它几点并不也尽可作如是观。众所周知，鲁国是一个重视农业的国度，手工业虽有较大发展，但产品很少用于交换，其商业远远落后于当时的齐、楚等大国。与此相应，也造就了鲁人的封闭意识。从这个意义上讲，臧文仲不专注农业，甚至鼓励人们从事商贾末业，倒不失为开明的举动。又如，在孔子看来，季氏违礼僭越之处多矣，然而人们这样评说：“鲁君世从其失，季氏世修其勤，民忘君矣，虽死于外，其谁矜之！”（《左传·昭公三十二年》）臧文仲也是这样，“纵容逆祀”而违礼，藏大蔡龟以僭越，但这虽为孔子所不容，却并不足证文仲真的不智。

也许是由于孔子曾批评臧文仲，儒家经书中除了指责臧文仲的话外，没有一点孔子对臧文仲的其它评论。孔子谙于鲁事，一定对臧文仲比较了解，他离文仲时代不远，二人又同处鲁国，孔子不可能不受到文仲的影响。

《左传·文公二年》孔颖达疏曰：“鲁臣多矣，而（孔子）独讥文仲者，以文仲执国之政，有大智之名，为不智之事，故特讥之。其余则不足责矣。”[③]孔子指责臧文仲本身已证明他是具有重要影响的人物。文仲教季孙行父事君之礼时曾说：“见有礼于其君者，事之，如孝子之养

---

①〔周〕左丘明传，〔晋〕杜预注，〔唐〕孔颖达正义：《春秋左传正义》，《十三经注疏》整理委员会整理，第572页。

②〔魏〕王弼注，〔唐〕孔颖达疏：《周易正义》，《十三经注疏》整理委员会整理，北京大学出版社2000年版，第251页。

③〔周〕左丘明传，〔晋〕杜预注，〔唐〕孔颖达正义：《春秋左传正义》，《十三经注疏》整理委员会整理，第571页。

父母也；见无礼于其君者，诛之，如鹰鹯之逐鸟雀也。”（《左传·文公十八年》）后来，郑子产向然明问政时，“对曰：视民如子。见不仁者，诛之，如鹰鹯之逐鸟雀也。”（《左传·襄公二十五年》）一个说的是事君，一个讲的是待民，二者似乎同出于一人之口。又如文仲听说宋襄公欲合诸侯时说：“以欲从人，则可；以人从欲，鲜济。”（《左传·僖公二十年》）后来，子产也说：“求逞于人，不可；与人同欲，尽济。”（《左传·昭公四年》）两人的话如出一辙。孔子所说的“己欲立而立人，己欲达而达人”（《论语·雍也》）、“己所不欲，勿施于人”（《论语·卫灵公》），其精神也显然是与之相通的。孔子以前的已有思想材料是孔子思想的重要来源，我们虽不能肯定孔子的哪部分思想就来自文仲，但臧文仲曾立言垂世，孔子受到了文仲的影响是容易理解的。事实上，他们的思想确有不少一致之处。如君臣观方面，孔子主张国君“为政以德”（《论语·为政》），强调“君使臣以礼”（《论语·八佾》），同时要求臣“事君尽礼”、“事君以忠”（《论语·八佾》）、“事君能致其身”（《论语·学而》），这和臧文仲是相同的。又如，两人都有举贤重贤的思想。孔子批评臧文仲“下展禽”，但这并不是文仲“知贤不举”，而是由于他们的思想有相抵牾之处。

柳下惠道德思想考论

柳下惠是我国春秋时期的鲁国大夫，他不仅以善于讲究贵族礼节著称，而且颇具儒家道德的理想形象。后人总结说：“孝恭慈仁，允德图义，约货亡怨，盖柳下惠之行也。”他的行为受到了孔子、孟子等的表彰。也许正是因为如此，他成了后人心目中的道德典范，对后世产生了重要影响。清代学者刘逢禄甚至将他与孔子作比，说：“在鲁言鲁，前乎夫子而圣与仁，柳下惠一人而已。”[①]柳下惠生活在春秋前期的鲁国，他的思想深深地打上了鲁文化的烙印。欲研究作为儒家文化渊源的鲁文化，探讨它的内涵或特质，柳下惠是一位很值得研究的人物。

一

柳下惠出身于鲁国公族，始祖公子展为孝公之子[②]。柳下惠为孝公五世孙，本名展禽，又称柳下季。高诱《淮南子注》以为：“展禽家有柳树，身行惠德，因号柳下惠。”[③]另外，有人说柳下是他所居地地名，有人说柳下是他食采之邑。考鲁地无名柳下者，而且展禽为职仅至士师，为一掌管刑狱的小官，级位不高，未必会有食邑，故高诱之说近是。“惠”为其谥，《列女传》记曰：“柳下既死，门人将诔之。妻曰：‘将诔夫子之德耶？则二三子不如妾知之也。’乃诔曰：‘……夫子之谥，宜为惠兮。’门人从之，以为诔，莫能窜一字。”[④]由于文献记载缺略，故柳下惠的邑里字名产生了种种歧说。近人程树德综合史料记载及各家解说，认为柳下惠应“以居柳下，姓展，名获，字禽，私谥惠为近。其曰季者，盖以行第称之也”[⑤]。

柳下惠的事迹，史料记载不多，只在《国语》《左传》等书中保留有他的部分言论，另外，先秦乃至秦汉的一些文献中也有后人关于他的评论。由于这些记述比较零散，柳下惠的事迹便显得若明若暗。另一方面，关于柳下惠，前人鲜有论及，所以，为了更好地论述他的思想，我们拟从以下几个问题先对他进行一番考察。

---

①〔清〕刘逢禄：《论语述何》卷一，清光绪蛰云雷斋刻本。

②参见〔宋〕郑樵：《通志》卷二十五，咸丰九年崇仁谢氏仿武英殿本。

③〔汉〕高诱：《淮南子注》，上海书店出版社1986年版，第295页。

④〔汉〕刘向编撰：《列女传译注》，张涛译注，山东大学出版社1990年版，第75页。

⑤程树德：《论语集释》，程俊英、蒋见元点校，中华书局1990年版，第1095页。

（一）关于“展禽三黜”

《左传》《国语》之后，不少文献提到柳下惠“三黜”，如《论语·微子》曰“柳下惠为士师，三黜”，《荀子·成相》曰“展禽三绌（按：绌通黜）”。《战国策·燕策三》《新序·杂事》《列女传·贤明》《风俗通·别卷》等也都有“三黜”的说法。

然而，“三黜”何指，却史无明文。史书中关于柳下惠的事迹的记载主要有以下几件：

其一，鲁僖公二十六年（前634），齐攻鲁，他派人到齐劝说退兵（见《左传·僖公二十六年》《国语·鲁语上》）。

其二，当一种叫作“爰居”的海鸟止于鲁东门上时，臧文仲令国人进行祭祀。柳下惠根据先代圣王制祀的原则，批评臧文仲“无故而加典，非政之宜”，“难以为仁且智矣”（《国语·鲁语上》），是迂阔而不知政要的表现。

其三，鲁文公二年（前625），宗伯夏父弗忌将僖公的祭祀之位升于闵公之上，他认为这违犯了传统的昭穆制度，既“犯鬼道”，又“犯人道”（同上）。

其四，《新序·节士》《吕氏春秋·审己》又记载说：“齐攻鲁，求岑鼎，鲁君载他鼎以往。齐侯弗信而反之，以为非也，使人告鲁侯曰：‘柳下季以为是，请因受之。’鲁君请于柳下季，柳下季答曰：‘君之赂，以欲岑鼎也？以免国也。臣亦有国于此，破臣之国以免君之国，此臣之所难也。’于是鲁君乃以真岑鼎往也。”[①]

上述四事中，后三者皆是柳下惠与当政者意见不合之处，故而有人就把这些看成他一再受黜的原因。清人宦懋庸《论语稽》引《劝学录》曰：“岑鼎之征，鲁君欲以赝，惠必以真，鲁君于是乎黜之。爰居之止，臧孙以为吉，惠以为灾，文仲于是乎黜之。僖公之跻，夏父弗忌以为明顺，惠以为不祥，弗忌于是乎黜之。是之谓三黜也。”[②]这显然是其主观推断之词。

我们认为，“展禽三黜”之“三”应理解为“多次”，并不一定实有其数。古籍中多次提到“三黜”，可能是因为这些记载同据一源，我们不可捕风捉影，强为之解。这不仅是由于“三”字有“多次”意者在当时

①〔汉〕刘向编著，赵仲邑注：《新序详注》，中华书局2017年版，第205页；许维遹撰，梁运华整理：《吕氏春秋集释》，中华书局2009年版，第210页。
②程树德：《论语集释》，程俊英、蒋见元点校，第1255页。

较为普遍，而且《左传》《国语》等较早因而也较为可靠的文献中也并无有关“三黜”之说，更何况前述柳下惠的事迹有的也不一定可靠。如《新序》和《吕氏春秋》所记齐求岑鼎事就有不同的记载。《韩非子·说林下》曰：“齐伐鲁，索谗鼎，鲁以其赝往。齐人曰：‘赝也。’鲁人曰：‘真也。’齐人曰：‘使乐正子春来，吾将听子。’鲁君请乐正子春，乐正子春曰：‘胡不以其真往也？’君曰：‘我爱之。’答曰：‘臣亦爱臣之信。’”[①]按：岑与谗声可通转。另外，《礼记·明堂位》曰：“鲁有崇鼎”；又曰：“崇鼎、贯鼎……天子之器也。”[②]今人陈奇猷先生以为：“岑鼎即崇鼎，亦即谗鼎无疑。……崇，高也；贯，盈也。天子之器，故以崇盈为名。岑、谗皆有高义，则崇、岑、谗不但音通，义亦通也。”[③]是则《吕氏春秋》与《韩非子》所记当为一事。乐正子春和柳下惠系同时代，且都是鲁人，那么，事当谁属，尚难明了。

至于“黜”字应作何解，后人看法也不一致。“黜”本有废、贬退意，故有人认为“黜”即撤职[④]，我们认为这种理解与事实不符。事实是，在当时，柳下惠知礼明礼，并以贤明著称，如鲁公使展喜犒齐师，使受命于柳下惠（见《左传·僖公二十六年》）；柳下惠批评臧文仲祀爰居，文仲曰：“信吾过也，季子之言不可不法也。”（《国语·鲁语上》）但是，柳下惠却官小职微，卑为士师，故《史记》《孟子》等都谈及他“居于下位”“不卑小官”“降志辱身”等，这是说他在仕途上受到了一定打压，并无被裁撤之意。

据《论语·卫灵公》记载，孔子曾指责臧文仲“知柳下惠之贤而不与立也”，俞樾《群经平议》认为，“立”与“位”相同，他说：“不与立于朝廷，而但曰不与立，文义不足。立当读为位。《周礼·小宗伯》‘掌建国之神位’，注曰：‘故书位作立，立读为位。’古者立、位同字，古文《春秋》经‘公即位’为‘公即立’，然则‘不与立’即‘不与位’，言知柳下惠之贤而不与之禄位也。”[⑤]这种看法很有道理。由是观之，“黜”在这里有压制之意，“展禽三黜”可理解为柳下惠多次应得升迁而

---

①〔清〕王先谦：《韩非子集解》，钟哲点校，中华书局2003年版，第194—195页。
②〔清〕孙希旦：《礼记集解》，沈啸寰、王星贤点校，中华书局1989年版，第853页。
③陈奇猷：《吕氏春秋校释》，学林出版社1984年版，第503页。
④参见杨伯峻：《论语译注》，中华书局2019年版，第268页。
⑤〔清〕俞樾：《群经平议》，赵一生主编：《俞樾全集》（第2册），浙江古籍出版社2017年版，第925页。

未升迁。

（二）柳下惠与臧文仲

臧文仲又称臧孙辰，他是与柳下惠同时期的鲁国大夫，历仕于庄、闵、僖、文四世，在鲁国的社会生活中起了重要作用。当时，臧文仲大概居司寇之职①，柳下惠为士师，正其下属。故孔子把柳下惠居于下位而不得举归罪于臧文仲，说："臧文仲其窃位者与？知柳下惠之贤而不与立也。"（《论语·卫灵公》）他批评臧文仲"其不仁者三"，"下展禽"即其一端（见《左传·文公二年》）。以后，有不少人对臧文仲进行讥骂，如明代的顾梦麟《四书说约》道："自古权臣无不蔽贤，匪独量隘，实是持位保禄之心胜耳。知惠之贤而不与立，是何心肠？"②清人刘逢禄《论语述何》也由此大发感慨，说："素餐尸位，妨贤病国之文臣，不若遄死之为愈矣。"③

然而，这种谴责是偏颇的，柳下惠迄未得举，并不是臧文仲"持位保禄""妨贤""蔽贤"所致，而是两人在思想上的差别造成的。事实上，臧文仲不仅不"蔽贤""妨贤"，相反，他的思想倒表现了明显的崇尚贤能的特点。对柳下惠也是如此，齐孝公伐鲁，他主动向柳下惠请教御敌之策；他"祀爰居"遭到柳下惠指责后，又主动承认自己的过错，并说柳下惠之言"不可不法"。应该说臧文仲对柳下惠还是很尊重的。

但是，臧文仲与柳下惠在思想上毕竟是不一致的，这在鲁文公二年"大事于太庙"时的"跻僖公"这件事上表现得尤为显著。当时为宗伯的夏父弗忌力尊僖公，宗官司事之臣则认为这不符合"以次世之长幼，而等胄之亲疏"（《国语·鲁语》）的昭穆制度，反对将享祀之位升僖公于闵公之上。据载，闵公与僖公为兄弟，《鲁世家》谓闵为兄，僖为弟；《汉书·五行志》则谓僖是闵之庶兄，后世论者亦皆因之。《左传·文公

---

①清人武亿《群经义证》曰："《左传》宣十八年：'臧宣叔怒曰：……子欲去之，许请去之。'注：'宣叔，文仲子，武仲父，许其名也。时为司寇，主行刑。'襄二十一年，季孙谓臧武仲曰：'子为司寇，将盗是务去。'此两世皆为司寇。独文仲无名，古者仕有世官，文仲盖居是位而子孙因之。文十八年传：'仆因国人以弑纪公，以其宝玉来奔。季文子使司寇出诸境，公问其故。季文子使太史克对曰：先大夫臧文仲教行父事君之礼曰：见有礼于其君者，事之，如孝子之养父母也。见无礼于其君者，诛之，如鹰鹯之逐鸟雀也。'是文仲告文子皆举其职言之，无礼则诛，司寇责也。"清人李惇《群经识小》亦曰："臧氏世为司寇，文仲当已为之，或为司空而兼司寇也。"

②〔明〕顾梦麟撰，杨彝参定：《四书说约》卷二十五，明崇祯十三年織簾居刻本。

③〔清〕刘逢禄：《论语述何》卷一，清光绪蛰云雷斋刻本。

二年》杜注曰："新鬼，僖公，既为兄，死时年又长。故鬼闵公，死时年少。"[①]杜主后说，当是。夏父弗忌以先大后小为"顺"，更重要的，他还以为僖公有明德，为圣贤。齐召南《春秋左氏传注疏考证》就说："鲁人甚重僖公，《鲁颂》之文铺张扬厉，赞不容口，宜乎夏父弗忌之以为圣贤也。"[②]但僖公毕竟是继闵公之后登位的，故宗官司事之臣反对夏父弗忌的做法。这实际上是一场是否严格执行周代礼制的争论。在这场争论中，臧文仲赞成夏父弗忌，因为他亲历僖公之世始终，公之功德为其亲见。而柳下惠却持坚决的反对态度，对夏父弗忌大加鞭挞。很明显，这意味着臧文仲与柳下惠两人之间思想的分歧。笔者在拙文《论臧文仲》中曾经论及，臧文仲的思想在周人传统观念的基础上有了显著进步，表现了较强的春秋时期的时代性，或者说，他是贵族阶级中的一位开明分子。柳下惠正相反，他对周礼表现得十分执着和拘泥，这或许正是柳下惠一直居于下位的原因所在。[③]

（三）关于"坐怀不乱"

柳下惠"坐怀不乱"的故事几近于尽人皆知，柳下惠成了标准正派男子的代名词。但实际上，他并没有这个千古美谈的经历。

"坐怀不乱"的故事起于元人陶宗仪，他在所著《南村辍耕录》卷四《不乱附妾》中写道："夫柳下惠夜宿郭门，有女子来同宿，恐其冻死，坐之于怀，至晓不为乱。"[④]后来，这个故事流传开来。如清朝李汝珍《镜花缘》第三十八回就有："唐敖道：'据这光景，舅兄竟是柳下惠坐怀不乱了。'"[⑤]

陶宗仪的细腻描述不知所据为何，他生活于柳下惠之后近两千年，其所记当有文献依据。今之修订本《辞源》《辞海》均谓"坐怀不乱"源于《荀子·大略》，[⑥]陶氏所记或根源于此。但是，细玩文意，却怎么也衍生不出"坐怀不乱"的故事来。《荀子·大略》说：

①〔周〕左丘明传，〔晋〕杜预注，〔唐〕孔颖达正义：《春秋左传正义》，《十三经注疏》整理委员会整理，北京大学出版社2000年版，第569页。

②转引自杨伯峻：《春秋左传注》，第524页。

③参见杨朝明：《论臧文仲》，《孔子研究》1993年第1期。

④〔元〕陶宗仪：《南村辍耕录》，武克忠、尹贵友校点，齐鲁书社2007年版，第56页。

⑤〔清〕李汝珍：《镜花缘》，赵学静点注，华夏出版社2017年版，第178页。

⑥顺便说明：从语源上讲，"坐怀不乱"一词本于陶宗仪《南村辍耕录》无疑，更何况《荀子·大略》实际与"坐怀不乱"无涉。

> 子夏贫，衣若悬鹑。人曰："子何不仕？"曰："诸侯之骄我者，吾不为臣；大夫之骄我者，吾不复见。柳下惠与后门者同衣而不见疑，非一日之闻也。争利如蚤甲而丧其掌。"

其中，关键词是"后门者"，历代注家多释为"古代为国君守后门的人，地位低贱"。该节记述是说子夏虽然家贫，身穿的衣服短得就像吊起的鹌鹑一样，但他却不愿出仕，以免得因小利而丧其身。诚如唐人杨倞所理解的那样："子夏言：昔柳下惠衣之敝恶，与后门者同，时人尚无疑怪者；言安于贫贱，浑迹而人不知也。"[①]这与《荀子·成相》所言"展禽三绌"以及《孟子》中两次说柳下惠"遗佚而不怨，厄穷而不悯"（分别见《公孙丑上》《万章下》）是一致的。应该说杨倞此处的理解才是正确的。

二

对柳下惠其人有了初步了解之后，我们便可对他的道德风貌进行大致总结了。约略说来，可作如下归纳：

（一）和悦平易

《列女传》记载，柳下惠三黜不去时，其"妻曰：'无乃渎乎？君子有二耻：国无道而贵，耻也；国有道而贱，耻也。今当乱世，三黜而不去，亦近耻也。'柳下惠曰：'油油之民，将陷于害，吾能已乎？且彼为彼，我为我，彼虽裸裎，安能污我？'油油然与之处，仕于下位。"[②]所以，柳下惠死后，他的妻子称他为"恺悌君子"。恺悌，意为和悦近人。《列女传》为西汉刘向编撰而成，此书作为传记文学作品，固可以小说家言视之，但其中所记不会毫无根据。如柳下惠妻劝柳下惠离开鲁国，以及柳下惠对答之语，《论语》《孟子》等文献中都可找到类似记载。因此，《列女传》中关于柳下惠的记叙应该是可信的。

孟子也曾对柳下惠进行评说，称他"不羞污君，不辞小官。进不隐贤，必以其道。遗佚而不怨，厄穷而不悯。与乡人处，由由然不忍去也"。（《孟子·万章下》）柳下惠"降志辱身"，"卑处下位"，却不以侍奉坏君为羞，不因官小而辞。在朝廷中不隐藏个人才能，而按照自己的原则行事。被遗弃了，也不怨恨，身家穷困，也不忧愁，与乡下人和悦

---

①杨柳桥：《荀子诂译》，齐鲁书社1985年版，第795页。

②〔汉〕刘向编撰：《列女传译注》，张涛译注，山东大学出版社1990年版，第75页。

地相处而不离去。在柳下惠看来，你是你，我是我，即使你在我身边赤身裸体，又怎么能玷污我呢？柳下惠的风节影响所及，可使“鄙夫宽，薄夫敦”（《孟子·万章下》），即使胸襟狭窄的人变得宽阔，刻薄的人变得厚道。故孟子称柳下惠为“圣之和者也”（《孟子·万章下》），在后人的心目中，他成了一位“以和名于世者”①。

（二）不以三公易其介

柳下惠为人处事和悦平易，但绝不丧失原则，始终保持自己的操守，即使有高官做也不会改变，用孟子的话来说，就是“不以三公易其介”（《孟子·尽心上》）。据《文选》注引刘熙云：“介，操也。”②《孟子》赵岐注则谓：“介，大也。”③二者是一致的，此谓柳下惠以宏大之志为其操守，故不耻污君，不以三公荣显之位而移易己之大志。他“遗佚”“厄穷”，却不怨不愁，反而一直按照自己的原则行事。他了解“圣王”的制祀原则，坚持传统的礼仪制度，故而不论臧文仲“祀爰居”，还是夏父弗忌“跻僖公”，他都正言抨击，而不考虑自己是臧文仲的下属和夏父弗忌是掌握国家祭祀之礼的宗伯。在自己一再受到贬抑，仕途并不顺利的情况下，人们劝他离去，他却仍然“蒙耻救民”④，“油油然”处于下位。

（三）恪守直道

与其重视操守相联系，柳下惠为人憨直，恪守直道，或者说，恪守直道是柳下惠重视操守的重要表现。当他数次受到压抑，有人劝他离开鲁国时，他说：“直道而事人，焉往而不三黜？枉道而事人，何必去父母之邦。”（《论语·微子》）对此，皇侃《论语义疏》引李充解释说：“举世丧乱，不容正直，以国观国，何往不黜也？”又引孙绰云：“言以不枉道而求留也。若道而可枉，虽九生不足以易一死，柳下惠之无此心，明矣。故每仕必直，直必不用，所以三黜也。”⑤从柳下惠的回答看，其辞气雍容，和悦可见，“然其不能枉道之意，则有确乎其不可拔者，是则所谓必以其道，而不自失焉者也”⑥，这里的“道”便是“直道”。

---

①程树德：《论语集释》，程俊英、蒋见元点校，第1255页。

②〔梁〕萧统辑，〔唐〕李善注，〔清〕胡克家考异：《文选》卷十六，据鄱阳胡氏重校刊本排印。

③〔汉〕赵岐注，〔宋〕孙奭疏：《孟子注疏》卷十三下，《十三经注疏》整理委员会整理，第432页。

④〔汉〕刘向编撰：《列女传译注》，张涛译注，山东大学出版社1990年版，第75页。

⑤程树德：《论语集释》，程俊英、蒋见元点校，第1255页。

⑥程树德：《论语集释》，程俊英、蒋见元点校，第1255页。

（四）言中伦，行中虑

孔子曾将柳下惠与伯夷、叔齐、虞仲、少连等并称为“逸民”，说“柳下惠、少连，降志辱身矣，言中伦，行中虑”（《论语·微子》）。孔子对他们进行评说，是因为他们“逸民虽同而其行事有异”，“夷、齐隐居饿死，是不降志也；不仕乱朝，是不辱身也，是心迹俱超逸也。此二人（指柳下惠、少连）心逸而迹不逸也，并仕鲁朝，而柳下惠之黜，则是降志辱身也。虽降志辱身，而言行必中于伦虑”[①]。东汉的郑玄则将二者区分为“避世”与“避色”之别，说：“伯夷、叔齐、虞仲，辟世者；柳下惠，少连，辟色者。”[②]据程树德《论语集释》记载：“伦，义理之次第也。虑，思虑也。中虑，言有意义合人心。少连事不可考，然记称其善居丧，三日不怠，三月不懈，期悲哀，三年忧，则行之中虑亦可见矣。”[③]柳下惠处于朝廷中，不仅平易直率，为人“不伐”[④]，即不夸耀自己，而且了知礼仪，动遵传统。他主张慎行，尤其在祭祀方面，反对“无故加典”（《国语·鲁语上》）和“以逆训民”（《国语·鲁语上》）的行为，动辄以“道”行事。在对待外强方面，为了躲避灾难，他反对“为小而崇，以怒大国”，认为“处大教小，处小事大”才是御乱之方，所以，当齐军进犯时，柳下惠令人“以膏沐犒师”，并用齐、鲁两国先君周公、太公之“所职业”，即成王令其后“世世子孙无相害”的道理，使来犯者“许为平而还”（《国语·鲁语上》）。因此，后人称柳下惠处朝，“言不废大伦，行不犯色，思虑而已”[⑤]。

（五）不去父母之邦

《论语·微子》记：“柳下惠为士师，三黜。人曰：‘子未可以去乎？’曰：‘直道而事人，焉往而不三黜？枉道而事人，何必去父母之邦。’”对此，《战国策·燕策三》中所载燕王喜谢乐毅书中的话正可作为注解：“柳下惠吏于鲁，三黜而不去。或谓之曰：‘可以去。’柳下惠曰：‘苟与人之异，恶往而不黜乎？犹且黜乎，宁与故国尔。’”[⑥]柳下惠直道事人而不枉道，走到哪里都会受到压制，然而，个人的原则是不可

---

①程树德：《论语集释》，程俊英、蒋见元点校，第1285页。
②程树德：《论语集释》，程俊英、蒋见元点校，第1283页。
③程树德：《论语集释》，程俊英、蒋见元点校，第1285页。
④〔汉〕刘向编撰：《列女传译注》，张涛译注，第75页。
⑤程树德：《论语集释》，程俊英、蒋见元点校，第1285页。
⑥何建章：《战国策注释》，中华书局2019年版，第1285页。

改变的，既然如此，倒没有必要离开生养自己的故土。

柳下惠的这一点与孔子相似而有差别。孔子当然也对故国有着特殊感情，只是他表现得更加合乎时宜，用孟子的话说，就是“可以速而速，可以久而久，可以处而处，可以仕而仕”（《孟子·万章下》）。当孔子觉得齐景公不可事时，就“接淅而行”，这是“去他国之道也”；而离开祖国的情形则不同，孔子去鲁时，说：“迟迟吾行也，去父母国之道也。”（《孟子·尽心下》）柳下惠与孔子的不同处，则是应该去而没去，不可仕亦出仕。不过，这只有在父母之邦才如此。也就是说，相对于个人的际遇而言，他对父母之邦的感情更加深沉，诚如《风俗通义·十反》所说：“展禽不去于所生”①，或者“柳下惠不去父母之国”②。

（六）信诚而与人无害

据《新序》和《吕氏春秋》载，齐人伐鲁，欲求岑鼎，鲁君以他鼎相送。当齐人怀疑时，他们竟对柳下惠格外相信，说“柳下季以为是，请因受之”，意思是只要柳下惠说是真岑鼎他们就收下。果然，柳下惠说服鲁君，送上了真的岑鼎。这说明柳下惠确实诚实讲信用，而且声名远播，连齐人都对他十分信任。③但是，这一事实，《韩非子》却属之于乐正子春④，那么，如前所说，《新序》和《吕氏春秋》记载的真实性便打了折扣。但不论如何，《新序》和《吕氏春秋》记载的本身，却可说明柳下惠是一位讲究诚信的人，不然的话，反映一个人信诚的事情，不会无故错位到柳下惠身上。另外，柳下惠妻也说他“信诚而与人无害”⑤，再参之于他“蒙耻救民”，耿介直爽，三黜不去，依恋父邦，以及言行中于伦虑的诸种表现，柳下惠诚实守信、与人无害应是可以相信的。

三

柳下惠的道德思想即如上述，对他的道德思想，我们可作以下几个方面的认识：

---

①〔汉〕应劭：《风俗通义校注》，王利器校注，中华书局1981年版，第208页。

②〔汉〕应劭：《风俗通义校注》，王利器校注，第240页。

③参见〔汉〕刘向：《新序今注今译》，卢元骏注译，天津古籍出版社1987年版，第232页；许维遹：《吕氏春秋集释》，梁运华整理，中华书局2009年版，第209页。

④参见〔清〕王先谦：《韩非子集解》，钟哲点校，中华书局2003年版，第194页。

⑤〔汉〕刘向编撰：《列女传译注》，张涛译注，第75页。

（一）柳下惠是孔子之前的“圣”者和“仁”者

在春秋时代人们的观念中，圣人乃是道德和智能极高的人，他们具有非凡的才识，而且兼具仁、智、勇等道德品格。孔子在对人物进行品评时，就把圣人作为自己人格理论中的最高人格。对于圣人，孔子期望极高，在他看来，圣人非一般的“仁”者和“君子”所能比拟，他所处的时代，已不能看到圣人了，不过，圣人也并非无法企及，只要能“博施于民而能济众”（《论语·雍也》），便就是圣德了。在他的心目中，尧、舜、禹、汤、文、武自然就是这种令人倾慕的圣人。另外，孔子所称道的一些“贤”者也与“圣”者具有近似的道德水准，如他以“贤”许之的伯夷、颜回等后来都被称为“圣人”。柳下惠亦复如此，据《论语·卫灵公》记，孔子认为他是贤人，后来，孟子也以“圣”相称，说他是“圣之和者也”。当然，在不同的历史时期，“圣”的含义也不尽相同，而春秋以后各代，对“圣”者的道德要求并无大的偏离。

就现有资料而言，孔子对柳下惠的评论可谓无一微词[①]，言语之中充溢着称颂之意。孔子认为：“中庸之为德也，其至矣乎！”（《论语·雍也》）“中庸”是孔子最高的道德标准。后人注曰：“名曰中庸者，以其记中和之为用也。庸，用也。”古训以庸为常，故又曰：“庸犹常也。言德常行也，言常谨也。”[②]《荀子·不苟》亦曰：“庸言必信之，庸行必慎之。”柳下惠为人和悦，讲究信诚，言行中于伦虑，根据前述标准，应该说他具备了中庸之德。正因为如此，孔子目柳下惠为贤者，两人在对某些问题的看法上基本一致。如鲁文公二年，鲁宗伯夏父弗忌跻僖公时，柳下惠认为此属“逆祀”，故而持坚决的反对态度，孔子后来批评臧文仲，也把他纵容“逆祀”视为其过错之一；臧文仲“祀爰居”时，柳下惠指责他“难以为仁且智矣”（《国语·鲁语上》），孔子也以此事为臧文仲“不仁”“不智”的行为之一（见《左传·文公二年》）。

孔子和柳下惠都具有仁、智的道德品格。孔子不轻易以“圣”许人，自谦自己没有达到“圣”的境界。当子贡问孔子是否已经是圣人时，孔子说：“圣则吾不能，我学不厌而教不倦也。”子贡说：“学不厌，智也；教不倦，仁也。仁且智，夫子既圣矣。”（《孟子·公孙丑上》）在子贡

---

①《风俗通义》别卷曰：“柳下惠三黜不去，孔子谓之不恭。”按，遍查有关资料，无孔子谓的记载，《孟子·公孙丑上》记载“柳下惠不恭”，此处或误孟子为孔子。

②程树德：《论语集释》，程俊英、蒋见元点校，第425页。

看来，孔子既仁且智，就是圣人了。至于柳下惠，虽然没有材料直称他亦仁亦智，但他却以“仁且智”的标准来衡量他人。一般说来，一个道德高尚的人，责人必先律己，从这个意义上讲，柳下惠的行为也该合乎“仁且智”的要求。清人刘逢禄以为，在鲁国，“前乎夫子（孔子）而圣与仁，柳下惠一人而已”[①]。诚哉，斯言也！

（二）柳下惠的道德思想体现了鲁文化的特质和内涵

鲁国是周族自西向东发展过程中在东方建立的重镇，又是周公之子伯禽的封国，为了传播宗周文化，并褒周公之德，伯禽封于鲁时，周王室不仅赐给鲁国大量的文化典籍，而且特许鲁保留天子之礼。《史记·鲁周公世家》说：“成王乃命鲁得郊祭文王。”《礼记·明堂位》载：“鲁君孟春乘大路，载弧韣，旂十有二旒，日月之章，祀帝于郊，配以后稷，天子之礼也。”[②]鲁既有行天子之礼的特权，又是周公推行礼乐的中心。周公“制礼作乐”，伯禽则亲聆父教，《礼记·文王世子》曰：“成王幼，不能莅阼。周公相，践阼而治；抗世子法于伯禽，欲令成王之知父子、君臣、长幼之道也。成王有过，则挞伯禽，所以示成王世子之道也。”[③]伯禽接受世子教育，为后人怀疑，然而，他接受周礼是作为家礼来进行的倒不一定是妄说。所以，鲁人对周礼别有一种亲切感，“先君周公制周礼”成了他们的口头禅，在行为上循礼而动也成了常则。这样，鲁国成为典型的周礼的保存者和实施者。

鲁人重礼正是鲁国区别于其他诸侯国的重要文化特色。由于鲁国对周代礼乐的保存和实施，时人称“周礼尽在鲁矣”（《左传·昭公二年》），鲁国成为各国诸侯学习周礼的去处[④]。也正因为如此，春秋以前鲁国在诸侯国中具有显赫的政治地位，对鲁国统治的延续起了不小作用。鲁闵公年间，齐欲伐鲁，齐公问仲孙湫曰：“鲁可取乎？”仲孙湫说：“不可。犹秉周礼。周礼，所以本也。臣闻之：‘国将亡，本必先颠，而后枝叶从之。’鲁不弃周礼，未可动也。”（《左传·闵公元年》）此时，鲁正遭庆父之乱，但尚秉周礼难以攻取，这是因为周礼起到了一种协调人心的作用，在统治者内部，它可以防止和调解矛盾，而对下层人民来

---

①〔清〕刘逢禄：《论语述何》卷一，清光绪蛰云雷斋刻本。

②〔清〕孙希旦：《礼记集解》，沈啸寰、王星贤点校，第843页。

③〔清〕孙希旦：《礼记集解》，沈啸寰、王星贤点校，第553页。

④《左传·襄公十年》记：“诸侯宋、鲁，于是观礼。”宋国保存的自是殷礼，而鲁国保存的则是典型的周礼。

说，周礼既有慑服之威，又有收买人心之用。仲孙湫说鲁以周礼为本确是切中要害的。鲁人都知道礼有“经国家，定社稷，序民人，利后嗣”（《左传·隐公十一年》）的功能，因而他们也认识到“服于有礼，社稷之卫也”（《左传·僖公三十三年》），“无礼必亡”（《左传·昭公二十五年》），故对周礼怀有极大热忱。

鲁人重礼的文化特色与周文化是一脉相承的。周人的文化风格，一是重农，二是重礼。重农传统适应了西周的宗法式农业社会，重礼风格恰是它的伴生物。周人重礼表现在对于夏商以来“中国”礼乐习俗及其制度的再加工和系统化，这一工作始自周公。鲁人在保持了周人重农传统的同时，承继了周人的重礼风格，使鲁文化传统的形成深深地带上了周公“制礼作乐”的历史印痕。祖述先王之训，追忆周公之礼，成了鲁人常谈的话题。[①]后来，鲁国的孔子之学便是“以‘礼’为主，集合西周以来之文籍及典章制度与道德伦理等而形成的，孔子创立的儒家也以礼为骨干”[②]。

鲁国对周人重礼文化风格的继承，在柳下惠身上体现得十分明显。周人的礼乃是从殷人的宗教观念中发展而来的，但在意识形态中，伦理道德已替代宗教而发挥重要作用，只是其道德修养中仍有宗教的虔诚包含在里面，或者说，周人的道德观念也有浓厚的宗教色彩。据《礼记·表记》记载：“周人尊礼而尚施，事鬼敬神而远之。”在尊神事鬼方面，殷人“率民以事神，先鬼而后礼”[③]，周人尊礼显然与殷人尊神不同，但周人毕竟也是“事鬼敬神”的。如他们对于作为“宗庙之礼”的昭穆制度就十分重视，他们的观念是：“夫祭有昭穆。昭穆者，所以别父子、远近、长幼、亲疏之序而无乱也。是故有事于大庙，则群昭群穆咸在而不失其伦，此之谓亲疏之杀也。”（《礼记·祭统》）当鲁宗伯将僖公在鲁大庙中的享祀之位升于闵公之上时，宗有司也重申：“夫宗庙之有昭穆也，以次世之长幼，而等胄之亲疏也。”（《国语·鲁语上》）宗有司认为宗伯的做法与传统的昭穆制度不合。在这场争论中，柳下惠与宗有司一致，他认为应该坚持宗庙昭穆的常规，要“长幼有序”而“不失其伦”。宗伯违背昭穆常规而“易神之班”（搞乱了神位的次序），乃是违犯“鬼道”；同时，用“逆祀”昭示天下之民（“以逆训民”），亦非为人之道（“犯人道”）。所有这些，皆为“不祥”，甚至会因此招致灾殃。（见《国

---

①参见杨朝明：《鲁国的经济特点与儒家的重农思想》，《孔子研究》1989年第4期。

②童书业：《春秋左传研究》，上海人民出版社1980年版，第217页。

③〔清〕孙希旦：《礼记集解》，沈啸寰、王星贤点校，第1310页。

语·鲁语上》）

不过，周人的宗教观念与殷人相比，已经发生了显著变化，这便是逐渐补充、增生了道德的内容，即认为祭祀对象都有某种“善”的品质[①]。作为鲁国公族中的一员，柳下惠的理解正是如此，他曾表述说：“夫圣王之制祀也，法施于民则祀之，以死勤事则祀之，以劳定国则祀之，能御大灾则祀之，能扞大患则祀之。非是族也，不在祀典。……加之以社稷山川之神，皆有功烈于民者也；及前哲令德之人，所以为明质也；及天之三辰，民所以瞻仰也；及地之五行，所以生殖也；及九州名山川泽，所以出财用也。非是，不在祀典。”（《国语·鲁语上》）他认为祭祀为“国之大节”，关系到“政之所成”，必须“慎制祀以为国典”。柳下惠既然懂得圣王的制祀原则，便反对在此原则之外“无故加典”。如一种叫爰居的海鸟停留在鲁东门之外，柳下惠认为它只是在躲避海上的灾祸，并无“功烈于民”。而臧文仲令国人祭之，就属于“不仁”“不智”的表现。

从以上的论述中可以看出，柳下惠对事物进行品评时所表现出的褒贬好恶乃是以宗周传统礼制为准绳的，也就是说，他的道德思想乃是以坚持周礼为前提的。这恰恰是鲁国重礼文化的根蒂所在。《礼记·坊记》曰：“君子礼以坊德。”[②]事实上，柳下惠确也把周礼看成了自己的道德堤防，为了遵循周礼，他“言不废大伦”，行不犯色而思虑；因为坚持周礼，他事人以直道，不易其操守。

当然，在王室衰微，列国竞雄的年代里，徒凭周礼毕竟难存久远，随着时间的推移，鲁国“犹秉周礼”的名声已不能继续支撑场面。为了免于沦亡，鲁人既要重礼，又不能拘泥于礼而对周礼抱残守缺，应当在新的条件下有所变通。这便使得一些知礼、明礼而又执着于礼的鲁人，既受时人敬重，而又仕途不顺。这种矛盾在柳下惠乃至后来的孔子身上，无一不得到淋漓尽致的体现。

（三）柳下惠的道德思想对孔孟等先秦儒家产生了重要影响

孔子“数称……柳下惠”（《史记·仲尼弟子列传》），孟子也“反复差……柳下惠之德”[③]，柳下惠对孔、孟产生了影响是可以肯定的。那

---

①参见崔大华：《中国传统思想伦理道德特质形成的比较分析》，《孔子研究》1988年第3期。

②〔清〕孙希旦：《礼记集解》，沈啸寰、王星贤点校，第1280页。

③〔汉〕赵岐注，〔宋〕孙奭疏：《孟子注疏》卷十三下，《十三经注疏》整理委员会整理，北京大学出版社2000年版，第315页。

么，柳下惠到底在哪些方面对孔、孟产生了影响呢？要而言之，还是在道德的层面上表现得较为明显。

春秋时期，“仁”字是道德的代名词，生活在春秋前期的柳下惠曾以“仁”评人。“仁这个字，在殷代的甲骨文和西周的金文中都没有发现。《尚书》二十八篇有一个仁字，《诗经》三百篇有两个仁字，其意义都不很清楚。只是到了春秋时代，仁才被人们越来越多地提起。在《国语》中，仁凡二十四见，基本意义是爱人。《左传》中仁凡三十三见，除爱人外，几种德行也被称作仁。”①郭沫若先生在《十批判书》中说，仁“这个字不必是孔子所创造，但他特别强调了它是事实”②，这是没有疑问的。一部《论语》，“仁”字凡109见，绝大多数都是作为道德概念出现的。继孔子把“仁”作为一种道德思想体系之后，孟子也对作为道德规范的“仁”进行了发挥。既然如此，从柳下惠的口中说出“仁”字，就值得引起我们的重视了。

《国语·鲁语上》记，臧文仲令国人“祀爰居”时，柳下惠批评道：“今海鸟至，己不知而祀之，以为国典，难以为仁且智矣。夫仁者讲功，而智者处物。无功而祀之，非仁也；不知而不能问，非智也。”韦昭注曰：“仁者心平，故可论功。”③有功则祀，无功则否；无功而祀，即为不仁。这与孔、孟“人而不仁，如礼何”（《论语·八佾》）以及仁者“爱人”（《论语·颜渊》《孟子·离娄下》）的思想是相通的。

应该说，柳下惠是我国古代较早谈论“仁”这个概念的人。由于文献不足，柳下惠的有关言论仅此一见，但是，前已述及，柳下惠的这一看法却为孔子所接受。我们当然不能说孔子“仁”的道德思想与柳下惠有必然联系，但孔子在柳下惠那里借鉴了某些思想材料却极有可能。学者们在论述孔子思想体系的渊源时，无不认为他的思想受到了鲁国特定环境即当时鲁国国情的影响，那么，处在鲁国社会中的著名人物对孔子的影响就更为直接。杨伯峻先生就说，孔子对春秋的政治家、思想家“都很熟知，有的作好评，有的作恶评，有的不加评论。由这些地方，可以看出孔子对他们的看法和取舍，反过来也可从中看出他们对孔子的影响”④。在鲁人中，

---

①匡亚明：《孔子评传》，齐鲁书社1985年版，第181页。

②郭沫若：《十批判书》，郭沫若著作编辑出版委员会编：《郭沫若全集》（第2卷），人民出版社1982年版，第87页。

③徐元诰：《国语集解》，王树民、沈长云点校，第161页。

④杨伯峻：《论语译注》，第1页。

孔子“数称臧文仲、柳下惠”（《史记·仲尼弟子列传》），臧文仲属于孔子“作恶评”的人，他还对孔子的思想产生了某些影响[①]，更何况孔子“作好评”的柳下惠呢！

孔子和孟子都把柳下惠视为“仁”者。在孔子的心目中，柳下惠是一位“贤”人，他不满于臧文仲对柳下惠“知贤不举”，抨击臧文仲为“窃位者”（《论语·卫灵公》），这主要是因为孔子看到了柳下惠降志辱身、言中伦、行中虑的良好品行。在总结“柳下惠之行”时，孔子说他“孝恭慈仁”（《大戴礼记》）。孟子则多次把柳下惠与伯夷、伊尹一起进行议论，对此，赵岐在《孟子·万章下》注中说：“孟子反复差伯夷、伊尹、柳下惠之德，以为足以配与圣人，故数章陈之，犹诗人有所诵述，至于数四，盖其留意者也。”[②]伯夷“目不视恶色，耳不听恶声”，“不以贤事不肖”；伊尹“治亦进，乱亦进”，“自任以天下之重”，而柳下惠则“不恶污君，不辞小官”，以随和的态度处世。孟子认为，他们三人虽不同道，但趋向却是一致的，这便是所谓“仁”（见《孟子·告子下》）。孟子还高度肯定柳下惠的道德情操对于后世的影响，称他为“百世之师”，说柳下惠等“奋乎百世之上，百世之下，闻者莫不兴起也”（《孟子·尽心下》），这种赞誉可谓无以复加。

当然，孔、孟在对柳下惠进行颂扬时，也并不是没有任何分析。如柳下惠降志辱身，三黜不去，孔子即有别，他说：“我则异于是，无可无不可。”（《史记·孔子世家》《论语·微子》）孔子为鲁司寇，当国君不振作又不以礼待之时，他便离鲁他适，以求施展抱负。只是他离开父母国时，与“去他国之道”不同罢了。孟子也赞同孔子的做法，而认为“柳下惠不恭”。

---

①参见杨朝明：《论臧文仲》，《孔子研究》1992年第4期。

②〔汉〕赵岐注，〔宋〕孙奭疏：《孟子注疏》卷十三下，《十三经注疏》整理委员会整理，第315页。

汉简《奏谳书》"柳下季治狱"浅议

李学勤先生在拙著《鲁文化史》所作的《序言》[①]中提到了《奏谳书》记载的柳下季断案的事例，李先生说，《奏谳书》中的文辞没有什么费解，而"白徒"和"倡"怎样成为刑徒的名称，实无法得其答案。所以李先生又说，由此可以看出，我们关于鲁国的了解还是相当有限的。由于古代历史的材料比较有限，而关于鲁国，《奏谳书》所涉及的内容虽然简短，却蕴涵了不少信息，有助于我们对鲁国历史文化相关问题的深入理解。

《奏谳书》见于1983年末湖北江陵张家山出土的汉简。其中记有柳下季断案的事例，原文如下：

> 异时鲁法：盗一钱到廿，罚金一两；过廿到百，罚金二百；过百到二百，为白徒；过二百到千，完为倡。又曰：诸以县官事訑其上者，以白徒罪论之。有白徒罪二者，加其罪一等。白徒者，当今隶臣妾；倡，当城旦。今佐丁盗粟一斗，值三钱，柳下季为鲁君治之，论完丁为倡，奏鲁君。君曰："盗以一钱到廿钱，罚金一两，今佐丁盗一斗粟，值三钱，完为倡，不已重乎？"柳下季曰："吏初捕丁来，冠鉥冠，臣案其上功牒，署能治礼，儒服。夫儒者，君子之节也；礼者，君子之学也；盗者，小人之心也。今丁有小人之心，盗君子节，又盗君子学，以上功，再訑其上，有白徒罪二，此以完为倡。"君曰："当哉！"[②]

何谓"谳"？《说文》曰："议罪也。"《广韵》："谳，议狱。"又曰："谳，正狱。"《汉书·景帝纪》曰："诸狱疑，若虽文致于法而于人心不厌者，辄谳之。"[③]所以，谳即评议定罪。《汉书·刑法志》曰："高皇帝七年，制诏御史：狱之疑者，吏或不敢决，有罪者久而不论，无罪者久系不决。自今以来，县道官狱疑者，各谳所属二千石官，二千石官以其罪名当报之。所不能决者，皆移廷尉，廷尉亦当报之。廷尉

---

①参见杨朝明：《鲁文化史》，齐鲁书社2001年版，第3页。

②江陵张家山汉简整理小组：《江陵张家山汉简〈奏谳书〉释文（二）》"二〇"，《文物》1995年第3期。为方便打字，这里只写出整理后的文字。

③〔汉〕班固撰，〔唐〕颜师古注：《汉书》，中华书局1962年版，第148页。

所不能决，谨具为奏，傅所当比律令以闻。”[①]竹简《奏谳书》正是这种议罪案例的汇集。

作为一个成词，“奏谳”可能出现较早，《汉书》已有“奏谳”连称的记载。而在汉初，“奏谳”已经是一个规范的固定用语，其义即由《汉书·刑法志》所记载的汉高帝七年“谳疑狱诏”而起。《文物》1993年第8期和1995年第3期相继发表了《奏谳书》全部释文，其中包含了春秋至西汉时期的22个案例。从中看出，竹简《奏谳书》中的案例一般都在文书末尾缀有“疑罪”“疑某罪”的字样，完整的文书还有“敢谳之”的带“谳”字的敬语和“廷报”内容，这与《汉书·刑法志》所说的疑狱奏谳的情形符合，说明《奏谳书》之名与收录文书性质正相一致。

《奏谳书》中也有的文书不同于上述案例的形式，但都与《奏谳书》具有内在联系，属于奏谳环节的有机组成部分。与一般的史书按照时代叙事不同，《奏谳书》大体上是将年代较早的案件排在全书的后部，较晚的案例则排在前部。其中，案例十九、二十分别是“史猷与卫君”“柳下季与鲁君”的议对，即我们所说的“柳下季治狱”，这两则春秋时期的案例排列较后，是作为断案的事例进行记述的。

柳下季本名展禽，又名柳下惠。他出身于鲁国公族，其始祖公子展为孝公之后。柳下季为职士师，掌管刑狱，专司法律。在史籍中，有一些关于他的零星记载，但他任职士师的具体事迹却较为稀少，《论语·微子》说：“柳下惠为士师，三黜。”他为士师有一定的时间跨度，可是，关于他判定案狱事例并未见到。这样，《奏谳书》中柳下季为鲁君治狱的记载就显得弥足珍贵。

正如李学勤先生所言，在《奏谳书》的记述中，“白徒”和“倡”怎样成为刑徒的名称不好理解。盗钱数量不同，罚钱则有多少的不同。若盗钱过百到二百，则为白徒；若盗钱过二百到一千，即“完为倡”。“白徒”和“倡”都是一种刑罚，按照《奏谳书》的说明，“白徒”相当于汉代的隶臣妾；而作为刑罚，“倡”则重于“白徒”，当城旦。所谓“完为倡”，即剃其发为“倡”。完，乃是一种轻刑。《汉书·惠帝纪》：“民年七十以上，若不满十岁，有罪当刑者，皆完之。”孟康曰：“不加肉刑，髡鬄也。”颜师古注：“若，预及之言也。谓七十以上，及不满十

---

①〔汉〕班固撰，〔唐〕颜师古注：《汉书》，第1106页。

岁以下，皆完之也。”[①]髡，剃去头发。《汉书·刑法志》：“完者使守积。”颜师古注：“完，谓不亏其体，但居作也。”[②]意思是以剃光头发作为处罚，可以在家劳作。那时，人们爱发而蓄发，剃发就是一种处罚。

“白徒”确曾屡见于古书，如《管子·乘马》及《七法》。尹注《七法》云：“白徒，谓不练之卒，无武艺。”[③]又《吕氏春秋·决胜》“冢舆白徒”，高注云：“白衣之徒。”[④]《汉书·邹阳传》“驱白徒之众”，颜师古云：“白徒言素非军旅之人，若今言白丁矣。”[⑤]盖指未经过军事训练之人而言。简文称：“白徒者，当今隶臣妾。”有学者对汉文帝刑法改革前“隶臣妾”的身份进行了研究，认为“‘隶臣妾’是一种刑徒，刑期有限，同时具有官奴隶身份，但又不同于奴隶社会的奴隶”。[⑥]春秋时期的“白徒”与汉代的“隶臣妾”的共同点就是他们的“官奴隶身份”，应当属于有期徒刑一类，即降低了原来的社会地位或政治身份。这样，春秋时期鲁国的刑罚以“白徒”惩罚盗贼，应该是明显比“罚金”更重的处罚。

与“隶臣妾”相比，“城旦”自然处罚更重。《汉书·刑法志》曰：“罪人狱已决，完为城旦舂，满三岁为鬼薪、白粲。鬼薪、白粲一岁，为隶臣妾。隶臣妾一岁，免为庶人。隶臣妾满二岁，为司寇。司寇一岁，及作如司寇二岁，皆免为庶人。”[⑦]据《汉书》，由于著名的缇萦救父事件，孝文帝觉得原本的刑法太过残苛，于是下令减轻刑法。文帝说：“今人有过，教未施而刑已加焉，或欲改行为善，而道亡繇至，朕甚怜之。夫刑至断支体，刻肌肤，终身不息，何其刑之痛而不德也！岂称为民父母之意哉！其除肉刑，有以易之；及令罪人各以轻重，不亡逃，有年而免。具为令。”[⑧]于是，丞相张仓、御史大夫冯敬重新上奏：“臣谨议请定律曰：诸当完者，完为城旦舂；当黥者，髡钳为城旦舂；当劓者，笞三百；当斩左止者，笞五百；当斩右止，及杀人先自告，及吏坐受赇枉法，守县官财物而即盗之，已论命复有笞罪者，皆弃市。罪人狱已决，完为城旦

---

①〔汉〕班固撰，〔唐〕颜师古注：《汉书》，第85—88页。
②〔汉〕班固撰，〔唐〕颜师古注：《汉书》，第1091—1092页。
③黎凤翔撰：《管子校注》，梁运华整理，中华书局2004年版，第120页。
④许维遹撰：《吕氏春秋集释》，梁运华整理，中华书局2009年版，第188页。
⑤〔汉〕班固撰，〔唐〕颜师古注：《汉书》，第2357—2358页。
⑥张颉慧：《张家山汉简中“隶臣妾”身份探讨》，《中原文物》2004年第1期。
⑦〔汉〕班固撰，〔唐〕颜师古注：《汉书》，第1099页。
⑧〔汉〕班固撰，〔唐〕颜师古注：《汉书》，第1098页。

舂，满三岁为鬼薪、白粲。鬼薪、白粲一岁，为隶臣妾。隶臣妾一岁，免为庶人。隶臣妾满二岁，为司寇。司寇一岁，及作如司寇二岁，皆免为庶人。其亡逃及有罪耐以上，不用此令。前令之刑城旦舂岁而非禁锢者，完为城旦舂岁数以免。"①

汉承秦制，汉初也基本沿袭秦律。秦《法律答问》有曰："当耐为隶臣，以司寇诬人，何论？当耐为隶臣，又系城旦六岁。"②按照秦律，盗百一十钱以上耐为隶臣，盗六百六十钱以上黥为城旦。在这里，无论"耐"还是"黥"，都属于肉刑。秦律中既有终身服刑而又分不同等级的城旦舂、鬼薪、白粲、隶臣妾、司寇、候，又有有服刑期限的赀徭、赀居边、赀戍等等，齐国的"公人"制度也与此相似。根据银雀山汉简的材料可知，在战国时期，齐国也有被罚没为"官奴隶身份"的人，称为"公人"，有三日、一岁、二岁、终身和"黥刑以为公人"等不同等级，有期、无期徒刑与肉刑互相衔接，十分严密，与秦律相似。鲁法中之白徒、倡分别相当于秦律之隶臣妾、城旦，二者有很大的可比性，说明两种法律在刑制上有很多的共同性，但鲁国之法中的"完"却非肉刑，所以，相比之下，鲁国法律较之为轻。所谓"城旦舂"，同样也具有"官奴隶身份"。城旦，筑城；舂，舂米。鲁法中的"倡"与之同类，所谓"倡"，即表演歌舞的人。《说文》："倡，乐也。"《声类》："倡，俳也。"《字林》："倡，优乐也。""倡"泛指表演歌舞杂戏的艺人，又称倡人、倡优、倡伎、倡俳等。据《史记·孔子世家》记载，定公十年春齐鲁两国国君会于夹谷时，齐国就令"优倡侏儒为戏而前"，按照《孔子世家》的记载，这属于所谓"宫中之乐"，但孔子认为这是"匹夫而营惑诸侯"，故而依法处置，他们落得个"手足异处"的下场。可见，作为官奴，"倡"的地位很低。

鲁国有佐丁盗粟一斗，值三钱，按照鲁法，只应给予"罚金一两"的处罚，可是，柳下季却论处完丁为倡。柳下季认为，捕吏当初捉他来时，他"冠钵冠"。据李学勤先生引《说苑》等考定，所谓"钵冠"即"鹬冠"，是一种用翠鸟羽毛装饰的冠。③查找册簿文书，这属于儒服，应当能够治礼。在柳下季看来，"夫儒者，君子之节也；礼者，君子学也；盗

①〔汉〕班固撰，〔唐〕颜师古注：《汉书》，第1099页。

②睡虎地秦墓竹简整理小组：《睡虎地秦墓竹简·释文注释》，文物出版社1990年版，第121页。

③李学勤：《〈奏谳书〉解说（下）》，《文物》1995年第3期。

者，小人之心也。”[①]此人为儒能礼，却成为盗！他有小人之心，却“盗君子节，又盗君子学”，而鲁法还有规定：“诸以县官事訑其上者，以白徒罪论之。”“訑”有自得、自然的意思，表示欺诈。一次欺诈，有白徒罪一。丁有小人之心，盗君子节，白徒罪一；又盗君子学，两“訑其上”，故有白徒罪二。最终罪加一等，此以完为倡。

柳下季对佐丁的处罚，并没有仅仅将眼光停留在他“盗粟一斗”的表面犯罪上，他对佐丁的论处，重点在于“诛心”，他所惩处的是佐丁的欺世盗名。我们知道，作为儒家创始人的孔子曾经“数称”柳下惠，以之为道德典范，对他十分认同。[②]在这一点上，孔子其实也与柳下惠完全一致。这不由让我们想到孔子“诛”“乱政者”少正卯的事情。少正卯属于“鲁国闻人”，孔子为政七日而诛之，连孔子的弟子子贡都有疑问。孔子对子贡说：

> 天下有大恶者五，而窃盗不与焉。一曰心逆而险，二曰行僻而坚，三曰言伪而辩，四曰记丑而博，五曰顺非而泽。此五者，有一于人，则不免君子之诛。而少正卯皆兼有之，其居处足以撮徒成党，其谈说足以饰裒荣众，其强御足以反是独立，此乃人之奸雄者也，不可以不除！夫殷汤诛尹谐、文王诛潘正、周公诛管蔡、太公诛华士、管仲诛付乙、子产诛史何，是此七子皆异世而同诛者，以七子异世而同恶，故不可赦也。《诗》云：“忧心悄悄，愠于群小。”小人成群，斯足忧矣。[③]

孔子认为，天下大逆不道的恶行有五种，而一般性的盗窃并不在其中。这五种恶行分别是思想背离而险恶，行为邪僻而坚定，言论错误而雄辩，记述非义的事物并十分广博，赞同错误的言行并加以美饰。一个人只要具有这五种思想行为中的一种，就免不了君子的诛杀，而少正卯兼而有之。这样的人过于凶险，影响恶劣，不可以不除掉。历史上有很多这样的人，他们虽处在不同的时代，罪恶却是相同的，因此都是不可以赦免的。小人成群，着实令人忧虑！

---

①江陵张家山汉简整理小组：《江陵张家山汉简〈奏谳书〉释文（二）》“二〇”，《文物》1995年第3期。

②杨朝明：《柳下惠道德思想考论》，《孔子研究》1994年第2期。

③杨朝明、宋立林主编：《孔子家语通解》，第11页。

在春秋时期众多的诸侯国中，鲁国是最注重礼的国度。当春秋时期各国出现礼崩乐坏的现实时，鲁国的贵族知识阶层都忧心忡忡，维护周礼。礼的精神在于孝恭慈仁，信诚惠和，孔子重礼，他诛少正卯，十分契合于礼。少正卯属于无礼之辈，不论其政治主张，还是他的做人风格和处世态度，都与周礼的要求严重不符。柳下惠同样蒙耻救民，期于社会至善，佐丁之处，不亦宜乎！

鲁国有礼，同样有法。鲁国之法却与“周礼尽在鲁矣”（《左传·昭公二年》）的名声完全一致，鲁礼包含有法的功能，鲁法拥有礼的精神。鲁国的法律条文还可以在其它古籍中看到，例如《孔子家语·致思》篇：

> 鲁国之法：赎人臣妾于诸侯者，皆取金于府。子贡赎之，辞而不取金。孔子闻之曰：“赐失之矣。夫圣人之举事也，可以移风易俗，而教导可以施之于百姓，非独适身之行也。今鲁国富者寡而贫者众，赎人受金则为不廉，则何以相赎乎？自今以后，鲁人不复赎人于诸侯。”①

按照鲁国法律的规定，从诸侯国赎回奴仆的鲁国人，都可以从鲁国府库里领取金钱。子贡赎回了奴仆，却推辞而不领取钱财。孔子听说了这件事，认为这是端木赐的过失。孔子认为，圣人做一件事，可以通过它移风易俗，而且可用来教化开导百姓，并非只是适合自身的行为。因为当时鲁国富人少而穷人多，如果因为赎人从府库领取钱财就是心胸不广，缺乏廉正，那么用什么来赎人呢？孔子担心的是，从今以后，鲁国人不再能从其他诸侯国那里赎回人了。从这条记载中，我们不仅可以看出鲁国宗法礼制的精神所在，更可以看出鲁人在执行“鲁法”时考虑的重点在于对社会的影响，在于对民众的教化意义。在这方面，应当说孔子与柳下季完全相同。

《奏谳书》虽为西汉竹书，但其中记载的柳下季的事情却发生在春秋前期，这一则材料不会是凭空产生的，这不仅是因为它与柳下惠的身份相合，而且法律条文历代相沿，流传广泛，为众所周知，这里的记载很有价值。我们认为，《奏谳书》值得注意的，还有其中出现的“儒服”一词。春秋末年，孔子创立儒学，儒家学派产生，此后，“儒服”一词自然频频出现。如：

---

①杨朝明、宋立林主编：《孔子家语通解》，第92页。

《庄子·田子方》记曰："庄子见鲁哀公。哀公曰：'鲁多儒士，少为先生方者。'庄子曰：'鲁少儒。'哀公曰：'举鲁国而儒服，何谓少乎？'庄子曰：'周闻之，儒者冠圜冠者，知天时；履句屦者，知地形；缓佩玦者，事至而断。君子有其道者，未必为其服也；为其服者，未必知其道也。公固以为不然，何不号于国中曰：无此道而服此服者，其罪死！'于是哀公号之五日，而鲁国无敢儒服者，独有一丈夫儒服而立乎公门。公即召而问以国事，千转万变而不穷。"①

《墨子·公孟子》曰："公孟子義（义）章甫，搢忽，儒服，而以见子墨子。"②

《史记·仲尼弟子列传》曰："孔子设礼稍诱子路，子路后儒服委质，因门人请为弟子。"《刘敬叔孙通列传》曰："叔孙通儒服。"

在儒家产生之前，"儒"类似于一种职业已经出现。有学者考证说，"儒"在殷商时期已经存在了，甲骨文中作"需"，像以水冲洗沐浴濡身之形。③《礼记·儒行》有曰："儒有澡身而浴德。"《孟子·离娄下》说："虽有恶人，斋戒沐浴则可以祀上帝。"④古代的儒，在祭祀、相礼等行为中常常斋戒沐浴，这就是说，认为原始的"儒"字作"需"或"濡"，从这一点上讲很有道理。东汉许慎的《说文解字》说："儒，柔也。术士之称。从人，需声。"段玉裁注曰："郑目录云：儒行者，以其记有道德所行。儒之言，优也，柔也；能安人，能服人。又，儒者濡也，以先王之道能濡其身。"儒的本意或为教化。前述从象形文字角度所得的看法，与段注是一致的。⑤

在《奏谳书》中，柳下季所说的"儒"就是能够相礼的人，不仅具有君子之名，而且具有君子之实。

总之，汉简《奏谳书》"柳下季治狱"的价值是多方面的，甚至我们

---

①〔清〕郭庆藩：《庄子集释》，王孝鱼点校，中华书局1961年版，第717—718页。
②吴毓江：《墨子校注》，孙启治点校，中华书局1993年版，第703页。
③徐中舒：《甲骨文中所见的儒》，《四川大学学报》1975年第4期。
④〔汉〕赵岐注，〔宋〕孙奭疏：《孟子注疏》卷十三下，《十三经注疏》整理委员会整理，第4页。
⑤杨朝明：《儒家文化面面观》，齐鲁书社2000年版，第1页。

也可以从这一点上看到柳下惠治狱对汉代的影响。例如，《奏谳书》中“柳下季与鲁君”的议对，就与《汉书·张释之传》载廷尉张释之与汉文帝议罪之例相同，所倡导的司法精神非常一致。顾颉刚说：“汉代统一了鲁国的礼教和秦国的法律。”[①]其实，从本文看，汉代继承鲁国的礼治精神可能更具有实质意义。[②]

---

①顾颉刚：《由“烝”“报”等婚姻方式看社会制度的变迁》后之王煦华“附记”，《文史》（第15辑）。

②笔者也曾认同顾颉刚先生的看法，参见杨朝明：《鲁国礼乐传统研究》，《历史研究》1995年第3期。

齐鲁文化的基本表象和精神特质

从文化渊源上考察，齐鲁地区本是多民族聚居之地。齐、鲁两国之外，这一地区还先后有许多部族方国存在，由于相互之间的征战、兼并，到春秋时代，数量已大大减少，但仍然有六七十国，可谓方国林立。春秋以来，像齐、鲁等强藩一样，他们在文化上也有了更多的发展空间。这些方国的文化，对于春秋战国时代齐鲁文化的形成同样起了重要作用。

但是，无论从国家的大小，还是资料的多寡，齐、鲁两国在春秋战国齐鲁文化的研究中都当然地具有典型意义。从总体上讲，齐、鲁两国文化的具体表象有所区别，但深入细致地考察比较，会发现两国文化大同小异。从其具体表象中，可以抽绎出春秋战国时期齐鲁文化的精神特质。

一、鲁国文化的基本表象

鲁国是周公封国，其子伯禽到鲁国就封后，下了很大的气力改造鲁地的风气，推行了周人的文化，尽管鲁地固有的文化仍然长期保留着，但鲁国的主流文化表象与周朝传统的文化表现出很明显的一致性。

（一）尊尊亲亲

鲁国文化的特点，在其国家初建时已经决定下来。鲁国的统治者以周人为主，在他们中间，互相联络的纽带便是周族的宗法感情。

尊尊是尊敬身份、地位尊贵的人；亲亲是亲爱与自己血缘亲近的人。按照传统的解释，亲亲，父母为首；尊尊，以君为首。在氏族血缘关系的社会组织里，讲究亲亲，便能起到和睦宗族的作用，在这个前提下，人人都能尊尊，尊重国君，尊崇国中官吏，尊崇贵族，社会的安定便不难取得。

在宗法制度下，“尊尊”和“亲亲”是两条根本的原则，也是周礼的基本要求。《礼记·曲礼上》说：“君臣、上下、父子、兄弟，非礼不定。”[①]《礼记·哀公问》也说：“非礼，无以辨君臣、上下、长幼之位。”[②]由《礼记》所说亦可见鲁人对“尊尊而亲亲”原则的深刻理解。

由于“尊尊”，鲁国社会一直相对比较安定，甚至在礼崩乐坏的历史时期，鲁人仍然高倡事君、尊君之论，如立言垂世的臧文仲便教季孙行父

---

①〔清〕孙希旦：《礼记集解》，沈啸寰、王星贤点校，第8页。
②〔清〕孙希旦：《礼记集解》，沈啸寰、王星贤点校，第1258页。

“事君之礼”，大思想家孔子也强调忠君尊王，维护纲常名分。如果说“尊尊”使鲁国受到普遍敬重，给鲁国带来了政治稳定的话，同为周礼要义的“亲亲”原则却在客观上导致了公室的衰微。在与其他诸侯国的交往中，鲁国也有亲近同姓的倾向。

（二）祭天祀祖

祭祀来源于原始时期的宗教信仰，这些原始信仰包括对自然、图腾以及祖先的崇拜，但祭祀又与原始的宗教信仰不同。殷商时期，祭祀已与战争同等重要，丧失“师祀”与丧失“天命”无异。周朝代殷以后，祭祀与战争更是“国之大事”。祭祀的目的是祈求福祐、答报神恩或者驱邪避恶，但有时他们并不追究神明的存在与否，只是关注祭祀这种形式。《礼记·檀弓下》说：“唯祭祀之礼，主人自尽焉尔，岂知神之所飨？亦以主人有齐敬之心也。”[①]看来，维系现世秩序才是祭祀的终极目的。

祭祀是为现世而设，那么在祭祀时便有不少严格的规制，这也是鲁人十分重视祭祀之礼的体现。在祭祀对象的选择上，鲁大夫柳下惠曾表述说：“夫圣王之制祀也，法施于民则祀之，以死勤事则祀之，以劳定国则祀之，能御大灾则祀之，能扞大患则祀之。非是族也，不在祀典。……加之以社稷山川之神，皆有功烈于民者也；及前哲令德之人，所以为明质也；及天之三辰，民之所瞻仰也；及地之五行，所以生殖也；及九州名山川泽，所以出财用也。非是，不在祀典。”（《国语·鲁语上》）鲁与周王室在祭祀对象上基本一致，他们都要祭祀天地、社稷、祖宗，日月星辰、名山大川、五祀百神。这些祭祀对象都有“功烈”于民，具有某种“善”的品质。柳下惠认为，人们进行祭祀时，应该服从“圣王”的这种制祀原则，因为祭祀乃“国之大节”，关系到政治的成败，而不得在此原则之外“无故加典”。

（三）崇德重民

“德”是一定时代衡量人们行为规范的标准。夏、商时代，它并没有受到充分重视。在周礼中，“德”占有了重要位置，因而它在鲁人心目中同样具有重要地位。西周、春秋时期，崇德是社会的共识。由于崇德，鲁国出现了不少的道德典范，而他们的道德行为与道德思想乃是以坚持周礼为前提的，即所谓“君于礼以坊德”。如善于讲究贵族礼节，且颇具儒家道德理想形象的柳下惠便以周礼作为自己的道德堤防。

①〔清〕孙希旦：《礼记集解》，沈啸寰、王星贤点校，第256页。

从实质上说，重德的目的在于使国治邦安，而邦国的安定又仰赖于人民的稳定，因而“保民”“宁民”便常常被提起。鲁人有时也讲以刑“威民”，但他们更看重以德“训民”和在位“恤民”。国无患，民无难，人民安居乐业，是以国家太平。即使国家遇有凶险，只要在上者建立德行，以德待民，就能得到人民的救援，凶险亦可安全度过。

鲁国不少人大倡“重民”之论，这与西周特别是春秋以来“重民轻神”“重民轻天”的思想是一致的，他们已初步了解到迷信鬼神无用，唯有得到“民”（国人）这个贵族统治实力支柱的支持，才能很好地生存和发展。

（四）诗乐的国度

鲁国“秉礼”，广义的礼即包括乐在内，所以“礼”和“礼乐”同义，因为礼典的施行往往配合着一定的乐舞。礼乐中乐的部分又离不开《诗经》。既然礼与诗、乐不可分离，那么“秉礼”的鲁国与《诗经》也有密切的关系。经过一些学者的研究，发现《豳风》实际就是“鲁国之风”。《鲁颂》显然是鲁国之诗。“颂”既是宗庙祭祀的乐歌，则《鲁颂》亦带有祭歌或颂歌性质。

鲁在周代有特殊地位，《诗三百》中的诗篇，鲁国师工皆可演唱，《左传·襄公二十九年》记吴公季札在鲁国“请观周乐”时，鲁乐工便为他一一歌唱演奏，令他赞不绝口，叹为观止。

《诗经》与鲁人社会生活有密切联系。在公室、贵族的祭祀、典礼、宴会中，《诗》常常以一种乐舞的形式出现，被当作一种仪式或娱乐宾客的节目。在政治、外交和其他场合，《诗》又被用作一种表情达意的交际工具，此即所谓的“献诗陈志”和“赋诗言志”。公卿大夫们将诗句等运用于政治活动的诸方面，或借献诗表达其颂扬与讽谏之情，或借赋诗在外交场合表达思想感情。这种情况，在周王室的宗亲国家表现明显，而以鲁国最为突出。

鲁国的公卿大夫对《诗》都很熟悉和了解，他们不仅熟悉何种场合使用何种礼仪，而且对诗乐场合的分殊也十分清楚。鲁国君臣以之赋诗言志，表达思想，燕享来宾，他们还看不起不懂《诗》的人，因此《诗》的学习受到普遍的重视。《诗》的学习也是孔门教学的一项重要内容。

（五）崇礼明礼

周代的礼乐制度，内容十分广泛。周礼中的礼仪都是本着忠、孝、信、义等准则推衍而来的，目的是“明贵贱，辨等列，顺少长”（《左传·隐公五年》）。鲁国对周代礼乐的完整保存与实施，是因鲁人对于礼乐功能有明确的认识，从《礼记》一节看，他们已认识到可使周礼成为一种政治统治工具。

鲁秉周礼，对维护鲁国的安定确实起过积极的作用，这在西周时期乃至春秋前期表现得比较明显。《左传》一书记载了很多鲁人关于周礼的论述。鲁人都知道礼有“经国家，定社稷，序民人，利后嗣”（《左传·隐公十一年》）的功能，因而他们也认识到“服于有礼，社稷之卫也”（《左传·僖公三十三年》），“无礼必亡”（《左传·昭公二十五年》），故而对周礼怀有极大热忱。春秋以来，随着周室的衰微，周朝礼乐出现了崩坏局面，而在鲁国却仍有不少知礼之人，如臧僖伯、臧哀伯、曹刿、申缟、臧文仲、柳下惠、夏父弗忌、叔孙豹、子服景伯、匠人庆等，都以知礼而闻名于世。春秋末年的礼乐大师孔子产生在鲁国亦非偶然。

作为一种统治工具，周礼对鲁国政治起了一定的稳定作用，但固守周礼也造就了鲁人的保守意识，这对鲁国社会的各层面都有深刻影响，如重义轻利、重农轻商等都是由此派生而来的，这在某种程度上限制了鲁国政治、经济的发展。

二、齐国文化的基本表象

周代，“国之大事，在祀与戎”（《左传·成公十三年》）。就祭祀与战争而言，鲁国更重前者，故鲁文化有“尚文”的特点，与之相比，齐国显得更重兵战，齐文化有明显的“尚武”色彩。从本质上说，鲁的“尚文”与齐的“尚武”是一样的，都是为了延续国家生命的具体行为，只是各自的不同侧重点，使它们有了不同的文化风范。也是为了富国强兵，齐人才崇物利，尚变革，重兼容，有显著的功利特点。齐有泱泱大国之风，其观念上的根源即在于此。

（一）尊贤尚功

“尊贤尚功”是太公封齐时的既定国策，由此而成为齐国的政治传统。历代齐君大都能够做到尊重贤能之人。春秋早期，齐桓公首先登上春秋霸坛，就与他重用贤士密不可分，他不仅不计带钩之仇，委管仲以重任，据说，为了招揽天下英才，他曾设“庭燎”以招士，即在庭中燃起火炬，以吸引四方贤士来投。

齐国重用贤才而不计较其身份地位的例子不胜枚举。齐桓公的几个得力助手中，有的出身低微。齐威王时，布衣之士邹忌被任为内相；被刑致残的孙膑被任为将领，为齐国立下赫赫功勋；淳于髡为一出身低微的赘婿，也被任命为上卿。齐宣王时，稷下学宫盛况空前，许多文学游说之士往来其间。战国时的孟尝君以养士闻名，他的门客中有各色各样的人，只要有一技之长，他都愿意收留。

管仲和晏婴是齐国的两位名相，也是两位有名的大思想家。管仲为“鄙人之贾”，是个小商人；晏婴为“东夷之子”，也不是齐国贵族，但他们都受到了重用。同时，他们二人也都十分重视人才，对贤人的价值有充分的认识。尊贤尚功对齐国政治产生了很大影响，造就了一批具有民主色彩的统治者。

（二）务实开放

务实开放是齐文化的重要特征，“尊贤尚功”便是这一特征的明显表现。此外，齐国经济上的重视商业，政策上的顺时应民，观念上的重变恶常，学术上的兼容并蓄，也都是齐人务实开放的重要表现。

自立国之初，齐国便摆出了务实与开放的姿态，以后的历代君主也多开明善变，兼综并容，这对于政治、经济的发展十分有利。

齐国依山傍海，地域辽阔，为多种经济的发展提供了广阔天地，因此，齐国经济实际上是一种开放性的商业型经济。由于地处沿海，齐国便有发展海上贸易的可能，虽然它无法与内地其他诸侯国间的贸易相比，但更能开阔眼界，使人们的思想更加活跃，不易保守。

春秋时期，管仲辅佐桓公，也曾提出“俗之所欲，因而予之；俗之所否，因而去之”（《史记·管晏列传》）的顺民主张。在制订具体措施时，他们注意变革，“政不旅旧”。齐国开放的经济，也造就了齐人尚变革、恶守常的进步观念。综观齐文化800余年的发展历史，可以说一以贯之地体现着主变恶常的精神。由于特殊的空间环境，齐人因地制宜，正视现实，对周文化采取了灵活的态度，即突出发展其适合自己国情的部分。管仲不墨守祖宗成法，实施改革，齐成了东方强国。战国时期，齐威王又进行变法改革，迅速整顿吏治，发展经济，使齐国名列七雄之一。

在文化方面，学派的兼容并包和学术上的百家争鸣更集中体现了齐文化的务实开放精神。齐文化建构初始，便至少有东夷文化、商文化、周文化、姜炎文化四源合流，具有了先天的兼容并包的基础。齐人观念的进步和政治上的宽松，使齐文化在发展过程中大量吸收了其他外来文化的营养。

（三）义利并重

中国古代思想家在义利关系上主要有三种基本态度，一为先义后利，一为尚利，一为义利并重，其中对中国社会影响最大的是儒家的义利观。

儒家主张先义后利，重义而不忽视利，不是重义轻利，更不是只讲义不讲利。

与孔子等的先义后利不同，齐文化表现了明显的崇尚物利的倾向。他们认为，人的本性是求利，人都有“趋利避害”的本性。为了富国强兵，齐人便注意顺民，从民所欲，在经国时注重物质生产，追求物质财富的获取。

管仲本人以尚侈闻名，他的尚侈思想在《管子》的《侈靡》《乘马》《乘马数》《事语》等篇中都有明显体现，这在中国古代较为罕见。与管仲相反，晏婴则崇尚节俭。齐景公在生活上追求奢侈豪华，晏婴就加以讽刺。在当时国势日衰而侈靡之风日炽的情况下，晏婴的省刑节俭主张，乃是考虑了物质财富的多寡对国家前途命运的影响。

齐人重物利，但并不是不讲义。如同孔子等儒家重义不轻利那样，齐人重利也不轻义。有人认为齐文化崇物利卑义礼，这实际上是一种误解。齐人追求物利，是因为他们既懂得伦理道德对社会的重大影响，又懂得物质利益的决定作用。《管子》一书多次论述“仓廪实则知礼节，衣食足则知荣辱”，可作为齐人重视经济发展和国家富足、讲究实际物利的最好注解。

齐国的政治家、思想家也都强调“义”，将“义”“仁”“礼”等摆在与“利”同等地位上，认识到统治者不“仁”不“义”，就会丧失百姓，乃至丧失天下。齐人尚利、重利，但绝不轻视义，他们对于义和利都是同样重视的。利为义的前提，义对利有一定的依赖性，但义不是利的简单反映，如《管子·侈靡》篇中说：“甚富不可使，甚贫不知耻。”[①]就是说“甚富”和“甚贫”都可能对社会道德产生不良的影响。所以，齐人充分认识到，人民富足固然十分重要，而丧失礼、义、廉、耻同样十分危险。就这一点而言，齐人的义利并重与孔子等先秦儒家的先义后利并没有本质的差异，只是齐人更加尚利而已。

（四）辩谈与玄想

齐地带山蔽海、地大物博，再加上齐国统治者特殊的经国方略，造就了齐地人民沉着镇静、举止从容、胸襟开阔、豁达大度的特殊性格。司马迁在《史记》中说齐人“宽缓阔达而足智”，他们的这一特征的确十分明显。他们善于辩谈、思维活跃，且富于想象，甚至一直影响到汉代以至

①黎凤翔：《管子校注》，梁运华整理，中华书局2004年版，第637页。

更远。

齐地英才云集，是这里盛行谈辩风气的直接原因。姜太公“举贤任能”，齐桓公用人不计私怨，孟尝君善于待士，威、宣二王辟稷下学宫，齐国有重才、爱才的治世传统，涌现了一批人才和杰异之士。他们中的好多人多智善辩，在政治、外交舞台上演出了一幕幕恢宏谐辩、纵横捭阖的历史话剧。

在齐国众多的机辩之士中，晏婴给人留下了很深的印象。晏婴显名于后世，主要在于他机智善辩，出使大国不辱国格，凛然难犯，从容取胜。邹忌则以向齐威王进言有名，他希望齐威王广开言路，威王遂下令悬赏进谏。由于邹忌的劝谏，齐国广开招贤之路，使更多的贤能之士脱颖而出。

齐国著名的辩士还有很多。齐国士人留意政治、评论各国朝政之得失，成为一个个的政谈家。《汉书·邹阳传》有“齐楚多辩知”之说，战国时齐国的稷下学宫便是机辩之士集中的处所。

辩谈与玄想是相互联系的，辩谈使人们更加注意观察和思考世界上的事物。我国著名的“五行理论”就是在这种辩论之风的推动下成熟和发展起来的。邹衍是阴阳学派的代表人物，在“深观阴阳消息”的基础上，他综括以前五行学说的论理方法，把春秋战国时代流行的五行说附会于社会的变动和王朝的兴替，形成了他的“五德终始”的历史观。

（五）尚武勇，“隆技击”

齐国崇尚武勇有悠久的历史渊源。齐建国之前，这里的夷人很早便以尚武善射而有名，齐建国后，对夷人的勇武风俗有所承继。历代齐国君臣大都对“尚武任勇”十分重视，特别是春秋战国时期，各个诸侯国竞强斗雄，烽火四起，强者得以生存壮大，而弱者则遭吞食兼并，崇武尚力遂成为时代风气。

与各诸侯国相比，齐国更加重视武功，从国君到士民，莫不以武勇为荣。《晏子春秋》记载，齐庄公本人喜好勇武，“奋乎勇力”，“仕勇力之士而轻臣仆之死”①；齐景公也曾说“欲得天下勇士，与之图国”。《公孙龙子·迹府》中也记载了齐闵王喜欢勇武的事情，说他选臣用士的标准是看其敢不敢在大庭广众间与人搏斗，如果怯懦便弃而不用。国君所好，臣民仿效，士民们遂争强斗勇，以此相尚。②《管子·五辅》说齐国

①吴则虞：《晏子春秋集释》，中华书局1962年版，第173页。

②参见屈志清：《公孙龙子新注》，湖北人民出版社1981年版，第17页。

百姓士民“贵武勇而贱得利”，把武勇看得比利还重。①

由于崇尚武勇，齐人十分注重搏斗的技巧，《荀子·议兵》篇有“齐人隆技击”之说。技击是齐地尚武风俗的重要表现，也是齐国武技的精华。春秋战国以前，武学尚处于萌芽状态，人与人之间的格斗主要靠自身力量的大小，而对搏斗的技巧重视不够。齐国的技击则是以技巧胜勇力，即改以力御敌为以术制敌，从此，灵活多变的搏击技巧在军事斗争中发挥了重要作用。

齐国尚武，注重谋略，造就了一大批军事名家。他们中有的既是著名的将领，又是军事理论家，《六韬》《管子》《司马法》《孙子兵法》《孙膑兵法》以及稷下兵家的有关著述中，都有精辟的军事理论阐述。

齐国尚武，不但注重攻战，也十分注意战争守备，注重防御设施的建设。修城池是春秋战国时期的有效防御手段，齐人便在城市建设中因时因地，精思巧变，使齐都临淄真正起到“筑城以卫君，造郭以守民”的作用。齐国边界的长城更是一道有效御敌的屏障。在先秦各国，甚至世界各国，齐国是第一个修筑长城的国家，充分而具体地体现了“国备”思想。

三、齐鲁文化的精神特质

齐、鲁两国为近邻大国，相对于其他诸侯强国，二者有相近的自然条件。两者的始封之君都是周初重臣，以后，两国在政治、经济、婚姻等许多方面往来频繁，交流不断，使得两国文化在许多方面有相同或者相通之处。综合齐、鲁两国的文化，将其与荆楚文化、三晋文化、中原文化等其他区域文化相比，可以看出它的独特精神气质。大要说来，可以有以下数端。

（一）兼容并蓄，胸襟博大

齐鲁文化从来源上就是多元的，这就决定了齐鲁文化的开放性和包容性，从而具有了兼容并蓄的博大胸襟。春秋战国时期，齐、鲁两国不仅是东方文化的中心，甚至成为当时整个东周文化的中心。

春秋战国时期，齐、鲁两国文化表现了宽广能容的博大气势，鲁国是有名的礼乐之邦，齐国更具泱泱大国之风，不同的文化因素交汇融合，不同的思想火花激荡碰撞，这里诸子蜂起，名家辈出。鲁国产生了被称为“显学”的儒家和墨家，齐国的稷下学宫中更有儒家、道家、名家、阴阳

①黎凤翔：《管子校注》，梁运华整理，第192页。

家、法家等会聚在一起，他们著书讲学，又相互切磋辩难，推动了思想的解放，也发展了各家各派的学说。齐鲁文化的开放气质，被体现得淋漓尽致。

从文化的构成上讲，鲁国文化全面继承宗周文化，但绝不排斥其他文化，在鲁国，除了周朝礼乐文化，还保留了许多其他的文化因素。

最为典型的是，周人伯禽一支来到鲁地后，他们要“变其俗，革其礼”，试图全面推行周朝的礼乐制度，但这种变革基本上是在制度的层面上，因为不仅当地居民保留了自己的风俗习惯，而且迁徙而来的“殷民六族”也保存着殷人的习俗。例如，鲁国自西周以来一直保存着的“三年之丧”，就是当地居民比较典型的风俗之一[①]。还有，鲁国故城发掘时，人们发现了一个有趣的现象，就是古鲁城内居住着两个不同的民族。在对两组墓葬的发掘中，发现周人墓保持着灭商以前的作风，而另外一组墓与周人墓“作风迥异”，随葬器物、腰坑、殉狗等“皆与商人墓的作风相似”，而且这种墓葬“从西周初年至少延续到春秋晚期”，这个事实说明他们“固有的社会风尚曾牢固地、长时间地存在着”。[②]这都证明在丧葬之礼方面，鲁国仍然一直允许旧有习俗的完整保留。众所周知，周人重礼，礼乐之中，又以丧祭之礼最为重要，当地居民中这种风俗的存留很能说明一些问题。

鲁国的社会风俗中，周人礼俗之外的文化不一而足。如鲁国立有周社，同时立有“亳社”。“亳社”就是殷社。传统上认为，周朝建立后，诸侯国中立有“亳社”是为了“戒亡国”，认为它是亡国之社。其实，情况可能并不如此，鲁国立有“亳社”是因为鲁有殷商遗民，而鲁国的国人主体是殷民后裔，他们还在“亳社”中举行祭祀、盟誓等活动。鲁国周社、亳社并立，至少能表明周人对殷商遗民采取了怀柔与拉拢的政策[③]。种种现象，都表明鲁国文化并不封闭、保守。另外，孔孟儒学更不是封闭、保守的思想体系，关于这一点，学术界早有研究，毋须赘言。

（二）刚健有为，积极进取

在齐、鲁两国，无论是政治家还是思想家，都表现出了刚健有为和积极进取的文化品格，这是齐鲁文化的一个重要精神。在孔子所作的《易传》中，“刚健”和“自强”的观念十分清晰。《象传》曰：“天行健，

---

①参见杨朝明：《“三年之丧”应为殷代遗制说》，《史学月刊》1995年第2期。
②山东省文物考古研究所等：《曲阜鲁国故城》，齐鲁书社1982年版，第214页。
③杨朝明：《鲁文化史》，齐鲁书社2001年版，第97—98页。

君子以自强不息。”[①]《象传》有“刚健而不陷，其义不困穷矣”[②]；“刚健而文明”；“刚健笃实，辉光日新。其德刚上而尚贤，能止健，大正也”；[③]《文言》有“刚健中正，纯粹精也”[④]等等，这实际从一个侧面也反映了齐鲁文化的刚健品格。

齐、鲁两国人民的积极进取也是齐鲁文化得以不断丰富和发展的不竭动力。自两国始封时，无论是对当地风俗进行因循还是变革，都是根据本地实际，力图政治稳定和尽快获得发展的积极措施。以后，两国的政治家不断努力，为了自身的富足，不断采取措施，在政治、经济、军事等方面谋求变革，以图增强国力。在鲁国，公元前495年实行的“初税亩”是春秋列国赋税制度改革的先声，以后又“作丘甲”“用田赋”，不断更新，以求变革。齐国的改革自管仲相齐开始，很快取得了国富民足，国力强盛的良好效果，以后，不少政治家都反对固步自封，他们招贤纳士，任用贤才，接受谏言，尽职尽责。这些变革给国家的发展不断注入新的活力，使国家的发展充满勃勃生机。

刚健有为和积极进取更是齐鲁思想家们共同的特征。无论是鲁国的孔孟儒家、墨家，还是齐国的管仲、晏婴或者稷下各家，他们大都积极入世，致力于治国安邦的事业。他们洞察列国大势，分析世态发展，从而积极进取，自强不息，他们是齐鲁文化的重要代表，是齐鲁文化中一朵朵鲜艳的奇葩。

管仲力行改革，相桓公，“九合诸侯，一匡天下”，取威定霸。晏婴事君以忠，谏君以智，强公室，抑私门，薄赋省刑，施行仁政，从而在内外形势复杂的境况之下，内安社稷，外靖邻邦。齐国的兵家同样卓越，他们总括历史与现实，透析政治、经济与军事之间的联系，在列国纷争的复杂形势下，写出一部又一部不朽的兵学圣典，不愧为先秦兵学的顶峰。

孔子自幼好学，他一生“学而不厌，诲人不倦”（《论语·述而》），积极推行自己的政治主张。为了宣传自己的学说，他到处奔走，甚至“知

---

①〔魏〕王弼注，〔唐〕孔颖达疏：《周易正义》，《十三经注疏》整理委员会整理，北京大学出版社2000年版，第11页。

②〔魏〕王弼注，〔唐〕孔颖达疏：《周易正义》，《十三经注疏》整理委员会整理，第50页。

③〔魏〕王弼注，〔唐〕孔颖达疏：《周易正义》，《十三经注疏》整理委员会整理，第139页。

④〔魏〕王弼注，〔唐〕孔颖达疏：《周易正义》，《十三经注疏》整理委员会整理，第25页。

其不可而为之”，希望实现天下大同的政治理想。孔子以后，鲁国的儒家们无不继承孔子的精神，致力于安邦定国，济世救民。墨家也是如此，著名的思想家墨子为了推行其兼相爱、交相利的主张，“日夜不休，以自苦为极”（《庄子·天下》），“摩顶放踵利天下为之”（《孟子·尽心上》）。

总之，齐鲁诸子虽然观点不同，成就各异，但在刚健进取方面是基本一致的。齐鲁文化中的这一精神也是中华民族的基本精神，是中华民族不断发展、自强的重要精神支柱。

（三）富于人文关怀和人道精神

春秋战国是中国历史上一个重要的过渡阶段，社会各领域都处于新旧交替的状态。社会的变革猛烈冲击着夏、商、周三代的传统观念，致使“礼崩乐坏”，“疑天”“怨天”的情绪弥漫社会，人文理念逐渐打破了传统宗教意识的垄断地位。人文理念的上升意味着人文关怀和人道精神的弘扬，在这样的情势下，人的因素受到空前的重视，从而大大超越了对于鬼神的虔敬。于是，人的价值受到尊重，人的权利和尊严也得到维护。表现在思想观念上，西周以来“敬天保民”“敬德保民”，因其重点强调“保民”，强调以民为本，以民为中心，而在春秋战国时期得到了更大程度的提升和弘扬。

春秋战国时期，随着社会变动兴盛起来的“士”阶层空前活跃，频频走公室，跑私门，希图得到大大小小权势者的任用。他们由于身份和所依附的阶级集团不同，便成了不同阶级、阶层的代言人。而权势者也在招揽贤者，礼求士人，以为自己服务。因此士人得以自持其说，“合则留，不合则去”，自由地在权势者间奔走游说；或自立学派，收徒授学。于是，诸子百家的思想在齐鲁之邦滥觞其源，形成学派之后又以齐鲁为争鸣舞台。此时，人们崇尚德治，热爱邦国，注重群体，善于创造，主张厚德仁民，先义后利，这些思想观念，都在齐鲁文化中占有主导地位，都充满了人文关怀和人道主义精神。从实质上讲，组成齐鲁文化的各家各派，其思想都属于政治文化的范畴，他们在论述治国方略时，无一不积极崇尚民本主义，应当说，人文关怀和人道精神是齐鲁文化的灵魂。

齐鲁诸子各家大都主张厚德仁民，重视民众，充满了人道主义精神，人本主义色彩极其浓重。这些思想家有的讲“王道”，有的讲“霸政”，但他们都关心国家的繁荣与安定，都关心人民的富庶与满足。齐国重武图霸，政治思想家都想到要首先顺民，以富民、利民为前提，无论管仲还是晏婴，无论兵家典籍还是稷下著作，都一致注意到了顺应民心，从民所欲的关键意义。在重文图治的鲁国，从春秋前期的臧文仲、柳下惠到春秋末年的孔夫子，从孔门弟子到孔门再传，从儒家到墨家，他们思维的起点都是“人”，都是从“人”出发。

以孔子为代表的儒家学派，其思想体系最为典型、最为集中地体现了人文关怀和人文精神。儒学是修己安人之学，希望从修身开始，然后齐家、治国、平天下。为了达到这样的目的，儒家大谈“修己”、修德，正是人道精神的最高体现。儒学谈论人性，无论是孔子、子思，还是孟子、荀子，都谈论人性问题，他们对人性的探讨，实际正是探讨人、关心人；他们所思考的如何修身、修德，如何正心、诚意，怎样致知、格物，都是围绕“人”展开的，都是对“人”的重视。

在鲁国产生的墨家，以对儒学的反动为表现形式，其实也同样是人文关怀和人道精神的体现。墨子学孔子之学而走向了儒学的反面，主张兼爱、非攻、非命、节葬、贵义、兴利，希望“兴天下之利，除天下之害”（《墨子·非乐》），乃是为劳动人民的利益考虑的结果。

（四）崇德重法，德、法兼顾

在齐、鲁两国，崇德重法，德、法兼顾应该说是一个非常突出的思想观念，无论是思想家的系统论述，还是政治家的施政实践，对处理德治与法治的关系问题，人们都有十分明确和清醒的认识。

表面看来，齐国与鲁国民风差异很大。正如司马迁在《史记·货殖列传》中所描述的：“齐带山海，膏壤千里……其俗宽缓阔达而足智。”战国时的著名纵横家苏秦也曾以齐都临淄为例描述过齐人的豁达与富足，似乎与拘泥和执着于周礼，讲究揖让进退的鲁国民风形成明显区别。其实，在尊崇周礼上，齐与鲁是一致的，只是两国对待周礼各有侧重而已。

德法关系与礼法关系、礼刑关系、德刑关系在意义上大体一致。由于对周礼进行不同方面的取舍，齐、鲁两国对于德、法关系的态度有所区别。儒家经典《周礼》中有主管教化的司徒之官，“使帅其属而掌邦教，以佐王安扰邦国”（《周礼·地官·司徒》），也有“帅其属而掌邦禁，以佐王刑邦国”（《周礼·秋官·司寇》）的司寇之官，他们的任务在于“刑百官”，“纠万民”。儒家注重教化的治国思想中，有德有法，总体上讲，孔子的思想以德治为本，以刑罚作为补充，此即所谓德主刑辅。

鲁人重德，但并不是鲁国无法。《吕氏春秋·察微》和《淮南子·道应训》都提到“鲁国之法”，1983年末湖北江陵张家山出土的汉简《奏谳书》有柳下季断案事例，其中引鲁法云：“盗一钱到廿，罚金一两；过廿到百，罚金二两；过百到二百，为白徒；过二百到千，完为倡。”[①]看来，鲁国也有健全的法律。

相比之下，鲁儒的见解应当更为深刻。孔子可以说是一位典型的德治主义者，但孔子认为，治国者不可不有“德法”和“刑罚”。从《孔子家语》的《执辔》篇看，孔子将“德法”与“刑辟”对举，他把治国形象地比喻为驾车，而把德法看作统御人民的工具。刑罚何时为用？刑罚怎样作为德法的补充？孔子认为应在德教难行之时。据《孔子家语》的另一篇《刑政》记述，孔子曾经说过：“大上以德教民，而以礼齐之；其次以政焉导民，以刑禁之，刑不刑也。化之弗变，导之弗从，伤义以败俗，于是乎用刑矣。”[②]在这里，刑之用乃以德为前提，刑只使用于愚顽不化、不守法度的人。刑以止刑，刑以佐教，宽猛相济，这其实正是孔子的一贯主张。

刑之设不独为刑，更在于止刑，惩恶不是终极目的，劝善才是最高宗旨。德政与刑政的关系也就像孔子所说的行政中的“宽”与“猛”的关系，《左传·昭公二十年》记孔子曰：“政宽则民慢，慢则纠之于猛。猛则民残，残则施之以宽。宽以济猛，猛以济宽，政是以和。”[③]《尚书·大禹谟》曰“明于五刑，以弼五教”，[④]《孔丛子·论书》中也记有孔子类似的话，即“五刑所以佐教也”。[⑤]《孔丛子·刑论》记述孔子在与卫文子的交谈中，也说上古时期“先王盛于礼而薄于刑，故民从命”。[⑥]孔子认为注意教化是为政治国的根本，他反对不教而杀，《论语·尧曰》记孔子之言曰：“不教而杀谓之虐”。

孔子认为，治国者不可丢弃德法而专用刑罚，这样，一定会造成非常严重的后果。《大戴礼记》的《盛德》篇与《孔子家语》的《执辔》篇相近，并且都进一步指出了正确措置德、刑的重要意义。认为治国要以德以礼，用刑适当，而不可急用棰策，无德用刑。在郭店楚墓竹简中，《成之闻之》所论述的儒家治国理论颇引人注目。其中有谓：“上不以其道，

---

①江陵张家山汉简整理小组：《江陵张家山汉简〈奏谳书〉释文（二）》，《文物》1995年第3期。

②杨朝明、宋立林主编：《孔子家语通解》，第355页。

③〔周〕左丘明传，〔晋〕杜预注，〔唐〕孔颖达正义：《春秋左传正义》，《十三经注疏》整理委员会整理，北京大学出版社2000年版，第1621页。

④黄怀信注训：《尚书注训》，齐鲁书社2009年版，第35页。

⑤王钧林、周海生译注：《孔丛子》，中华书局2009年版，第18页。

⑥王钧林、周海生译注：《孔丛子》，第52页。

民之从之也难。是以民可敬道（导）也，而不可弇（掩）也；可驭（驭）也，而不可陂（驱）也。”①

不论是孔子还是后世儒者，他们较多地论述德、刑关系，而格外强调德治，原因在于人们往往比较功利地去看待问题，而以德治国的功效却不是短时间内可以见到的。《大戴礼记·礼察》中说道："凡人之知，能见已然，不能见将然。礼者，禁于将然之前；而法者，禁于已然之后，是故法之用易见，而礼之所为生难知也。”②应当承认，儒家的这一认识是十分深刻的。

如果说鲁儒崇德，在德、法二者之间偏重于德，那么齐国则是重法，在德、法之间偏重于法。像鲁国的儒家那样，齐国名相管仲、晏婴都重视礼治，但他们与鲁儒的不同在于，重视礼治的同时十分强调法治，强调法在治理国家中的作用。管仲初为齐相时，桓公询问如何保持宗庙社稷，他说应该“设象以为民纪”，即树立榜样，作为民之表率，然后“劝之以赏赐，纠之以刑罚”（《国语·齐语》），《管子》中关于德之重要性的论述更是比比皆是，这其实与鲁儒没有什么不同。但后来，管子后学发挥了管仲思想，从而系统阐发了法治思想，走上了重法的道路。例如，《管子》中说“法出于礼”（《管子·枢言》），“仁义礼乐皆出于法”（《管子·任法》），虽然也注重礼与法之间不可分割的密切关系，但总是以法作为更为根本性的东西。

晏婴也十分重视法，认为“国无常法，民无常纪”乃“亡国之行”（《晏子春秋·内问上第二十五》），他认为不仅要立法，而且要人人遵守，谁也不能违犯；在进行具体的赏罚时，要注意平等公正，不可因身份的不同而有不同。

田齐时期，从齐国君臣到稷下诸子，大都强调“德法兼治”，不过，二者的天平似乎仍然向“法”倾斜。这就是说，他们一方面强调法治，另一方面又不单纯强调法，而同时注意德的作用，从而与三晋法家判然有别。

荀子的观点更具有代表意义。荀子久居齐国，但他属于儒家；荀子属于儒家，却批评儒家，与鲁儒不同；他处在战国时期，对各家各派各种思想研究反思，带有总结性质；他三为稷下学宫祭酒，其学说一定得到大多

①荆门市博物馆编：《郭店楚墓竹简》，文物出版社1998年版，第167页。
②王聘珍：《大戴礼记解诂》，中华书局1983年版，第22页。

数稷下学士的认可。在德法关系上，荀子提出礼法结合，以礼为本，以刑为用，他注重教化，注重“礼义之化”，又注重“邦禁”，他的思想不仅与《周礼》合拍，也集中了齐鲁思想家们的精到论说。荀子礼法结合的思想，齐鲁文化中德、法结合的思想具有永恒的意义。